黑旗

ISIS的崛起

BLACK FLAGS

THE RISE OF ISIS

[美] 乔比・沃里克◎著
钟鹰翔◎译

中信出版集团 · 北京

图书在版编目（CIP）数据

黑旗：ISIS的崛起 /（美）乔比·沃里克著；钟鹰翔译.-- 北京：中信出版社，2017.1（2023.11 重印）
书名原文：Black Flags:The Rise of ISIS
ISBN 978-7-5086-6851-2

I. ① 黑… II. ① 乔… ② 钟… Ⅲ . ①恐怖集团－研究－中东－现代 Ⅳ . ①D730.88

中国版本图书馆CIP数据核字（2016）第 250389 号

黑旗：ISIS的崛起

著　者：[美] 乔比 · 沃里克
译　者：钟鹰翔
出版发行：中信出版集团股份有限公司
（北京市朝阳区东三环北路 27 号嘉铭中心　邮编 100020）
承 印 者：北京盛通印刷股份有限公司

图书策划：以物悟道 · 时光里
开　本：787mm×1092mm　1/16　　印　张：23.75　　字　数：361 千字
版　次：2017 年 1 月第 1 版　　印　次：2023 年 11月第 18 次印刷
版贸核渝字（2016）第 077 号
书　号：ISBN 978-7-5086-6851-2
定　价：56.00 元

To my Chinese readers and friends,

I am delighted to be able to share "Black Flags" with you in Mandarin.

Knowledge is the great torch that lights our way, as human beings and also as civilizations. It is my hope that you will find these pages to be engaging, and also illuminating: A helpful guide to understanding the roots of a global terrorist menace that must be fully understood, so that it may be defeated.

With every good wish,

Joby

扫码观看作者独家中文问候视频

致我的中国读者与朋友们

非常荣幸能与各位分享《黑旗》的中文译本。

知识是一支伟大的火炬，无论是人类还是人类文明，都依靠它指引前行。我希望，你们会感到书中的篇章不但引人入胜而且能给人启迪；希望它能够成为一部有益的指南，帮助人们了解全球恐怖主义威胁的根源。唯有彻底了解了恐怖主义产生的根源，方能根除恐怖主义。

谨致良好祝愿！

乔比·沃里克

推荐语

这本书运用了清晰、流畅的叙事手法。如想了解伊拉克与叙利亚这十几年来沉沦于宗教极端主义的痛苦历史，此书乃是首选的指南。本书精于细节，阅读时如临实境，我们可以从中看见恐怖组织对于世界格局的深刻影响。

——美联社

乔比·沃里克有一双慧眼，他看穿了美国情报部门设下的障碍，窥见了真实的中东局势，因此，他才能仔细还原“伊斯兰国”崛起的历史。如果想要终结这段悲剧，那么《黑旗：ISIS的崛起》不可不读。

——劳伦斯·赖特

著名新闻作家，《9月的13天》《塔楼既倒》作者

美国新闻界中，乔比·沃里克是报道情报事务的第一人。在记录“伊斯兰国”发迹历程这个领域，他的《黑旗：ISIS的崛起》堪称同类作品中最为详尽动人的那一本。

——彼得·卑尔根

《猎杀本·拉登》作者

乔比·沃里克手里的这面“黑旗”实在引人注目。作者兼具间谍的智慧与记者的敏锐，还拥有小说家的叙事技巧与高超文笔。书中的人物个个鲜活——从残忍的恐怖分子，到无能的约旦官僚，还有那些愚妄的美国政府高官。沃里克记录了一段不可磨灭的历史，虽然难以接受，但却不可忘却。读过这本书，我们能够见证一个事实——华盛顿当局的战略失策，才是“伊斯兰国”坐大的真正原因。

——达娜·普里斯特

《华盛顿邮报》记者，曾两度获得普利策新闻奖，《美国的国家机密》作者

推荐语

普利策奖得主乔比·沃里克的最新力作真是部生动、客观的好作品！在本书中，美国官员、美国中央情报局特工、约旦王室、宗教领袖、恐怖分子悉数登场，为读者还原了中东乱局的真相。《黑旗：ISIS 的崛起》中出场人物众多，主线却清晰明了，本书虽非小说，叙事技巧却堪比文学名作。作者清晰捕捉到了历史画卷中的关键瞬间，并将其展现在大家眼前。

——**《基尔库克评论》**

自　序

我是乔比·沃里克，《黑旗：ISIS 的崛起》一书的作者，同时也是一名新闻工作者，在《华盛顿邮报》任采访记者，负责报道中东及国家安全事务。

自 2011 年起，我广泛报道了中东地区爆发的一系列事变，包括叙利亚内战。在很大程度上，这些事件成为了这一地区乃至世界局势的转折点。我这本关于“伊斯兰国”得势历程的书，正是在对这些事件的报道基础上写成的。

关于这个自称“伊斯兰国”的恐怖组织及其意识形态，已有几本书作过介绍。本书的不同之处在于，它不仅记录了大多数人耳熟能详的那些重大事件，还在力图讲述这些事件背后的人性故事。

《黑旗：ISIS 的崛起》揭示了“伊斯兰国”鲜为人知的历史，包括其主要创始人的发迹史。本书讲述了一个名叫扎卡维的约旦人的故事。这个劣迹斑斑、内心狂躁的年轻人，一直梦想拉起一支“圣战”武装，在中东重建古代的“哈里发国”。

本书讲述了这个人如何崇尚暴力和极端主义，以至于一开始连“基地”组织也把他拒之门外。

然而，扎卡维却是一个天才的战略家，他创建的组织甚至比“基地”组织更加强大，同时也更具破坏力。他的那个组织曾有过多个名字，比如“基地”组织伊拉克分支，时至今日我们都知道这个组织就是“伊斯兰国”（ISIS），全称是“伊拉克和大叙利亚伊斯兰国”——一个包括亚洲在内的、在全世界有着大批狂热拥趸的国际恐怖组织。

本书同时讲述了西方各国的错误决策，如何使得“伊斯兰国”能够生根发芽、迅速坐大。但是，本书也阐述了我们的希望所在，指出了为什么“伊斯兰国”现在正在播下自我毁灭的种子。

美国人常说，知识就是力量。我希望，世界各地的广大读者能够从本书中获得关于“伊斯兰国”的知识，从而获得力量，共同打败极端主义、根除暴力。我们绝不允许极端主义在世界上任何一个地方泛滥成灾。

谨致感谢！

TO MARRYANNE WITH
LOVE AND GRATITUDE

献给玛丽安
爱你，谢谢你

我手下的人求死的意志，和你们求生的欲望一样强烈！

——哈立德·伊本·瓦利德 *

* 哈立德·伊本·瓦利德：公元 7 世纪的伊斯兰圣战士，先知穆罕默德的战友。本书所有注释均为译者注

目 录
Black Flags

作者的话

根据作者与当事人双方意见，考虑到安全等原因，书中的约旦情报部门人员皆采用化名。

人物表

扎卡维及其亲信、党羽

阿布·马哈茂德·麦格迪西

约旦人，原籍巴勒斯坦，极端主义者，曾是扎卡维的精神导师。

阿布·穆萨卜·扎卡维

原名艾哈迈德·法迪勒·哈莱伊拉，约旦人，“基地”组织伊拉克分支创始人，本书的主人公。

阿布·哈迪亚

叙利亚人，扎卡维集团的中层干部，同时也是“基地”组织伊拉克分支的军需总管。

阿依曼·扎瓦希里

埃及人，曾是本·拉登的副手，在本·拉登殒命后担任“基地”组织领袖。

奥萨马·本·拉登

沙特阿拉伯人，“基地”组织领袖。

“伊斯兰国”

阿布·奥马尔·巴格达迪

伊拉克人，曾是萨达姆政府军中的军人，后加入了扎卡维集团。2006 年，在扎卡维毙命后，“基地”组织伊拉克分支改名为“伊拉克伊斯兰国”，阿布·奥马尔·巴格达迪担任组织领袖，直到 2010 年死于美军空袭。

阿布·阿尤布·迈斯里

埃及人，扎卡维团伙中的炸弹专家。扎卡维毙命后，他成为了“伊拉克伊斯兰国”的二号领袖。2010 年死于美军空袭。

阿布·巴克尔·巴格达迪

伊拉克人，2010 年开始在恐怖组织中崛起，逐渐成为“伊斯兰国”（ISIS）领袖。2014 年，他在伊拉克自认“哈里发”。

阿布·瓦希卜

伊拉克人，“伊斯兰国”（ISIS）的指挥官，曾在伊拉克安巴尔省枪杀卡车司机并多次将自己的杀人视频放上网络，因而臭名昭著。

哈只·巴克尔

伊拉克人，阿布·巴克尔·巴格达迪的军事顾问，2014 年在袭击中丧命。

约　旦

阿卜杜拉二世

约旦哈希姆王国第四任国王。

阿布·哈伊萨姆

约旦情报局（GID）反恐部门主管。

阿布·穆塔兹

约旦情报局中年轻的审讯专家，曾成功让多名伊斯兰极端主义分子转化为线人。

阿里·布尔扎克

约旦情报局中具有传奇色彩的审讯专家，绰号“红魔”。

劳伦斯·弗莱

美国驻约旦大使馆中层官员，后在约旦遇刺身亡。

萨勒姆·苏维德

约旦人，刺杀了劳伦斯·弗莱的极端主义分子。

阿兹米·贾尤西

巴勒斯坦人，扎卡维倚仗的“炸弹专家”。曾在扎卡维组建于阿富汗赫拉特的训练营中训练恐怖分子制作炸弹，后来也参与了安曼化学“脏弹”爆炸未遂案。

萨吉达 • 里莎维
伊拉克人，女，曾受扎卡维蛊惑前往安曼制造自杀式“人弹”袭击。

伊拉克

萨达姆 • 侯赛因
伊拉克总统，1979 ～ 2003 年在任。

查尔斯 • “山姆” • 法蒂斯
美国中央情报局特工，曾查出扎卡维在伊拉克北部的藏身地。

纳达 • 巴科斯
美国中央情报局特工，负责情报分析工作，长期追踪扎卡维。

扎伊丹 • 贾比里
伊拉克人，逊尼派领袖。

斯坦利 • 麦克里斯特尔
美军特种部队指挥官，联合特种部队在伊拉克追踪扎卡维时的指挥部司令。

扎伊德 • 卡尔布利
伊拉克海关官员，但同时也是扎卡维团伙成员。

努里 • 马利基
伊拉克总理，2006 ～ 2014 年在任。

叙利亚

巴沙尔 • 阿萨德
叙利亚总统。

罗伯特·福特

2010～2014年任美国驻叙利亚大使。

穆阿兹·穆斯塔法

美籍叙利亚商人，支持叙利亚反对派，“叙利亚危机救援队”领导者，该组织致力于协调各方力量管控叙利亚内战形势。

阿布·穆罕默德·祖拉尼

伊拉克人，“努斯拉阵线”领袖。该组织是2011年底由“伊拉克伊斯兰国”在叙利亚设立的分支组织。

科菲·安南

1997～2006年任联合国秘书长，联合国派驻叙利亚问题特使。

华盛顿（美国）

迪克·切尼

2000～2008年任美国副总统。曾主张“基地”组织与萨达姆政权有勾连。

希拉里·克林顿

2009～2013年任美国国务卿。

迈克尔·海登

美国国家安全局主管，追踪扎卡维时的美国国家情报总监。2006～2009年任美国中央情报局局长。

弗雷德里克·霍夫

2009～2012年任美国国务院中东及叙利亚问题顾问。

约翰·麦凯恩

美国参议员。参议院军事委员会主席。

莱昂·帕内塔

2009～2011年任美国中央情报局局长，2011～2013年任美国国防部长。

罗伯特·里切尔

曾任美国中央情报局驻约旦分局主管，后接任中央情报局中东分局局长。

乔治·特尼特

1996 ～ 2004 年任美国中央情报局局长。

童年的艾哈迈德·法迪勒·哈莱伊拉（图左）与母亲和哥哥在一起。

1994 年，扎卡维被捕入狱。1999 年，他因为大赦被释放。照片摄于他在贾法尔监狱服刑期间。

1989 年，扎卡维离开约旦奔赴阿富汗之前的留影。

戎装阿卜杜拉王子（右）将一把礼仪用的匕首送给父亲侯赛因。

2010 年，阿卜杜拉二世与拉尼亚王后。

2011 年，阿卜杜拉二世（左）于“9·11”事件后访美。他和布什的会谈气氛融洽。不过，国王仍然警告总统：入侵伊拉克等于打开了潘多拉魔盒。

2003 年，联合国驻巴格达办事处惨遭炸弹袭击，办事处主管等 21 人身亡。扎卡维与此事有关。

2004 年，扎卡维（后排中）残杀美国人质尼克·伯格（前排坐姿）的视频截图。

2006 年，扎卡维在极端主义恐怖视频中亮相，教授枪械的使用。许多极端分子被扎卡维“勇敢”“善战”的名声所吸引，纷纷投到他的帐下。

纳达·巴科斯（2014 年）。她曾是追踪扎卡维的头号“猎手”。

罗伯特·福特。他曾游说伊拉克逊尼派政治家参与该国第一次大选，后来出任美国驻叙利亚大使。

2010 年，斯坦利·麦克里斯特尔将军（左，正面）视察部队。麦克里斯特尔曾是驻伊拉克特种部队负责人。

2005 年，萨吉达・里莎维被捕时的存照。

2006 年，美军空袭后的扎卡维巢穴。

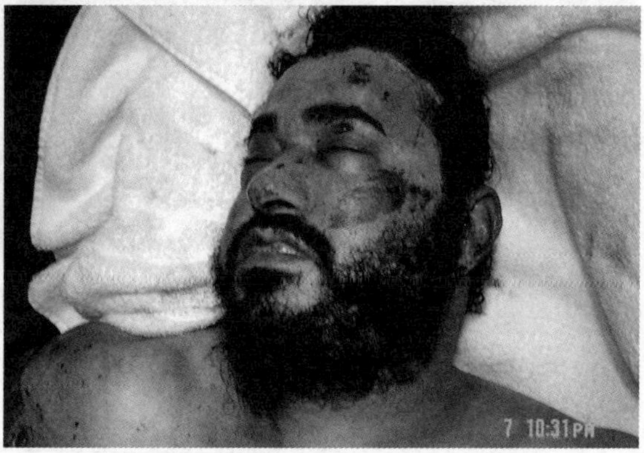

2006 年，美军空袭扎卡维藏身地点之后，救援队曾将扎卡维救出房屋废墟。当时，他还有生命体征，不过很快死去。而后，他的尸体被送至美军基地以确认身份。

2011 年，叙利亚哈马街头聚集的抗议群众。
后来，政府军和抗议者发生了冲突。

2004 年，阿布·巴克尔·巴格达迪
进入“布卡监狱”之前的留影。

2013 年，“伊斯兰国”武装占领拉卡。

2014 年，巴格达迪在伊拉克的清真寺中自命“哈里发”。

2013 年，“伊斯兰国”在拉卡街头悬尸示众。这也是极端分子统治下民众生活的一角。

2014 年，“伊斯兰国”武装横越伊拉克沙漠。

2015 年，约旦空军飞行员穆阿特·卡萨斯巴被“伊斯兰国”俘虏后遭到虐杀。

2015 年，阿卜杜拉二世看望卡萨斯巴的父亲。

2015 年，约旦军机完成袭击“伊斯兰国”基地的任务后返回约旦。

引　子

2015 年 2 月 3 日，约旦首都安曼（Amman）的女子监狱。

夜幕早已落下，监狱大门却并未关掩。只见一名信使行色匆匆步入里面。他带来了一纸死刑通知单。由此，女囚萨吉达·里莎维（Sajida al-Rishawi）的人生即将走到终点。

死刑通知单由约旦国王亲自签发。当天，阿卜杜拉二世[1]正准备启程前往华盛顿，在美国展开国事访问。专机起飞在即，国王却没有忘记里莎维那档子事。他飞快拟好命令，交给随从，让他们火速送往内务部。内务大臣签字后又辗转下发，最后方才抵达里莎维的关押地点。按照当地法律，死刑判决若想达成，必须经历如此折腾。过程虽然繁复，国王的意愿却很简单：这个女人，不能活到明天。

接到命令，典狱长很快行动起来。不多时，他已经站在了女囚所在的监房外面。里莎维的牢狱生涯已经持续了快 10 年。时光流转，她早已不复当年的瘦美身姿。在这里，45 岁的女囚过得很是平静。她从不主动与人搭话，总显得沉默寡言。每天除了看电视，就是读她那本硬皮封面的《古兰经》。她身上的罩袍脏兮兮、油腻腻的，她却从来不曾更换。其实，里莎维并不算很笨，但是，长年不见天日的生活，让她显得十分呆滞、一脸木然。周围的

1　阿卜杜拉二世（Abdullah II）：约旦国王，1999 年至今在位。

一切，似乎都与她无关。每一次与律师见面，里莎维都要苦苦追问："什么时候我才能回家？"她的语气如此真诚，仿佛不知道自己已被判处死刑。

门开了，里莎维很快清楚了自己的归宿与命运：明天早上的太阳，她再也无法得见了。大限将至，里莎维只是点了点头。她有点愠怒，但怒气却未化为强烈的呼号。其实，即便她大喊大叫、哭哭闹闹，四周也不会有任何动静——这处囚室，实在太隐蔽了。

里莎维难逃一死，已经是众人皆知的事情。早在2006年，法官就已做出裁决要里莎维以命偿命。说起来，她的罪行确实足够骇人——3起酒店连环炸弹袭击案，一共导致60多人丧命。这些人大多数都是酒店的普通客人。里莎维的所作所为，酿成了约旦历史上最为恶劣的恐怖袭击。没人想得到，当时这个35岁的伊拉克女人之所以现身酒店婚礼现场，是要和她同为"人弹"的假丈夫一起实施血腥杀戮。一声"轰隆"巨响过去，里莎维却并没有随之一命呜呼，她罩袍下的炸弹哑火了。她那张浓眉大眼的脸，暴露在了监控录像中，就这样，里莎维出名了。而后她的遭遇，在安曼人尽皆知：这个女人捡了一条命，随即开始疯狂逃窜。她先是晃荡到了城市北端，随后跳上一辆出租车，几番颠簸之后，她迷失了方向，只能穿着那件血迹斑斑的罩袍，在郊区东躲西藏。

血案过去已近10年。原来的屠杀现场已经得到重建和整顿，宾馆再次开门营业，而那个凶手，却在落网之后销声匿迹。她就像一件"珍品"，被藏进了这座女子监狱中。在此地，没人知晓她的过去；在监狱外面的那个世界，大家更是忘却了有这么一号人物的存在。只有几个情报圈内的老牌人物，用"扎卡维的女人"称呼她，借此嘲笑臭名远扬的约旦恐怖分子扎卡维——他正是酒店爆炸案的幕后主使。年轻的一代几乎不记得她了，"死亡新娘"里莎维的鼎鼎大名，早就随着时间流转而没入尘埃，但扎卡维的后继者却没有这般健忘。2015年1月，"达阿什"[1]——也就是臭名昭著的"伊斯兰国"突然向约旦政府发出最后通牒，要求里莎维早日回归组织。他们还表示，

1 达阿什（Daesh）：阿拉伯语，阿拉伯国家对极端组织"伊斯兰国"的蔑称。

如若不能遂愿，相关后果需要约旦方面自行承担。

自此以后，里莎维的问题令约旦陷入长期的噩梦中。早前，约旦空军的一架飞机遭遇袭击，在叙利亚（Syria）境内坠毁。年轻的飞行员跳伞逃脱，却又落入“伊斯兰国”的手中。惊恐的飞行员被剥了个精光，缩在地上瑟瑟发抖。恐怖分子围着从天而降的“礼物”又唱又跳。骇人的景象透过社交网站，刺激着不少人的神经。约旦政府震惊了。国王和一干幕僚急得团团转。按照惯例，倒霉的飞行员很可能身首异处，或者，“伊斯兰国”方面会把他当作筹码，换取什么代价。无论哪一种情况，都会让约旦大丢脸面。没想到，“伊斯兰国”的回应却来得很是吊诡。坠机不到一周，失事飞行员的母亲居然接到了儿子打来的电话。不过，手机那头并非俘虏本人，而是一个语气冰冷的伊拉克人。他操着一口口音浓重的阿拉伯语，讲出了“达阿什”索要的东西。

“我们要里莎维，我们要我们的姐妹赶快回家。”打电话的人表示。

这是对方唯一的条件。他们反复来电，强调了许多次。每一次，不等这边有所反应，来人便匆匆挂机。有时候，飞行员的家人还来不及说一句话，对方就已经收线。没办法，飞行员一家只得找到约旦情报部门寻求帮助。

阿布·哈伊萨姆（Abu Haytham），47 岁，前陆军掷弹部队军官，如今已升任情报部门的反恐主管。桌上这叠厚厚的来电显示记录，让他坐立难安。早年间，哈伊萨姆还在部队服役的时候，就已经和“伊斯兰国”的前身交过火。哈伊萨姆是个外表粗蛮的汉子，事实上他的性格也是如此。他脾气火暴，甚至有些凶恶残忍。每次抓到恐怖组织的要犯，他都会亲自提审。好几次，犯人都被哈伊萨姆打得骨折筋裂。有那么几次，扎卡维也尝过他拳头的滋味。至于“扎卡维的女人”，自然也和他打过那么一两次交道。

伊斯兰国想要赎回里莎维！这个消息在约旦自然掀起了不小波澜，但出了这个国家，消息却没能造成什么影响。毕竟，里莎维既非要犯，也不是什么极端组织的领袖人物，即便说她是“伊斯兰国”精心塑造的“圣女贞德”，都有点言过其实。她只是不明就里地卷进了一起袭击案，而后又稀里糊涂地遭到逮捕。虽然人们传说她是“扎卡维的女人”，但其实她和那个恐怖头子连面都没见过。假若“伊斯兰国”不曾提到她的姓名，也许这个女人会籍籍无名地留在监狱之中度过余生。要将这样一个小角色立即置于死地，似乎有些反应过度了。

当然，哈伊萨姆可不这么看。他很清楚：伊斯兰国那伙人点了里莎维的名，是想要正本清源，图的是这女人身后扎卡维的名声。

扎卡维及其党羽这股恐怖“新贵”势力的历史可以说源远流长，叙利亚战火未起之时，恐怖的种子就已经埋下。在很多年以前，扎卡维还是个籍籍无名的小卒之时，他和他的组织就已经与哈伊萨姆等人较上了劲。为了不让恐怖分子扎下根，约旦情报人员可谓殚精竭虑。然而人算不如天算，他们的几次疏忽，还是让扎卡维一伙钻了空子。当然，约旦方面反恐不力，还应归罪于大国政治的失策。事到如今，扎卡维的“事业”已成气候。他的后继者摇身一变，成了“国家领袖”。他们的“政权”坐拥偌大的疆土，几乎与约旦比邻而居，甚至一度把约旦政府视作头号敌人。“功成名就”之后，“伊斯兰国”再次找上约旦，显然，他们此番举动别有所图。

里莎维制造爆炸的现场，哈伊萨姆恰巧去过。时至今日，他还能想起当时的每个细节。恐怖袭击那夜的所见，那种血腥缭绕的滋味、烟雾弥漫的气息，还有出自受害者的声声哭号，令他终生难忘。尤其那两个女孩的样子，让哈伊萨姆刻骨铭心。

两个女孩应该是表姐妹关系，一个 9 岁，一个 14 岁。哈伊萨姆还能想起她俩的名字——丽娜（Rina）与里哈姆（Riham），都是安曼本地姑娘，也都是婚礼上的小客人。哈伊萨姆记得，两个小客人齐齐一身白色纱裙，小脸蛋有些苍白，却不失可爱。“简直就是一对小天使。”哈伊萨姆感叹。

他还能想起，自己第一次在医院中见到这对小天使时的情景。她们身上的纱裙同出一款，足下漂亮的舞鞋应该也是精心准备的。在哈伊萨姆眼中，两个小姑娘并排躺着，好似睡着了一般，尽管周围人流穿梭、喧闹嘈杂。他的耳边一片躁动，脑中也一片空白。两个小姑娘睡着了，他想。也许她们还受了点伤？不过应该并不严重吧。嗯，她们应该只是累了，所以睡了……拜托，拜托，哈伊萨姆在心中祈祷，祈盼她们只是睡着了。不过，只消一眼，他就看见了她们身上的伤口，清晰而恐怖——那是弹片留下的痕迹。

引 子

惨剧发生的时候，姐妹俩和所有的来宾一样，站在一起眺望着远方，用微笑、欢呼、掌声，准备迎接一对新人走进安曼的拉迪逊酒店（Hotel Radisson）大堂。虽然11月中旬的安曼已经有些冷，但寒冷的天气却盖不过室内张灯结彩的喜气。一场普通的沙漠欢宴，马上就要开始。

双方的家长都很高兴，笑得合不拢嘴。两位父亲穿着租来的燕尾服，乐滋滋地踏上了红地毯。乐队适时开始敲击着传统的鼓点，由轻到重，欢快激昂的音乐一时间响彻大堂。酒店的工作人员不得不拉高嗓门才能确保自己的声音能被听见。就这样，宴会被推进到了甜蜜的最高潮。喧嚣之中，没人注意到那两个鬼祟的黑影偷偷摸摸地挤进了熙攘的人群，而后又随着大家的脚步，钻到大堂的正中。

突然，一阵强光闪过，酒店大堂短暂地安静了一瞬，刚才的笑语欢声，旋即被淹没在惊天动地的爆炸声中。从天花板到墙壁，再到脚下的地板，一切都在坍塌。楼上的众多住客，显然也感受到了这骇人的震撼。他们纷纷跳下床，跑出房间，拥挤着冲下楼梯，来到大厅的另一侧。突然，又一声雷鸣般的巨响，四周再次陷入死寂。不过，在短暂的死寂后，哀鸣声便开始此起彼伏，瞬间四处弥漫。

恐怖分子预备了几枚炸弹，但是只有一枚爆炸了。不过，散开的弹片就像一组组剃刀，飞旋着切过了酒店大堂。屋顶上的钢梁因此支离破碎、掉落满地。至于那些婚礼装饰，更是化为一片狼藉。木制的桌子成了碎片，而大理石的墙面则被划得千疮百孔。弹片刺破了一件件晚礼服，插进了夹克与衬衫后面的身躯。小姐妹轻薄的纱裙，自然也无法阻挡弹片的冲击。

那个星期三，哈伊萨姆已经忙昏了头。早上9点，他就接到报告，匆匆赶往城市另一头的凯悦酒店。据说，有人故意点燃了煤气罐，想要制造一起袭击案。不一会儿，城中的假日酒店再次传来炸弹警讯，作为情报局上尉的哈伊萨姆需要立即前去处理。而拉迪逊酒店的这次爆炸，已经是同一天的第三起，也是后果最为严重的一起。提到拉迪逊酒店，哈伊萨姆再熟悉不过——那可是安曼的地标，按照约旦当地的标准，绝对堪称流光溢彩的奢华场所。拉迪逊酒店高耸在一片坡地之巅，只要你身在安曼，肯定会觉得它非常显眼。

酒店距离哈伊萨姆的办公楼也不过3公里多路程。他和它，几乎是低头不见抬头见。

一接到消息，哈伊萨姆立即动身，匆匆赶到事发地点。他闯进门厅，绕开一组组抢救人员，从一个又一个惊魂未定的幸存者身边走过。一路上，他还得小心脚下，避免踩到什么不明物体。电源被切断了，应急灯光线昏暗，哈伊萨姆不敢确定，自己会不会踩着某具尸体。袭击现场的烟雾始终不散，地上那一具具不能动弹的躯体也看不清楚。他们的姿势非常怪异，就像被一个粗莽巨人狠狠拎起，而后又重重丢下。缺胳膊少腿的情况自然也不会少见。爆炸中心的一边，横卧着两坨黑漆漆的尸块，尸身上的燕尾服虽然被撕裂得惨不忍睹，倒还勉强可辨。哈伊萨姆觉得，死者应该是新郎、新娘的父亲。由于“人弹”就在他们身边爆炸，所以他俩的死状才会如此骇然。

夜幕降临，哈伊萨姆和他的手下也聚到了一起。大家的眼前摆满各种零碎弹片。为了搜集这些东西，情报人员花了不少心力。弹片上，还残存着未干的血肉痕迹。忙碌的时候，哈伊萨姆并没感觉到这些细节有多么可怖。直到他稍稍安闲，站到了医院简易停尸间的木地板上面，才感觉后怕袭上脊背，猛然乱窜：残缺的肢体、痛苦的哀号、烟尘的味道，还有那一对小姐妹——她们还是一身白裙，却再也不能起舞。哈伊萨姆是个慈父。他的一对女儿正好和丽娜与里哈姆同龄。这样的画面，最能触动他的心绪。“这是人做的事情吗？”哈伊萨姆愤怒地大吼了出来，“但凡有些人性，都下不去这个手！”

两天过去了，袭击者的身份也终于浮出水面。案发时，有人看见一个女人踉踉跄跄逃出现场。她当然非常可疑。很快，这个可疑的女人便颓然地坐到了情报部门的椅子上。气势汹汹的哈伊萨姆，就站在女人的跟前。

这个女人，肯定知道什么内情。如此重大的袭击，一定有着极为缜密的幕后方案。更重要的是，下一步他们瞄准了哪里？下一次爆炸，又将在什么时候拉开帷幕？

“我不知道，我不清楚。”哈伊萨姆的问题犹如连珠炮，女人却总是嗫嗫嚅嚅，她的答案，始终也没有超出这四个字。她显得那样呆滞，仿佛刚刚磕了迷幻药一般。

哈伊萨姆有些沉不住气了。他的语调慢慢变缓，竟然犹如哀求。他半是威胁，半是恳求地要她开口。他质问她的良心，他要她想想宗教、想想安拉，他渴望她说出那个秘密。

“你的脑子里是一团糨糊吗？”他终于难以压制怒气地吼叫起来。“你为什么要给那些恐怖分子打掩护？为什么！”

无论如何，这个女人始终没有吐出一丝有用的情报。几个月后，她被判了死刑。不过，没关系了，哈伊萨姆和同事们这时已经知道了幕后黑手的身份——此人得意扬扬地灌制了一段音频，坦然承认了自己的罪责。其实，袭击中的点点滴滴，早已充满着他的个人痕迹：10分钟内爆炸连续发生、自杀式袭击者闯进人群制造混乱、炸弹爆破威力已经达到了军队武器级别……弹体中潜藏着的金属碎片，更是大大加强了杀伤力。当然，这次袭击能产生如此大的影响，关键还在于地点、时间的选择。每个夜晚，安曼城中的富裕阶层都习惯聚到某家酒店，打着各种名目开怀畅饮。事发时间并非周末，没有任何军警人员会在晚上9点去那些地方巡视，但是，就在这些普通的聚会场所，却随时聚集着大量人群。总之，凶手不仅对于约旦人的生活习俗了解得一清二楚，还要拥有一副缜密的头脑，才可能考虑到如此复杂的因素。凶手那自鸣得意的语调也彻底暴露了他的身份——扎卡维，哈伊萨姆的“老朋友”，也是“基地”组织伊拉克分支（al-Qaeda in Iraq）的头目。

扎卡维生在约旦，外号“流氓艾哈迈德”。这个“流氓”早年辍学，一头栽进酒精当中不能自拔。他脾气暴躁，经常卷入斗殴。自从80年代中期去了一趟阿富汗，这个酒鬼却突然转性，变身成了“虔诚”的宗教极端狂徒。为了实践恐怖主义的“理想”，扎卡维很快迈出了第一步，同时也把自己送进了牢房。一段监狱岁月过后，扎卡维再也不是一个简简单单的极端分子，他成了同类人的领袖，身边总不乏追随者簇拥。那之后，哈伊萨姆和扎卡维见了好儿次面。两人的最后一次碰面是在1999年，那时哈伊萨姆还想要改变这个人，扭转他滑向恐怖深渊的人生道路。不过，1999年那一别过后，扎卡维再无影踪。他离开了祖国，再次前往阿富汗。约旦国内再次听到扎卡维的名字，已经是在各种与恐怖袭击相关的新闻当中。

其实，扎卡维能够名声大噪，还多亏了美国政府的宣传。家乡人尚不知道“流氓艾哈迈德”在干些什么的时候，美军已经把他捧为恐怖主义的超级明星。2003 年，美方宣布：这个约旦人乃是“基地”组织的重要头目，他被辗转引荐，在奥萨马·本·拉登[1]和萨达姆·侯赛因[2]之间搭桥牵线。本来，扎卡维并没有这样广大的神通，可是，美军入侵伊拉克，却为他搭建了一个绝好的舞台。在这方舞台之上，他尽情施展自己的煽动能力，很快组织了一支数千人的恐怖部队。3 年下来，扎卡维就把伊拉克推到了教派对立的内战边缘。什叶派（Shiite）民众聚居的村落、街道，平日造访的集市、寺庙，屡屡遭遇扎卡维策划的恐怖袭击。“流氓艾哈迈德”的恐怖宣传自有套路：他喜欢将人质斩首，并把全过程拍摄下来供人观看。网络的力量是无穷的，全球各地的民众都曾受到过扎卡维制作的血腥视频的强烈刺激。美国军队本想用伊拉克战争的胜利，一扫“越战”失败的颓势。可是，扎卡维的嚣张气焰，让这场大捷也变得黯淡无光。

扎卡维的恐怖事业，还远远没有登上巅峰。许多人觉得，这个流氓不过是本·拉登派驻伊拉克的傀儡。但事实上扎卡维从来都自行其是，并不听从任何人的差遣。他信奉的所谓“圣战”[3]，完全是他个人的独创。本·拉登过去追求的目标，是把阿拉伯诸国从西方的腐朽影响中逐步解救出来，最终实现统一，建立一个“哈里发国”[4]。只不过，这个过程需要经年累月的努力，不知什么时候方能实现。扎卡维的理想，与本·拉登大致相同，只不过“流氓”等不了那么久。他的帝国，现在就应该破土动工了。扎卡维团伙犯下的种种骇人暴行，全都是在为“哈里发国”的大厦添砖加瓦。“流氓”迷信暴力、

---

1 奥萨马·本·拉登（Osama bin Laden）：“基地”组织创始人，策划了“9·11”事件。2010 年身亡。

2 萨达姆·侯赛因（Saddam Hussein）：曾任伊拉克总统，2003 年遭美军俘虏，后被判处死刑。

3 圣战（jihad）：又可译作“杰哈德”，原意为“努力”“斗争”。宗教极端主义语境下一般称作“圣战”。

4 哈里发国（caliphate）：“哈里发”在阿拉伯语中意为“合法继承人”，即穆罕默德的合法继承人，“哈里发”统治的国家即“哈里发国”。“哈里发”为政教合一的国家领袖。

滥施暴力，他用暴力胁迫普通群众，也采取暴力方式吓阻恐怖同行。他给中东各国带来的震撼，远远超过了“基地”组织。

扎卡维的残暴，也坚定了对头们对付他的决心。面对拉迪逊酒店的惨景，哈伊萨姆心中的目标只有一个：除掉扎卡维，除掉那个策划惨案的人。他的努力很快得到回报。2006年，约旦情报部门摸到了扎卡维藏身的老巢。他们把这个情报提供给了美国人，后者很好地完成了“斩首”使命。扎卡维死了，但这一切没有结束，他的“使命”被后来人继续执行。2013年，叙利亚形势陷入混乱，国土多处都成了无法之地。扎卡维的后人乘隙而入，在这些地区扎下了根。他们非常高调，高调得不像一支恐怖组织，反而犹如一支正规军队。

这一次，华盛顿当局没有出手。延绵数年的武力纷争，让美国极度疲倦，非常厌战。待到奥巴马等人回过神来，极端势力已然坐大。所谓的“温和反对派”的策略完全不能控制局势。单靠日复一日的空中打击，根本无力切断极端组织的战略补给线。恐怖组织如此猖獗，甚至已经自行建立“政权”，这样的情况在中东地区已非初次出现。约旦人对此自然非常熟悉，情报部门的人员觉得，美国方面又要开始“在破船上凿出一个新窟窿”了。

“伊斯兰国”，这是扎卡维的后继者的新称号。“流氓艾哈迈德”则是他们心中“永远的圣战者谢赫”。扎卡维相信，自己可以改变该地区的政治版图。这点遗志，被“伊斯兰国”分子原封不动地继承下来。和“圣战者谢赫”一样，“伊斯兰国”的领导人也相信自己终将一统中东。

《圣训》(*Hadith*)是伊斯兰教的宗教经典，也是扎卡维的“精神源泉”。从中，他似乎看见了自己的未来：黑旗军自东方而来，军威壮盛。兵士留发蓄须，以各自的家乡为姓。这支打着黑旗的力量，不但会统一穆斯林所在的土地，他们还有更大的使命——挫败西方势力。而圣战之地就在叙利亚的北方。

“星星之火已经在伊拉克点燃！”扎卡维鼓吹道，“很快，烈焰就会漫卷荒原，一直烧到达比克[1]，吞噬那些无知的十字军。”

如此的豪言壮语，情报人员的耳朵已经听出了老茧。扎卡维还在蹲监狱

1 达比克(Dabiq)：伊拉克北部小镇。根据末日传说，此地将成为宗教“决战”之地。

的时候，就已经日复一日地向他身边的每个人散播同样的末世宣言。这一次，同样的话却来自不同的嘴巴。扎卡维的后继者拥有一支3万人的大军，他们想要与自己的“姐妹”重聚。假如约旦方面不予应允，他们随时可能踏入国境。

有关里莎维的口舌之争，在2015年2月3日戛然而止。那是阿卜杜拉访问美国的第二天。一天行程下来，国王显得非常疲惫。此前，他劳神费舌，为自己治理下的这个小小国家向美国求助请援。他要让美国的高官们知道，约旦面临两大威胁：60多万叙利亚难民以及参与反恐战争的高额军费。国王的抱怨，并未换来足够的收获，他见到的国会议员个个摆出了同情姿态，却不肯做出任何具体承诺。白宫的官员要显得实在一些，他们反复强调会帮助约旦整顿国防、刺激经济，不过，在他们的口中，阿卜杜拉没有得到自己最为牵挂的那个问题的答案。

失望一点点地积攒，慢慢升腾成为一股怒气。上次访美，奥巴马竟然当场驳了阿卜杜拉的面子。后者索取军需的要求，被美国总统一口回绝。如此一来，面对“伊斯兰国”的军车大阵，约旦军方根本无力抵抗。这一次，奥巴马更是神龙见首不见尾。还能不能与美国国家元首进行会谈，阿卜杜拉也不能肯定。

无论如何，阿卜杜拉必须到华盛顿走一趟。他与参议员麦凯恩[1]约好了一次会面。后者身为参议院军事委员会主席，也许可以帮忙打通一些关节。会见进行到一半，国王却突然借故离开。随从们发现他呆立在走廊的一角，目光死死盯着智能手机的屏幕。手机屏幕显示，“伊斯兰国”的恐怖分子正把那个约旦空军飞行员揪到镜头前。国王亲眼看见飞行员被塞进囚笼、泼上汽油，又眼睁睁看着烈火燃烧起来。原来，人质早就死了，而此前约旦方面刚刚释放了一名恐怖囚犯。

待到国王回到会场，那段视频早在一众人中传遍。麦凯恩的随扈们面面相觑，不知作何反应。阿卜杜拉看上去还算镇静，不过，细心的主人发现国王陛下的双腿其实一直在颤抖。

---

1 麦凯恩（John McCain）：美国共和党人，保守主义者。曾经参与越战并被俘。2008年参与总统选举，落败。

引　子

“您看，我们还能帮上什么忙呢？”麦凯恩关切地问道。

“我看，你们根本没有帮过任何忙！”阿卜杜拉憋了一阵，终于吐出了一句痛快话。“我们不断遭受炸弹袭击，却没有得到一点援助。要知道，当美军在伊拉克遭受恐怖威胁时，我们派出的战机远远多过任何一个美国盟友！起码达到了他们派出战机总和的两倍之多！”

阿卜杜拉的访美行程照常进行。不过，他的心早就飞回了自己的国土。白宫秘书处打来电话的时候，约旦国王正在安排回程的航班。秘书表示：按照总统的要求，会晤时间定为15分钟。国王接受了。

白宫椭圆形办公室内，奥巴马向死难者的家人表示悼念，请他们节哀顺变。同时，他也向阿卜杜拉表达了谢意，感激约旦国王提供慷慨帮助，辅佐美军应付“伊斯兰国”的威胁。约方有什么要求与难处，美方愿尽一切可能提供帮助，一定会出兵援助。总统还提到了派兵援助。

“总统阁下，出兵援助就不必了。”阿卜杜拉坚定地表示。他只是列出了需要美方提供的武器清单。

“我需要足够多的军火进行反击，反攻起码要持续3天。”阿卜杜拉说。其实，具体的细节早在此前就已敲定。“我们要和他们开战，每一点火力都必须用上。”

回国之前，还有一件事情必须处理。阿卜杜拉登机之前，特地电话联系了远在安曼的亲信副手。国王想要确认，自己的死刑命令是否已经得到落实。当时约旦的死囚当中，有两个人都和扎卡维脱不了干系。其中一个是伊拉克男人，在某次军事行动中遭到俘虏；另一个就是萨吉达·里莎维。国王下令，这两人必须伏法，立即执行。

虽然里莎维两人早就死期已定，不过，只要事关死刑，有些西方国家就会提出抗议。这一点，阿卜杜拉早有预估。对此，他毫不在乎。现在，唯一让他烦闷的是，国内那些行刑人已经耽搁了太久。

“不要让任何人、任何电话来打扰我！”阿卜杜拉吩咐手下。

安曼时间凌晨两点，国王的专机还在天上盘旋。与此同时，狱卒刚刚收到命令，站到了里莎维的监房门口。按照穆斯林的习俗，死囚会得到一次淋浴机会，以及一顿最后的晚餐。不过，里莎维拒绝了这点福利。她把自己的红色囚服捐给了狱方，身上那件罩袍也准备留给狱友。

狱卒押着她来到监狱外，登上了一辆早已等候在那里的囚车，在军车的护送下前往士瓦卡监狱。那是约旦国内最大的监狱，在首都安曼以南 60 多公里处，位于沙漠中的一座山丘上。凌晨 4 点不到，车队抵达了目的地，这时西南方的天空中还挂着一轮满月，眼看就要落到地平线下，惨淡的月光透过薄薄的云雾洒在大地上。

她来到一间小小的囚室，等待最后的裁决。这里四下无光，只有几道又高又白的墙。透过小小的窗户，外边还是射进了几道窥探的目光。一名伊玛目[1]走进屋内准备祈祷，他身边的法官则开腔发问，看看里莎维想要留下什么遗愿。死囚一言不发，没有回应。

面罩遮脸，绞绳套上脖颈，里莎维还是没有出声。坠入黑暗的那一刻，她选择沉默以对。凌晨 5 点零 5 分，一名医生走进行刑房间，摸了摸里莎维的脉搏。

就这样，“扎卡维的女人”死了。约旦历史上的恐怖时刻，也随着她的离去而落下帷幕。不过，“伊斯兰国”不会就此罢手。他们将要报复，完成扎卡维未竟的愿望——终结国王的统治，打破中东的国界。这里的一切政权，都会遭到倾覆。他们要把“伊斯兰国”的“黑旗”插遍波斯湾的每个角落，诱骗西方卷入乱局，开启预想中的那一场“末日战役”。

1 伊玛目（Imam）：穆斯林对祈祷主持人的尊称，又称领拜人。

卷　一

扎卡维的崛起

第一章
什么样的人用眼神就可以掌控一切？

约旦各地的牢狱之中，贾法尔（al Jafr）要算最为臭名昭著的一个。它在此地经营颇有年月，10 多年来，囚禁过不少麻烦的人物。岁月变换，囚徒的名头渐渐淡去，监狱的名声却一直响亮。监牢外围，有一个贝都因人聚居的村落，正好也叫“贾法尔”。约旦西南部的酷烈荒漠中，一条公路横穿而过。路的一边是村民的居处，另一侧则是囚犯的住所。出了监狱，地势转入低洼。四下没有山，没有巨岩，也没有半棵草木，只有一望无际、铺向天边的干涸泥土。许久以前的远古时代，汪洋曾在此留驻。沧海化作桑田后，这里的天地间仿佛失去了肢体，空留下一片茫茫虚无。偶有过客投来一瞥，都会心生惊惧。“这里孤寥得实在可怕”——电影导演大卫•林恩（David Lean）如是说。1962 年，为了给电影《阿拉伯的劳伦斯》[1] 取景，林恩曾经踏足过这片泥坪。他说：“此地是我见识过的荒漠中最为荒芜的一处。”对于贾法尔，影片的摄影导演霍华德•肯特（Howard Kent）的评价更加简练直白：“阴曹地府，也不过如此吧？”

如此一方荒漠，倒是正合英国军方的心意。英军围好石墙，立起高高的

1 《阿拉伯的劳伦斯》(*Lawrence of Arabia*)：美国电影，1964 年获奥斯卡奖。

瞭望台，把荒漠化作了囚狱。普通牢房难以禁锢的危险人物，正好被管束在这里。许多年过去了，约旦政府接手监狱。巴勒斯坦武装分子之类有害国家安全的极端人员，随之移居此地。这些囚犯的人数有几千之众，其中许多并未真正过堂受审，就沦为了阶下囚。他们栖身的地方窄矮闷热，蚊蚁丛生，不但温度叫人不堪忍受，饭食也是馊得难以下咽。此外，监狱里还有一整套折磨人的刑法，比如，囚徒刚刚入住，往往要遭遇一顿毒打——打到失去知觉为止。电线捆绑、烟头烙烫也是常用的下马威手段。有时候，狱卒还会使用一种被谑称为“烤鸡”的刑罚：他们先用棍棒支住犯人的双膝，而后把他的整个身体都倒悬起来。如此种种，一桩桩一件件清晰地记在联合国调查人员写成的档案之中。贾法尔毕竟地处偏僻，运营成本自然不菲。而且，牢中的惨况对约旦政府的形象也造成了负面影响，久而久之，王室终于不堪其累，在 1979 年，将最后一批囚犯迁离贾法尔，转往其他监狱收押。这片沙漠重新归于荒凉，再次成为蝎鼠虫兽和孤魂野鬼的领地。

又是一段时光逝去，关张多时的贾法尔迎来了复兴的契机。当时，士瓦卡（Swaqa）中央监狱里的一伙反政府狂热分子正在拉帮结派，活动非常积极，情报局的各位官员为此相当头痛。1998 年，有关部门决心要把其中几个刺儿头单独关押，以免事态继续升级。于是，贾法尔的一处裙楼重新派上了用场。情报局专门出动了一组士兵，把楼内的墙体拆除得干干净净。这样一来，所有囚徒就将居于一室，方便狱方管理。新的牢房里，25 张床铺挤在一起，留下的空间所剩无几。入口处，钢制的格状牢门已然立起。除却门上的这些小格子，室内唯一与外界连通的通道也就剩下外墙上膝盖高的若干通风口了。一切建设妥当，典狱长也准备上岗。监狱里亟需的其他工种，比如厨师、洗衣工等，差不多都招聘完毕。不过，此地的“住客”不多，为他们配备一名专职医生似乎有些说不过去。正好，邻近村落新来了一位医科大学毕业生，此人名叫巴赛勒·萨卜哈（Basel al-Sabha）。他之所以前来贾法尔村，乃是响应国家卫生部的调令来此行医。就这样，整个约旦最为凶恶的 50 个犯人的医疗责任，就落到了萨卜哈的肩上。

萨卜哈个子很高，而且一脸稚气、外表清秀。那一年，他才 24 岁。这样一件差事，自然并不令他雀跃，到岗之前，萨卜哈对这份新工作颇为抱怨。在约旦，监房牢狱被看作险恶之地。贾法尔的“名声”更是糟糕，几乎就是龙潭虎穴。入职当日，萨卜哈的焦虑到达顶点。这天，监狱负责人、陆军中校易卜拉欣（Ibrahim）特地找他谈话。贾法尔的安全事宜非同小可，人到中年的典狱长必须给新同事重申一遍。典狱长警告萨卜哈，他必须时时刻刻和犯人隔离在狱门两端，问诊的时候也不能例外。而且，易卜拉欣还表示，几根铁柱，并不足以保证安全，萨卜哈的心门上也必须加上一道栅栏。

“这伙人非常危险。”易卜拉欣说，“他们可能不足以危害你的人身安全，但完全可以改变你的思想。即便是我也要注意提防，才能不受他们的影响。”

典狱长侃侃而谈，说起了这群犯人的种种怪处。这些人的装束就很怪。他们坚持在囚服的外边罩上一层阿富汗式的短上衣。之所以作如此打扮，是因为他们觉得狱服“过于贴身，有些暴露”。此外，这个小团体还有一种怪异的魔力，不少重刑犯在和他们接触之后，居然摇身一变成了“虔诚的信徒”。一些狱卒甚至也受到感召，成了他们的同党。到了后来，投奔他们的狱方人员越来越多，士瓦卡方面不得不把犯人放风的时间缩短到了 90 分钟，才止住了这股逆流。

谈话已近尾声，典狱长仍在喋喋不休叮嘱萨卜哈小心这里的“住客”。易卜拉欣表示，一干危险分子当中，又数一个人特别危险，这个人是囚徒的头儿，拥有极强的煽动才能。他叫阿布·马哈茂德·麦格迪西（Abu Muhammad al-Maqdisi），是一名宗教学者。麦格迪西才智惊人，若论妖言惑众的能力，他可与著名的“妖僧”拉斯普京[1]媲美。

“这个麦格迪西很不简单。他简直是一个两只脚的书橱，宗教知识非常渊博。”易卜拉欣说，“你和他打一次交道，就能领教到他的厉害了。他是个帅哥，又高又瘦，头发棕黄，眼睛发蓝。你可千万不要着了他的道儿。”

不多时，巴赛勒·萨卜哈已经身处监狱的里面。他的身边，还有几个护卫同行。几人一齐走到了瞭望台下，和一组荷枪实弹的卫兵擦肩而过。终于，

1 拉斯普京（Rasputin）：东正教神甫，俄国末代沙皇尼古拉二世的内廷宠臣，也深得皇后与公主的喜爱。据称，拉斯普京不但口才出众，而且有着预知未来的能力。

关押犯人的裙楼出现在眼前。天色刚刚泛黑，昏暗的光线影影绰绰。狱室的样子随着距离的拉近一点点变得清晰。脚步临近，萨卜哈已能辨出室内床铺密集排列的情形。眼光瞄去，他还发现了一个个犯人的身影。

这里一共有48名囚徒。有的待在床上，有的则在诵经毯上坐立。他们个个腰板挺直、神情肃静，好似一组仪仗队在等待检阅的来临。这些人的衣着几乎一模一样，蓝色的囚服外边，统一罩着一层松松垮垮的短上衣。看来，典狱长所言不虚。所有囚徒的目光，同样也整齐望向门口，盯着同一个地方。萨卜哈不自觉上前一步，想要看清他们瞩目的对象。

目光聚焦之处，有两个身影。其中一个身形消瘦、戴着眼镜，透出了十足的学究气。他那浅棕色的长发异常蓬松，披风也难以遮掩。这人大概就是典狱长口中那个麦格迪西了，萨卜哈想。看样子，他确实是这一众监犯的精神领袖。领袖的一旁，还有一个人物也很显眼。满屋子囚犯的注意力，似乎都在他的调动之下。比起麦格迪西，这人的面色略显黧黑，个子也要矮小一些。他身形强壮、脖子粗短，那对肩膀尤其显得结实，似乎应该生在某个摔跤能手的身上。这时，萨卜哈与观察目标只有咫尺之远。对方右臂上的骇人刀疤，他已经能够看得分明：在一大片瘀青似的乌黑皮肤上，有一道锯齿般的疤痕。很显然，当初为他疗伤的人绝不是一个专业医生，伤口周围的肌肉和皮肤被胡乱地缝合在了一起。

刀疤的主人盯着身前的床铺，表情很是认真。好一阵过后，他才回过了神，双眼聚焦到来客的身上。他的面庞浑圆肿胀，相貌平淡无奇，一对嘴唇埋在浅浅的胡须之中，看不到任何动静。不过，这人的眼神却让人难以忘怀。阴暗的狱室之内，那双眼睛浑黑闪亮，显得深不可测。除却警惕、探视以及一点冷冷的智慧之光，眼神中没有透出任何感情。面对萨卜哈，他既没有什么欢迎的表示，也并未露出半点恶意。他就像一条大蛇，面对被推入笼中的小老鼠，只是默默观望，仅此而已。

典狱长开口了。他嘟嘟囔囔，先向犯人引荐了新来的狱医，而后又宣布了看病时间的开始。“你们有什么病恙疼痛，都可以让大夫检查一下。”易卜拉欣说。

萨卜哈往前挪步，距离狱门又近了一些。他能想到接下来的场景：犯人们肯定会蜂拥而来，而他则要分发药片、答疑解难，忙得不可开交。狱室如此逼仄，皮疹、过敏、胃疼、瘙痒……种种问题肯定难免。但是，事实出乎狱医的意料。满屋子的犯人一动不动，好像在等候那位刀疤客发号施令。终于，刀疤客别过头，向狱室前方的某张床铺投去了肯定的目光。待他略一颔首，床铺上的人方才站起身来，悄无声息地走到了萨卜哈的面前。完事之后，刀疤客二度点头，于是萨卜哈又迎来了第二名病人。如此这般，几位囚徒依次获得了求医的机会。

这天晚上，萨卜哈一共接待了 5 名病患。其间，那个刀疤客只是静静地盯着狱医的脸，他缄默如初、绝不发言。看来，即便身处约旦最为严密的监狱，他仍然可以牢牢地掌握整个局面。

萨卜哈感到一阵异样，似有一股力量正在深牢大狱之中震颤回荡。“他到底是什么来头，”狱医心想，“凭着几个眼神，就能把一群人呼来唤去？”

几天下来，萨卜哈和各位病人渐渐熟悉了些。监狱方面畏惧囚犯的原因，他也开始有所知晓。原来，囚犯当中存在着一个“头目阶层”。头目的人数约有 24 个，个个都是宗教极端分子。20 世纪 90 年代，他们效命的组织曾在约旦肆虐一时。麦格迪西自然是头目当中最大的一个。此人以笔为剑，与阿拉伯世界的诸位当权者长期敌对并因此名声大噪。除他以外，余下那些头目的人生故事都略显平淡无奇。他们之中有不少人曾是流氓无赖，后来才选择“皈依”，并得到了宗教极端分子的接纳。另一些则在 20 世纪 80 年代远征阿富汗，充当抗击苏联侵略军的志愿者。回乡之后，约旦国内的安定生活让老兵们寂寞难耐。于是，他们纷纷投奔极端团体，想要用“无尽的圣战”打击“伊斯兰的敌人”。似乎只有如此，阿富汗的那段“光辉岁月”才能续写下去。

“圣战”如愿打响了，但结果却并不光彩。麦格迪西的眼光直指国境线的另一边，他想要炸毁以色列（Israel）军队设在那里的一处哨所。怎料爆破行动还未进入实操阶段，他和他的几个手下便遭生擒。其余囚徒打算摧毁的目标更加渺小：不是卖酒的商铺，就是录像带租赁店，或者专放“小电影”的影院。约旦与以色列边境之上，如此这般见不得人的事简直多如牛毛。但是，所有的袭击图谋无一成功，笑话倒是闹了一出：某个宗教极端分子携带炸弹，想要把一间名为“萨勒瓦”（Salwa）的色情录像厅轰上天。他如愿地混进了影厅，随即就盯着荧屏入了迷。他如痴如醉，以至于忘了脚下的炸弹。正当他看得挪不开步子的时候，炸弹响了。录像厅的老板毫发无伤，炸弹客倒是落得个失去双腿的下场。这一切，已经是6年前的旧案。如今，该案犯也是贾法尔的一员“住客”。萨卜哈第一次和各位囚犯打交道，就注意到了此人的那副坐姿。只见他双手撑床，勉强支起身体。由于双腿截肢，膝盖以下的裤管自然失去了存在意义，从而被整整齐齐地裁剪而去。

如今，囚犯们的铁窗生涯已经延续了4年有余。有关方面可能认为，囹圄中的时光可以软化这些“圣战士”的思想，打乱他们的组织和联系。但事实证明，这种想法大错特错。共处一室，反倒让极端分子更加团结紧密。为了捍卫“宗教纯洁”，为了和周围的毒贩、小偷和杀手划清界限，这些人只能变得愈发激进。日子慢慢地蹉跎而去，极端分子开始产生出共同的信念，麦格迪西草创的“伊斯兰主义”，在他们心里扎下根系。而且，囚犯之间还有一种不成文的规矩。规矩之下，一屋子人仿佛一支纪律严整、等级分明的军旅。除了要服从麦格迪西，这些极端分子还得向那个宽肩膀刀疤客献上无限忠诚。他给萨卜哈留下的第一印象，实在叫这位狱医难以忘记。刀疤客虽然名为二号人物，其实是监房里的实权老大。囚犯们说什么话、穿什么衣、收看何种电视、阅读何种书籍，面对狱方是恭顺还是抗拒，斗争的策略又该如何采取等，如此这般的大事小情，全由刀疤客定夺。至于那位麦格迪西，只是囚室里的思想导师而已。刀疤客名叫艾哈迈德·法迪勒·哈莱伊拉（Ahmad Fadil al-Khalayleh）。不过，他本人更习惯“哈立卜”（al-Gharib）这个诨名。诨名意为“陌生人”，是刀疤客在阿富汗战场上得来的头衔。他还有一个封号——“来自扎卡的人”（the one from Zarqa）。好几个囚徒都如此称呼他们的头头，因为他生在扎卡（Zarqa）、长在扎卡。那是一个位于约旦北部的工业城镇，当地的民风很是强悍。在阿拉伯语里，“来自扎卡的人”又可以写作“扎卡维”（al-Zarqawi）。

宗教极端分子的两位领袖，萨卜哈都有过近距离接触。狱医眼中的麦格迪西温润和蔼，完全不似妖言惑众的“妖僧”，倒像一个平易近人的教员。

那一年，麦格迪西刚刚 40 岁，精神却略显萎靡。这样一个知识分子，却要和几十个老粗委屈一室。趣味难投之下，自然会心生丧气。平日里，麦格迪西要充当一班囚徒的宗教顾问。他会时不时阐发几宗“教令”，偶尔还会负责宗教仪式的运作。不过，他更爱独处，喜欢在僻静之处写写文章或读读宗教典籍。麦格迪西的文字可谓慷慨激昂。因为一系列的著作，他在整个伊斯兰世界都闯出了名头。看看他那些著作的标题，比如《所谓民主不过也是宗教》（*Democracy Is a Religion*），就能猜出其中的煽动性。在书中，麦格迪西为呼唤“圣战”而不遗余力。他认为，阿拉伯诸国的世俗政权统统都有“背弃信仰”的嫌疑，故而信众理应争相起义，予以推翻。他的影响之巨，甚至引起了五角大楼方面的特别留意。2006 年，美国军方发布了一份文件，直指麦格迪西乃是“宗教极端主义学者当中的头号人物”。

早在麦格迪西之前，不少宗教极端分子已经为阿拉伯诸国的政治领袖安上了“腐败”与“叛教”的罪名。只要翻开赛义德·库特卜（Sayyid Qutb）的著作，就可以读到类似的观点。库特卜来自埃及，其著作曾经给了“基地”组织的创办人不少启迪。比起库特卜，麦格迪西的看法更为偏激。他认为，只要抓到政府散布“邪说”的证据，每个穆斯林都有义务揭竿而起。而且，对于那些腐败政客，强烈谴责已不足以惩戒。安拉督促大家，必须把这些人消灭殆尽。

哈桑·阿布·哈尼耶（Hasan Abu Hanieh），约旦作家，曾是麦格迪西的亲密朋友。正是在两人交好的期间，麦格迪西的思想大体成形。哈尼耶认为所有的领导人都对信仰不忠，因此教众有权杀绝他们。这种“杀绝”的呼吁，最终捧红了麦格迪西。许多信众都对他这个口号心有戚戚。这些人都觉得本国政府愚蠢昏庸，而且开门揖盗，把阿拉伯民族的土地让给了外人。麦格迪西不但说出了他们的心声，还怂恿大家身体力行，展开斗争。

面对“伊斯兰的敌人”，麦格迪西高呼“斗争”。现实生活中，他却不是个好斗的人。萨卜哈发现，每一次情报部门来人造访监狱，麦格迪西都显得客客气气。他向他们致以礼貌问候，有时还和他们拉拉家常。他的这些举动，让他的狱友大为不满。要知道，这些情报人员精通折磨手段，叫犯人们吃了不少苦头。麦格迪西遇到监狱的管理者，同样也是温和耐心。他引经据典，想让各位狱卒认识到约旦政府的“邪恶本性”。假如对方出言辩驳，麦格迪西却不会坚持己见，相反，他通常淡然表示，对方对于经文的解释也属于可以接受的范围。

对于“不信宗教”的政府人员，麦格迪西一向视若邪魔。但有一天，麦格迪西告诉萨卜哈：“你可以出入议会，成为其中的一员，同时，还能保持一个穆斯林的纯良本性。”这样的慨然一叹，似乎有些违背原则。“如果有人想要为民服务，并且通过选举任职官吏，那么他也是个禀性良好的穆斯林。当然，如果此人信仰什么‘民主’，如果他觉得自己的权力来自凡人，那么，他就沦落成了异端恶徒。”麦格迪西如是说。

对于新来的这位年轻狱医，麦格迪西颇有好感。萨卜哈虽然不算“虔诚”，却有一张大学文凭。整个监狱之内，只有他和麦格迪西学历相仿。一天，两人的关系迎来一次重大考验。当日，麦格迪西妻室中最为年轻的一位穿越沙漠前来探监。途中，她突发急病，月经变得有些紊乱。而后，萨卜哈在贾法尔村的小诊所里接待了麦格迪西夫人。这次行医非同小可。一些男性穆斯林深受极端思想的熏染，根本无法接受自己的妻子接触异性医护人员。但是，麦格迪西没有半点不悦，反而显得很是感激。经此一事，每当狱医走近囚室，都能得到麦格迪西的微笑礼遇。

麦格迪西为人礼貌，而且文质彬彬。不过，在贾法尔这种虎狼之地，这样的性格特质对于一位领袖并无太多助益。正因如此，领袖需要一个打手来帮助自己确立权威。扎卡维正好就是一个完美的帮手。扎卡维很虔诚，而且性格非常冷酷残忍。提起自己的副手，麦格迪西露出了几许仰慕之情：“扎卡维是条硬汉。他来自部落，是那种最为正宗的约旦人。”若论性格差异，麦格迪西和扎卡维几乎就是两极。后者很少废话，身上也没有一丝暖意。这个刀疤客甚至几乎从未展露过笑颜。狱卒递来问候，他从不回礼；对方想要答话，也遭到他的冷遇。但是，只要他一张嘴说话，展现出的口音就能把他的背景暴露无疑——这人来自扎卡小镇的穷街陋巷，他早早放弃学业，是个斗殴的老手，还有小偷小摸的前科。他那种桀骜的不合作态度，说明他自小就是个问题人物。这种种的特征，倒也给扎卡维罩上一层光环。他 33 年的人生历程，似乎就此成了一段“传奇”。

麦格迪西向往丰富的精神世界，他喜欢埋首书卷，喜欢思考玄虚的问题。相形之下，扎卡维则完完全全活在尘世。他坚持举重，为此还把石头改造成了哑铃。长期的体力锻炼，让扎卡维的身材更显魁梧。他作奸犯科的那些事例，也在监狱之内广为流传，比如持械伤人、打架斗殴、拉皮条等等。据说，他还卖过毒品。如此种种，让扎卡维其人显得更加深不可测、危险至极。大家都觉得此人很有本事，似乎无所不能。

扎卡维去过阿富汗。在那里，他作战异常英勇，几乎到了癫狂的程度。嗜好暴力的名声一路伴随着他，直到他进了监狱。初入牢房的时候，扎卡维挑战狱方的习惯仍未收敛，不少囚友也遭到了他的人身羞辱和暴力攻击。有时候，扎卡维会举起拳头殴打对方。有时候，他又会用上自制的武器。传言声称，他甚至对有些囚犯施以性暴力。一次冲突之中，他狂性大发，一把拽住狱卒的衣领，拿起晾衣钩把对手击倒在地。又有一次，扎卡维干脆煽动了一起暴力抗议。他唆使犯人拆下床架当作刀剑，而后开始大闹监狱。“我们做好了死的准备！”一众囚犯大声嘶吼，他们如此叫嚣，并非只是为了喧嚷。还好，典狱长及时出现并答应了极端分子的要求，事件才没有以有人丧命收场。

得到麦格迪西的教导之后，扎卡维的暴力行径收敛了一些。不过，他狂性难移，只是变换了表现方式而已。在麦格迪西的引导下，扎卡维开始背诵经卷，每天都要为此花费许多时间。他会把《古兰经》捧在双膝之间，而后痴痴地盯上好几个小时。他的戾气，由此找到新的焦点。对于那些“安拉的敌人”，他生出了刻骨的仇恨。这些敌人的头头，正是约旦的国家元首、国王侯赛因（Hussein）。在扎卡维看来，约旦不过是个“人造国家”，而侯赛因也属沐猴而冠。国王最大的罪孽，当然是和以色列沆瀣一气。除了侯赛因，政府的官员、贾法尔的狱卒、军队的士兵，以及政客、官吏，还有其他许多人都被列进了“安拉之敌”的名单。名单中甚至包括共囚一狱的难友，也就是被扎卡维称作“卡菲勒”的那些人，也就是“异教徒”。对穆斯林而言，“卡菲勒”可不是一个可以随便说起的外号或诨名。若“教令”将某人指为“卡菲勒”，那么此人将会失去教法的庇护。别人夺走他的性命，也不会遭到追责。在监狱里，狱卒们开始把扎卡维和他那帮最紧密的追随者称作“塔克费尔”[1]，也就是“宗教极端主义者”。

与此同时，在监狱里的宗教极端分子当中，扎卡维的权威地位愈加稳固。他不单是他们的带头大哥，还担任着执法者的角色。所有极端分子，都必须向他俯首帖耳、绝对服从。假若他们犯了“禁忌”，比如偷懒不做礼拜，比如看了不带头巾的女人主持的电视新闻，都一定会被他严厉责罚。面对监狱的管理人员，扎卡维的态度一向强硬。正是由于他的桀骜不驯，不少囚犯成了扎卡维忠诚的拥护者和支持者。官方人员每次前来贾法尔进行视察，都会感受到扎卡维的冷漠与轻慢。哪怕他们主动问好，对方也不会有任何友善的表示。在这方面，扎卡维不但严格自律，同时也要求其他囚徒有样学样，不得向政府人员露出任何亲近姿态。

某一天，又一位重要人物驾临贾法尔。其时，约旦政府刚和一些人权观察团体达成协议，准备向后者敞开贾法尔的大门。客人造访之前，内政部派出一位资深官员，想要给众囚犯打上一剂预防针。官员需要检查监狱工作的方方面面，更要确保扎卡维等一干人不要乱说乱动，防止他们把话柄递给外国人。但是，即便官员动之以情、晓之以理，监狱里的宗教极端分子依然拒绝做出任何回应，他们甚至连眼皮都不抬一下。

渐渐地，官员失去了耐心。他又是责备，又是威胁，想要引起囚徒们的注意。

“我主保佑！只要你们听话照办，国王陛下就会想办法赦免你们。”官员表示。

此言一出，扎卡维突然站起了身。他一步蹿到了官员跟前，手指几乎戳到了对方的脸。

“国王，那是你的主子。”扎卡维几乎在号叫，“我们只听真主的！”

官员愣住了。“好吧，我向真主发誓，你们肯定是出不去了。”这位官

1 塔克费尔（takfiris）：指控他人“叛教”的穆斯林。

员也跟着咆哮起来，“你们就等着把牢底坐穿好啦！”

“安拉保佑，”扎卡维冷笑以对，“我们一定会重获自由，上天一定会解救我们。”

不过，扎卡维也有不为人知的另一面。他这另一副面孔，萨卜哈曾经窥见。好几次，当扎卡维的亲人前来探监，“哈立卜”都一反常态地显出了温驯的嘴脸。前后态度反差之大，犹如人格分裂一般。扎卡维很孝顺，他崇拜自己的母亲。这一点，在贾法尔可是人尽皆知。妈妈一来，扎卡维立即变得像个乖孩子。其实，妈妈还没来的时候，他就开始精心准备——衣服洗得干干净净，床铺也要经过精心打理。有的囚徒甚至表示，扎卡维给自己的母亲和姐妹寄去的家书简直就像“情诗”。信中，他对老婆不闻不问，对两个未成年的孩子也毫不上心。但是，他会吟诗写词，献给妈妈和几个姐妹。信纸边角里几朵手绘的花朵，也满含他的心意。

“哎呀，我的姐妹！为了信仰，我蹲了大狱；而你呀，也饱尝人生的冷风苦雨。”扎卡维用这样的字句，向妹妹乌姆·卡达玛（Umm Qadama）倾诉亲情。家书里的字体很有讲究，还用红、蓝两种颜色的墨水交替书写而成。信到结尾，扎卡维又来了诗兴。他叹道：

“我的姐妹啊，这封书信要献给你！
“一字一句都出自我灵魂的深意！
“我要写出自己的心情，
“还有我的爱，我期盼的声音！”

家人能够触动扎卡维，囚友的健康状况也能激起他的爱心。但凡他手下那些极端分子有个头疼脑热，扎卡维都会表现出慷慨和体贴。他会慷慨地献出自己的毯子，甚至把食品也拿出来分享。这期间，监狱又来了一名医生，两位狱医常常遭遇扎卡维的诘问。极端分子的头目认为，狱方有意克扣药品，想要刁难自己的一干手下。

“你上次说要带点药品给我们的某位兄弟，结果呢？”如此的责难，扎卡维常常会抛给医生。对此，萨卜哈不得不认真应对。有一次，某个极端分子突然生病，不得不转送狱外就医。囚友不在时，扎卡维变得异常焦急，他拉住萨卜哈不断地询问那个囚徒的病情。那副关切的样子，活似舐犊情深的父母。

若论体质，囚徒之中要数艾叶德・贾哈里尼（Eid Jahaline）最为虚弱。此人做过截肢手术，行动非常不便。前文提到的那个带着炸弹钻进色情录像厅的倒霉蛋，正是这个贾哈里尼。行动失败不但连累他失去双腿，更让他落下了严重的心理疾病。但是，监狱条件有限，贾哈里尼必须和其他极端分子挤在一起。对待这样一个囚友，扎卡维特别关心，这一点，叫萨卜哈也暗暗吃惊。扎卡维几乎成了贾哈里尼的贴身保姆。他替他洗浴，为他理床叠被，给他喂饭。每当贾哈里尼需要出恭，扎卡维也会义无反顾担起责任，抱起战友走向厕所。这些烦琐的看护工作，他每天重复、乐此不疲。扎卡维虽然显得殷勤，萨卜哈却有些疑虑。医生觉得，扎卡维根本无法胜任这种事情。原因很简单，根据宗教极端分子信仰的那套规矩，他们可不喜欢面对他人裸露的身体，甚至视之为莫大的冒犯和天大的禁忌。

一天晚上，萨卜哈来到囚室巡查。恰在此时，贾哈里尼又犯病了。他痛苦不堪，口中发出阵阵嘶吼，只有一针镇定剂，才能帮他恢复平静。正当萨卜哈备好针管准备救贾哈里尼一命时，却发现跟前挡着扎卡维的身影。后者二话不说，只是掀过一张毯子，直接盖住贾哈里尼的下体。而后，扎卡维一手握毯，一手解下残疾囚友腰间的松紧裤带，就这样，一小块新月形的皮肤暴露在了医生的眼前。扎卡维回过头，朝萨卜哈示意道："你就往这里打，注意瞄准。"他的口气中满是命令。隔着一层衣物，萨卜哈的手指探索了好一阵。终于，他避开了贾哈里尼的骨盆。很快，针头刺进了那一小片白色的肌肤。

诊疗完毕，贾哈里尼沉沉睡去了。医生抬起头来，才发现扎卡维正盯着自己。对方显得很是满意。他的眼神仍然冷若冰霜，不过却射出了一道不同往常的光亮。至少，萨卜哈从没见过扎卡维有过这种表情。那大概等于微笑示好吧，医生这么想。

转眼间，时节已近 1998 年的冬天。随着温度同时降低的，还有监狱新接收犯人的数量。狱方觉得贾法尔有些太过拥挤，故而做出了一些调整。大多数的极端分子仍然挤在同一间囚室里，关系似乎还是那么紧密。不过，私底下，囚徒之间明显生出了嫌隙。一些人大概受够了麦格迪西的学者风度，开始公开向他发难。他们觉得，麦格迪西应当让出带头大哥的位子，而扎卡维才是最为适合的领袖人选。

扎卡维呢，则不动声色。在精神导师面前，他还是那样恭顺。只不过，大家的意思已经非常明显，个个都在期待"改朝换代"。麦格迪西酷爱辩论，喜欢与人探讨宗教道义，可是，他的手下大多不过高中肄业，其中还有不少二流子和轻罪犯。他的大道理，在他们听来完全没有意义。他们渴望的领袖应当讲求实际，就该像扎卡维这般粗鲁强硬。麦格迪西也有自知之明，他自认为不是一个搞"斗争"的材料，虽然也曾去过阿富汗，但并未真正参与过战争。在那边的时候，麦格迪西甚至连枪都不愿意举一举。

"他这个人不是战士，他根本没有真正见识过枪林弹雨，一天也没有！"谈到麦格迪西，那些同在阿富汗参加过"战斗"的宗教极端分子如此评论。

对于监狱里的头把交椅，扎卡维渐渐生出了向往之情。这时，他的精神导师也有了"让贤"之意。于是，扎卡维的"权势"越来越重，而麦格迪西也乐得专注精神领域。变换的风气，甚至波及到了监狱之外。扎卡维的名头，由此传到了许多重要人士的耳朵里。作为宗教极端主义理论家，麦格迪西的粉丝可谓遍布全球。从伦敦到约旦河西岸，他的景仰者无处不在。这些人当中，不乏资源广阔的财主。他们的影响力不仅限于中东，同时也覆盖了北非和欧洲。通过偶像的引荐，这些人认识了另一位大人物——麦格迪西的助手扎卡维，此人曾经在阿富汗浴血战斗，勇气非凡，领袖才能简直就是与生俱来。

与此同时，萨卜哈发现他与扎卡维打交道的次数逐渐增多。扎卡维对待医生的态度仍然谈不上友善，却也开始一点一点真诚起来。每天晚上，萨卜哈都要循例前往牢房转一转。一次，扎卡维叫住了他，并主动向医生寻求帮助。此前，扎卡维从未为了自己的健康而向医生讨教，这可还是第一次。

"我担心自己的血糖有点偏高，"扎卡维表示，"我妈就有糖尿病。家族病史嘛，你也知道的。麻烦你帮我做个检查，好不好？"

萨卜哈倒是乐意效劳。不过，他指出，血糖检查的程序非常复杂，就凭监狱现有的医疗设施，扎卡维的愿望很难达成。监狱里的环境肮脏透顶，而且还有鼠类作祟。采血样的时候，萨卜哈可不敢保证不发生交叉感染。如果真要检查血糖，只有离开监狱，前往贾法尔村里的小诊所才行。

那么，问题来了：扎卡维如此危险，监狱管理方怎么可能给他自由，让他外出就医？不过，犯人的心愿终归还是转达到了监狱长那里。对方的第一反应是：万一这是什么越狱花招，万一扎卡维的同伙就在村中设伏，那我可怎么担待得起？典狱长一口回绝了扎卡维的申请。但是，一来二去，易卜拉欣的态度最终软化下来，他决定派出一支卫队，护送犯人前往贾法尔村里的小诊所。

检查那天，萨卜哈决定待在小诊所，静静等候病人到来。天已擦黑，才等到对方的踪影。一支浩浩荡荡的车队开进了贾法尔小村，数十个卫兵手持冲锋枪，显得万分紧张。萨卜哈有生以来，还是第一次见识这么大的阵势。有那么一瞬间，他还以为自己撞上了王室出巡。车门打开，露头的却不是公子王孙。只见扎卡维步履蹒跚地走下车来。他的身影，很快淹没在武装人员的严阵之中。

大家簇拥着扎卡维，带领他走进了诊室。萨卜哈发现，病人的囚服并未脱下，手上的束缚也没有解开。

“麻烦你们把手铐卸下来。”萨卜哈下了命令。他的手随之一动，指向那副金属锁链。

“大夫，这是个危险人物，所以……”一个卫士提出反对意见。

“诊所里面有你们这 50 多位精兵强将，他有什么动作都逃不过大家的眼睛。”医生表示，“还是把他的手铐解开吧。”

就这样，扎卡维的双手终于解放了出来，萨卜哈也得以继续下一步工作。萨卜哈打算先做血检。他正准备挽起病人的衣袖，却被病人自己阻拦了。

“不好意思，我还是自己动手好了。”扎卡维抱歉道。说罢，他自顾自地将衣袖卷了起来。如此一来，医生和病人之间的肌肤接触得以避免。正在此时，萨卜哈的视线定格在了病人的手臂上面。他看见扎卡维的手臂满是鬼画符一般的神秘痕迹，布满密密麻麻的伤口。

验血开始，萨卜哈也鼓起了勇气。他战战兢兢地向病人询问，想知道对方手臂上到底藏着什么秘密。

“哦，那是以前的文身。过去的事了，那里本来文了只锚。”扎卡维应道。

“后来呢，为什么搞成了现在这个样子？”

扎卡维陷入了回忆。他还记得，这个文身的历史可以追溯到自己 16 岁那年。当时，他还不那么“虔诚”。后来，他加入了“圣战”组织，文身一下子成了笑柄。为了去除烦恼，扎卡维想了很多办法，甚至有一次，他干脆求助漂白剂。结果，皮肤虽然红肿一片，上面的锚却还是那么清晰。

最终，还是一位亲戚想出了解决的办法。这人偷藏了一片刀刃，趁着探监的当儿来到扎卡维的身边。而后，他们开始动手解决问题。扎卡维正襟危坐，而亲戚则拿出刀片，在文身的周边划出两道相交的线。刀锋来去，表皮渐渐剥落，待到文身已然看不出形迹，亲戚才收住了手。他掏出几根针线，草草地缝合了绽开的皮肉。

听着听着，萨卜哈的脸色变得很不好看。这个故事，实在让他惊惧难掩，但扎卡维却还是表情淡然，仿佛那割去的东西并不出自他的身体，而是一只该死的蟑螂。没办法，他的“信仰”容不得文身这种东西，为了去掉它，血肉模糊也在所不惜。

“文身是一种禁忌，是哈拉姆[1]。”扎卡维的口气平常无奇。

体检行至尾声。事实证明，扎卡维的身体非常健康，没有半点疾病的征兆。于是，他该回监狱了。卫士押着犯人走在前面，萨卜哈却没有挪动半步。他只是缩在小诊所里，看着屋外的路、路边干涸的湖，还有一望无际的阿拉伯大沙漠，陷入了复杂的思绪。

70 多年前，一场风暴自南而起，席卷了整个约旦。正是沿着小诊所门口的这条通道，一支极端武装队伍驾着骆驼和马群，闯进了这个国家。来人自称“伊赫瓦尼”（Ikhwan），也就是阿拉伯语中的“兄弟”。入侵约旦，乃是奉行“安拉的旨意”。其实，沙特阿拉伯（Saudi Arabia）的开国君王伊

1 哈拉姆（haram）：阿拉伯语，即宗教禁忌。

本·沙特（Ibn Saud）才是他们的后台。国王给“伊赫瓦尼”提供金钱武备，驱使他们为自己消灭政敌。不过，“伊赫瓦尼”的野心实在太大，大到连整个阿拉伯半岛都难以容纳。这是一帮嗜血的狂徒。在他们看来，一切与西方有关的事物都属于异端邪恶，应当统统扫除。至于那些勾结“外人”的人，还有那些不愿认同他们“伊斯兰教义”的人，都应该被绞杀。这一次，“伊赫瓦尼”分子正是为此而来。在大漠的庇护之下，他们先后骚扰了约旦与伊拉克的领土。那个时候，这两个国家都是刚刚获得独立。一路上，“伊赫瓦尼”分子劫掠村社、焚烧房屋，几乎所有的男性村民都被他们切开了喉咙。一切现代事物，也遭到了破坏和拆除。

就这样，事态失控了。沙特方面想要挽回局面，却是徒劳无用。1 500余名“伊赫瓦尼”分子长驱直入，几乎抵达安曼城下。至此，他们的远征方才告一段落。英国方面出动战机，切断了“伊赫瓦尼”的战线。马克沁重机枪威力大发，把马队与驼队打得四散。不过，猛烈的火力，最终也只夺去了100多名“伊赫瓦尼”分子的性命。直到20世纪50年代，沙特阿拉伯境内仍有“伊赫瓦尼”势力残存。极端分子盘踞村庄，劫杀一切敢于靠近的人。时间推移，“伊赫瓦尼”慢慢销声匿迹，但是，他们心中的那股邪火，尖锐的仇恨，顽固、狭隘、偏执的“教义”，还有“净化信仰”的迷信思想，却一直没有熄灭。这股阴影一直在中东大地上徘徊，直到20世纪落下帷幕，也未曾散去。阴影掠过阿拉伯半岛上的荒郊野村，飞过波斯湾畔富丽的都市，覆盖了阿富汗的崎岖山脉。约旦沙漠里的这所深牢大狱，也不是一块脱离阴霾的净地。

不过，贾法尔的厚实狱墙，多少可以抵御邪火的扩散。虽然，这可能只是一时之计。根据安曼最高法庭的判决，扎卡维还得在这个地方困守10年。待到他重获自由，已经是2009年，那时的扎卡维，将会变成一个中年男子。但是，约旦的法条实在宽松，真实的刑期，往往不似判决书规定的那般长。这个特点，连萨卜哈也心知肚明。政府的一点变动，又或是党派的提议，甚至宗教团体的主意，都可能导致一场大赦。也许，某一天，自由会突如其来降临扎卡维和他的党羽。

第二章
他是个真正的领袖

侯赛因[1]国王的葬礼上，前来吊唁的队伍排成了行。世界各国的领导人纷纷前来，向约旦历史上执政时间最长的国家元首致以临别礼敬。离世之前两周，国王做了一个重要决定。为此，他在王宫召见了长子阿卜杜拉·本·侯赛因[2]。侯赛因国王的决定改变了阿卜杜拉的人生，同时，也改变了整个国家的命运。

国王患有淋巴癌，情况相当棘手。为此，他不得不前往美国求医。疗程很长，花去整整 6 个月的时间。不过，病人回国之后，病情反而越来越糟糕。众医生纷纷警告侯赛因，说他命不久矣。1999 年 1 月 22 日这天，国王给阿卜杜拉去了个电话。那时候，王子年届 36 岁，刚刚升任陆军司令，正处于职业生涯的巅峰期。那一天，父亲的口吻很急，他命令儿子立即动身赶赴御前。

“我想见你，有重要事情。”侯赛因表示。

阿卜杜拉很快出发。他驾着汽车，驶上一条陡峭山路。路尽之处的胡马尔（Hummar）便是父亲的住地。那个地方居高临下，极目望出，能把整个

1 侯赛因·伊本·塔拉勒（Hussein Ibn Talal）：约旦国王（1935～1999 年）。
2 阿卜杜拉·本·侯赛因（Abdullah bin Hussein）：即阿卜杜拉二世。

安曼尽收眼底。寝宫里，王子和国王终于相见。那天，63岁的侯赛因气色差到了极点。他形销骨立，面皮上遍布蜡色的黄疸。曾几何时，侯赛因那一头银丝，加上同样呈现雪色的美髯，给他带来了几分肖恩·康纳利[1]的神采。如今，由于长期接受化疗，国王早就是须发皆无。

国王先让侍从退下，而后又掩上屋门。这时，他那惨无血色的指尖，才伸向了儿子的手。

“我决定了，要立你为储。”

父亲的话，让儿子大惑不解。过去30多年，王储这个位子一直另有其主。阿卜杜拉还在蹒跚学步的时候，侯赛因的弟弟哈桑（Prince Hassan）就已被册封为王位继承人。此后，思想世俗开明、专业成就斐然的哈桑一直履行着储君的职责。至于阿卜杜拉，则有另一番人生故事。国王的大儿子体魄强健，长着一张娃娃脸。他的青春岁月与军旅分外有缘，大把光阴都挥洒在了驾驶坦克、操纵飞机和高空跳伞上面。政治活动、宫廷斗争，从来都不是阿卜杜拉的兴趣焦点。可如今，他的父亲要把他推上王位，让他面临万般风险。要知道，王室成员当中的不少人早就在觊觎国王的位置。为了统治这个国家，他们已经隐忍等待了许多年。

多年以后，阿卜杜拉忆起那场父子间的对话。他还记得，自己在末了说的一句话：“那叔叔那边该怎样交代？”

不管怎样，国王心意已决。几天后，他发表公开信，向哈桑转达了自己的意见。透过信函，侯赛因正式废黜了哈桑的继承权。此外，国王的字里行间，隐隐约约带着些许不满。侯赛因觉得，一些王室成员一心向上攀附，非常贪婪讨厌。在他看来，这些人“不安本分”且“有欠忠诚”。国王还表示，待到自己身故之后，王位将会依照父终子及的规矩，传给自己的一个儿子。纵观王室的各位男性成员，包括国王的兄弟、侄辈还有11名子嗣，侯赛因相中的这个儿子可谓与众不同，因为他缺乏野心，丝毫没有称王的意图。

其实，阿卜杜拉早就可以当王储，因为约旦宪法明文表示：王位继承权

1 肖恩·康纳利（Sean Connery）：苏格兰演员，因在“007”系列电影中饰演主角而闻名。

属于国王的长子。延绵百年的哈希姆[1]家族也有着同样的规定。于是，阿卜杜拉一出生，就自然而然成了国王的接班人。但是，60 年代的中东局势云谲波诡，约旦上空时刻笼罩着战争阴云。宫闱政变的影子，同样也是挥之不去。侯赛因害怕自己一旦身亡，国家会不复稳定，于是，他修改继承顺序，把王储之位给了自己的弟弟。年幼的阿卜杜拉摆脱了继承者的身份，也离开了约旦。他的童年与青少年时期，都在国外度过。阿卜杜拉先后定居英、美两国，在那里分别上了高中和大学。如此的教育背景相当世俗化，却也让王子远离故土，对于约旦的社会情况少了一份体察。

回国之后，阿卜杜拉一头扎进军旅。在那里，王子和其他军官栖身在同样逼仄的营房，领到的也是同样尘土斑斑的给养。他就这样和出身中下阶级的同伴们打成一片。如今，王子虽然已经贵为总司令，却还保持着年轻人的热情。驾车飞驰，骑着摩托狂奔，总能让他欲罢不能。亲自率领特种部队打击罪犯与恐怖分子的经历，更是王子津津乐道的故事。去年，他就做出过这样一桩英勇事迹，而且还因此出了名。事情源自电视直播无意间拍下的一场街头殴斗。荧幕中，帮派分子的巢穴暴露无遗。阿卜杜拉的手下们很快按图索骥，对那个据点发动了袭击。

现在，阿卜杜拉困坐在胡马尔的寝宫里，全无一点司令的风采。父亲的一句话，搅乱了他的整个世界。他费尽心机为自己、为妻子、为两个儿子打造的生活——那种安宁祥和，甚至称得上有些优裕尊贵的生活，也将一去不返。

除了王位，国王还告诉了阿卜杜拉另一件事。原来，他已经病入膏肓，大限临近。这件事，父亲以前从未提起过。

“我的胃突然一颤，吞进了一大口凉气。”阿卜杜拉回忆听闻父亲病情时的心情，“那一刻，我平生第一次觉得自己有点孤零零的。”

王子离开了父亲的寝宫，回到了自己的家中。寝室里，他发现了妻子拉尼亚（Rania），还有摊在妻子身边、铺满地板的家庭合影。听到丈夫带回的消息，拉尼亚的眼里立即噙满泪花。想起夫妻二人可能面临的巨大变故，她

1　哈希姆（Hashemite）：中东望族，先祖为哈希姆·伊本·阿卜德·马纳夫，即伊斯兰教先知穆罕默德的祖父。哈希姆家族自 1921 年成为约旦王室。

感觉心乱如麻。

“我们很快会被摆到聚光灯下，那种滋味根本难以想象。”回忆录中，阿卜杜拉如是写道，“外面到处都是豺狼虎豹，正在咆哮着等待我们上钩。”

很快，一场更为紧迫的危机暂时驱散了阿卜杜拉的焦虑。国王打算再次赴美，接受新一轮的癌症治疗。如此一来，他必定会离开好一阵子。在这期间，阿卜杜拉当然需要尽忠职守，认真履行一国之主的职责。王储并没有多少理政经验，不过，接踵而至的政治问题与外交挑战可不会等人。阿卜杜拉眼前最为迫切的两大要务，莫过于操办一场国葬，以及策划自己的加冕。

1月29日，侯赛因准备出发赴美，前往明尼苏达州的马约医院（Mayo Clinic）接受治疗。王储亲自驾车送行，国王坐上副驾驶座，父子两人一起出发前往机场。座驾行过安曼西区，掠过熙攘的人群，把一座座高耸的酒店、凌云的塔楼抛在身后，直至驶上机场高速。一路上，国王的目光始终安定，只是平静地盯着窗外的风景。路边的风物，从繁华的街市换成了荒僻的郊区。处处村落、片片墟集，还有数不胜数、氖灯闪亮的清真寺，一一映入国王的眼底。接下来，车子开进荒凉的空地，速度也随之更快了些。这里的山脉起起伏伏，原野上乱石散布；这里的羊群随处可见，贝都因人的帐篷星星点点。同样密集的卫星锅盖和丰田皮卡车，也在挤占同一片空间。汽车还在前进，王子的一只手却离开了方向盘，搭在了父亲的手上面。

车内没人说话，仍然保持寂静。

道别的行程还算顺利，他陪着父亲走了一程，两人在舷梯前停下脚步，准备互道再见。国王试图让眼神平静，但谁都能看出他正努力压抑着情感。直到侯赛因准备迈上航班的舷梯，这时，王子突然认定，自己可能再也见不到父亲。有那么一瞬，他差一点就哭出了声。最终，阿卜杜拉并没有掉泪。事后，阿卜杜拉记起，那一次父亲并未和自己拥抱，甚至没有吐出任何临别赠言。国王只是默默扭过头去，独自一人走进机舱。

安曼那边，还有许多要务等着阿卜杜拉回去处理。于是，几分钟后，王储就匆匆踏上了回程。

父子再次团聚，并未相隔多少时间，只是这一次，国王已经失去了意识。

他瘫坐在轮椅中，踏上了这片自己统领了近50年的国土。身边，也没了不停闪烁的聚光灯。待命多时的救护车承载御驾，赶往安曼的侯赛因医疗中心。虽然冷雨瓢泼，数以千计的百姓却聚在医院周围不肯散去。直到1999年2月7日中午，子民们等来了国王宾天的消息。那一刻，全国的电视台集体地黑了屏。

国王弥留之际，王储阿卜杜拉一直守候在病榻一侧。眼见着父亲忍受病痛折磨，自己却又毫无援救之力，儿子心中的孤独感更加深了些。这个国家似乎总在危机之中。内外交困之下，阿卜杜拉很想问问父亲，听听他的意见，看看他如何指导自己施政。但是，父亲却已经吐不出哪怕半句话语。

侯赛因·伊本·塔拉勒国王的葬仪场面浩大。约旦立国以来，大家还是头一次遇上如此隆重的事情。至少约旦国民从来没有像这样投入过。据称，关注这次葬礼的人群加在一起，足足达到800万之巨。这个数字，几乎占到约旦总人口的四分之一。他们或是涌上街头，或是趴在窗边，又或是守候在家门前。人人都觉得那个国旗覆盖的灵柩会从自己的眼前经过。大家聚集在一起，忍耐严寒，苦等数个小时，只为见国王最后一面。这位统治者，约旦人大都再熟悉不过：他总是笑意盈盈，有种亲民的魅力；他领导国家捱过了战争，又经过了治安动荡的考验；由于他的努力，约旦终于得以实现和平。渐渐地，路旁的男男女女发出了阵阵抽泣。有的人不但号啕出声，而且还在抽打自己的身体。阿拉伯传统的葬礼上，这样的举动代表着无限的悲恸。部分群众的痛心程度似乎还要剧烈一些，他们追着国王一路奔跑，甚至冲到路中间，阻拦灵车，以这样的方式发泄着情绪。

葬礼的感人之处远远不止这些。在安曼的拉加丹宫 (Raghadan Palace)，各国政要齐聚，场面之宏大同样令人惊奇。侯赛因离世不到24小时，来自75个国家的政府首脑与领袖人物便立即赶到。他们穿过拉加丹宫的大理石拱形门，前来参加这场媒体口中的“20世纪第一葬礼”。宾客里面包括4位美国总统，当时掌政白宫的比尔·克林顿也在其中。登上吊唁旅程之前，克林顿特地在空军一号前驻足片刻、表达哀思。在他看来，侯赛因是一位“伟大的人物”，其声誉“不仅仅来自地位，同时也与人格有关”。英国王储查尔斯与首相布莱尔也是风尘仆仆抵达安曼。联合国秘书长科菲•安南，日本、法国、德国及欧洲主要国家的元首也都一一现身。鲍里斯•叶利钦[1]也露了脸，保镖环绕下的他脸色苍白，看上去魂不守舍。

几分钟后，俄罗斯总统声称身体有恙，匆匆离开了葬礼现场。

当然，出席告别仪式的中东各国首脑，才是这次活动的瞩目焦点。一位不速之客的来临还引发了小小的骚动，他就是叙利亚总统哈菲兹•阿萨德[2]。几十年来，叙、约两国的边境冲突一直持续不断。有无数次，阿萨德都在试图颠覆侯赛因的政权。那一天，在略显老态的阿萨德的身边，还有许多侯赛因的老对手。这些中东地区的强人与王公不但曾经与约旦作战，也和叙利亚方面多次兵刃相见。以色列总理内塔尼亚胡[3]来了。他披上了传统的犹太式吊唁披风，矗立在接待处的一角。总理的左右，还围着一个规模不小的代表团，其中除了军事将领，还有一位胡须满面的拉比[4]。这样的场面里，当然少不了巴勒斯坦解放组织领袖阿拉法特（Yassir Arafat）的身影，他那副 1.6 米多的身躯裹在宽大的军服衬衫当中，更显得矮小瘦弱。阿拉法特的一旁，正好是埃及总统穆巴拉克[5]，两人窸窸窣窣地小声交谈着。纵观来访的各位中东大人物，要数哈立德•马沙尔（Khaled Mashal）的表情最是紧张不安。身为巴勒斯坦武装派别——哈马斯[6]的领导人，马沙尔一直是以色列方面的暗杀目标。两年之前，就在安曼，马沙尔和几个“摩萨德”[7]特工打了照面。后者射出的毒针，差一点就叫马沙尔命丧黄泉。事发地点距离拉加丹宫不过几公里路程。后来，侯赛因大发雷霆，专门向以色列方面施加了压力，马沙尔才获得了解药，因此得救。

阿卜杜拉和这些来客一一握手、一一寒暄。他身着黑色西装、头戴红色

---

1 鲍里斯 • 叶利钦（Boris Yeltsin）：俄罗斯联邦总统，1991 ~ 1999 年在任。
2 哈菲兹 • 阿萨德（Hafez al-Assad）：叙利亚总统，1971 ~ 2000 年在任。
3 内塔尼亚胡（Benjamin Netanyahu）：以色列总理，1997 ~ 2000 年、2010 年至今两度在任。
4 拉比（rabbi）：犹太教神职人员。
5 穆巴拉克（Hosni Mubarak）：埃及总统，1967 ~ 2010 年在任。
6 哈马斯（Hamas）：巴勒斯坦激进派别。
7 摩萨德（Mossad）：以色列情报机关。

格子阿拉伯头巾，面色有些不大自然。宾客的口中，主人的身份俨然已是“阿卜杜拉二世国王”（Abdullah II）。新王的一侧是前任国王的殡棺，另一侧立着同宗同族的叔伯兄弟们。面对上前致意的元首与政要，阿卜杜拉不停地还以握手之礼。这些人物，他其实大多都不认识，而且，这时的阿卜杜拉还不算真正的国王。他的加冕典礼还要等到下午，面对议会完成宣誓，他才能正式登基。不过，侯赛因去世过后不久，阿卜杜拉就已经上了电视。他的那次亮相，象征着国家进入了新时期。那一次，阿卜杜拉面向镜头念着拟好的发言词，父亲的遗像出现在儿子的肩膀上方，朝向观众，展露笑颜。就这样，约旦人民第一次听到了新国王的声音。

“这是安拉的决定，也是安拉的意愿。”新国王说道。

现在，新国王扶着父亲的灵柩，走在吊唁人群的最前面。兄弟叔伯伴随他的左右，先王最喜爱的那匹白色种马阿穆尔（Amr）也跟在一边。马儿虽还套着马鞍，却没有了主人乘坐。大家一齐步入皇家墓园——也就是侯赛因的下葬地点。约旦的前两位国王已经长眠在那里。侯赛因的遗体也被抬出棺椁放下了地，落在一丛简简单单的白色裹尸布当中。

葬礼结束，阿卜杜拉迎来了自己的就职典礼。上下两院聚集一堂，目睹他宣读誓词的全过程。宪法中的箴言已经念完，参议长随即招呼大家恭迎新君：“愿安拉保佑阿卜杜拉国王陛下，愿安拉赐予国王陛下胜利。”

于是，阿卜杜拉成了名正言顺的一国之君，顺利得有点不大真实。正当新王准备离去的时候，一位侍从叫住御驾。“陛下，请走这边。”侍从请命说。

“出于习惯，一听到‘陛下’，我就立即左顾右盼，寻觅父亲的身影。”阿卜杜拉仍记得那场景。

其实，他才是“陛下”，而约旦也成了“他的国”。这个国家萎靡的经济和飘摇的政局、宗派争斗、地域矛盾，都统统变成了他的麻烦。他的危机还不止这些。一夕之间，他树敌无数。有些敌人距他很近，时时觊觎他的王位；另一些敌人身居高位、远在国外，却也把他治下的国度看作实现自己宏图的障碍；此外还有那些宗教极端分子，一个奉行世俗主义而又亲近西方的约旦，肯定是这些人的眼中钉、肉中刺。就这样，1999 年初，哈希姆王国的新君登临王位。周围，所有人凝神屏气，似乎都在关注他登上宝座。

在中东，一个人身居元首职务，基本就等于放弃了颐养天年的权利。在约旦，尤其是这样。约旦国王的生活是如此危机四伏，以至于各位君主都养成了一些不要命的爱好。

终其一生，侯赛因一共躲过了 18 起暗杀阴谋。1951 年夏天，侯赛因亲眼目睹了祖父阿卜杜拉一世（Abdullah I）死于非命。阿卜杜拉一世乃是约旦的开国君主，而当时才 15 岁的侯赛因仍是个少年。事发的当口，爷孙两人正在耶路撒冷（Jerusalem）的阿克萨清真寺（al-Aqsa）访问参观。一名巴勒斯坦枪手突然发难，爷爷当场毙命，侯赛因也差一点遭遇不测。根据约旦王室的说法，少年侯赛因对刺客展开了追击，途中，对手转过身来，朝他开了一枪。还好，子弹仅仅打中制服，上面的一枚勋章救了王孙一命。此后的几十年内，各路敌人为了夺取侯赛因的性命，几乎无所不用其极。他们曾经设伏对他发起袭击，也曾炸毁过他搭乘的班机，甚至有一次在他的通鼻剂里投下毒液——侯赛因不慎将通鼻剂洒在了浴室里，瞬间白泡滋滋作响，毒液在浴具上烧出了一个大窟窿。侯赛因虽然逃过一劫，却也被这幅场景吓得不轻。这般死里逃生的险恶场景，他不知见识了多少回，几乎到了见怪不怪的境地。约旦人都说，侯赛因国王是个有着“巴拉卡”（baraka）——也就是“安拉的宠爱”——护身的幸运人。不过，这位幸运人的儿子会不会像父亲一样一路好运，谁都无法保证。

暗杀，并未折损侯赛因的勇气，相反，这些危险经历让他愈加胆大。他渴望冒险，寄情于赛车，而且还多次驾驶直升机乃至战斗机。亨利·基辛格[1]曾经和侯赛因一道乘坐直升机环游约旦，同行的还有国务卿夫人。国王操纵直升机遨游低空，机身几乎和约旦那起伏不平的地貌紧紧贴合。好几次，滑橇都已经削到了棕榈树林的顶端！这样一次旅行实在需要胆魄，也让侯赛因出了名。基辛格还记得，自己的太太一度礼貌地发出暗示，想要提醒国王把直升机拉上安全高度。

1 亨利·基辛格（Henry Kissinger）：美国政治家，曾经担任美国国务卿。

“嘿，我还不知道直升机居然可以飞得这么低。”她说。

“这不算什么，直升机还可以飞得更低一点呢。”这是国王的回应。话音刚落，直升机往下猛一纵身，机身压过了树冠，直直朝着地面扑去。“当时，我被吓得不知道折了几年的寿。”基辛格表示。

阿卜杜拉也是胆大之人。侯赛因选择接班人的时候中意于他，肯定也有性格因素的考虑。相较那位为人理性、行事审慎的哈桑王子，阿卜杜拉在各方面都与侯赛因更加相似。父子两人都不拘小节，对于刺激肾上腺素分泌的各种活动也抱有同等的痴迷。侯赛因驾着敞篷跑车横越沙漠的时候，总要带上年纪尚幼的大儿子。国王会把儿子抱在膝间，任他兴奋地大喊大叫。两人的座驾电闪雷鸣一般掠过空空荡荡的高速公路，只留下滚滚的烟尘，还有车里循环播放的《大力水手》主题曲。父亲的身教，深刻塑造了儿子的性情。渐渐地，阿卜杜拉迷上了驾驶摩托、赛车、飞机，对于高空速降也产生了浓厚兴趣。

留美期间，中学生阿卜杜拉显现出卓越的摔跤天赋和田径能力。论及调皮捣蛋、搞恶作剧，他的才能也属顶尖水准。后来，他前往英国，就读于著名的桑赫斯特（Sandhurst）军事学院。根据步兵教官的安排，阿卜杜拉应当学习驾驶坦克车。没想到，王子对此表示反对，因为教学用的坦克火力有限，速度也比较慢，一点也提不起他的兴趣，行动敏捷的“狐式”（the Fox）装甲车才是阿卜杜拉中意的座驾。这款战车配有强劲的30毫米口径火炮，车轮并不套装履带，开起来快得生风。一次，王子带着一整队的“狐狸”前往伦敦西郊的M4高速公路执行演习。路上，王子毫不吝惜马力，驾着四四方方的战争机器全速飞奔。阿卜杜拉跑得如此忘情，以致完全没注意到战车的旁侧，竟然出现了民用车辆的身影。好一阵子过后，王子才注意到了潜望镜中的追击者，原来是一辆警车。警笛喧嚣过去，一列“狐狸”才停止行进。一位警官找到领头的阿卜杜拉，不停地摇头叹息。

“你的这份交通违章报告该怎么写？反正我是毫无头绪。”警官很是无奈。最终，学员们吃了一顿警告，便被放走了。

因为胆大包天的性格，阿卜杜拉也差一点毁掉了自己的姻缘——未来的王后拉尼亚·亚辛（Rania al-Yassin）险些因为国王的鲁莽而拒绝了他的爱意。两人相识的时候，拉尼亚 22 岁。她美丽新潮，在苹果公司市场部供职。阿卜杜拉第一次遇到拉尼亚，是在一个宴饮场合，只消一眼，约旦王子便已神魂颠倒。不过，面对他的进攻，女孩不为所动。毕竟，30 出头、面孔晒得焦黑的装甲兵营营长阿卜杜拉早已花名在外，而出身中产家庭的巴勒斯坦后裔女孩拉尼亚可不想成为他的下一个猎艳对象。初次见面的这份尴尬，在阿卜杜拉的自传中也被记录下来。

“你的那些风流韵事，我都听过。”当时，拉尼亚表示。

“我确实不算老实。”阿卜杜拉无奈地坦承，“不过你听过的那些事情，有一半都纯属无稽八卦。”

最终，两人还是开始交往了。就这样过了 6 个月，王子才鼓足勇气准备求婚。他选定日子，开着汽车，把拉尼亚带到了他精心挑选的求婚地——约旦的一座小山之巅，那也是侯赛因和阿卜杜拉最为中意的一处山间赛车场。“我觉得，求爱就要浪漫一点。”阿卜杜拉表示。这一次，他成功了。1993 年 6 月 10 日，阿卜杜拉与拉尼亚步入婚姻殿堂。此时，距离两人认识还不到 10 个月。

登基之后，阿卜杜拉二世的性情开始发生了转变，他不再是那个莽撞的装甲兵指挥员了。昔日无边的胆气，似乎也在一点点消磨。这个曾经数百次从机舱纵身跃下的男人，开始慢慢地变得审慎。阿卜杜拉不再冒险，至少，那些可能危及生命的活动，他再也不会涉足。此前，他和叔伯兄弟的关系不算亲近，但如今，他必须拉拢他们。王储的身份，落到了阿卜杜拉的小弟哈希姆（Prince Hashem）身上。哈希姆的母亲努尔（Queen Noor）来自美国，是侯赛因的第四位妻子。她深得丈夫的宠爱，在民众中也广受欢迎。除了拉拢，阿卜杜拉也开除了一批老臣。他怀疑情报机构的几个头面人物和他的叔伯、兄弟、继母还有王室的其他成员走得太近，于是毫不犹豫地给这几位高官解了职。而后，新国王宣布自己的平民妻子为新王后，之后，努尔王后出国定居。

新君面临的祸端，不仅仅出自萧墙之内，境外的几起危险图谋也让阿卜杜拉很快展开了外交攻势。他先是访问沙特阿拉伯，随即又来到海湾地区的诸君主国周游访问。自海湾战争以来，约旦一向奉行中立政策，对于干涉伊拉克事务并不热情。为此，沙特等国颇有怨言。这样的裂痕，当然需要阿卜杜拉细心修补。以色列总理内塔尼亚胡是个出了名的好战分子，不过，阿卜杜拉觉得有必要与他好好熟识起来。于是，他特地组织了一次午餐会，邀请内塔尼亚胡前来商谈。甚至，阿卜杜拉朝叙利亚方面也伸去了橄榄枝。约旦国王向哈菲兹·阿萨德释放出善意，可还是历史上第一遭。哈菲兹·阿萨德去世之后，巴沙尔·阿萨德（Bashar al-Assad）出人意料地成为了叙利亚总统。此人和阿卜杜拉年纪相仿，同样也有西方教育的背景。很快，新国王和新总统之间就结下了友谊。

在宫闱宁静、外事敉平之后，阿卜杜拉还要和宗教极端分子搞好关系。至少，他得稳住一部分宗教极端分子，要他们不再频频生事。

一直以来，约旦的诸君都和国内的宗教极端势力保持着同盟关系。这样的关系，当然不易达成。但是，唯有同盟稳定，约旦的局势才能稳定。议会里，总有留给宗教极端人士的议席。每一次政策变动，国王也都万分小心。约旦这个部族传统根基深厚、思想保守的国家，很容易因为改革而风波大起。20世纪六七十年代，先王侯赛因能够挫败泛阿拉伯民族主义分子[1]的渗透，同时消弭左翼思潮的影响，伊玛目阶层可谓功不可没。可是，到了1994年，国王竟然与以色列方面缔结了和平协议，为此，许多曾经支持国王的教士显得非常不忿。还好，侯赛因最终稳住了国内最大的宗教势力——穆斯林兄弟会[2]。各种场合里，先王多次表示“穆斯林兄弟会就是约旦的民族脊梁”。

父规子随，新任国王的宗教政策将会遵照既定路线走下去。任职不过几周，阿卜杜拉就向穆斯林兄弟会的几位高级领导发去信函，请他们来自己的山巅别墅一叙。于是，胡马尔王宫来了一群长袍遮体、满面胡须的访客。这些人怨言连篇，先是为了几名宗教活动人士的遭遇而大鸣不平，而后，媒体

---

1 泛阿拉伯民族主义分子（Pan-Arab nationalists）：泛阿拉伯民族主义，一种风行中东、北非阿拉伯国家的思潮，代表人物有萨达姆·侯赛因等。

2 穆斯林兄弟会（Muslim Brotherhood）：宗教极端组织，源自埃及，势力遍及中东、南亚各地。

审查制度也遭到了访客的质疑，此外他们还表示约旦的选举法律存在问题，因在现行制度之下，兄弟会推出的民意代表候选人很难参政议政。批评声声入耳，阿卜杜拉却毫无动气之意，临结束，他还给了来客一个出其不意的大惊喜。国王表示，政府将会赦免 16 名在押的宗教极端分子。主人的这番表态，深得各位客人的欢心。他们向新闻界表示，约旦的新任国王就是宗教极端人士的好朋友、好伙伴。

“陛下，敝会一定全心全意支持您、拥戴您，团结一心地信任您。”兄弟会的最高领导向阿卜杜拉宣誓保证。

可是，想要收买人心，并没有这么简单，穆斯林兄弟会还是会时常发表言论抨击王室。不过，究其根本，兄弟会仍是建制[1]的一部分，他们和国王终归属于同一路人。兄弟会之外的宗教极端势力，可不会和阿卜杜拉如此齐心，国王释囚的举动自然无法打动他们。至于那些关于选举的承诺，更是缥缈得犹如浮云。宗教极端分子都想发出自己的声音，也都希望操控约旦的政局。当然，到底是与王室合作还是另起炉灶，不同极端派别的想法又各不相同。

其实，阿卜杜拉二世早就生出了退居二线的打算。面对媒体，国王多次表示，自己希望约旦能够早日实现真正的议会君主立宪制度。这样一来，国王将成为名义上的国家元首，实权则由政府首脑掌握，而政府首脑又由议会中的民意代表选举产生。不过，阿卜杜拉的幕僚们都觉得相关的政治改革应当缓行。他们表示，约旦毕竟缺乏民主传统，改革步伐过大，很有可能招致负面效果。而且，若论群众基础、组织能力、参政热情和资金背景，宗教极端组织在约旦国内几无对手。选举一旦启动，这些人可以轻而易举地攫取权柄。要知道，许多宗教极端人士的政见可不像穆斯林兄弟会那样驯顺，如果把国家的命运交付他们手中，未来如何，实在不可知晓。

阿卜杜拉召见的这一批“大头巾”，都还能够认可国王提出的基本立场。但是，在中东，还活跃着另一些更为极端的宗教主义人士。按照西方观点，这些人的想法完全不可理喻。他们可不是国王能够磋商会谈的对象，相反，

1 建制（establishment）：西方政治术语，代指亲近政府的政治势力。

他们和他不共戴天。

约旦遭受宗教极端主义之害的历史可谓久矣。为此，整个国家留下了深深的创痕。哈希姆王国建立之初，就有宗教极端人士起兵反对。这些人觉得，约旦的独立不过是殖民者的阴谋，目的在于削弱与分裂穆斯林。而且，他们觉得，约旦王室哈希姆家族虽然曾经统治圣城麦加（Mecca）长达900余年，如今却也选择“背叛”，成了阴谋的一部分。

20世纪初，哈希姆王国成立之前，中东大地上从不曾存在过一个叫“约旦”的国度，自然也没有所谓的“约旦人”。1 000年来，约旦河东岸的这片干旱的土地一直是伊斯兰帝国（或称阿拉伯帝国）的一部分，其鼎盛时期的疆域曾经拓展到了北非和巴尔干地区，整个阿拉伯半岛和黎凡特[1]更是全数纳入哈里发的掌控之下。建国伊始，哈里发的职务由伊斯兰教先知穆罕默德（Muhammed）的直系后裔担任。他们或是坐镇巴格达（Baghdad），或是以大马士革（Damascus）为国都。后来，他们的地位被奥斯曼土耳其人取代。在土耳其人统治下，宗教帝国的统治范围进一步扩大，整个帝国的中心也转移到了伊斯坦布尔（Istanbul）。这一时期，帝国的大小事务完全落入苏丹（sultan）的手中。不过，土耳其征服者仍给据守麦加的哈希姆家族留有一点自主权力。毕竟，自10世纪以来，圣城一直是这个家族的领地。到了20世纪初，哈希姆家族涌现出了一位新领袖。他雄心勃勃、精明强干，他的作为，改写了中东地区的版图。

他叫谢里夫•侯赛因•本•阿里（Sharif Hussein bin Ali），麦加的第78任埃米尔[2]，侯赛因•本•塔拉勒的曾祖父。他即位之际，正值奥斯曼土耳其分崩离析之时。一战当中，土耳其人选择与德国结盟的同时，谢里夫•侯赛因则在和英国方面进行秘密磋商。他想利用英方的威势，为阿拉伯人争取独立。1916年，双方终于谈妥了条件：谢里夫•侯赛因答应帮助协约国出兵阻击土耳其军，换取英国方面对于一个新兴阿拉伯国家的承认。而后，一场轰轰烈

1 黎凡特（Levant）：中东地理名词，包括叙利亚、伊拉克、黎巴嫩与约旦的一部分。

2 埃米尔（emir）：中东、中亚等地的一种爵位，可理解为“国王”“酋长”。而“哈里发”的权限则等于皇帝。

烈的“阿拉伯大起义”（Great Arab Revolt）迅速席卷而来。谢里夫·侯赛因的4个儿子——阿里(Ali)、费萨尔(Faisal)、阿卜杜拉(Abdullah)和赛义德(Zeid)都投身起义之中。他们的身边，还活跃着一位大名鼎鼎的战友——T.E.劳伦斯（T.E. Lawrence）。历史学家和电影大亨记录下的那个不朽的“阿拉伯的劳伦斯”，正是这名参与“起义”的英国军官。

战争以阿拉伯人大获全胜而告终。不过，未及战争结束，英国方面的承诺便提前破产。1916年，英法双方秘密达成《塞克斯-皮科特协议》(Sykes-Picot Agreement)。协议规定：战争中夺取的土耳其领土将会一分为二，各自纳入英法两国保护国的势力范围。待到第一次世界大战落下帷幕，中东地图上也因此多出了几个新兴国家，其中，包括伊拉克和叙利亚这2个王国。约旦河与地中海之间的狭长领地是犹太人的家园。如今，它被称作“以色列”。

约旦河的另一侧，横亘着无边无际的沙漠，贝都因部落在此游牧定居已达千年。英国人大笔一挥，这片土地便划到了谢里夫·侯赛因的第三个儿子阿卜杜拉名下。因此，要说英方完全背弃信用，其实也不尽然。但是，阿卜杜拉一世治下的这个地方，实在难以称得上是一个“国家”。叫它“大约旦酋长国”(Emirate of Transjordan)或称“约旦哈希姆王国”（Hashemite Kingdom of Jordan），都不能掩饰它的缺陷——这个国家缺乏历史渊源。要想让领土上的诸多游牧部落都有一个全新的共同认知，不是一个简单的任务。况且，新国家一无石油，二无天然气，地下矿藏寥寥，用于灌溉的水源也很稀少。更有甚者，这个国家的元首——阿卜杜拉一世也是一个“外来户”。正因如此，当时几乎所有的政治观察家都不看好“大约旦”的前景。他们觉得，阿卜杜拉的国家将会迅速崩溃，随即被强邻一口吞下。

20世纪20年代，约旦迎来了立国以来的第一次真正挑战，先是“伊赫瓦尼”分子的入侵，而后又是沙特阿拉伯方面的干涉。到了60年代，巴勒斯坦游击队成了新的麻烦，他们的跨境活动，严重威胁了约旦的主权。此前，巴勒斯坦内战已经持续了30余年。40多万难民逃离家园，聚集在了约旦。许多武装分子顺着这股难民大潮，一齐混入了约旦境内。这些人很不安分。他们频频袭击约旦军队，甚至屡屡对侯赛因国王发动人身袭击。为了报复，侯赛因策划了著名的“黑九月行动”(Black September)。数千名武装分子被杀，残余人员逃到了叙利亚与黎巴嫩。行动之中，临近巴勒斯坦的扎卡小镇受创严重。本书的主人公阿布·穆萨卜·扎卡维，正是在这个小镇出生。

80 年代，地区动荡眼看就要蔓延至相对平静的约旦边界。在它的西面，成千上万的巴勒斯坦年轻人发动了第一次“起义”，和以色列军警冲突不断。而在约旦国内，数以百计的青年人自愿离开家园，前往阿富汗抗击苏联军队。他们中的一些人在历经战争洗礼后回到了故乡的村庄和难民营之中，不仅熟练掌握了各种军事技能，而且脑子里也产生了许多新的思想。其中的一些人就像扎卡维一样，组成了一些小团体，开始寻找同心目中的“伊斯兰的敌人”继续战斗的途径。

那个时候，扎卡维这样的极端分子并非多数派。他们之间，也不存在什么像样的组织。对付他们这样的人，阿拉伯诸国的统治者们有着几乎一样的手段，约旦国王自然也不例外。当局利用情报机构排查可疑人员，采取的手段，自然十分残忍无情。与此同时，当局会招抚那些较为温和的极端分子，赐予他们优待，甚至让他们享有一定程度的政治权力。阿卜杜拉二世的父亲就是这样做的。他暗中扶助穆斯林兄弟会，后者因此坐大，成为约旦国内的一支“温和反对派”。父亲的办法，儿子也会照办。而且，阿卜杜拉还要效法自己的祖先，他需要时不时拿出一些小恩小惠，偶尔展现一下自己的宽仁。他必须让兄弟会的领导受益于己，如此一来，对方才会听从王室的号令。当局与极端组织之间的“同盟关系”，方能得到维系。

1999 年 3 月，先王的追思期已经持续到了第 40 天，哀悼即将结束，阿卜杜拉也得到了一次施行恩惠的时机。他打算趁着大日子的来临，公布一次特赦。约旦立国以来，新君总会大赦天下。根据这项传统，监狱里在押的非暴力罪犯和政治犯都将因此重新获得自由。特赦，不单是一种清空监狱的手段。当局还可以借此收买人心。比如，宗教极端势力很可能感恩戴德，东岸那些实力派部落可能也会心怀谢意。为了获取最大的政治效应，议会必须左右衡量，挑出那些最有可能带来回报的在押犯人。一开始，特赦名单上列出了 500 个幸运儿的名字，没过多久，这个数字就膨胀到了 1 000 人，而后又翻了一番。即便如此，议会方面似乎还嫌不够。获释的人选，如滚雪球一般越积越多。

关于特赦的争论，已经成了公开的话题。根据新定法律，恐怖分子和暴力嫌犯不在特赦恩许之列。不过，一些议员仍然提出建议，要把十几个恐怖嫌疑犯放出监狱。这些人的作案目标无一例外指向了以色列。此外，还有议员奔走呼吁，恳请国王赦免一批曾经前往阿富汗参与“抗苏圣战”的老兵。这些人有着一个统一的外号——“阿拉伯裔阿富汗人”，他们归国之后大多成了死硬的宗教极端分子。

争论持续升温，约旦监狱协会（Jordan Bar Association）的主席萨利赫·阿木提（Saleh Armouti）也出面发表了意见。主席对《约旦时报》（*Jordan Times*）记者表示：“我国正处于历史变革的关键时期。因此，政府必须翻开新的历史篇章。那些在押的政治犯，应该获得改过自新的机会。”与此同时，约旦执法部门的不少官员却在冷眼旁观。在他们看来，所谓特赦，很可能导致一场巨大灾难。

“这些特赦人员大都属于累犯和惯犯，也是警察局中的熟脸。”同样面对《约旦时报》，一位警察局长却给出了与阿木提大不相同的观点，“这些人大多是流氓无赖。一旦出狱，肯定会伤人生事。”

议会拟定的特赦名单终于出具完毕。名单上面足足写有25 000个名字。而后，这份名单即将送往王宫，等待阿卜杜拉二世的批准。这时的国王任职还不到6个星期，他必须学习平衡之术，让议会、部落和王权的利益得到兼顾。新君上位的他可以驳回名单，让议会继续争论，也可以在文件上签上大名一了百了。

他选择签上大名一了百了。

随着时光流转，阿卜杜拉方才渐渐明了那份他签名同意的特赦文件当中，隐藏着多么危险的一个人物。此人曾经上过阿富汗战场，有着“清洁信仰”的倾向。他的极端程度，比起昔日的“伊赫瓦尼”分子也有过之而无不及。他从一个不起眼的宗教极端人士，变成了彻头彻尾的恐怖分子。他的名字也从“艾哈迈德·法迪勒·哈莱伊拉”，变成了“阿布·穆萨卜·扎卡维”。

祸端已经酿成，约旦国王也无能为力。他只能对着身边的臣子大喊大叫，徒劳地发泄一下情绪。

“怎么搞的？”国王问道，“就没人事先查验一下那份特赦名单吗？”

1999 年 3 月 29 日，几台囚车驶入了贾法尔监狱。第一批承受王恩、重获自由的罪犯，将会搭乘这些车辆离开监狱。根据法律，政府方面有责任组织交通，把犯人遣送回他们落入法网的地点。于是，扎卡维和他的精神导师阿布·马哈茂德·麦格迪西都坐上了前往安曼的班车。两人的行李不多。两份盖过印章的证件，表明了师徒二人重获自由的公民身份。此后，他们可以像其他约旦公民一般，自由探亲、自由择业、自由结社、自由旅行。直到傍晚，班车司机方才发动汽车，缓缓开出监狱的大门。

车子驶到机枪哨卡之下，又从守卫的眼皮底下经过。不久后，车旁已是棕榈成荫。终于，扎卡维与麦格迪西的座驾走上一条高速公路。路面粗粝，一直通往约旦的首都。就这样，经过 5 年的牢狱生活，他们再次呼吸到了自由的空气。

其实，这时候的他们还没有完全恢复自由身。麦格迪西早有妻子儿女，而扎卡维也是有家有口的人。历经囚禁的他们，对于家人都已经有些生分。他们入狱期间，家人活得很是艰难，都在依靠亲戚的施舍勉强维生。而且，两人都是秘密警察的关照对象，未来的日子里，特工随时会找上他们的门。更何况，他们还有另一群“家人”。监狱岁月，早就让他们和同属极端分子的囚友生出了兄弟情谊。不过，师徒两人用情的深度可并不一致。

随着时间的推移，麦格迪西同贾法尔的囚友们愈加疏远。自由越是临近，麦格迪西也越是兴奋。他渴望回归家庭，更渴望重操旧业继续笔耕。他渴望更多的知音，希望自己的声音能够传遍世界，影响广大的信教群体。而且，他还要万分小心，不让自己再次落网。

扎卡维呢？他和导师正好是两种心情。内外两个家庭，一边是远在扎卡的母亲，一边是近在咫尺的兄弟，无论哪边都让他难以割舍。他的这些狱友，同时也是他的忠实拥护者。他们宣誓向他效忠，发誓对他不离不弃。可是，赦令一下，所有这些“友谊”都会化作烟云。

扎卡维等人奔赴安曼的当晚，监狱里的专职医生萨卜哈并不在贾法尔。大赦之后，监狱里立刻变得人丁稀薄，医生的工作强度相应降低了不少。传言声称，整座监狱都可能关张大吉。为此，工作人员都是人心惶惶。第二天清晨，萨卜哈早早赶到监狱。他径自走进典狱长易卜拉欣的办公室，想要喝杯咖啡，顺便打听一下最新消息。典狱长投来的眼神显得有些怪异。

“今天，我们这儿有老朋友来串门。”典狱长说道。他领着医生，走向犯人栖身的地点。

昔日热闹的囚室，如今只剩下不多的几个人。这些囚徒大多涉嫌暴力犯罪，因此没有得到赦免。随着脚步临近，萨卜哈发现了一个大胡子男人。只见他隔着铁栏，正在和狱中的囚徒交谈——他是扎卡维！

“他来得很早，5 点半就已经等在这里了。”典狱长告诉狱医。

昨天，扎卡维乘车抵达安曼，而后马不停蹄赶回了扎卡小镇。他和母亲团聚了几个小时，便匆匆离开了家里。而后，他向朋友借来一辆汽车，随后连夜驾驶赶在黎明破晓之前回到了贾法尔。现在，他就身处这所令他生厌的深牢大狱。眼前的囚犯，个个好似他的手下士兵。他则摆出战地司令的架子，仔细检阅着手下的士气。

萨卜哈愣了好一阵。他几乎不敢相信自己的眼睛。

“扎卡维……”医生事后忆起那幅场景，还觉得历历在目，“他是个真正的领袖。”

“那一刻，我很肯定，”萨卜哈说，“扎卡维肯定会变得世人皆知。他要么会出名，要么会横死。”

第三章
同样的问题还会卷土重来

转眼间，已经是阿布·穆萨卜·扎卡维重获自由之后的第六个月。出狱纪念日当天，扎卡维出现在安曼的阿里娅王后国际机场，准备离开故国，出去避避风头。他的护照刚刚获批，编号Z393834，护照上还贴着崭新的巴基斯坦签证。为了拿到前往巴基斯坦的许可，扎卡维并未透露自己曾经的“阿富汗志愿老兵”身份。至于那段铁窗岁月，他也没有告诉签证官。他只说自己是个买卖人，以销售蜂蜜为生。

这一次出国，扎卡维带上了自己的母亲。商人行走江湖寻求商机，身边总喜欢有家人作陪。于是，55岁的达拉·哈莱伊拉（Dallah al-Khalayleh）将和儿子一路同行。扎卡维的妻子和3个孩子倒是一应缺席。这也难怪，他此次的真实去向对于妇女儿童并不适宜，更何况，扎卡维的心里还另有算盘，一旦在目的地站稳脚跟，就马上迎娶第二位妻子。

算来算去，扎卡维却未曾想到，约旦情报局早在机场给他备下了一出欢迎典礼。

他还没来得及走进候机厅的大门，几个黑衣大汉已经蹿了出来。他们架着他的肩膀，把他拖进了一个小房间，留下他那可怜的母亲一个人缩在机场大厅里瑟瑟发抖。

不过几分钟时间，他已经坐在了情报局总部大楼中。对此情形，他自然是怒意难掩。

“我到底犯了什么罪？”他抗议道，“你们凭什么不让我出国？”

扎卡维的对面，坐着阿布·哈伊萨姆。眼前这个极端分子，哈伊萨姆已经见过不知道多少面。对方只要张一张嘴，哈伊萨姆就能猜出他接下来要说的话。作为反恐部门的一名上校，哈伊萨姆的任职时间超过了 15 年，为了这次“会面”，他也精心谋划了好几周的时间。不过，扎卡维并没给上校留下太过深刻的印象。哈伊萨姆觉得眼前的他平淡无奇，跟其他的“圣战”分子并没有太大差异。若以性格论，扎卡维确实比大多数同类都要高调一些、暴烈一些。不过，他缺乏学识，也没展现出高人一筹的组织能力。这样的人，似乎不可能太危险。但是，这样一个人在这样一个当口选择出国，背后的阴谋，似乎又不言而喻。他，到底在打着什么鬼主意？

扎卡维的抗议并非毫无道理，他确实没有犯罪。至少，他的罪状不足以得到如此大阵仗的“款待”，值得这么多情报局的特工设下埋伏。而且，抓捕的过程发生在众目睽睽之下，甚至没有避开当事人的母亲。贾法尔的日子深化了扎卡维的极端思想，同时，还让他建立起了一整套人脉体系。他此行的目的地远在白沙瓦（Peshawar），一个隶属巴基斯坦的边境小城。那个地方位于兴都库什（Hindu Kush）山脉的要冲，距离阿富汗已经不远，本·拉登就在那里。1998 年，就是这个来自沙特阿拉伯的本·拉登策划炸毁了 2 座美国驻外大使馆，随后还公开对美宣战。

扎卡维此行，到底有什么打算？其中的细节，哈伊萨姆并不清楚。但有一点上校倒是可以肯定，扎卡维前往巴基斯坦西北部边境山区的目的，和蜜蜂、蜂蜜都绝对无关。假若他是要到那边联络恐怖同伴，那么可以预见，他回来一定会祸害约旦。

“所以，我们绝对不能让他遂愿。”提到抓捕扎卡维的原因，哈伊萨姆总要向同事解释，“他这种危险人物，迟早会回来制造事端。”

按照法律，哈伊萨姆有权截留扎卡维，让他在情报局待上整整 3 天。其间，情报局人员可以清查扎卡维的行李，同时仔细询问和调查他的朋友和亲戚。当然，只要哈伊萨姆等人愿意，他们要把扎卡维无限期地拘役下去，也不是不可以。当事人显然了解这一点。因此，他耐住性子，只在情报局的审讯室里静静等待。倒是哈伊萨姆，给他提了个醒。

“我们是国家安全部门，”上校表示，“弄清你的一举一动，是我们的职责所在。”

审讯室里的扎卡维显得非常顺服。过去的他，可不是这个样子。哈伊萨姆还记得自己和扎卡维初次见面的场景。那时，这个宗教极端分子还叫艾哈迈德·法迪勒·哈莱伊拉。第一次交锋，双方就已闹得不可开交，由此引发的冲突差一点就要了人命。

1994 年 3 月 29 日，14 名荷枪实弹的特勤人员突袭了一处公寓。扎卡维正好是公寓的住客之一，而哈伊萨姆则是特勤小组当中的一个兵。当时情报局获悉，一些“阿富汗老兵”聚在一起准备生事。这伙人的头头是一个思想极端的传教士，名叫阿布·马哈茂德·麦格迪西。老兵们备下地雷，还搞到了反坦克火箭炮，打算向约旦、以色列边境的以军哨所发动袭击。扎卡维正好是这个团伙的头目之一。当时的他不过 27 岁，在一家光碟租赁店上班。业余时间里，扎卡维和一帮宗教极端分子来往密切。那次行动之后，团伙的其他成员落入法网，被关进监狱，扎卡维却悄悄离开住所，躲进了一处公寓，计划秘密潜往国外。要不是哈伊萨姆等人堵到了楼下，扎卡维的逃跑计划可能已告成功。

哈伊萨姆和同事们守候了很久，想要确定扎卡维回到公寓的时间。入夜之后，他们继续等待。几个小时过去了，四周已经一片黑漆。凌晨 1 点，特勤人员从房东那里要来钥匙，悄无声息地溜进大厦，又蹑手蹑脚地爬上楼。一番搜查过后，特工们在一间小屋里发现了扎卡维，当时他只有一个人，睡得死沉。

特勤人员的脚步挪近了些。突然，扎卡维翻身坐起。他开始骂娘，朝着哈伊萨姆等人大吼大叫，同时，扎卡维的一只手还向枕头底下摸去。

“他有枪！”一名特勤队员惊叫。

顷刻间人墙重重压在扎卡维的身上。大家七手八脚行动起来，抓捕对象很快就动弹不得了。与此同时，另一组特勤队员正在找寻扎卡维藏匿的武器。正在这个当口，哈伊萨姆一位同事的眼光落到了一块帘子背后。那个地方，似乎有些不大对劲。很快，同事一蹿而起，从帘子后拎出了一个人。原来，小小的房间里不止躲着扎卡维一个人。逮捕对象的同伙来自埃及。万幸，这个埃及人赤手空拳，并未携带任何武器。

“我们不知道，原来扎卡维还有同伙。”哈伊萨姆事后回忆，“他躲在那块帘子后面瑟瑟发抖。可是，那里根本没有窗户。没有风，帘子怎么会动来动去？”

扎卡维的武器，也落到了特勤人员手里。那是一把 M15 自动手枪，3 颗子弹已经上了膛。很快，抓捕对象已经身在情报局的小货车里了。落网之后的扎卡维，仍然是一副杀气腾腾的样子。当时，扎卡维的凶相给每一位特勤队员都留下了特别深刻的印象。只见他歪在座位上，怒目圆睁。他的头发蓬乱纠缠，衣衫早已被扯得稀烂，露出手臂上密密麻麻的文身。

“他大发雷霆，一直在高声地叫骂：‘你们这些卡菲勒！异教徒，你们都是异教徒！’”时至今日，特勤队员们还能想起扎卡维当时的反应。

一行人回到外观森严的情报局总部，准备对犯人进行审问。很快，大家就忙碌起来了。他们挤在小小的刑讯室内摩拳擦掌，准备利用刺眼的亮光打破犯人的心理防线。这时，情报局的副主管萨米·巴迪吉（Samih Battikhi）站在一旁耐心观察。巴迪吉一头银发，为人开明。他还记得，自己的手下用尽了手段，但扎卡维丝毫不为所动。

“他只是嘟嘟囔囔，重复着那些言辞。极端主义思想把他的脑袋塞得满满当当。”巴迪吉说。

不久后，巴迪吉就升任约旦情报机构的一把手。升官的同时，他的忧虑也在迅速升级。原来，越来越多的约旦公民潜入阿富汗参加“圣战”，而后又打着“圣战”的旗帜回到约旦。巴迪吉觉得，这些投奔战场的人“本性都算善良，他们前往异国他乡只是为了抵抗苏联侵略”。而打击苏联完全符合约旦诸多重要盟国的利益，美国、英国、沙特阿拉伯都对这种行为表示首肯。不过，当这些战地老兵回到故国，却都像变了个人似的。他们身上的衣衫变了，口中的用词也变得大不相同，而这样的改变，也发生在扎卡维身上。并且，他变得比其他阿富汗老兵更为暴虐。在巴迪吉看来，他那副恶狠狠的样子活像一头笼中困兽。小时候的扎卡维常常卷入斗殴，时不时还干些小偷小摸的勾当。他的人格似乎可以一分为二，一半是混混，一半是宗教极端分子。巴迪吉时常思忖，这两种人格如何能在一副躯体之上相安共存？

"扎卡维完全不是我们印象里那种宗教极端分子应有的模样。"巴迪吉分析道，"他就是个无赖，而且非常滥饮。为了让扎卡维走上正路，他的家人开始求助于宗教组织。于是，他过往的恶习未曾消减，却又沾染了宗教极端主义的新毛病。"

其实，情报局方面对于扎卡维知根知底。他入狱之前的往事，他们也是一清二楚。毕竟，警察局里，他留着厚厚的案底。而且，他们有着密布的眼线，足以掌握他的一举一动。通过多方打探，情报人员轻而易举地还原了阿布·穆萨卜·扎卡维的成长经历。

资料显示，艾哈迈德·法迪勒·哈莱伊拉从小就不是一盏省油的灯，他的人生履历劣迹斑斑。他破坏公物，滥药滥酒，还屡次作下更为恶劣的各种罪案。1966 年 10 月 30 日，扎卡维出生于约旦一个工薪阶层家庭，他的父亲是个小公务员，供职于扎卡市政厅，他的母亲笃信宗教，非常虔诚。他有 7 个姐妹、2 个兄弟。兄弟姐妹之中，他最得母亲的宠爱。他的祖屋位于一座小山之上，是幢普普通通的二层小楼。山下，铺着一片墓园。当地的贫苦人民亡故之后，往往选择在此栖身。墓园非常荒芜，几千块手打而成的石头墓碑歪歪扭扭、插满山间。四周野草丛生，无家可归的野猫到处出没。但对于附近的活人而言，这个地方算得上一处"公园"。年幼的扎卡维，就是在墓碑之间奔跑嬉戏，度过了自己的童年。待他进入青春期，开始作奸犯科之后，墓地又成了最为适宜的窝赃地点。

哈莱伊拉一家的祖先来自约旦河东岸。这个家族所属的部落名叫"巴尼·哈桑"(Bani Hassan)，算得上深孚众望。在等级观念根深蒂固的约旦国内，部落的余荫好处多多。扎卡维本可借此优势，谋得一份不错的营生。可是，人生道路上，他却屡屡行差踏错。扎卡维早年辍学，但其实，辍学之前的他成绩还算不错。在艺术方面，他还颇有几分天赋。两年义务兵役期间，扎卡维的表现也还算可以。后来，父亲为他安排了一份工作，他却没能好好把握，只落得个被开除的下场。

12 岁那年，扎卡维开始沾染犯罪恶习。一次殴斗中，他砍伤了邻居少年。而后，他先后涉嫌介绍卖淫、贩卖毒品和暴力伤人等罪行。20 岁的扎卡维，已经是个臭名昭著的街头流氓。当时，他一身刺青、满口酒气，常常挥舞拳头、欺凌乡里并以此为乐。不仅如此，扎卡维还是个鸡奸惯犯。这一点，情报局非常清楚，他身边的人也是再熟悉不过。大家都知道，扎卡维惯用性暴力对付那些少年，以此作为一种羞辱与胁迫的手段。

21 岁那年，扎卡维结了婚，对方是他的一位表亲。很快，他们有了一个女儿。不过，扎卡维最为依恋的对象，还是自己的母亲。眼见自己的小儿子恶习连连，达拉・哈莱伊拉非常痛心。同时，作为母亲，她还是非常相信儿子的“善良本性”。因此，儿子作奸犯科的时候，她从来都是睁一只眼闭一只眼。达拉始终觉得，扎卡维的智力和见识都很有限，因此她的小儿子不可能是个大奸大恶之人。多年以后，外国记者找上门来，告诉她扎卡维的真实身份，以及他那些制造炸弹、指挥恐怖分子的“成就”时，为人母者总是一笑了之。

“我儿子可没有那种本事。”达拉告诉一位来访的美国记者。她甚至觉得，儿子“皈依宗教”是件好事。当然，母亲认为，儿子之所以加入“圣战”团体，主要是由于工作无依。年轻人在家乡找不到工作，似乎也只有那么一条活路可寻。

“我的儿子是好人。他是个普通人，也是社会不公的受害者。”母亲表示。

扎卡维之所以和宗教极端主义扯上关系，有赖于母亲充当介绍人。是她把他送进了扎卡当地的侯赛因・本・阿里清真寺 (al-Husayn Ben Ali Mosque)，并为他投报了相关的宗教课程。母亲希望清真寺里的教士能成为儿子的指路明灯，希望儿子得到那些虔诚同伴的濡染。清真寺的课程充斥着神学辩论，以及对于前往阿富汗参加“圣战”的鼓吹。一番修习下来，扎卡维确实变了个人。这一点，完全出乎所有人的预料。他变得很是虔诚，昔日对于犯罪的热情，似乎完全转移到了宗教之上。他不再饮酒，转而痴迷于经学辩论。每周五的礼拜，他也是施行不辍。种种极端主义宣传品，比如光碟、磁带，以及记录阿富汗、波黑和车臣等地“圣战”实况的影音制品，成了他最为喜爱的精神食粮。每一次，当诵经人高声叫喝，呼吁年轻人赶赴阿富汗帮助当地信众打击苏联军队的时候，扎卡维的双手总是高高举起表示响应。

1989年春天，扎卡维的阿富汗梦终于成了真。他的落脚地点，位于阿富汗与巴基斯坦的边境线上。此时，最后一批苏联军队已经离去了好几个星期。不过，他来得正是时候。因为苏联人扶持的阿富汗政府仍然存在。下飞机之后，扎卡维偶然遇见了一名阿富汗老兵。对方印象中的他，是个热忱满满的年轻人。而且，这个年轻人“性格敏感、有点怪异”。老兵记得，扎卡维当时非常少言寡语。对此，扎卡维解释道，因为自己读书不多，对于宗教经典也了解甚少，因此才选择缄言收声，免得自曝短处。春天的阿富汗已经很热，不过，扎卡维浑身上下都包裹得严严实实，生怕不小心露出了手臂处刺青的痕迹。

“其实，大家都清楚他的底细——他臭名昭著，是个来自扎卡的暴力分子。”胡德海法·阿扎姆（Hudhaifa Azzam）如是说。阿扎姆原籍巴勒斯坦，也是个阿富汗老兵。他的父亲阿卜杜拉（Abdullah Azzam）系著名的宗教极端人士，被许多人视作全球“圣战”运动的开山鼻祖。

“不过，一切已经成为过去。他现在已经皈依宗教，所以，他以皮肤上的文身为耻。任何时候，他都不敢袒露自己的双手。”

加入“圣战”组织之后，扎卡维领受的第一份任务并非上阵厮杀，而是操办报纸。他要负责为一家极端主义杂志撰写稿件，描绘“圣战”组织征战沙场的情景。对于一个智识不高的年轻人而言，这无疑是一份苦差事。很快，扎卡维有了一位知心朋友，此人名叫萨利赫·哈米（Saleh al-Hami），和扎卡维任职于同一家杂志社。因为一次地雷事故，哈米失去了一条腿。康复期间，扎卡维始终待在哈米的病榻旁边。哈米的事迹给了他深深的震撼。为了表示崇敬，他甚至安排自己的一位姐姐来到巴基斯坦，并劝说她下嫁哈米。而后，姐夫曾为小舅子的传记执笔，而这部传记最终大受欢迎。姐夫始终记得自己的那位小舅子是个特别容易感怀的人。每次阅读宗教经卷，他都会含泪涕零，甚至痛哭出声。

一般的"阿拉伯裔阿富汗人"都不会如此外放感情,唯有这个约旦年轻人是个例外。

"他每一次大声诵读经文时，都会痛哭失声。即便身为领颂者，他也不能克制自己的泪滴。"哈米写道。

训练之余，扎卡维经常在白沙瓦小城里闲逛。城中的一处清真寺是他常去的落脚地。在那里，他成了红人，得到了阿拉伯同胞们的爱戴与欢迎。时隔多年，寺内的伊玛目仍然记得这个来自约旦的年轻人，他显得非常虔诚，为了过去的种种罪孽而深表悔恨。一次，伊玛目提到自己准备去麦加朝圣，这时，阿布•穆萨卜•扎卡维恭恭敬敬走上前来，向他提出了一个要求："如果您真能成行，"年轻人恳求,"您可不可以在路上为我祈祷一阵？请您向安拉祷告，敬请真主原谅我阿布•穆萨卜这个罪人。"

阿布•穆萨卜•扎卡维初尝战斗滋味，已经是 1991 年的事情。当时，"圣战"武装开进阿富汗东部，向政府控制下的帕克提亚（Paktia）和霍斯特（Khost）发起突袭。战友们都记得，那时的扎卡维满怀激情。他非常勇敢，胆大得近乎不顾性命。阿扎姆还记得那次发生在加德兹（Gardez）的危险遭遇，扎卡维单枪匹马挡住了十几个阿富汗政府军士兵的进攻，其他的同伴才能趁机逃脱。

"扎卡维很有胆量。我经常说，他怀有一颗必死的决心。"阿扎姆这样评价扎卡维。巴勒斯坦人甚至觉得，扎卡维的英雄气概不单单是无惧风险。很多时候，这个约旦人如此舍生忘死，似乎全是为了赎罪悔过。

"他的过去，深深影响了他的行为。对此，我深表惊讶。他无时无刻不在和负罪感苦苦斗争。"阿扎姆表示，"他之所以如此勇毅，就是出于赎罪的原因。他曾经自白：'因为我过去的累累罪恶，安拉已经不可能原谅我。除非我肯献出生命，成为一名舍西德（shahid，即殉道者）。'"

扎卡维没能成为"舍西德"。但是，这段纵横阿富汗东部的征战岁月为他赢得的名声，并不亚于任何殉道者。借此，他成了"穆贾西德（mujahid）"，即"圣战士"。1993 年，扎卡维离开战场。此时，他已经有了数年的战地经历，是个真真正正的老兵，并且深受"圣战"熏陶。他的头脑之中，满是极端主义神职人员灌输的思想痕迹。这些神职人员既有阿拉伯裔，也不乏当地的阿富汗人。日后，他们还会成为本•拉登和塔利班（Taliban）的精神导师。扎卡维的军事素质，全仗阿卜杜勒•拉苏尔•赛义夫（Abdul Rasul Sayyaf）所开办的那个训练营的教益。训练营走出的学生当然不止扎卡维一人。策划“9•11”事件、在纽约和华盛顿制造事端的哈立德•谢赫•穆罕默德（Khalid Sheikh Mohammed），同样出自赛义夫的训练营地。

所有的“阿富汗老兵”，都在为一种“战地情谊”而迷醉不已，扎卡维当然也不例外。“圣战”组织赢得的巨大胜利，也给了扎卡维等人无尽的骄傲。没错，一支破破烂烂、有如乞丐的武装，何德何能可以击败一个超级大国？胜利的缘由，又该归于哪里？除了上天的庇佑，似乎找不出更好的解释和原因。

赛义夫•阿德勒（Sayf al-Adel）是本•拉登的副手。他觉得，“圣战”之所以大获全胜，有赖于“安拉保佑参与圣战的士兵，保佑他们战胜那些异教徒”。阿德勒的看法，得到了所有“阿富汗老兵”的一致同意。对于这种“上天的保佑”，扎卡维自然也是深信不疑。

1993年，来自约旦的数百名“阿拉伯裔阿富汗人”先后踏上了归国的旅程。阿布•穆萨卜•扎卡维也是潮流中的一分子。所谓的故国，对于他们已经非常陌生。当然，变化的不只是家园，还有这些“圣战士”本身。4年之内，安曼市区大了许多倍，约旦国内其他的大城市同样也在扩张的过程之中。至于街头的风景，也变得愈发摩登。时不时，扎卡维等人还会回到阿富汗去看一看。那个时候，阿富汗的统治者已经变成了塔利班。那边的种种市井风貌好像迟滞了一般，比起世界的其他角落，阿富汗好像落后了几千年。

回到家乡之后，扎卡维的名号也随之一变。“陌生人”——这是他给自己取的新名字。确实，他在家乡感觉非常陌生。仅仅逛一趟超市，他也能生出对阿富汗岁月的怀念。眼前这个温和、随意的约旦，和他在阿富汗习以为常的那些极端主义教条是如此不同。两边的生活，仿佛隔着一道巨大的天堑。他常常对朋友抱怨国内的女人着装太过随便，餐厅和电影院里亲昵的情侣也让他万分看不惯，他也受不了卖酒的商家。过去，他曾经营过一家租售色情录影带的小商店，但这曾经的营生，现在却让他非常讨厌。就连他的家人也让他感到反感。他的母亲和姐妹拒绝穿戴阿富汗妇女穿着的“布卡”[1]面罩，他的兄弟竟然允许自己的家人观看“不符合教义”的电视节目，还对电影和喜剧异常痴迷。当然，新闻节目的内容更是叫他不满。从中，他知晓了中东和平的最新进展，还发现约旦王室与巴勒斯坦方面正和以色列进行谈判。对于许多宗教极端分子而言，以色列象征着无尽的罪恶。大概只有侯赛因国王的少数拥护者，才能原谅他和以色列的这种勾连。

就这样，扎卡维渐渐和正常的生活绝缘。他浑浑噩噩，打理着自己的影碟租赁店，出租碟片的内容既有极端主义宣传品，也有一般的好莱坞影片。终于，一件事情的发生，让扎卡维再次找到了生活的意义。偶然间，他读到了几本关于阿拉伯帝国时期英雄豪杰故事的书，并为其中的内容激动不已。努尔•阿丁•赞吉（Nur ad-Din Zengi）的事迹尤其让扎卡维心生向往。这位努尔•阿丁生活在 12 世纪，是大马士革的一位战神。他悍勇善战，曾把一支入侵的十字军部队摧毁殆尽。而且，努尔•阿丁纵横捭阖，联合了许多穆斯林小王国。他的统治区域南到尼罗河畔，北达土耳其南部。这种种伟业都让努尔•阿丁英名远播。一次战斗当中，努尔•阿丁的部队击杀了安提阿[2]的亲王，努尔•阿丁砍下敌酋的首级并将其呈到巴格达，作为献给哈里发的礼物。

恍惚中，扎卡维觉得自己简直就是努尔•阿丁再世。于是，他立下志向，一定要重现偶像的不世武功。当然，他也做好了英雄起于卑微的准备。经过辗转询问，扎卡维联系到了一位旧相识。此人是个学者，名叫阿布•马哈茂德•麦格迪西。麦格迪西还记得，一天，扎卡维突然出现在自家门前。来客声称自己要“为了约旦的宗教事业奋斗终生”。于是，两人的关系开始变得紧密起来。他们共同开办了读经班，将昔日的战友一一招揽到了身边。渐渐地，扎卡维等人开始实践自己的野心。

“我曾经写过一些文章，读经班的人把这些文字刊印出来，散发给广大

1 布卡（burqa）：伊斯兰教瓦哈比派女子服装。
2 安提阿（Antioch）：中世纪邦国，在今天的希腊境内。

群众。”对于与扎卡维并肩相处的日子，麦格迪西有着这样的回忆。“在我们的号召下，年轻人团结一致。我们的书籍、我们的言论，在他们当中流传广泛。”

同样的组织，在约旦并不少见。心怀不满的“圣战”老兵操办的这种“读经班”很快便星火燎原，蔓延至整个约旦。一些老兵甚至组织成员向所谓的“西方邪恶标志”开刀。出售酒类的商店首当其冲，频频遭到袭击。扎卡维自然不甘人后，他的构想远不止散播极端主义读物那么简单。在他看来，自己的“组织”应当制造混乱，把即将举行的议会选举彻底搞砸。他甚至已经开始筹划，还列出了一些可能的袭击目标。对于这个计划，他是如此津津乐道，但他的一些朋友却有些不安。

“扎卡维太想一蹴而就了！”穆罕默德·阿布·蒙塔沙里（Muhammad Abu al-Muntasir）回忆道。这个蒙塔沙里同样痴信宗教极端主义。1993 年，此人曾经多次出席极端分子的聚会，和扎卡维打过几次照面。蒙塔沙里说：“扎卡维觉得，自己的目标用不了几个月就可以全数实现。正因为他的鲁莽，才会选错了行动的时间和地点。”

“倒霉的是，”蒙塔沙里指出，“他那些亲密伙伴都同意他的意见。”

1994 年，扎卡维一伙开始以“拜亚特·伊玛目”（Bay' at al-Imam），也就是所谓的“伊玛目誓言联盟”自居。与此同时，“联盟”手中开始有了武器。若论军火的来源，还真是让人大吃一惊。海湾战争期间，麦格迪西曾经短暂侨居科威特。冒着战火，教士秘密搜集了不少军火。其中包括地雷、手榴弹，甚至还有一些火箭弹。到 1991 年伊拉克军队开始撤离的时候，麦格迪西已经收获颇丰。他把这些东西藏匿在家具之中，悄悄运进了约旦境内。1994 年 2 月 25 日的一场风波，让麦格迪西和扎卡维等人下定了策动袭击的决心。事发约旦河西岸的小城希伯伦（Hebron）。当天，一名犹太极端分子持械闯进一处宗教场所，此人连开数枪，酿成一起惨案，29 名男性因此丧生，伤者人数更众。扎卡维大受刺激，他们决计展开报复。麦格迪西虽然有些犹豫，却也表示支持。他答应打开自己的军火库，为同伙提供方便。扎卡维等人的目标直指边境，瞄准了位于那里的以色列哨所。根据计划，他们先突袭哨所，然后连续点爆自杀式炸弹，最后使用小型武器，对目标进行扫射。

然而，他们的计划未曾开始，便夭折了。通过庞大的线人网络，约旦情报部门侦察到了扎卡维一伙的阴谋。阿布·哈伊萨姆等人突袭了极端分子的老巢，将他们一一逮捕归案。3月29日早上扎卡维的落网，就是整个行动的一部分。经过审讯，扎卡维等13名嫌疑人悉数认罪。他们签下自白书，承认自己非法持有武器，而且阴谋发动恐怖袭击。

法庭上，麦格迪西试图抓住时机，把庭审变成自己推销极端思想的演说场地。为此，他面对法警，颇为戏剧性地大喊大叫："你们才是罪人！"宣判之后，一干被告更是愚蠢地行动起来了。他们拍打栏杆，制造声浪。麦格迪西的宣言混在其中，显得分外刺耳。

"你们的所谓判决，只会让我们的信念愈发坚定！"

也许，麦格迪西说得没错，但长达15年的刑期很有可能让他和扎卡维，还有他们这场"运动"最终难逃被人遗忘的下场。即便约旦的监狱系统难以管束他们，情报局方面也有大把的手段能让他们乖乖听话。对于这些手段，哈伊萨姆相当自豪。面对西方来客，他经常洋洋得意地提及这些手段。"情报局从不吝于使用强制手法，"哈伊萨姆如是说，"很多时候，唯有强力方能防微杜渐，彻底清除邪恶势力。"

1999年春天，扎卡维等人重获自由。这时候，情报局又该拿他们怎么办？对此，局里的一干高官也没了主意。他们陷入沉思，足足想了6个多月。直到那天早上，扎卡维陪着老母在机场现身。如若情报部门再不出手阻止，母子二人将会搭乘国际航班，消失在巴基斯坦。

于是，扎卡维被扭送到了情报局总部。他在此逗留的3天中，情报人员仔仔细细搜查了他带在身边的全部家当。他们想从中找出他出国之后确切的落脚地点，同时，他们还想知道他打算在那边待多长时间。寻来觅去，特工只发现了一封信，信中的字字句句，仿佛都蕴含了暗示与密语。不过，后来事实证明，这只是一封普普通通、毫无危害的信。扎卡维受一位朋友之托，要把问候带到巴基斯坦。

最终，哈伊萨姆换了一种审讯方式，直截了当地问扎卡维。终于，扎卡维吐出实情：他确实想要移民。一旦蜂蜜生意走上正轨，足以承担一家老小的生计，他会选择在巴基斯坦定居。

“我在这个国家过不下去了。”扎卡维告诉上校，“所以，我想换个环境重新开始。”

在约旦，扎卡维活得很不如意，这一点，倒并不令人惊奇。有时候，他甚至开始怀念贾法尔的那些日子。监狱虽苦，却给了扎卡维一种认同感。相反，牢狱之外的日子只让他心生烦躁、万分焦虑。面对家人，他也并不避讳这种想法。

当然，情报局的存在，才是令扎卡维焦虑的最大原因。这样一个恐怖分子早早走出牢笼，情报局的反恐官员显然并不乐见。他们会使尽手段，让扎卡维不得安宁，也让他生活在恐慌之中。

让人不得安宁——在这方面，哈伊萨姆等人都是专家老手。当然，约旦情报部门的特长实在不少。扰乱恐怖分子的思想，只是他们特别精熟的业务之一。与他国同行业相比，约旦情报局规模不大，技术手段来自外国培训，运营资金也一向依赖美国等盟友的划拨和赠予。不过，论及发展线人、策划间谍、开展秘密活动的能力，世界上少有同类机构堪与约旦情报局媲美。有一段时间，情报局的刑讯手段残酷至极。为此，不少约旦人都把哈伊萨姆的供职单位称为“指甲工厂”。后来，情报局高层革除了种种酷刑，但刑讯的效果并未因为改革而降低。

为了让扎卡维意志动摇，情报局的特工们用上了一种名为“骚扰”（annoyance）的手段：情报局人员会频繁造访审讯对象的住所，使之不胜其烦。特工们频繁地出现在扎卡维的家，“邀请”他外出详谈。时间并不固定，甚至大多发生在深更半夜。有时候，他们会载着他来到情报局总部，扣押他几个钟头的时间。“骚扰”行动的核心在于反复提醒扎卡维：他曾经说过什么话，又做过什么事。而这些消息，则全都来自线人的告密。借此，情报局方面想让扎卡维知道，他的生活细节，完全逃不过他们的眼睛。

面对这样的不速之客，扎卡维的心情可想而知。但是，他别无选择，只能默默承受。负责“骚扰”的情报员还记得，一次，扎卡维见到他们的黑色座驾，情绪立即爆发了。

“好啊，看看是谁来了？原来是情报局的特务！”扎卡维的口气很冲，言语中的讥诮，隔着几个街区都能听到。当时，达拉·哈莱伊拉立即变了脸色，发紫的面庞与黑色的头巾形成了鲜明反差。最后，还是母亲出面接洽了两位客人。她喃喃自语，咒骂眼前的情报人员，咒骂约旦政府。面对自己那个问题儿子，她也很不客气。“我也不知道，生他那一天到底中了什么邪！”达拉叹道。

如今，扎卡维困在了情报局的总部。在这里，一大批侦讯人员轮流上阵，围着他转。每一次，他们都会使出不同的讯问手段。阿布·哈伊萨姆自然常常出现。有时候，上校的顶头上司阿里·布尔扎克（Ali Bourzak）也会出面。情报局的反恐部门，由布尔扎克一手监管。这个布尔扎克，也是情报局中最令人生畏的人物。他脾气暴躁，留一头绛红色的板寸。人们送了他一个外号——“红魔”。“红魔”的威力，连扎卡维也畏惧三分。多年以后，哪怕极端分子已经远远逃离约旦，也难以忘却布尔扎克带来的梦魇。为此，扎卡维两次派遣手下潜入安曼，想要索取布尔扎克的性命，但是，两起阴谋最终都宣告破产。

除哈伊萨姆和布尔扎克以外，还有一位情报官员一直紧盯着扎卡维一案。此人与极端分子年纪相仿，名叫阿布·穆塔兹（Abu Mutaz）。情报局人员当中，穆塔兹属于年轻的那一代。他受过高等教育，曾经留学国外，还在英美两国的情报机构那里受过专业训练。有趣的是，穆塔兹的出身背景竟与许多“圣战”组织成员和犯罪分子的出身背景有些相似——他的父亲来自沙漠，是一位部落领袖。穆塔兹有着一头又粗又密的卷发，以及一口不大整齐的牙齿。这副尊容让他看上去颇有一点混迹街头的机灵气质。不过，他那对黑色眼珠却时时发出和蔼的光芒，再加上笑口常开的随和个性，让穆塔兹颇得同事的喜欢。就连许多犯人，也觉得他为人和善。

第一次见到扎卡维的时候，穆塔兹的表现很随便。他一手拿着笔记本，另一只手里攥了一包“议会牌”香烟。面对犯人，他略一致意，随后领着他朝一间办公室走去。这里是非正式聆讯的房间。扎卡维与穆塔兹相向而坐。

两人中间，只隔着一把小小的圆椅。犯人的手铐脚镣已经卸下，脸上还是那副冷漠表情。穆塔兹眼中的扎卡维显得有些老气。这也难怪，对方穿着阿富汗式的松垮衣衫，蓬乱的胡须看上去很久没有打理了。当时，扎卡维的指甲又长又尖，指甲缝里还夹着泥垢。看他这副德行，仿佛刚刚从战场上下来。

穆塔兹常会摆出甜茶与糖果招待客人，对此，对方没有推辞。但随后穆塔兹送上的咖啡和香烟却遭到了扎卡维的拒绝。扎卡维不喜欢喝咖啡，而作为一个宗教极端分子，香烟这种“西洋魔物”更是不可触碰。穆塔兹可没有理会他这层忌讳，自顾自地开始吞云吐雾。

“我说艾哈迈德啊，”穆塔兹一开口，便对扎卡维以名相称，“谈一谈你那个计划吧。”

几次交锋下来，穆塔兹发现了扎卡维的情感软肋。于是，他决定用计引诱对方吐露实情。穆塔兹察觉到一个现象，每当自己提及宗教或者家庭，扎卡维的情绪便会开始波动。那些关于部落同一血统的子孙后代的纠缠，更是宗教极端分子的情绪焦点。其实，生活在约旦河东岸的人们莫不如此，从那里走出的每一个人都分外看重部落身份。扎卡维作为巴尼·哈桑的一员，拥有约旦最为庞大、最为重要的一个大“家庭”。这个家族的历史，足足可以追溯到先知穆罕默德还在世的时期。在约旦，部落出身可以决定一个人的社会地位。因此，很多约旦人把忠爱部落视为一种必需的美德，其重要性完全可以和热爱国家、珍爱家庭相提并论。有意无意之间，阿布·穆塔兹向扎卡维提及，他曾经造访过他的部落兄长，并与他们多次商谈，长辈们非常关心扎卡维这个同胞的命运。穆塔兹甚至表示，只要扎卡维愿意顺服，他以往犯下的那些罪恶都可以一笔勾销。为此，情报官甚至搬出部落长老的名号对天发誓。可是，对方还是不为所动。

“你知不知道，”穆塔兹循循善诱，“你的所做所为正在危害部落的利益。甚至可能导致家破人亡。”对此，扎卡维仍然毫不作声。

话题转到宗教方面，扎卡维才变得活跃起来。他开始滔滔不绝，大段大段地背诵《古兰经》。有时，他又会频繁地引用《圣训》。所谓《圣训》，是先知穆罕默德及其弟子的言论与故事集。宗教极端分子常常以此为据，为自己的行为巧言辩护。看来，扎卡维很喜欢展示自己对于宗教经典的熟知程度。穆塔兹常和宗教极端分子打交道，自然熟悉他们的伎俩。于是，情报官直接问扎卡维对于暴力有何看法，因为伊斯兰教是绝不允许夺取无辜人的性命的。

“叛教者死有余辜。”这是扎卡维的回应。“而且，他们不守教法。”扎卡维的语气很平静，“所以，我们有权杀死那些卡菲勒。”慷慨陈词一通后，扎卡维露出了倦容。于是，他停了嘴。“过去，我是个惯犯，你们不喜欢我。”一次，他面对穆塔兹喃喃自语，“现在，我投身宗教，还是无法讨得你们的欢心。”

扎卡维的口才并不出众，说起话来，甚至有点颠三倒四，以致情报局的高级官员都觉得他只是一个不起眼的“小兵”。相对而言，他那个导师麦格迪西才是真正的危险分子。麦格迪西很有思想，而且善于蛊惑人心。大家觉得，有必要找个理由再让他蹲上15年监狱。至于扎卡维，显然不能与他的导师相提并论。不过，也有人提出不同意见。他们觉得，扎卡维异常危险。总之，扎卡维的真正面目，情报局的一众专家也有点看不清楚。

究其言辞，扎卡维无疑是个宗教极端分子。但是情报局的侦察人员发现，此人的日常行为却时不时违背宗教极端主义的规矩。这些矛盾之处，显然源自他那放浪的过去。比如，扎卡维经常躲进一个女人家中，一待就是好几个小时，而这位女士并非他的合法妻室。刚刚会过情妇的扎卡维又像没事人一般，毫不羞惭地来到当地的清真寺并出席那里的晚祷仪式。

阿布•穆塔兹还觉察出了另一点怪状：这个被审对象思绪混乱，常常口出谰言。面对确切的证据，他也会坚持撒谎、绝不改口。他的行为让人捉摸不透。情报局不得不聘请精神病学专家，仔细分析扎卡维的思想状态。分析结果显示，扎卡维患有多重人格分裂症（multiple personality disorder）。患者的内心深处潜藏着一股罪恶欲望，让他蠢动不安。同时，一种追求伟大的超我（outsized ego）的理想，则在和欲望反复斗争。

“简而言之，”阿布•穆塔兹解释道，“他有‘英雄’的一面，也有恶棍的一面。他渴望成为‘英雄’，也以‘英雄’自居。哪怕他其实表现得像个流氓，他也不会脱下这层外衣。不过，他的行为却完全受恶棍一面的驱使。因此，他才会如此偏激。”

一些同为宗教极端分子的人，也发觉扎卡维的某些举止特别怪异。在一个同伴的印象中，扎卡维会穿上那套“阿富汗制服”，来到家乡小镇那家最具人气的三明治(falafel)小卖店里，一坐就是好几个小时。其间，他一言不发，“仿佛一个入定的苏菲派[1]教徒”。“他那样子真是把我吓得不轻。”那人回忆，“他就那么枯坐着，不言不语。看上去安详虔诚，还有一点点忧郁。”有的时候，扎卡维又会变得躁狂不已。他会反复提及自己“复兴宗教”的雄心，他的野心不仅限于约旦，甚至波及了临近的其他地区。

1994年那次突袭，让家在安曼的另一位极端分子穆塔希尔陪着扎卡维一起进了监狱。“一天，扎卡维来到我家门前。他要我立即追随他前往阿富汗，翻开人生新的篇章。”穆塔希尔回忆道，“不过，我拒绝了。他作为客人，我还是欢迎的，但是，看看他那种狂躁自恋的性格，更别提其他那些毛病了。他这种人，我是万万不能与之共事的。”

但是这样几句供词根本无法给扎卡维定罪。3天的拘押时间也已近尾声。最后的一段对话，倒是让哈伊萨姆更加深刻地认识了扎卡维其人。当时，哈伊萨姆表示，这可能是他和扎卡维的最后一次攀谈。对方立即开始抱怨，说自己这几天简直有如身陷地狱一般。

“你要真是掌握了我的什么把柄，不妨直接把我告上法庭。”扎卡维讪笑道。

“那是一定的！只要我抓住你的任何把柄，马上就送你上法庭。”哈伊萨姆不甘示弱。

局长表示，对于扎卡维这种人，执法机关总会额外关注一些。“这是我们的规矩，不是专门针对你。”哈伊萨姆说。

“你要知道自己算个什么东西！”哈伊萨姆告诉扎卡维，“你不过是个恐怖分子而已。”

“那你知不知道自己又算个什么东西？”扎卡维反唇相讥，“你们不过

---

1 苏菲派（sufi）：伊斯兰教的一个教派，崇尚神秘主义与出世清修。

是群异教徒而已。”

第二天，扎卡维又去了机场。他的身边，跟着他的母亲。巴基斯坦是他们此次旅程的目的地。这一次，再也没人阻挠母子俩的出行。不过，情报局的眼睛，始终盯着扎卡维的身影。

第四章
演习已经结束

1999 年 11 月 30 日这天，约旦情报人员又接到了新的任务。这一次，他们需要监听一名宗教极端分子的通话。此人曾经进过 2 次监狱。他的联络对象则远在阿富汗。两人寒暄了一通，随后的整出对话，似乎并无特别之处。突然，一句貌似暗号的话，钻进了情报人员的耳朵里。

“演习已经结束。”这是电话那头阿富汗来客的吩咐。他的阿拉伯语，带着明显的黎凡特口音。

“演习已经结束”——这个说法实在非常模糊，不过却引起了约旦情报部门头头脑脑的高度警惕。他们想要知道，这些宗教极端分子到底在策划什么事情。情况很快明了，对方确实有“大事”要干。几天之内，16 名嫌疑人落入法网，接听电话的那一位自然也没能逍遥法外。他叫卡达尔·阿布·霍沙尔(Khadar Abu Hoshar)，原籍巴勒斯坦。和扎卡维一样，此人也去过阿富汗，而且同多个宗教极端组织保持着密切联系。之后，有关部门从一处地下通道当中查抄出了大量化学药品，总量多达几百磅，全部来自霍沙尔等人的辛苦囤积。一名涉事人员吐露了这起阴谋计划的详情。原来，这伙人打算在元旦前夜发动恐怖袭击。他们甚至为自己想出了一条响亮的口号——“时机来临，尸体将会堆积如山”。

几天之后，约旦情报局副主管萨阿德·赫伊尔（Sa'ad Kheir）邀请一位美国客人共进午餐。来客名叫罗伯特·里切尔（Robert Richer），时任美国中央情报局驻安曼情报站站长。

餐桌前，赫伊尔看起来异常焦躁。他连连灌酒，酝酿了好一阵子，最后终于开口，把那个坏消息转告给了客人。“罗伯特，有些事情我不能瞒着你。但是你绝对不能让我的上司知道是我泄了密。”约旦情报局的二号人物表示，“我们刚刚抓了一批犯人。他们策划发动恐怖袭击，目标包括很多重要设施。”

接下来，赫伊尔开始描述案件的种种细节。他谈到了情报局查获阴谋的过程，还有恐怖分子准备袭击的那些目标，其中，安曼的地标拉迪逊酒店首当其冲。元旦前夜，饭店必然宾客云集。许多美国人、其他西方国家的人，还有许多约旦人，差一点就成了这起袭击案中的受害者。赫伊尔还透露，情报局高层已经下了封口令。约旦方面打算先将所有涉事罪犯捉拿归案，之后才把事情通知美国同行。

这时，里切尔插话了。“萨阿德，你提供的消息我必须立即上报。”美国客人向主人坦承，“而且，我想和你的上司交换一下意见，请他立即把所有信息告知我方。”

投身谍海之前，里切尔当过海军陆战队队员。作为中央情报局特工，他曾经两次踏足约旦。当地情报局中人事关系的复杂程度，里切尔再清楚不过。但是，既然事情关乎美国公民的生命，他也顾不得许多了。第二天，里切尔造访情报局。他敲开了萨米·巴迪吉的办公室。当时，巴迪吉已经升任情报局主管。而后，里切尔并未忘记要给赫伊尔留个面子。美国来客只是表示，中央情报局查获一起阴谋，有人想趁新千年来临之际向约旦发起恐怖袭击。对此，主人自然深感惊讶。没办法，巴迪吉只好把所有信息和盘托出。

不到2周，美方就派出了一支专业团队来到约旦。他们将会扶助约旦同行，还原这起“新千年袭击未遂案”（Millennium Plot）的全貌。案件线索相当复杂，涉及范围广达8个国家。策划主脑远在阿富汗东部山区，约旦这边的恐怖袭击只是庞大计划的一小部分。而且，霍沙尔等人的目标不止拉迪逊酒店这么简单，他们甚至打算越过边境潜入以色列。西方游客常常光顾的一座基督教神庙也是这伙人的摧毁对象。身在其他国家的同谋，都会起事响应。情报显示，一名极端分子还瞄上了洛杉矶国际机场。美国方面立即展开搜查，很快，海关截获了一辆来自加拿大的小汽车，车中装载的全是爆炸物。就这样，一起阴谋破了产。

有关部门不但获取了翔实的资料，同时还加强了网络监控。如此一来，更多的恐怖分子暴露了行踪。涉事疑犯的总数因此上升到了28名。黑名单上，有一个人尤其让人心惊。这名嫌犯原籍约旦，来自扎卡，叫作艾哈迈德·法迪勒·哈莱伊拉。

扎卡维，他回来了。

两个月前，他刚刚离开约旦。而后，他一路远赴巴基斯坦西部，并一直留驻当地蹉跎时光。曾有线人留意过扎卡维当时的各项行踪，据说扎卡维每天都会造访白沙瓦的一座清真寺。寺内通行阿拉伯语，正好方便他礼拜修习。此外，他完全无所事事。但是只过了几个星期，扎卡维再次露出狰狞面目。他涉嫌参与约旦历史上最大的一起恐怖袭击阴谋，并在其中担任出谋划策的角色。

资料显示，扎卡维只是个低端顾问，但是，监听内容足以证明他与此次阴谋有关。证据确凿，扎卡维添上了一宗新的罪名，很可能受到缺席审判。罗伯特·里切尔办公室案头那份报告当中，关于扎卡维其人其事的那一部分内容也很显眼。

“那还是我第一次知道扎卡维这个名字。”美国情报官员回忆道。

那一次，里切尔的约旦同行可不仅仅是挫败了一次单独的恐袭，而是拯救了万千生命。他们的及时出手，消灭了一场政治与经济上的大灾难。“圣战”分子的目标全是旅游胜地，万一得逞，约旦作为支柱的旅游业将会遭受沉重打击。况且，先王宾天不久，阿卜杜拉二世又立足未稳，国家的形势还不安定。登基9个月以来，阿卜杜拉二世一直致力于振兴经济，但却收效甚微。新君启动政治改革的努力，更是遭到诸多卫道士的强烈反对。反对者中既有军方与情报界人士，还包括众多部落长老。侯赛因在位期间，这些长老享有特权、备受优遇。假若袭击如期发生，约旦社会将会乱作一团。不但经济受创，阿卜杜拉二世的地位都有可能岌岌可危。

立下如此功勋，情报局的诸位探员却没有半点兴奋。宗教极端分子已经盯上约旦，他们的策略差一点就获得了成功。虽有不少犯人落入法网，但是，更多的阴谋家躲在遥远的阿富汗与巴基斯坦。不知什么时候，这些人就可能卷土重来。

扎卡维，就是这些阴谋家中的一员。现在，情报局已经清楚扎卡维心中打着的主意。9 月份的时候，这个人还坐在阿布·哈伊萨姆的办公室里，请求上校赐予自己一个机会，让他前往外国开始新生活。机会，他如愿得到了。3 个月后，给他机会的人却陷入了悔恨。哈伊萨姆上校觉得，当时真不该让扎卡维一走了之。

“他在约旦过得确实很不如意，”哈伊萨姆叹道，“但是，他始终忘不了这里。”

没错，扎卡维对于祖国的兴趣，始终未曾消减。哪怕他已经“志存高远”，瞄准了更为庞大的目标。就像他常常告诉同伴的那样：“要想到达巴勒斯坦，必须首先经过安曼。”

很快，情报局再次截获了一起针对约旦的袭击阴谋。扎卡维再一次身涉其中，而且他似乎是整起事件的主谋。抵达巴基斯坦之后，扎卡维真是诸事不顺。他的行动并未跟上预先的计划。

9 月，他到了白沙瓦。接下来，他本想继续一路前行，直至北高加索地区。当时，他的最终目的地正好陷入了烽烟之中。车臣分裂主义分子[1]和宗教极端势力为其中一方，而俄罗斯联邦军队则正和扎卡维的战友对峙。假如扎卡维能够如愿成行，与所谓的车臣“伊斯兰国际旅”[2]搭上关系，那么，他将得到一次对抗俄罗斯武装力量的机会。说来，扎卡维虽然是个“阿富汗

---

1 车臣分裂主义分子（Chechen separatists）：车臣是俄罗斯联邦的一个自治共和国，居民多信伊斯兰教。长期以来，车臣共和国存在着强烈的分裂主义倾向。1994～1996 年、1999～2000 年间，俄罗斯联邦军队与车臣分裂武装分子进行了两次战争。

2 伊斯兰国际旅（Islamic International Brigade）：车臣分裂武装之一，信奉伊斯兰极端主义。

老兵”，当年的他却从来无缘和俄罗斯人交锋对阵。最终，他这个愿望也没能达成。20 世纪 80 年代，巴基斯坦政府一直在向“圣战”组织提供援金，但到了 2000 年，巴基斯坦政府对于扎卡维之类“阿拉伯裔阿富汗老兵”的认知已经大为逆转。扎卡维费尽心思，也没能拿到前往车臣的签证与许可。就这样，他一直在蹉跎时间。那边，俄罗斯联邦方面早已出动空军往车臣与达吉斯坦共和国（Dagestan）边境的群山里投下了大量白磷弹[1]。盘踞当地的宗教极端武装，大多因此而灰飞烟灭。

转眼间，已是扎卡维来到巴基斯坦的第六个月。巴方官员不失时机向他提起，他的签证即将到期，最好立即打包离开。接下来，扎卡维面临着两个选择：他可以回归祖国，然后因为涉嫌“新千年袭击未遂案”而遭到逮捕；或者，他翻山越岭，进入阿富汗。不过，在扎卡维心中，阿富汗早已失去了往日的那种魅力。6 年的内战，只给那个国家留下了满目疮痍，而且，当年吸引扎卡维等成千上万的阿拉伯“志愿军”前往投奔的“正义性”，如今也已经消弭不见。八九十年代的那场纷争发生在“共产主义者”与宗教极端分子之间，而如今的阿富汗战争却更像一场“内战”。一方是打着宗教极端旗号的各路军阀，另一方则是有着同样“信仰”的塔利班。而且，他们之间时常分分合合，敌友关系非常混乱。

不管怎样，扎卡维还是去了阿富汗，与他同行的还有 2 个伙伴。3 人到达坎大哈（Kandahar）之后，立即前往一位前辈的府邸拜访。府邸的主人也是一位“阿拉伯裔阿富汗人”，名叫奥萨马·本·拉登。扎卡维等人原以为自己会得到这位“圣战”同行的热情欢迎，结果他们却碰了一个大钉子。那一次，本·拉登表现得颇为粗鲁。主人甚至没有露上一面，只是派出一位仆役，草草接待了扎卡维一行 3 人。其实，本·拉登待客如此谨慎，也有一番苦衷：一年多前，他策划袭击了两家美国大使馆，造成了惨重的伤亡。而后，美国联邦调查局（FBI）就把本·拉登列为了头号缉捕对象。谁知道这个扎卡维是不是美国人的探子？更何况扎卡维和麦格迪西一度过从甚密，两人的师徒关系更叫本·拉登有所

1　白磷弹（fuel-air bombs）：白磷弹是一种燃烧性武器，爆炸后，150 米之内杀伤力极大。

忌惮。作为扎卡维曾经的囚友与导师，麦格迪西写过不少文章鼓吹暴力起义，想要推翻阿拉伯诸国的当权者。为此，沙特阿拉伯的当权者将麦格迪西视为敌人。本·拉登正是沙特阿拉伯人，虽与本国统治阶层颇有旧怨，但本·拉登显然不想和麦格迪西公开扯上关系，致使事态更加不可收拾。

不过，本·拉登仍为扎卡维安排了一间客房。在那里，客人苦等了两个星期，方才等来本·拉登的一位副手。来人名叫萨义夫·阿德尔，籍贯埃及，原系陆军军官。扎卡维那执拗的脾气、好斗的天性，萨义夫·阿德尔已经有所耳闻。接待过程中，这位埃及人也特意留了个心眼。对于这段往事,萨义夫·阿德尔曾有过记述。

"阿布·穆萨卜·扎卡维这个人非常强硬，同行一旦提出不同看法，他就会反应过激。"阿德尔表示，"对于他的许多观点，我个人持有保留意见。"

初次见面，阿德尔和扎卡维按照传统礼仪互致问候，拥抱示好。而后，埃及人花了很长时间，上上下下打量了扎卡维一阵。对方给他留下的印象，算不得良好。

"阿布·穆萨卜·扎卡维体格强壮，但是，他有些不善言辞。"阿德尔还记得当时扎卡维的那副样子，"他的表达方式干脆简洁。提及信仰的时候，总是变得毫不相让、咄咄逼人。"

扎卡维心中的"宏图大计"数不胜数，其中之一便是"恢复宗教在社会上的地位"。一个社会应是何种面貌？扎卡维也有他自己的坚定看法。不过，一说到理想应该如何践行，扎卡维就没了头绪。更有甚者，当这位"基地"组织高官问扎卡维关于他家乡的旧事时，扎卡维却表现得很是无知。

"约旦的情况，他倒是掌握了那么一些。但是，他却一点也不了解巴勒斯坦。"阿德尔评价道，"但是，既然我们有心把他拉到我们这一边，所以也只是听着他口出妄言而没有反驳。"

扎卡维的毛病实在很多，不过，阿德尔却对他抱有几分同情。在埃及军官看来，眼前这个约旦来客虽然举止粗鲁，又爱夸夸其谈，不过，却有点神似年轻时的自己。当然，"基地"组织里没人愿意接纳扎卡维这样一个成员，阿德尔也概莫能外。但是"埃及人"觉得，扎卡维也有其利用价值。相关的看法，阿德尔很快汇报给了本·拉登。

1999年末，“基地”组织构建的恐怖网络已经覆盖了整个阿富汗。北非和波斯湾沿岸诸国，也成了本·拉登等人活动的重灾区。唯有黎凡特好像还在他们的控制之外。摧毁以色列，乃是“基地”组织的终极目标。但是，“基地”组织人员从没能在巴勒斯坦和约旦站稳脚跟。如果亲近西方的约旦政府不倒台，“基地”组织的宏愿自然无法实现。扎卡维来自约旦，同巴勒斯坦那边的宗教极端分子也颇有勾连。也许，他将是帮助“基地”组织实现目标的关键一环。

“插足约旦、进军巴勒斯坦的机会就在眼前，我们怎能白白放弃？”阿德尔表示，“能与扎卡维等人并肩作战，如此好事绝对不容错过。”

当然，扎卡维其人可靠与否，还无法确定。阿德尔交给“约旦人”一个任务——操办武装分子训练营，算是对他的考验。扎卡维的学员大多来自约旦和黎凡特等国，一小部分原籍土耳其或伊拉克。“基地”组织方面只负责提供启动资金。接下来，阿德尔等人会刻意和训练营保持距离，看看扎卡维到底有何作为。这个“距离”绝不算近，足足有600公里。训练营所在的赫拉特（Herat）邻近伊朗，和本·拉登的老巢正好处在阿富汗的东西两端。就连阿德尔也承认，那个地方“确实有点偏僻”。不过，到了那边，扎卡维不用全然听命于本·拉登，也无须跟着“基地”组织的“有关精神”亦步亦趋。至于金钱问题更是毋需挂忧，海湾地区的诸多富人都会解囊资助。用阿德尔的话来说，这些金主会为了“共同的奋斗目标”而给予扎卡维“全心全意的帮扶”。

思考两日之后，扎卡维接受了阿德尔的提议。

创业伊始，扎卡维身边的帮手实在不多。除却寥寥几个亲密朋友，也就剩下朋友的家人。但是，扎卡维很快开始遍洒“英雄帖”。昔日“圣战”组织里曾与他并肩作战的不少人都接到了邀请，一些曾和他同狱共囚的难友，也在扎卡维的拉拢范围之中。不多时，就有不少人响应。他们跋涉万里，赶到了阿富汗西部的赫拉特小城。一次，阿德尔偶然路过扎卡维的训练营。当时，营地里只有18个人，其中还包括妇女和儿童。但几个月后，营地的总人口就增加到了42人，其中一些成员甚至是从遥远的欧洲和叙利亚赶来投奔的，阿布·哈迪亚（Abu al-Ghadiya）就是其中之一。此人原籍叙利亚，本行是牙医，与扎卡维结识在阿富汗战场上。哈迪亚会说4门语言。营地里，他的工作性质介乎于旅行社经纪人和物流主管之间。后来，他果然成了中东大地上的一位“物流大亨”，他帮助扎卡维搭起了一条联通伊拉克与叙利亚的走私管道。当然，这是后话。如果有心人想要前往阿富汗投奔扎卡维，借道伊朗才是最好的选择。扎卡维向来仇视什叶派穆斯林。在他眼里，伊朗领导人就是一群邪教徒。不过，扎卡维还是透过关系，买通了好些伊朗官员，后者为他的仰慕者提供食宿。必要的时候，他们甚至会一路护送，将人员和军需送到阿富汗境内。

如今的扎卡维意气风发，俨然一位热忱满满的军事领导人。同时，他也如愿迎娶了第二位太太——她叫阿斯拉（Asra），当年只有13岁。她的父亲原本是他的战友，现在成了他的丈人。这门亲事在“基地”组织高层中很是引发了一阵非议，毕竟，不是所有的“基地”组织领导人都赞成童婚。工作之余，扎卡维读了许多书。有时候，他还会学习一下电脑技术。他还得抓紧时间提高自己的演讲水平与文化水准，早日把那口扎卡土话变成引经据典的标准阿拉伯语。训练属下的工作，他最是热心。从武器培训到伊斯兰历史，再到各种宗教知识，任何课程，他都会亲自参与训话。

“好一个小小的伊斯兰社会！”阿德尔见识了扎卡维的训练营后，不禁骄傲地赞叹。

这样的生活并未持续太久。“9•11”事件的策划案，已经得到了远在坎大哈的本·拉登的批准。可以想见，美国军队一定会循着痕迹追到阿富汗，来找“基地”组织和塔利班政权算账。根据阿德尔的供述，扎卡维并不知晓“9•11”事件的任何内情。纽约与华盛顿的硝烟燃起之前，他一直被蒙在鼓里。但是，美军并不会饶过赫拉特的这个小小训练营。和本·拉登一样，扎卡维的产业也会遭到战火的打击。

战争爆发了。扎卡维和他的部下们纠集了一支车队。他们准备驱车横越阿富汗，前往坎大哈参与那里的“保卫战”。当时，美军已经派出顾问支持“北方联盟”（Northern Alliance），后者在美国人的空中掩护下占领了喀布尔（Kabul），也就是这个国家的首都。接下来，他们会继续南进，对塔利班治下的最大重镇发起攻击。扎卡维等人到达坎大哈后不久，一起横祸从天而降。美军战机突然来临，炸坍了一座小楼。当时，“基地”组织的一干领导正在楼里聚会。轰炸中，好几个干部受了重伤，另一些干脆被埋进了瓦砾，其中正有扎卡维。他奄奄一息，肋骨断裂了十余处，人们七手八脚才把他从废墟中拉了出来。扎卡维疗伤的时候，本·拉登已经抛下了自己的塔利班战友。恐怖大亨一路东逃，朝位于托拉博拉山口（Tora Bora）的私人庇护所奔去。

扎卡维呢？他带上自己的手下以及几个“基地”组织宗教极端分子，与本·拉登背向而行。一伙人的去处指向伊朗。两国边境之上的那些小城镇，是扎卡维最好的藏身之地。在那里，他正好可以利用一下自己的人脉关系。稍稍安定下来后，大家准备开始计划一下未来。根据阿德尔的回忆，当时，扎卡维一伙的意见并不统一。往东看，本·拉登所在的那片高山大丘已经成了美军的空袭要点，陷落似乎是迟早的事；往西瞧，原先为“基地”组织大行方便的那些伊朗官员如今也变了脸，十几个穿越边境的人都遭到了他们的逮捕。扎卡维在赫拉特的那些手下大多落得同样的命运。困境之中的这些宗教极端分子，到底何去何从，还有什么地方能为他们提供人身庇护，又能保佑他们一路发展壮大呢？

世界上，还真有这么一个地方。此地位于伊拉克的东北部，处于群山环绕之中。从伊朗、阿富汗边境出发，只需行进几十公里便能抵达那里。那地方虽然属于伊拉克，当地的库尔德（Kurd）城镇村落却享有高度的自治权。1991年海湾战争过后，美国人画出了一片禁飞区。那片天空下的库尔德人聚居区，由此脱离了萨达姆的独裁统治。而后，几支政治力量开始在这里生根发芽。它们互不相让、彼此竞争。其中，有一支和塔利班颇为相似的宗教武装，名叫“伊斯兰护卫军”[1]。“护卫军”的成员当中也有不少“阿富汗老兵”。“护卫军”的领导则是一群打着逊尼派旗号的极端分子。他们治下的每个村庄，

1　伊斯兰护卫军（Ansar al-Islam）：盘踞伊拉克北部的宗教极端武装，主要成员皆为库尔德裔。

都已经实行了严苛的沙里亚法[1]。这里听不到任何音乐，女人出门必须面纱遮脸，学校里也没了女生的身影。“护卫军”对于毒药怀有浓厚兴趣。为此，他们建起了一个实验室，同时还抓了不少野狗。这些狗，自然是氰化物和土制蓖麻毒素的实验品。

如此一方“宝地”，扎卡维等人自然心向往之。而且，伊拉克北部的魅力还不止于此。侨居阿富汗期间，扎卡维并未掌握当地语言，而到了伊拉克，他这个约旦人再也不用承受鸡同鸭讲之苦，可以更快地和本地居民打成一片。而且，伊拉克北部是如此封闭，扎卡维完全可以避开外部烦忧，一心一意重整实力。

投奔“护卫军”帐下之后，扎卡维被发配到了偏僻的萨迦特（Sargat）村。此地背靠大山，一条断头路被堵在山下，就此绝了前途。几座石头窝棚，就是扎卡维等人的栖身之地。在那时，扎卡维的身边只剩下几个部下，口袋中还有“基地”组织方面提供的几千美元。他借着这点本钱，开始重建训练营。二次创业的扎卡维，已经没了任何束缚。本•拉登缩在3 200公里之外的地方，“基地”组织再也难以对他施以管束。而且，他还会与新的盟友交好联谊。为了治疗腿伤，他几次潜往巴格达，并和当地的宗教极端分子搭上了关系。后者很是热情，每一次都给他提供庇护。这时，扎卡维对于“圣战”也有了新的思考。他的眼界，随之愈加放宽。

2001年前，扎卡维的心中有着两大邪恶目标：一个是以色列，另一个则是祖国约旦的政府当局。事到如今，肋间的伤痛阵阵发作，仿佛在提醒他美国有多可恨。于是，他打算报复。这点心思，他全数倾诉给了萨义夫•阿德尔。埃及人还记得，那是两人最后一次见面。此后不久，扎卡维便离开伊朗，径自投靠“护卫军”去了。

“那一天，他特地前来和我话别。”萨义夫•阿德尔回忆说，“当时，他表示一定要报仇雪恨，并为此咬牙切齿。他说他要报复美国人，因为他们

1 沙里亚法（Sharia）：又称“教法”，即伊斯兰法律体系，此处代指宗教极端分子施行的所谓“法律”。

轰炸阿富汗期间造成了许多罪孽。那些罪孽，他是亲眼所见、亲耳所闻。”

就这样，扎卡维那粗粝的性子历经世事，显得愈发残忍。战争的洗礼和监狱的折磨，还有身为训练营主管的锤炼，让他一步步变成现在的样子。慢慢地，他不仅以领袖自居，同时还觉得自己是个承受天命之人。按照阿德尔的看法，扎卡维离开伊朗之前，思想似乎又起了变化。那一次，他变得“十分仇视美国人”。

与此同时，西方世界的各家报纸开始揣测美国政府的心思，所有媒体都想知道，乔治·沃克·布什（George W. Bush）会不会向萨达姆·侯赛因宣战？至少扎卡维深信战争即将来临。2002 年，他和他的部下四处流窜。身边的人，一个个早已心灰意懒。但是，扎卡维的嘴边，始终挂着那场即将到来的“圣战”。他还会津津乐道，幻想自己将会如何在正确的地方和“安拉的敌人”大战一场。这些话语，全部来自约旦记者福阿德·侯赛因（Fu’ad Husayn）的记录。此人曾经深入贾法尔，和扎卡维有过几次会面。而后，侯赛因出版了一本传记，谈到了恐怖头目的早年经历。扎卡维畅想战争的时候，本·拉登正在巴基斯坦境内藏身。塔利班政权的高级领导，也被逼到阿富汗东部的山区绝境。不过，扎卡维预计，“好戏”还在后头。一个脱离宗教武装之祸已近百年的国家，即将成为他大展身手之地。

“就是这里，伊拉克。”扎卡维告诉手下，“我们要在这里和美国人大干一仗。”

第五章
为了“基地”组织，也为了扎卡维

劳伦斯·弗莱（Lawrence Foley）向来不爱张扬，但是，这个波士顿土著的身上还真是有些“出众”的地方。哪怕身处安曼这样的大都市，他仍然算得上显眼——我指的是他的体型。以当地标准，他绝对算得上大个子，尤其那个肚腩，简直就是一望可见。作为美国驻约旦大使馆的一位中层官员，弗莱常常需要出席宴饮应酬。腰围肥硕的原因，大概就在吃吃喝喝之间。弗莱的鬓发已经现出几分雪色，面皮倒是保持了爱尔兰人的特点，红润发光、雀斑满满。两相对比之下，他仿佛顶着一头蓬松的漂白棉。弗莱喜欢散步，而且他总爱带着他那条金毛猎犬“鲍嘉”（Bogart）一起走。在他的住所附近，携带宠物上街游逛的人可不多见，为此，弗莱吸引了不少眼球。2001 年 9 月 11 日过后，旅居安曼的西方人士大多心内惶惶。但是，外出时弗莱仍然不愿有任何护卫陪伴左右。那个时候，已有不少报告指出美国公民面临的安全风险正在上升。弗莱的亲眷为此很是忧虑，但 62 岁的外交官本人却不以为然。“安曼这个地方很安全。”他告诉忧心忡忡的家人。

“9•11”事件之后的那几个星期，安曼的美国侨民确实感到身边的氛围不太友善。一些家庭干脆“退守”到了大使馆旁边。那里，刚刚建起的壁垒森严高大，警卫也是荷枪实弹。不过，弗莱却没有挪窝。说来，他已在海外工作了30多年。眼前这点风雨，和他曾经涉足的那些险境完全无法相比。于是，他还是住在他那座位于安曼西区的二层别墅中，守着铺满锻铁栏杆的窗户，还有窗外的灌木，过着普普通通的异乡生活。每到傍晚，他都要和妻子弗吉尼亚（Virginia）一起外出。夫妇两人带着爱犬鲍嘉，去邻近的阿卜杜拉·霍谢（Abdullah Ghosheh）大街徜徉散步。遇到街坊邻户，弗莱两口子还会摆摆手，说两句简单的阿拉伯语来打打招呼。清晨，弗莱习惯很早起身，而后自行开车上班。他有一辆酒红色的奔驰280，这辆二手车装着使馆牌照，被他停在装饰门后的那个小小的车库当中。当时，新的警报已经甚嚣尘上。据称，恐怖分子正在那个时段——2002年的初秋——四处搜捕美国公民并掳作人质。但是，弗莱依然故我，保持着自己随意而又任性的行事风格。

弗莱的工作内容主要是筹措资金，建设清洁水源。同时，他还要在当地企业家中寻找合作伙伴。这份职责并非那么惹人注目，但却非常重要。弗莱本人也显得很有干劲。他常常造访安曼附近的难民定居点，和当地的住客聊天攀谈。每次提到营地中的生活细节，弗莱总是不厌其烦，问个没完。为此有人怀疑，眼前这个家伙可能是个中情局特务。当然，笑容可掬的弗莱，还是赢得了大部分当地人的好感。就连上司也被他的工作热情感染。于是，他们准备嘉奖一下这位员工。2002年10月27日，美国大使馆特地召开晚宴，表彰弗莱。会上，弗莱获得了一面奖盘。宴会一直持续到了凌晨，弗莱到家的时候，自然非常疲倦。不过，弗吉尼亚记得那个晚上丈夫的兴奋情绪实在难掩。

“我这份工作，就是我最想干的工作。”弗莱向妻子表示，“我待的地方，也是我最该待的地方。”

第二天，弗莱循例早早起了身。洗漱更衣之后，他向着车库走去。这时，正是7点20分。弗莱准备打开车门的当口，奔驰280的另一端冒出了一个人。来人面目不清，黑白相间的格子巾遮住了他的整张脸。他的右手擎着一把手枪，枪头配有明晃晃的消音器。

“噼、噼！”

弗莱应声跌倒在地。枪手则一步抢上前来，再次扣动扳机。

“噼、噼、噼、噼、噼！”

弗莱的身子滚了滚，人也咽了气。他的面庞、脖颈、肩头、胸口各中了一枪。随后，枪手开始逃亡。他跃过一道矮墙，朝着街区的另一头跑去。接应的汽车正等在那边。整个事件来得迅猛，消失得也快如闪电。前前后后，才不到半分钟的时间。自始至终，弗莱的左右街坊没能察觉到半点异样。他们都没发现，自己的邻居早就横尸在那辆奔驰的一边，附近的灌木完全被血泊浸染。

一个小时之后，安曼西区的某位监听人员才得知了弗莱的死讯。他听见枪手给伊拉克北部某地去了个电话，好像要通知对方什么重要事情。

“麻烦给谢赫[1]说一声，”枪手表示，“任务完成，一切搞定。”

监听人员来自美国国土安全局（National Security Administration，简称NSA）。华盛顿当局那遍布全球的窃听网络，就是由国土安全局负责运转。安全局人员听到那通泄露弗莱死讯的电话并非出于偶然。他们对于伊拉克北部的关注，已经持续了一段时间。“9•11”事件过后，国土安全局方面开始大肆搜罗有关信息，试图从中找出本•拉登和其他“基地”组织头目的下落和去处。到了2002年秋天，他们有了一个发现：伊拉克的东北部地区，似乎正是“基地”组织宗教极端分子的藏身之处。很快，白宫和五角大楼的高层人士，都把目光投向了那一隅。那里的有些村落实在太过偏僻，就连地图上也找不到它们的踪迹。

一位美国外交官遭袭击而死于非命，如此惨剧，实在少见。即便在局势混乱的中东地区，也算得上骇人听闻的事件。中央情报局（Central Intelligence Agency，简称CIA）反恐中心（Counterterrorism Center）的有关专家对那段电话录音进行了初步分析，确认疑凶大致就在“基地”内部。不过，此人到底姓甚名谁，中心里大多数的分析人士却并不清楚。

整起事件的幕后主使，除却阿布•穆萨卜•扎卡维，似乎没有更好的人选。唯有一位专家，对于元凶可能的身份显得有些疑虑。专家名叫纳达•巴科斯

1 谢赫（sheikh）：中东爵位，可译为“亲王”“王爷”或“头领”。

（Nada Bakos），当年33岁，入职中情局只有2年。不多久，她就成了单位里数一数二的扎卡维研究权威。巴科斯来自蒙大拿州（Montana）中部，家中经营农场。此后的人生岁月里，她对扎卡维一路追踪。为了抓到这个恐怖分子，巴科斯曾深入伊拉克沙漠，在那里的一个军事基地一待就是数周。据称，那个地方同扎卡维可能的藏身地点只有几公里的距离。扎卡维的各种行动，她都会万分关心，他的手下和朋友一旦被俘，她都要亲自过堂审问。她甚至会和突击队的大兵一起，在深夜时分突然造访扎卡维可能的落脚地。她了解扎卡维的个性，清楚他的习惯，她对他的一切是如此“痴迷”，以至于她的同事纷纷揶揄，觉得她对她这位“约旦男友”实在“用情太深”。

这一次，大家都忙于将罪名归到扎卡维头上，对此，巴科斯觉得有些不大对劲。当然，谋杀很可能出自扎卡维的授意。对这个结论，巴科斯也表示赞同。如此一来，约旦当局也会好过一些。显然，约方更愿意把弗莱的横死归咎于国际恐怖分子的阴谋算计，而不是将其定性为约旦国内的一起偶发暴力。后一种解释，将会给这个国家引以为豪的旅游业带来毁灭性的打击。更叫巴科斯感觉奇怪的一点在于，白宫的某些高官原本对扎卡维的情况几乎一无所知，此事一出，他们却立即表现出了强烈的关注。

巴科斯所在的部门，曾经长时间就同一宗问题被反复咨询：萨达姆·侯赛因和“基地”组织之间到底有无瓜葛和联系？布什总统的一干幕僚，想从中情局方面得到一个确切答案。当时，萨达姆政权已经成了总统的眼中钉、肉中刺。只要伊拉克方面稍微有可能参与了“9•11”事件，只要有证据坐实萨达姆和纽约、华盛顿遭遇的恐怖袭击确有那么一点勾连，美国方面下一步的行动将会名正言顺。不过，面对同样的问题，中情局每一次都给出了否定的答案：所谓伊拉克涉嫌“9•11”的说法，大多是子虚乌有的传言。唯有这一次，因为扎卡维的参与，中情局方面再不敢轻下断言，因为扎卡维似乎在巴格达现身了。其间，这个约旦人好像还曾前往一家公立医院接受治疗。

这个扎卡维，会不会和那个得到本·拉登金钱馈赠，而在阿富汗西部建起恐怖分子训练营的扎卡维是同一个人？阿富汗战端开启之后，难道扎卡维没有追随本·拉登逃进托拉博拉的大山？除以上这些疑问之外，还有一个问题显得特别棘手：难道传言中“伊斯兰护卫军”拥有的那个毒药工厂，竟然是来自萨达姆的馈赠？要知道，早在20世纪90年代，萨达姆对于化学武器的痴迷就已是人尽皆知。

如此种种的疑问，都需要巴科斯和她的同事们耐心求证、仔细回答。2002年，关于扎卡维的各种情报还很罕见。不过，巴科斯必须给出答案。

劳伦斯·弗莱身故之后，巴科斯等人更是问题缠身。毕竟，幕后真凶正好藏身在伊拉克。而且，此人与“基地”组织之间的关系已经得到证实，板上钉钉。

那个时候，扎卡维仍然是个默默无闻的人，对于大多数美国人如此，在绝大部分中情局特工心里也是如此。他的形象非常模糊，只是全球“圣战”活动中的一个边缘分子。可是，布什政府的一众高官已经把此人当成了恐怖大亨中的顶级一员。

纳达·巴科斯在中央情报局的最初两年可谓格外忙乱，各种突发事件纷至沓来，仿佛扑面而来的散乱弹片，又好像一块砖头砸中挡风玻璃后飞来的无数碎玻璃，叫人猝不及防。2001年9月11日早上，那一起震惊全世界的恐怖事件突然发生时，巴科斯等一干年轻的情报人员都挤在电视屏幕跟前，目睹了这起惨剧的实况：只见一架民航班机直直插进世界贸易中心（World Trade Center）的钢筋骨架之中，而后南北双楼轰然倒塌。滚滚的黑烟，几乎覆盖了整个下曼哈顿（Lower Manhattan）。面对此情此景，许多人都哭了，还有人发出阵阵嘶吼。按照安全条例，所有人员必须立即撤走。很快，巴科斯的诸位同事一边惊叫，一边向着出口鱼贯而出。不过，巴科斯，这个发色蜜黄、眼光棕黑柔亮的初级分析人员，却立在原地一动不动。

“当时我在想，局势都这样了，我还能干点什么？”事后，巴科斯忆起那一瞬间的心情，“我当时希望上面立即下个命令，我们则好立即行动。”几分钟后，她就遂了愿。在反恐部门主管科非·布莱克（Cofer Black）的召集下，留守大楼的200多名中情局员工聚到了一处。随后，布莱克下了命令，今后几年，中情局的主要目标将会直指本·拉登。他们要找到他、战胜他、摧毁他。“这是战争。”布莱克表示，“一场与以往战事完全不同的战争。”

一年之后的又一起事件，同样让巴科斯刻骨铭心。当天，她身在一处小小的会议室，对面则是美国的副总统迪克·切尼（Dick Cheney）。当时，美国与伊拉克已经走到了开战边缘，而来客正是布什政府里的头号“战争贩子”。这次造访弗吉尼亚州的兰利[1]，规格可真有些不一般，因为副总统有些问题想要亲自向诸位恐怖主义研究专家请教。此前，他的幕僚已经叨扰了中情局方面好几个月，他们一心想知道萨达姆是否与“基地”组织勾结到了一起。这一次，扎卡维成了副总统关心的重点。扎卡维——五角大楼的特别计划处（Office of Special Plans）出具的报告中也曾提及这个名字，不过，措辞却颇为简单。相形之下，中央情报局方面却觉得扎卡维万分危险。特别计划处的主管道格拉斯·费斯 (Douglas J. Feith) 同时兼任国防部次长，此人也是一位坚决主张对伊作战的鹰派。如此一来，副总统自然很想知道，中央情报局到底掌握了何种情报，才会做出那样的判断？

当天早上，副总统来了。他被前呼后拥，不少随扈跟随左右。这些跟班个个黑西装加身，蹙着眉头不露笑颜。其实，这已经是副总统第二次为了伊拉克事务而来，只不过，他初涉此地的经历并不愉快。那一次，中央情报局局长乔治·特尼特（George Tenet）亲自出面接待。面对副总统的疑问，列席的各位情报主管都没给出笃定的答案。话里话外，副总统似乎肯定萨达姆已经和恐怖分子沆瀣一气，而且他还暗示，萨达姆正在支持本·拉登。可是，诸位中情局官员却并不认可他的判断，会议也因此不欢而散。

这一次的会面也是由特尼特一手操办。出席的各位情报人员年纪较轻，对于伊拉克事务也更加熟悉。因此，纳达·巴科斯在加入中情局的第三个年头，得到了第一次与国家二号人物面对面的机会。

会议地点位于总部 7 楼，和局长办公室相隔不远。窗外，可以见到大片大片的森林，树林的那端，就是人口稠密的弗吉尼亚州郊区。室内，一张长桌的旁边坐着副总统及其顾问，他们的对面则是中央情报局的众位中层官员。在他们面前，摆放着各种档案、文件和记录。为了开好今天这个重要的会议，

1 兰利（Langley，Virginia）：美国中央情报局总部所在地。

他们前一天专门召开了预备会，也就是他们所说的“质询会议”。巴科斯是当日参会的几位年轻情报官员之一，并且就坐在部门领导的后面。当天，她的角色是后援，一旦坐在前排的官员遇到无法回答的问题，她就要立即予以回应。一开始，巴科斯紧张得要死，但是后来还是渐渐放松了下来，看着会议变成了副总统个人的提问大会，她甚至有些享受。只见副总统的两眼从眼镜框的上方紧盯着中情局的专家们，目光中带着明显怀疑的神情。他的话语虽然温文尔雅，但是表达的意思却是不容置疑的。他的样子就好像法庭上的一位资深检察官，正不紧不慢地用一个个老谋深算的问题把一个蹩脚的证人驳得一无是处。

巴科斯缩在房间的另一端。她不发一言，只是听着副总统的质询，却又对他的话不太相信。1999 年那起“新千年未遂案”，足以把扎卡维送上追捕名单。但是，扎卡维是个宗教极端分子，萨达姆则信奉世俗主义，后者的一大爱好，便是屠戮和迫害前一类人。他们之间怎么可能暗通款曲？难道副总统真的相信这一点？

副总统的态度非常认真，几周之后他收到了一份报告。报告由巴科斯等人合作写成，其中的内容引发了副总统幕僚的极大不满。报告否认萨达姆政权和“基地”组织存在任何行动默契。在布什政府几位高官的想象之中，双方其实早有秘密往来。但报告却指出，此类猜测“似在捕风捉影”，而且“没有任何细节性实据及其他信息能予以佐证”。

副总统想要索取的那个答案，其实并不存在。不过，中情局越是强调这个事实，副总统等人就变得越加笃定。有一次，巴科斯在上班时间接到一个质询电话，对方竟然是总统的一位顾问。他死死咬住她那份报告中的某个句子，想要向她讨个说法。根据长久以来的规矩，政府人员不能与中情局员工私下接触。唯有这样，中情局的工作才能摆脱政治干预。于是，巴科斯飞速挂了电话，而后立即报告上司。上司立即致电白宫，向对方提出抗议。

“当时，政府希望反将我们一军。他们想让我们摆出实质证据，说明扎卡维并非‘基地’组织成员，同时和萨达姆并无关系。”巴科斯表示，“好吧，我们立即着手调查，但那又有什么用？反正末了他们只会抛下一句‘他们是不是一伙人又有何关系？他们这种人其实都是一个德行！’”

眼前这种形势，完全出乎巴科斯的意料。两年之前，她向中央情报局投出简历的时候，可没想到自己能坐上这个位置。那时的她，也只想碰碰运气。现在，即便她已经当了两年特工，老家那些亲戚仍然觉得她其实只是个办公室文职人员。日常的工作内容，仅限于接接电话、写写邮件而已。这也难怪，巴科斯的老家远在蒙大拿州的丹顿（Denton）小镇。当上中情局探员、追捕恐怖分子这样体面刺激的任务，似乎从来与小镇的子弟无缘。

有一阵，兽医才是巴科斯理想的职业。巴科斯在牧场长大，身边少不了各种牛马。她喜欢骑着心爱的马驹横越牧场，度过每一个长长的暑假。因此，给动物看病这种工作似乎更适合她。她的高中名不见经传，整个毕业班也不过 9 个人。平常，电视上她最爱看的是警匪片。少女巴科斯的世界实在不算太大。不过，那时的她已经清楚，自己想要的生活不该这样平凡单调。

大学一年级那年，巴科斯遭遇了一场车祸，险些断送了她的全部未来。不过，她最后还是复了学。再次回到蒙大拿州立大学，她将专业换成了经济学。那时，她隐隐有了打算，将来要从事国际关系方面的工作。而后，她结了婚。她曾经经销水泥，还在一家矿业公司短暂待过。30 岁生日过后的几天，巴科斯收拾好所有行李，开着她那辆福特 F-150 皮卡货车，径自朝华盛顿方向奔去。那一阵，她刚刚离婚，也没有接到任何工作的邀约。只是继父的一席话，让她决心投身情报行业。继父曾上过越南战场。一天，他翻阅《经济学人》（*The Economist*），上面的一则招聘广告让他精神一振。他立即通知女儿，告诉她有个理想职位正等着她。

“算了吧，人家不会要我。”女儿告诉父亲，“他们有什么理由来雇用我这种人？”

“还是去试一试吧。”父亲劝道。

她有些动心了。曾经，她想要成为经济分析员，为政府部门工作。国务院是最佳的去处，中央情报局的名头听上去好像也不错。

“好吧，试一试也好。”她最终下了决心。

巴科斯投递了简历，而后又参加了考试。接下来的经历给了她大大的惊喜。一位中情局官员打来电话，请她前去面试。5个月之后，她终于如愿以偿地走进了中情局的大门，从镶嵌在花岗石地板中的那个近5米见方的中情局徽章上走过，成为了中情局的一名技术专员。在中情局这个繁复的官僚机构中，所谓技术专员不过是最底层的职员而已，但是她很快就成长为一名情报分析人员。这个职位，需要很强的分析能力。她必须抽丝剥茧，从浩如烟海的电子档案和间谍网络中找出有用的信息。由于她的专业背景，巴科斯加入了一个针对萨达姆经济罪行的调查小组。萨达姆规避联合国制裁的种种把戏，需要她和同事们一一查清。不久以后，小组的权责进一步扩大。巴科斯一干人还需要了解这位伊拉克“强人”会不会在暗地里资助恐怖分子。正是这样的机缘巧合，让她有机会深入了解了扎卡维这个人。

巴科斯身处的部门里，男性占据绝对多数。领导岗位更是主要由男人把持。金色头发、身段苗条的她身处其中，自然显得很是惹眼，她的能力同样引人关注。关于扎卡维和他那些伙伴的任何资料，她都非常熟悉。而且，堆积如山的文件、漫无联系的资料，她似乎可以一眼看穿，并将有用的信息一一提炼出来，这种才华让人尤为惊叹。一位上司这样形容巴科斯：“她是我手下最好的探员！”

“她让我想到拉斯维加斯（Las Vegas）赌场上那些牌技高手。”那位曾对巴科斯赞不绝口的上司如今已经退出情报圈。提到当年的手下，他表示，“他们都一样，可以把对手的所有招数算得清清楚楚。这种才能，别人望尘莫及”。

巴科斯也总是对自己的朋友们说，这是她职业生涯中的第一份真正适合自己的工作。“我的工作就是行动的中心。”她经常这么表示。不过，与此同时她也不得不面对一些难堪的现实，其中之一，就是政客们对事实的选择性利用，她在自己的职业生涯中已经有过多次这种经历。那些政治领袖们总是有选择性地利用众多分类情报中符合自己政治利益的那部分“事实”，把这种实际上已经被严重歪曲的信息提供给选民。所有美国总统无一例外都大行此道，只不过在程度上其中一些人比另一些人更加恶劣而已。

如今，这种不快的感觉重新袭来。副总统的第二次造访，结局仍然比较尴尬。会议结束，几乎每个人都苦着脸。副总统等人没有得到理想的答案，悻悻而去，中情局一方，也有许多员工对于这次访问异常不满。显然，白宫方面已经打定主意准备出兵伊拉克。正因如此，眼见情报部门提供的资料无法为这次出兵提供合理的借口，迪克·切尼等人才会表现得那样愤愤然。

“我当时觉得，情报部门对于有关情况并不了解，所以才没敢下断言。”巴科斯回忆道，“但是，我太天真了，没想到这些情报竟然与战争有关。”

直到多年以后，迪克·切尼仍然坚持自己对于当时局势的判断，他还是相信，萨达姆与“基地”组织确实有染。关于自己两次走访中央情报局的经历，他在其回忆录中写道：“当时，我就相当尖锐地提出了这个问题。”“9•11”事件后，切尼评估了美国可能遭受的恐怖威胁，他得出的结论认为：“在世界范围内，只有萨达姆·侯赛因统治下的伊拉克最有把恐怖主义和大规模杀伤性武器结合起来的能力。”

“从后来的情况看——即便我们得到的一些情报是错误的——这个观点依然是站得住脚的。”切尼写道。

无论如何，白宫绝对饶不过扎卡维。伊拉克战争之前，布什政权一直试图寻找扎卡维与伊拉克政权勾结的确切证据。哪怕战事已经开启了好一段时间，总统方面都没有改变这个判断。对此，巴科斯深感忧虑。劳伦斯·弗莱的死，似乎又在火上浇油。

光天化日之下，劳伦斯·弗莱在安曼最安全的居住区之一遭到枪击，在约旦上层造成了恐慌。美国外交官员在境内遭遇刺杀身亡，如此恶劣的事件，在该国历史上还属首次。事发后，阿卜杜拉二世立即行动起来。国王亲自召见了美国国务院官员与中央情报局人士，表示将会全力协助美方查清此事。他还亲自偕同妻子拉尼亚王后拜访弗莱府上。夫妇俩齐齐宽慰未亡人，声称一定遵照礼仪，护送弗莱的遗体归还故土。与此同时，情报局当然也没闲着。他们抓捕并讯问了大量宗教极端分子，想要找出关于凶手的线索。仅仅48小时内，就有几百名宗教极端人士先后成为情报局的“座上宾”。尽管如此，凶手却仍然难觅踪影。情报局既不知道此人是何身份，也不明白弗莱被杀的原因。侨居安曼的美国人成千上万，为什么凶徒偏偏挑选弗莱？此人只是一个中层官员，他的工作内容仅仅在于帮助约旦改善自来水供应。什么人会故意找这样一个人的麻烦？背后又有什么用意？

10月30日，弗莱的灵柩将从安曼启程，由军用飞机载回美国。从市区到机场，美国海军陆战队与约旦仪仗兵都在为他开路送行。妻子弗吉尼亚、爱犬鲍嘉则伴在弗莱左右，和他一道回归故里。

城市另一头，情报局的总部里，大规模的审讯还在进行。不久之前，一个宗教极端主义小团体刚刚揽下责任，宣称对弗莱的死负责。不过，相关的声明言辞模糊，事后更被证实只是沽名钓誉。于是，各位情报局官员更加烦躁。面对审讯对象，他们又是威逼又是利诱，甚至用上了恐吓的手段。就这样，已经过了几周时间，情报局仍然未能收获一星半点有用的情报，只是在现场找到了半截手机碎片。机体一看就知属于劣品，其中的储存记忆卡是偷来的。

到了11月，事情终于有了进展。线人向情报局方面汇报，最近安曼郊区的马卡（Marka）难民营来了一位怪客。此人原籍利比亚（Libya），租住在当地一家公寓内。此人于9月入境，据称是来帮助朋友打理生意。他开了一家服饰店，专门经销头饰和妇女服饰，产品主要面向那些信教虔诚的家庭。服饰店的门面很小，门口的招牌显示这家店铺叫作“小王子”。除了门店，两人还租下了一个仓库。仓库很是宽敞，招致了邻居的怀疑——小小的服装店，干吗需要一个大大的储衣间？

“利比亚人”的本地伙伴名叫亚希尔·易卜拉欣·弗雷哈特（Yasser Ibrahim Freihat），系巴勒斯坦移民。这个弗雷哈特有些宗教极端主义倾向，却又和任何宗教极端主义团体都少有往来。因此，利比亚来客才应是调查的重点。经过几天的跟踪排查，情报局大致确定了来人的身份：萨利姆·本·苏维德（Salem ben Suweid），一个“阿富汗老兵”。3年前，此人曾持假身份证件潜入约旦，还因此进了监狱。那个时候，约旦警方就怀疑苏维德可能与“基地”组织有关系，并因此将他驱逐出境。假如这个利比亚人真是苏维德，那他已经是第二次进入约旦，而且，这一次他还避免了“二进宫”的命运。

12月3日，凌晨刚过，情报局人员接连出击，扑向3处地点：苏维德和弗雷哈特租下的仓库、“小王子”的门店和两人的公寓。特工闯进房间的时候，两位主人身着睡衣正处于睡眠状态。他们没有一点反抗，就这样束手就擒。而后，情报局人员对两人的所有东西进行了彻彻底底的大搜查。搜查结果证明，苏维德的房间真可谓是一处“富矿”。在此地，特工们的收获如下：手套、面具、防弹背心、催泪瓦斯，还有数以千计的美元大钞。房间后的院落则是主人的弹药库，那里藏着整整5支卡拉什尼科夫冲锋枪[1]，每一支都装有子弹。一本炸弹装配说明手册，外加一个写满潜在袭击目标的笔记本，很能说明主人的嫌疑身份。不过，情报人员搜来查去，也没能发现那支杀害弗莱的7毫米口径手枪，以及掉落在案发现场的消音器。

4点了，两个嫌犯也被押解到了情报局反恐中心的办公室里。中心的副主管阿布·哈伊萨姆负责“接待”他们，而局里的传奇人物、绰号“红魔”的副局长阿里·布尔扎克也在“陪客”的行列中。转眼已是6点，晨曦将近，约旦山（Judean Hill）上的天幕开始由黑转灰。暗色渐渐淡去，苏维德却几乎成了一个“废人”。他招供了，还在自白书上签了字。苏维德承认，自己策划并执行了整起事件，致使美国外交官劳伦斯·弗莱死于非命。至于他那位生意伙伴弗雷哈特则负责望风，同时兼任司机。

情报局一向效率高超，这一次破案过程也算得上异常迅速。哈伊萨姆清楚，外界一定会对此加以批评。无论是约旦同胞，还是西方同行，都会认为情报部门为求快速破案，滥用酷刑，把嫌疑人屈打成招。毕竟，案子牵动国际关系，很可能让约旦和最重要的盟友渐行渐远，因此，情报局必须证明案件的凶手确是苏维德无疑。每当怀疑泛起，哈伊萨姆总有一招可以应对，他会押上嫌疑人重返现场，来一个“罪案重现”。

精神委顿的苏维德，颓然歪倒在汽车后座上。他的双手仍然没有被解开束缚。前排副驾驶座上，阿布·哈伊萨姆端坐着。司机驾驶汽车开往安曼西区。那个地方是使馆区，也是许多外交官员的住地。

“来，带我们去当天你办事的地方走一走。”哈伊萨姆吩咐苏维德。

苏维德开始指路，汽车拐进一串小街走了好久，最终停驻的地方临近一

1 卡拉什尼科夫冲锋枪（Kalashnikov）：又称“AK-47”，一种自动步枪，以射程短、威力巨大著称。

座别墅的车库。那一天，弗莱正是陈尸于此。现在，别墅已是人去楼空。弗吉尼亚•弗莱已随丈夫的遗体一起离开约旦。有生之年，她再也不想重返中东。当日杀戮留下的种种痕迹，也已经消失不见。

哈伊萨姆看向后座，发现苏维德垂着头一言不发，身体一动也不动。

“当天你是怎么犯案的，给我描述描述。”哈伊萨姆下了命令。

慢慢地，苏维德开始讲故事。他口中的内容和自白书上的描述并无差异。9月份，他离开叙利亚潜入约旦。在这里，他四处寻觅，准备袭击当地的美国人，同时，他也把约旦政府官员当成潜在的目标。而后，他和弗雷哈特开了那家服装店作为掩护。为了拿到苏维德早已备好的武器，弗雷哈特还特地去了一趟叙利亚。10月，苏维德和弗雷哈特频繁出现在安曼的富人区。外交官聚居的区域，也常常能见到他们的身影。上述这些地方，西方人随处可见。他们出现在那里，显然是为了踩点。

苏维德表示，自己之所以挑中弗莱，也是出自偶然的发现。这位美国外交官性格活泼、喜欢热闹。安曼的几处难民营里，时不时就能见到他的身影。为此，苏维德对弗莱有些印象。弗莱造访那些地方，当然是为了巴勒斯坦难民的饮用水问题。他常和难民谈天说地，特别关心对方的各类生活问题。有些人就此怀疑，也许弗莱是别有用心。而且，弗莱那辆酒红色的奔驰，以及车上的外交牌照也足以让人过目不忘。当时，他的同事们早为座驾换上了当地牌照，可弗莱却没有跟随大流。

循着车迹，苏维德发现了弗莱的住处。动手之前，他在别墅周围徘徊了整整3天。对于刺杀对象，他也有了详细的了解：此人白发稀薄，体重也像一般中年人那样有些失控。而且，他还发现此地既无警卫站岗，也没有负责监控的录像系统。屋前和屋侧的墙体分外矮小，适于逃逸，也是良好的藏身之所。观察中，苏维德详尽记录了弗莱每天早上的具体行程：早早起身，带狗散步，7点20分驱车出发前往办公地点。每一次出门，他都是独自一人。

10月28日，苏维德终于决定行动。城中清真寺发出早祷通告的同时，“利比亚人”和同伴钻进一辆现代牌汽车，朝着城市西郊驶去。车是借来的，手枪和面具则裹在一个书包里，又被苏维德藏在长袍底下。其实，苏维德也不敢肯定他的刺杀目标到底是不是美方间谍。但是，既然他只是想要杀掉一个美国人，眼前这个机会可是千载难逢。

“我当时觉得机会来了。我只需要开上几枪，杀掉这个人就行了。”苏维德告诉哈伊萨姆。

在凶徒的亲自指点下，哈伊萨姆查看了案犯苏维德当日跳墙而入的地点。接下来，两人又来到车库旁边的一隅。那天，苏维德就是匿藏在此地等待着目标走近。而后，两人打了照面。凶徒一语不发，开枪击毙了外交官。为了确认对方已死亡，苏维德又补了几枪。这一过程，在苏维德的口中再次得到还原。凶徒又手指一动，指认出弗雷哈特和那辆二手现代车等待和接应的地点。根据苏维德的描述，作案之后，他和同伙飞快赶回了马卡地区。途中，两人在扎卡河（Zarqa River）边停了一下，把作案用的那支手枪扔进了污浊的河水之中。10 点整，苏维德和弗雷哈特顺利回家。他们甚至有时间更换衣衫，然后不慌不忙地打开店门招揽生意。

哈伊萨姆静静听着，非常专心。而后，情报官员再次开口发问。这个问题，自事发后就一直困扰着他。

“你为什么要这么做？”

“我这么做，”苏维德给出了答案，“当然是为了报效‘基地’组织，而且还是为了报效扎卡维。”

难不成扎卡维和这件事真有关系？

嫌犯落网的事情，约旦方面秘而不宣。扎卡维可能涉嫌此事的消息，他们也对外保密。他们耐心等待，等了足足有两个星期。在那期间，约旦方面期待中央情报局能够找出什么有力证据，确切证明涉案凶手与约旦历史上最著名逃犯之间的上下级关系。两周过后，嫌犯的身份、扎卡维涉案的消息方才公之于众。没想到，大多数约旦人却更愿意相信苏维德辩护律师的话。此人向媒体表示，自己的当事人遭受了酷刑折磨，而后才被迫承认此事是由扎卡维指使。

苏维德拨往伊拉克那通电话的细节，也渐渐地为各位调查人员所知。电话那头的人名叫穆阿迈尔•尤素福•贾格比尔（Muammar Yousef al-Jaghbeer），此人一直追随扎卡维，并因此出了名。多年以后，贾格比尔在伊拉克落入法网。据他交代，苏维德确系得到扎卡维亲自派遣而潜往约旦，扎卡维给了“利比亚人”5 000美元作为盘缠。扎卡维的要求只有一个：杀人。扎卡维命令苏维德杀害美国人，任何美国人都行。

不过奇怪的是，扎卡维本人却未曾认领这起凶杀案，尽管像这样的杀戮罪责他都不知道主动认揽了多少件了，牵涉其中不幸丧命的美国公民，也不在少数。而那些曾与扎卡维在伊拉克东北部共处多年的宗教极端分子也坚称扎卡维与弗莱的死完全无关。

中央情报局的多位分析人员对此也持怀疑态度，巴科斯就是其中之一。她觉得整件事情还有许多未曾得到解答的疑点。

“所有的证据都模糊不清。”巴科斯表示，“根据推断，我们确实认为扎卡维涉嫌此案。但是，若要以此作为确凿无疑的证据，却是无法让人信服的。”

无论如何，调查结果已经为美国方面下一步的行动提供了足够的依据。一位身负官方使命的外交官惨遭杀害。如此一桩罪案，元凶又指向扎卡维其人，美国方面，必须有所行动。

正义应当得到声张，扎卡维必须归案。还好，在2002年的那个秋天，美国政府非常清楚扎卡维藏身的地点。

第六章
战争一触即发

2002 年夏天，伊拉克北部来了一位中央情报局干员。他叫查尔斯·法迪斯（Charles Faddis），外号“山姆”（Sam）。上任之初的法迪斯，对于扎卡维其人其事几乎一无所知。不过，短短几周过去，他就成了扎卡维问题专家。就连对方的确切住址，法迪斯也知道得一清二楚，甚至能够在坐标方格上将他的位置标记得精确到平方米。

因此，现在无疑是抓捕扎卡维的最佳时机。

法迪斯身高约 1.85 米，故乡远在美国宾夕法尼亚州（Pennsylvania）西南部的阿巴拉契亚（Appalachian）群山之中。这次深入伊拉克沙漠，法迪斯并非形单影只。他的身边，跟着整整一队中央情报局的精英分子。大家潜入此地，一是为了刺探伊拉克政府军的军情，二是要摸清宗教极端组织“伊斯兰护卫军”的底细。这个宗教极端组织盘踞在伊拉克与伊朗的边境地区，与“基地”组织之间存在联系。这一年，法迪斯年满 47 岁。此前，他一直担任律师。不过，战争前夕，他还是辞掉工作，全身心地投身反恐事业。“9•11”事件让他求战心切。法迪斯曾经的反恐背景，他在中东度过的那些日子，还有他那口流利的土耳其语，都让人觉得这个领导岗位非他莫属。沙漠中，法迪斯和他的手下们风餐露宿，花了很多精力来监视“护卫军”的基地。扎卡维等十几个“圣战”分子逃离阿富汗之后，大多选择在这些基地里栖身。法迪斯等人全都身着当地服饰，看起来就像一群库尔德人。好几次，他们距离对手的老巢只有咫尺之遥。“护卫军”那些门卫手中的卡拉什尼科夫冲锋枪，甚至于脸上的大胡子，在法迪斯等人看来都是如此清晰。

其实，法迪斯的目标并不在那座基地当中，而是在萨迦特。扎卡维及其同伙逃离阿富汗之后，便一直藏身那个小小村落。村落位居边境，在一条破破烂烂的断头路的尽头，背后就是伊朗伊斯兰共和国的领土。从萨迦特出发向着东南方前进，不出几公里就可以抵达另一个叫作哈拉卜贾（Halabja）的小村。这个小村，曾经历过20世纪后半叶最为严重的种族屠杀。事发于1988年3月16日，萨达姆的部队突袭哈拉卜贾小村。那一次，伊拉克军队使用了神经毒气弹，导致近5 000名库尔德裔村民丧生。死者中男女皆有，甚至包括不少妇孺和老人。历数人类历史上利用化学武器戕害平民的各起事端，要数哈拉卜贾的这一次最惨烈。时至今日，惨祸留下的创痛仍然未能平复。1991年，美军战机开始频繁巡防“两伊”边境。此后，萨达姆的部队一去不复返，再也不能滋扰哈拉卜贾的库尔德村落了。但是，当地的权力真空给了各路军阀和宗教极端分子可乘之隙。他们拉起的武装不但常常与伊拉克政府军交火，彼此之间也互不相让、争端频繁。

扎卡维来临之前，“伊斯兰护卫军”已在附近辟出了一方领地。他们的统治范围囊括胡麦乐（Khurmal）镇以及临近的几个小村。“护卫军”的信仰与塔利班的信仰极为相似，施行的法令也和后者如出一辙。他们一边打击萨达姆，同时也与库尔德民族主义分子为敌。“护卫军”修筑的工事位于山顶要冲，可以俯瞰整个地形的全景。如敌人来势凶猛，“护卫军”还可以仰仗工事撤退到伊朗境内。萨迦特乃是这伙宗教极端分子的总部中心。此地共有7处矮楼，除了一台发电机，再无任何能源和照明设施。楼房附近，围着道道土墙。每座地堡的上方，都悬着黑旗，随风飘扬。在这里，扎卡维等人别有一方天地。几个煤堆将他们的住处和其他建筑隔离开来。村子里的居民大多是库尔德人，扎卡维一伙刻意与他们保持着距离。对于这些外来客，当地人也有自己的看法。多年过去，他们仍然记得，外头来的那群阿拉伯人有着严厉的行为准则，对于村民的衣装也是管束多多。萨迦特的男男女女都是劳动的主力军。他们辛勤劳作，一年的大半光阴都忙于庄稼畜牧。因此，提及宗教极端分子推行的那些“规矩”，许多库尔德村民不禁满口抱怨。

“我们这儿的妇女是要下田干活的，但是，他们却要她们成天穿着长袍，戴好面纱。”面对电视记者，一名老者大发怨言。宗教极端分子走后，他才敢于表露自己的不满。

当然，中央情报局对于宗教极端主义并无兴趣，他们只想追捕宗教极端分子。既然“基地”组织的宗教极端分子大多逃离了阿富汗，萨迦特小村也就成了宗教极端分子最大的一处藏身之地。这里的宗教极端分子和本·拉登有着联系，尽管这种联系有些牵强，也不太紧密。法迪斯的任务之一在于探听虚实，看看这伙宗教极端分子到底有多大势力，而且，他还必须找出宗教极端分子和萨达姆政权的联系方式。当时，白宫方面的担心是，虽然萨达姆和宗教极端分子之间可能并没有什么交情，但是，在那个大敌当前的时刻，前者大可利用后者，回击西方的干涉与入侵。此外，亲近西方的库尔德游击队还发来警报，称在“护卫军”的营地里发现了化学武器的痕迹。这个消息更是加重了布什政府的疑虑。美方由此坚信，萨达姆在向宗教极端势力提供武器，而后者正在酝酿一起恐怖袭击。

白宫的看法，法迪斯并不完全认同。他在伊拉克北部待过许多年，自然了解当地的民情民心。他深深知道，无论政治派系如何，所有的库尔德人都对萨达姆怀有刻骨仇恨。80年代，伊拉克这位总统实行的种族灭绝政策吞噬了200余座库尔德村庄，200多万库尔德居民因此流离失所，甚至遭到杀戮。因此，要说库尔德裔武装分子能够听从萨达姆的指挥，那可真是天方夜谭。

尽管如此，法迪斯仍然告诫部下，要他们相信“一切皆有可能”。

“大家想一想，如果我们能够找出证据，证实萨达姆和‘基地’组织确有暧昧关系，岂不是大功一件？”在2002年的那个夏天，法迪斯在和部下深入调查期间反复告诫大家，“在取得确凿的证据之前，我们要守口如瓶，不能把假话当成真理。”

法迪斯一行共计8人，个个都有丰富的反恐经验，其中的两位甚至是“特别行动小组”（Special Activities Division）的成员。这个准军事化的小组隶属中央情报局，外人根本不知晓他们的存在。库尔德友军提供的一间小屋，就是法迪斯等人落脚伊拉克北部的据点。小屋离“护卫军”的总部只有几公里的距离。小屋既充当指挥中心，也是8个人的起居场所。每天的大部分时间，法迪斯一行都在对“护卫军”施行严密监视。有的时候，他们还得充当审讯人员，参与友军对俘虏的询问。一段时间下来，几位美国情报人员接触了不少“护卫军”。每个美国情报人员都“分配”到了几十名“护卫军”武装分子。而后，法迪斯等人将审问的所得和自己亲身观察的结果进行比对，并由此建立了一个数据库。经由法迪斯携带的卫星电话，所有的分析成果传回了兰利小镇，最终转化为数以千计的电子情报文件。

不多时，法迪斯就觉察出了“护卫军”营地里的嫌隙。对立的一方是那些从阿富汗来的流亡者，另一方则是当地的库尔德农牧居民。前面一类人大多操着阿拉伯语，这在村子里可不多见，对于外面的世界，他们多多少少有些见识。相形之下，后一种人的头脑可要简单许多，不过，他们才是“护卫军”的主力。两类人虽不算融洽，但却有着相似的理念。至少，两者有着策划和发动恐怖活动这个共同的特征。在双方的协同努力下，伊拉克北部的偏僻山区中竟冒出了一个“小阿富汗”！在这里，他们利用枪炮和刀剑，推行和实践宗教极端主义。

法迪斯发现“护卫军”还有一个惊人的危险秘密。这个秘密，很可能酿成致命的灾难。没错，这些极端分子藏匿了大批化学武器，准备用于恐怖活动。经过中情局人员的仔细聆讯，以及资深间谍的尽力帮助，“护卫军”手中的化学武器库也露出了“真颜”。若论数量，“护卫军”手中的化学物质约有数百加仑，其中，包括一些氰化物，还有不少蓖麻子，后者显然是用于冶炼蓖麻毒素的原材料。所有这些东西都可以通过合法渠道大宗采购。要知道，氰化钾可是电影胶片的主要成分。当然，若要说“护卫军”有能力把这些东西制成正儿八经的化学武器，法迪斯可没有发现任何证据。当然，对方并不是闹着玩的。他们修起了专门的“实验室”，试图把氰化物与润肤油之类的化妆品混在一起。“护卫军”的山间壁垒遭到攻克之后，美军在残破的小屋中搜出了一些录影带。宗教极端分子用野狗完成的那些“实验”，就在这些录影带中得到了证实。

“敌人搞化学战的能力确实很原始，不过，他们也算很有想法。”法迪斯评价道，“他们真真切切想要制造喋血事件，这可不是开玩笑的。”

那么，伊拉克政府军是不是暗中为这帮宗教极端分子提供支持呢？这个问题已经困扰了白宫许久。相关的答案倒是得来全不费功夫。法迪斯一行确实追踪到了几名可疑人物。不久后，可疑人物的身份便得到证实——原来，这批人确系萨达姆的特工人员。只不过，法迪斯很快发觉，伊拉克同行潜入此地的使命，其实和自己差不多，他们也想捞取一些关于“护卫军”的情报。而且，同行们胆大心细，甚至准备在“护卫军”中发展一批线人。考虑到“护卫军”处理叛徒的一贯方法——先是毒杀，然后枭首示众、悬尸数日，如此任务实在风险巨大。总之，伊拉克政府军非但不敢亲近宗教极端分子，反而对后者有些惧怕。

布什政府早就发出警告：任何敢于协助本•拉登的人，不管他身在何方，都会遭到美国方面的严惩。在法迪斯看来，惩办眼前这支“护卫军”，正是美方践行诺言的大好时机。

“消灭护卫军，眼下正逢其时。”在一封致往兰利总部的信函中，法迪斯如此表示。“伊斯兰护卫军”野心巨大，妄图在国际社会上制造恐怖事件。而且，他们容留的阿拉伯裔宗教极端分子，已被证实与“基地”组织关系密切。更让人心惊的是，“护卫军”囤积了大批化学物质，随时可能危及欧洲或美国某地的安全。不过，要想消除这个威胁，手法倒也简单。法迪斯觉得，一次简简单单的清除行动，就可以灭绝此患。

“每个宗教极端分子晚上睡在何处，我们都是一清二楚。”法迪斯事后回忆说。他递交给总部的侦察报告确实细致入微、无所不包。“我们知道他们每一种枪械的摆放方法，精确程度，可以追溯到每一挺机枪、每一个弹夹。”

当然，最妙的一点在于，“他们根本不清楚我们就在附近”。

法迪斯希望，自己的报告能够督促上级长官，让他们尽快行动。如他所愿，上面确实吃惊不小。法迪斯的报告先是震撼了中情局总部，又在五角大楼激起骇浪。而后，高官们频频开会讨论，商谈下一步该如何行动。很快，一位准将接到国防部的命令，开始准备打击“护卫军”基地的具体方案。此人名叫斯坦利·麦克利斯塔尔（Stanley McChrystal），不久之后，他会成为驻伊拉克美军特种部队的最高统帅。当时，麦克利斯塔尔的计划是这样的：首先，利用导弹攻击极端分子的基地；而后，美军和当地的库尔德武装联手出击，搭乘直升机对“护卫军”的老巢发起突袭。宗教极端分子囤积生化武器的相关证据，则可以交由突击队员进行搜集。

如此计划是可行的，不过，布什等人却在举棋不定。这一次是否派军队出击？白宫内部产生了很大分歧。国防部长唐纳德·拉姆斯菲尔德（Donald Rumsfeld）坚决主战。另外几位高官则给出了相反的意见。国家安全事务高级顾问赖斯（Condolezza Rice）也是反对者之一。赖斯等人表示，美国政府已经下定决心出兵伊拉克，因此，在战备完成之前，任何小小的摩擦都可能导致事态升级，甚至使战争不期而至，从而让美军自乱阵脚。另一些反对者没有这么深谋远虑。他们只是觉得，麦克利斯塔尔提出的方案有些大张旗鼓。“你这么搞，简直就是正式宣战了。”一位上司责难准将：“你是负责特种作战的，难道你就不会低调一点吗？”

最终，布什决定，荡除“护卫军”的计划暂缓执行。

“那真是当胸一闷棍。”接到总统命令的时候，法迪斯的感觉就是如此，“我们舍生忘死，就换来这么个结果。听到行动暂停的那一刻，大家都觉得有些不妙。我们清楚，当时如果不行动，日后可能悔之晚矣。如此耽搁下去，待到行动真正开始，敌营里的危险分子可能早已逃之夭夭了。”

法迪斯心有不甘，于是，他再次上书总部。这一次，他制订的方案更为保险。库尔德武装将成为突击主力，而美军只需要提供一点空中支援，外加几门 150 毫米口径的迫击炮即可。同时，中情局人员还会帮忙运送物资。至于摧毁敌营的任务，就交给当地友军去办。

“上帝保佑，麻烦出动两架 B-52 轰炸机。如果不行，派发几门迫击炮也行。只消如此，敌人必然崩溃。”法迪斯恳请上级长官，“军火明天到手，任务后天就能完成。‘基地’组织也好，‘护卫军’也罢，将会完全消失，化为烟尘。”

这一次，法迪斯的提议仍是石沉大海。

“好了，山姆，你那个方案的事嘛……”上司的回应十分勉强，“这么跟你说吧，没门！上一次我专门查过了，你那方案，总统连看都没看一眼。”

就这样，法迪斯和同伴们依然留驻伊拉克北部，继续着自己的监视使命。扎卡维呢？没人叨扰、没人阻挠，他大可以继续发展人脉、巩固实力。与此同时，中央情报局方面愈加觉得扎卡维其人危险至极。日后，中情局局长乔治·特尼特曾表示，伊拉克战争爆发之前，扎卡维已经蠢蠢欲动。一方面，他利用“伊斯兰护卫军”的营地训练手下；另一方面，他还派出信使潜往中东和欧洲各地，去搜罗金钱、招兵买马、联络盟友。“当时，扎卡维已经和多个地区的宗教极端分子搭上了关系。他的关系遍布欧洲各地，人员来自阿尔及利亚、摩洛哥、巴基斯坦、利比亚等多个族群。”特尼特的回忆录里，也为扎卡维留下了专门篇幅，“历经几个月的不懈经营，扎卡维的人脉拓展到了30多个国家。”

恐怖分子正在日益壮大，对此，白宫方面深表惊讶。2003年1月初，布什政府的高官们再次聚集到一起，就是否出兵扫除扎卡维及“伊斯兰护卫军”进行讨论。伊拉克战争即将在2个月后打响。几周后，时任美国国务卿的科林·鲍威尔现身联合国总部发表那篇著名的演讲。讲话中，鲍威尔为美国政府的军事行动竭力辩护。当然，战端开启之前，各位高官都不愿贸然行动，也不希望战争将临的事实为大众知晓。记者彼得·贝克（Peter Baker）执笔的那部广受赞誉的《烈焰岁月》（*Days of Fires*）忠实记录了布什当政的那些日子。那次关乎扎卡维前途命运的会议，在贝克的书中也有记载。据《烈焰岁月》披露，布什等人当时按兵不动，还有一个不为人知的理由，如若“护卫军”遭到清洗，鲍威尔即将发表的那篇演讲很可能失去立论之基。伊拉克国内的恐怖网络，将会因为扎卡维一伙的覆灭而不复存在。

“没了扎卡维，我那篇讲话也就没了说服力。”在贝克的笔下，鲍威尔如是坦承。同时，国务卿还表示：“所以，那件关于‘伊斯兰护卫军’的事情遭到冷处理，就此搁置了好几个星期。”

直到1月23日，布什政府的高官们仍就扎卡维和“护卫军”的命运争论不休。与此同时，一支美国代表团也悄悄降临安曼，准备开启一次不同寻常的绝密访问。代表团由五角大楼中央指挥部（Central Command）的司令汤米·弗兰克斯（Tommy Franks）将军率领。弗兰克斯等人抵达机场的那一刻，所有记者都被请出了采访区域。而后，代表团与约旦方面的会谈细节，也没有对外公开。媒体甚至不清楚这次会议阿卜杜拉二世是否参与。后来，还是军方的内线人物主动爆料，美国人此行的目的才在西方媒体上大白天下。原来，伊拉克战争迫在眉睫之际，美方准备把一套先进的“爱国者”导弹防御系统（Patriot missile-defense system）交付约旦军方。战事一开，哈希姆王国可以立即参与其中。

“我方确有这个打算。”面对约旦记者的疑问，美方代表团的一名成员给出了这样的答案。6架新型的F-16战斗机将会搭载导弹系统所用的电池，在几天之内运抵约旦。约旦军方的防御能力，将会因此大大提升。即便邻国陷入战争，也不会受其连累陷入混乱。

当然，美国人的帮助并非无偿。此前，布什政府一直在向约旦方面施加压力。布什希望，阿卜杜拉的国家能与自己共商大计，一起参与到推翻萨达姆统治的计划当中去。如此的催促由来已久，2002年8月2日，阿卜杜拉二世出访美国的时候，布什就已有所提及。事情发生在白宫，而阿卜杜拉也记得当天的场景。国王眼中的总统一向富有魅力、活泼轻松，但是，那一天这个来自得克萨斯州的男人却显得心事重重。对此，随从特地告诫国王，最近，总统心情不佳，全因为一家英国报纸批评他和他的执政团队“在伊拉克身上着了魔”，而且“一意孤行”，准备开启一场“足以打开中东潘多拉魔盒的战争”。

总统本人却对此表示否认。白宫椭圆形办公室里，宾主双方都已坐定。布什忍住烦躁，告诉客人，要不要介入伊拉克事务自己还没有打定主意。他还向国王表示：“如果我准备行动，一定会及时通知您。”美方口中萨达姆就是个“泼皮无赖”，绝对应该被好好教训一顿。“我要和他对抗一番。20年后，大家回首今日，我可不希望被人认为对萨达姆服软。”布什如是说。

当天晚些时候，主人再次挑起话头，将注意力引向了伊拉克。这一次，总统干脆觉得，推翻萨达姆简直犹如天理一般不可逆转，而且有着无上的宗教意义。

“先王与家父，都是伟大的父亲。陛下和本人，也都非常虔诚。”阿卜杜拉记得，布什当时来了一番表白，“这一次，我们正可以携起手来，匡扶正义。”

那一刻，阿卜杜拉异常惊讶。他很讨厌萨达姆，同时也清楚双方的力量对比。美军一旦出动，伊拉克强人的部队将会迅速崩溃、不堪一击。而后，阿卜杜拉秘密表示，约旦支持美军打击阿富汗塔利班政权。如果美方准备追击本·拉登，约方也会鼎力相助。但是，阿卜杜拉觉得，美军出兵伊拉克，并非一个正确决定。参与推翻一名阿拉伯国家领袖——哪怕他叫萨达姆，人缘差得出奇，也会引起中东局势的动荡，将约旦置于险境。不过，布什总统心意已决。回到安曼，国王立即召见手下重臣，吩咐他们立即准备应对。“那场战争一触即发。”阿卜杜拉表示。

接下来的夏秋两季，美国政府的战鼓擂得愈发紧急，而且，布什等人鼓动约旦加入战团的声音，也是一天高过一天。不久，美方派出一队政府、军方高官访问安曼。来客鼓唇摇舌，劝说阿卜杜拉二世允许美军利用约旦领土完成集结，同时开放领空，让美国战机自由来去。副总统切尼更是打来电话请求国王提供跳板，为美军突击巴格达行个方便。战争的准备愈发紧急，弗莱之死带来的波澜很快便消失不见，没了回音。

阿卜杜拉的态度很是明了：保持中立、两不相帮。海湾战争爆发之前，他的父亲侯赛因也提出了明确的反对意见。当年的约旦领导人做出如此表态，自然有其原因。约旦一方面要与华盛顿交好，另一方面也得将阿拉伯诸国的看法纳入考虑。美国这次若向伊拉克动武，约旦人民定然不会接受。因此，阿卜杜拉必须保持中立。因此，美军提出的大规模借道要求，也被国王一口回绝。不过，暗地里，国王答应向美军提供秘密支持。美方的秘密行动，约旦方面表态全力配合。

美国人送来的“爱国者”导弹，阿卜杜拉本想谢绝。不过，国王最终还是收下了这份礼物。为此，阿卜杜拉做了公开解释，“爱国者”可以有效拦截伊拉克的“飞毛腿”导弹，达到保境安民的目的。当然，导弹防御系统的真实目的并不在此。美国人在约旦布下这道防御线，主要是防止伊拉克对以色列发动导弹突袭。正因如此，“爱国者”落地正是象征着战争临近。

“我竭尽全力，想要阻止战争的发生。而且，我必须努力置身事外。”日后，阿卜杜拉回忆，“但是，我很肯定一件事情，战局拖得越长，战争的后果就越令人恐惧。”

第七章
现在，他已红遍整个阿拉伯世界

2003年2月3日，这一天，扎卡维成了世界名人。国务卿鲍威尔的一席演讲，让出席联合国安理会会议的各国代表都知道了扎卡维这个人。鲍威尔此次演讲，是要阐释美国出兵伊拉克的合理性。这个议题，耗费了他整整75分钟。讲到61分钟的时候，鲍威尔讲到了扎卡维。他的第一句话是一句陈述句，但是这句本该陈述事实的话却同他75分钟的整个讲话一样——虽不算技术捏造，但是实质上却根本不能证明他企图阐明的论点。

“伊拉克政府给一群恐怖分子提供了保护伞。这些人高度危险，他们的头目叫作阿布·穆萨卜·扎卡维。此人是本·拉登的副手，也是‘基地’组织的一个‘合伙人’。”鲍威尔如是说。他话音未落，一张图片赫然闪出，映在会议桌前的大屏幕上，也照进了与会代表的眼里。图中这张胡子拉碴的脸，正是扎卡维本人。

巴科斯在办公室的一台电视机上收看了鲍威尔的演讲，这句话她听得很清楚，也使她深感不安。没错，扎卡维的确身在伊拉克，但是，那里是该国东北部的偏远山区，处在萨达姆军事力量的控制范围之外。说“萨达姆给扎卡维提供庇护”同巴科斯这个扎卡维问题专家所了解的情况完全是背道而驰的，这就好比指控美国第22任总统格洛佛·克利夫兰庇护了杰罗尼莫酋长

（Geronimo）。当年，这个阿帕奇印第安酋长的大本营就在美国和墨西哥边境一带，他率领族人向来到西部拓荒的白人平民和军人频频发起攻击，名噪一时。

讲话在继续，巴科斯也得继续聆听。听着听着，她变得愈发专注认真。

“伊拉克官员否认本国政府与‘基地’组织之间有所勾结。不过，他们的说辞并不可信。”鲍威尔说道，“去年，有一个‘基地’组织成员公开夸耀，觉得伊拉克的情况‘很不错’——这是他的原话，他还说要想穿越首都巴格达也易如反掌。”

事实确实如此。但是，恐怖分子之所以能在伊拉克出入无障碍，到底是因为当地政府的纵容包庇，还是得益于伊拉克那臭名昭著、腐败透顶而又漏洞百出的边防体系呢？恐怕后一个答案，才是实情。

鲍威尔表现得很是出彩。在那些熟知伊拉克事务的行家听来，国务卿的演讲明显经过精心筹划，指向性非常明显。个中素材全部属实，却又经过特意选取。所有证据组合起来，正好能够达到目的——说明美国入侵伊拉克的行动完全合乎情理。多年以后，鲍威尔本人回首这段往事，却显出了悔意。国务卿觉得，那次演讲算得上自己从政以来“最大的错”。鲍威尔觉得，布什政府某些高官心存“妄想”，加上情报部门工作不甚得力，促使自己犯下大错。其实，为了给国务卿准备那份讲稿，中央情报局的资深专家已经认真研究、反复讨论，花去了好几个星期的时间。可以说，鲍威尔所说的每一句话都经过反复推敲。在此之前，白宫方面的有关人员倒也为国务卿备下了一份演说资料，不过，那份资料错漏丛生，许多论断完全是捕风捉影。撰稿过程中，五角大楼特别计划处显然没有认真把关。未经证实的传言，也被他们写进了资料里。为了自己的声誉，鲍威尔谢绝了白宫方面的好意，转而向中央情报局求助。

尽管如此，鲍威尔演讲的部分说辞仍然不合巴科斯和她那一众同事们的心意。比如，一开始国务卿承认，扎卡维一伙的活动范围远在萨达姆的势力范围之外，话没说几句，他却又表示“巴格达方面在极端组织高层中安插了代理人”。总之，鲍威尔在暗示：萨达姆已将极端组织的控制权牢牢攥在了手里。实际上，巴科斯等人撰写的报告中并没有下过这样的论断。

演讲那天，距离弗莱在安曼遇刺殒命已经过去了3个多月。提到外交官的死，鲍威尔的话锋略顿了顿，而后强调这是一桩“卑鄙的事”。至于此事的元凶，当然非扎卡维莫属。一番谴责完毕，国务卿接着表示，美国国务院已经通过第三国，与伊拉克情报部门取得了联系。国务院要求对方立即将扎卡维一干人递解归案，交由美方进行审讯。据美方人员事后披露，这个“第三国”就是指约旦。

“对于我方要求，伊拉克方面提出了抗议。他们自称对扎卡维的行踪一无所知，也不了解其党羽到底下落如何。”鲍威尔说，“这一次，他们的说辞仍然有假。我方清楚，扎卡维曾在巴格达活动多时。”

国务卿的结论下得如此迅速，一时间，巴科斯甚至没能反应过来。她感觉有点痛心。情报工作的用途，可不应该是这个样子。每一次，当巴科斯发现副总统切尼在周日档的电视脱口秀上夸夸其谈、妄下断言，她都忍不住大声喝骂。那副情绪激昂的样子，仿佛一个眼见“黑哨”而打抱不平的美式足球迷。这一天，鲍威尔的所言所语，又和副总统切尼有何分别呢？“他们都言之凿凿，仿佛说出了什么事实。但是，经我们调查，真实的情况完全与之大相径庭。”数年以后，巴科斯曾经这样抱怨。

最终，这次演讲不但玷污了鲍威尔的清誉，还给布什政府的名声带来了严重损害。所谓“伊拉克藏有大规模杀伤性武器”的论断纯属无稽之谈，几乎让美国和众多盟友完全翻脸。

事情造成的负面效应，远不止于此。扎卡维本是个无名小卒，白宫方面仅凭一次演讲就把他塑造成了一个世界名人，成为所谓“伊斯兰运动”的英雄。他的画像出现在联合国安理会的大堂之上，在各国领袖的面前招摇显眼。现场的媒体人员纷纷打开电脑，想从网络上找出这位神秘人物的确切身份。后来，又有大量的纸媒记者和拍摄团队涌入约旦、寻求素材。每个自称认识扎卡维的人，都得到了接受采访的机会。宗教极端分子自幼生活的扎卡小镇，也成了舆论的焦点。这个灰扑扑的工业城镇，似乎培养出了一名无与伦比的“杰出青年”。

面对这样的转变，许多约旦情报人员心里都是苦涩不堪。要知道，他们花费了许多年的时间，才渐渐阻止了扎卡维的恶劣影响广泛蔓延。情报部门的主管萨米·巴迪吉就是这些人中的一员。扎卡维的肖像出现在鲍威尔身后的那一刻，巴迪吉几乎一跃而起、破口大骂："胡说八道！"他吼道。

阿布·穆塔兹，约旦情报部门的那位年轻官员，主要负责反恐事务。他的工作，曾深深影响了扎卡维的行为模式。演讲那天，穆塔兹和一位同事身处死海一畔的某座度假酒店。酒吧里，两人看见鲍威尔出现在电视上，开始谈论那桩他们刚刚处理完的案件。

"我们都恶心坏了，"回忆当时情形，穆塔兹不禁很生气，"当时，我一直不停追问：'美国人这是要干什么？'他们肯定有自己的政治目的。他们这么做，完全是出于政治考虑。"

事情的发展，甚至惊动了扎卡维的几个老朋友。他在安曼的同伙们，也对局势感到吃惊。鼓吹极端思想的网站上面，扎卡维的故事正在广泛流传，有关此人的众多小道消息也是不胫而走。20 世纪 90 年代，哈桑·阿布·哈尼耶就与扎卡维有过结识之缘。哈尼耶还记得，老朋友成名之后，无数鼓吹极端主义的博客都开始贴出文章，赞美他的人格，歌颂他勇气无边。

如今的哈尼耶，已经洗脱了宗教极端分子的身份，转行当了作家。他觉得："正是由于科林·鲍威尔的力捧，扎卡维才获得了巨大的名声。此前，大家并不知道有扎卡维这么个人。不过，既然世界上头号强国的国务卿都对他如此高看，那么此人肯定能力无边。他的'声望'即将超越国界，蔓延到整个阿拉伯世界。从伊拉克到叙利亚，从阿拉伯半岛再到遥远的北非马格里布世界[1]，扎卡维这个名字将变得无人不知、无人不晓。许多极端分子会更加踊跃投奔'基地'组织，只为了追随扎卡维的名号。"

这样的结局，还真是富有讽刺意味。对此，哈尼耶深表慨叹。美国人捧出这个默默无闻的扎卡维，原本只是想掩饰自己的战争行径。没想到，美方的无心插柳，造就了 21 世纪最为凶悍的一名宗教极端分子。

---

1 马格里布世界（Maghreb）：北非地理名称，包括如今的阿尔及利亚、突尼斯与摩洛哥。

“这样的知遇之恩，扎卡维自然需要报偿。”哈尼耶戏谑道，“于是，他把纸面上的警告化作了血淋淋的现实。”

那是2003年3月，法迪斯正在伊拉克的某处荒漠中执行命令。一周之前，美军刚刚开拔进入伊拉克境内。与此同时，布什政府终于下了决心，要向扎卡维一伙的营地发起攻击。数十枚“猎鹰”导弹从天而降，把极端分子的营地夷为平地。后者赖以制作弹药的种种器具，也在攻势中化为乌有。美军指挥官的行动，得到了数百名库尔德武装人员的支持。他们一路追讨，将扎卡维的一众喽啰逼入了山区绝地。只有少部分宗教极端分子得以跨越崇山峻岭，潜入伊朗境内。剩下的大多数人不是战死，就是成了俘囚。经过清查，法迪斯等人发现，扎卡维统帅的这支国际队伍的人员来自五湖四海，从也门到阿尔及利亚，这些人的籍贯涵盖了十几个国家。不过，扎卡维本人却不见踪影。根据中央情报局事后分析，当时这名约旦籍恐怖头领已经逃到了巴格达，并在那里静候美军的来临。

法迪斯领导的观察小组一行共有8人，其中，一位中央情报局官员亲自来到了扎卡维一伙训练的营地。由此，他成了造访“伊斯兰护卫军”基地的第一位美国人。在这位美国人看来，扎卡维的大营破败颓乱。空荡荡的营盘，给了他一种异样的感觉。他隐隐预见祸难的源头已经溜走。由此一来，另一场大祸似乎不可避免。

“留在那里的极端分子，统统属于老弱病残，”官员告诉法迪斯，“不是普通步兵，就是普通的填弹手。至于那些首恶要犯，早就逃遁无踪了。”

“捣破敌穴，总是好事。”官员说，“不过，我们这一次似乎扑了个空。”

卷　二

伊拉克往事

第八章
昔日的胜利，今天的败局

这个人又流泪了。他缩在桌子的那一头，将脑袋低垂，埋进镣铐束缚着的双手中。哭声中带着无助，响彻天空。车里车外，都能听见他哭泣的动静。这本是一部拖车，如今临时用作审讯的场所。审讯对象就这样一直哭着，直到哽咽得无法言语。当然，当时他的嘴里，好像只是在嘟嘟囔囔。

此情此景，让巴科斯停止了发问。她想稍等一等，等待眼前这个人恢复理智。房间里空气很闷，只能闻见破衣烂衫的酸涩味道。一股汗臭，也在四下蔓延。仅凭一台空调的力量，显然不足以抵挡伊拉克 43 摄氏度的高温。巴科斯身心俱疲，不过，她仍得控制情绪。

她再次开口，语气很是安静平稳。

“你有没有察觉到，扎卡维已经潜入了伊拉克？”

回应她的是又一阵哭声。哭泣的男子，叫作哈桑・伊泽巴（Hasan al-Izbah），曾是萨达姆・侯赛因手下的一位资深情报人员。现在的他已经崩溃。也不知是恐惧还是羞愤，让他落到了这个境地。翻译礼貌地重复了巴科斯的问题，他却没有任何眼神回应。门口那位虎视眈眈的美国特工，他也不敢回视一眼。当然，他更不敢抬起头来，正视一下近在身前的巴科斯。这个人，应该是中央情报局派出的审讯官员。中央情报局的审讯官员，竟然是一名女性！这个事实，尤其叫伊泽巴深感憋屈。

巴科斯换了个角度，继续着自己的提问："扎卡维和你们单位之间有什么联系吗？"

对方不发一言。看来，这句话不管用。

巴科斯视线内的一切，都开始变得迟钝而哑然：老旧单调的墙面，破破烂烂的家具，美国大兵身上斑斑驳驳、绿中带灰的沙漠制服……就连囚徒唇上那一小撮正在抖动的发白短须，也成为了这哑然场面的一部分。几星期前，巴格达失陷。算起来，巴科斯在美国占领下的伊拉克待了快一个月了。首都北郊的一座空军基地，就是她的落脚地点。因为空袭的原因，基地里到处都是残垣断壁。巴科斯的任务，就是使尽浑身解数——感化也好，引诱也罢，甚至动用威胁手段，从眼前这些囚犯的口中榨出秘密。就在不久前，他们还在为萨达姆政权的情报机构效命。

这个任务实在累人。逼供囚犯本来就是份冷酷无情的工作，况且，巴科斯从未当过兵，也没有任职警界的经历。如此任务，她觉得自己并不适宜。而且，华盛顿和兰利的诸位上司还在持续施压。他们要她加重力度，问出他们想要的答案。可她清楚，那些答案根本不存在。

巴格达的气氛正在起变化，巴科斯等中情局探员能够清楚地嗅到这一点。时至当下，探员们仍然可以自由自在地出入巴格达市区。约会访友、光顾冰淇淋店，不过，身边那些伊拉克人的表情，却没了几周之前的和善。他们不再微笑，也收起了害羞的神色。取而代之的是一张张冷脸，以及目光中射出的戒备与厌烦。没错，外国占领这回事，当地人已经受够了。布什政府的目标，似乎只是推翻萨达姆这个敌人。出兵伊拉克的正义理由仿佛朽木一般，一点一点正在坍塌。为了挽救声誉，总统的阁僚们显得有些急火攻心。可是，布什的战前演讲里那些骇人听闻的大规模杀伤性武器，在现实生活中却仍然不见踪迹。传说中萨达姆与本·拉登之间的友谊，也没有足以坐实的真凭实据。以上两个问题的证据，国会已经催促了不知多少次。于是，白宫方面也给情报部门加大压力，他们要求，2003年夏天，中央情报局一定要拿出一个说法，这是必须的。

萨达姆政权情报官员的口供，让华盛顿方面分外在意。往日里，这些人和国外接触很多，他们代表萨达姆与外部势力沟通与联系。如果美方诱以重利，他们也许能够说出一些萨达姆的秘密。对于这些人，中央情报局抛出了一个重要问题：“当年，他们和国际恐怖分子关系如何？”

“到底有完没完？”巴科斯不禁抱怨。回首往事，她真的有些吃惊。她没想到上级对于这种问题，竟然能够如此执着。他们的这种兴趣，还会延续下去。从2003年到2004年，一直不停纠缠。

也许，偶然之间，巴科斯等人可以取得一个突破，只要某个囚徒突然开口，或是某份文件突然得到披露，那个问题就能够得到解答。其实，巴科斯见证过突破来临的那一刻。那一次，有个伊拉克情报官员思家心切。于是，面对中情局方面的劝导，他心动了，想要讲出自己知道的一切。

关键在于，即便他愿意开口，白宫方面会有人听吗？

对于这场战争，巴科斯怀有疑虑。不过，这次来到伊拉克，却是她主动申请的。

“既然美国已经决定行动起来，那我们必须全员出击。”事后，巴科斯解释了当时的动机。

2003年5月，她第一次踏上伊拉克的土地。这里的恶劣形势，让巴科斯万分心惊。如此乱局，一个初涉此地的情报人员应对起来，似乎有些力不从心。不过，伊拉克的“面貌”倒是好过巴科斯的想象。两场战争，外加十余年的经济制裁，也没对巴格达造成太大影响。巴科斯甚至觉得，比起她造访过的另一些中东国家的首都，此地显得更加体面一些。上班路上，驱车的巴科斯见识了两旁笔挺的棕榈树、车下宽阔的大道、建造精致的高速公路，还有那些绿色的引导标识。身临此景，她甚至觉得好像回到了故乡。

最初几个月，巴科斯等人的工作内容就是审讯。她和同事们守在那辆拖车当中，一忙就是许多天。只有用餐和睡觉，才能够得到休息。当时，美军已经羁押了数十名伊拉克军官与情报人员。俘虏之中，自然有人清楚“大规模杀伤性武器”下落如何。萨达姆支持恐怖活动的内幕，他们也应该有所耳闻。

美国方面希望在俘虏当中，找出几个愿意合作的人。美方相信，只要条件适宜，对方大有理由心动。一些金钱、一个外国身份，也许就能招降萨达姆的一位昔日重臣。一众俘虏里面，要数巴科斯面前这位涕泪交加的伊泽巴最为贪慕钱财。伊泽巴不但在伊拉克情报机构当中位高权重，而且，他所负责的具体工作，恰是代表萨达姆政权和巴勒斯坦武装人士——也就是西方世界眼中的恐怖分子——交流与沟通。长期以来，萨达姆都在向许多暴力团伙提供支持。这早已是众所周知的“阳谋”。涉嫌策划袭击以色列的阿布·奈达尔（Abu Nidal）集团，就曾经多次接受萨达姆的恩惠和金钱。伊拉克“强人”如此行事，当然是为了展示自己的反“以”立场，与其他阿拉伯国家保持一致。如果某个前任情报官员能够挺身而出，那么，萨达姆与恐怖分子之间的秘密就可以大白天下。这个人，也许就是伊泽巴。当然，前提是巴科斯能够说得动他。

几周以来，巴科斯已经接触了不少萨达姆政权的官员。当然，眼前的这位伊泽巴有些与众不同。他很年轻，很可能还未及40岁。萨达姆的情报机构之中，充斥着一大批流里流气、形似痞子的打手，可是，伊泽巴和他那些同事没有半点相似。即便身处监狱，他也打扮得很是周正，只是下颌上微微留着几根胡须。几乎所有其他伊拉克官员都留有的标志性小胡子，在他脸上也找不到痕迹。以外形看，他更像个标准的职业经理。过去，他很可能自信昂扬、不可一世。但是，现在的他满脸颓丧，全无一点精气神。审讯当中，他不是哭哭啼啼，就是垂着脑袋沉默不语。

巴科斯发现，伊泽巴似乎在担心着什么事情。于是，她唤来翻译，想要知道审讯对象惶惶不安的原因。伊泽巴给出的答案很复杂，总之他是在为自己的家人忧心。家中小儿子的安全，尤其让他念念不忘。过去几十年内，伊拉克复兴党[1]政权的情报机构可谓血债累累。上万名伊拉克人因为伊泽巴之流而备受迫害，甚至失去生命。如今，萨达姆的特务已经失势，曾经忍受痛苦的幸存者和死者亲属完全可能为了报仇而找上他的家门。伊泽巴不敢想象，自己困守监狱的时候，家人可能遭遇怎样的命运。

1 伊拉克复兴党（Baath Parthy）：是萨达姆执政期的执政党，2003年美军入侵伊拉克后，被占领当局宣布为非法组织，受到取缔。

巴科斯略一沉吟，马上唤来翻译。

“只要你肯合作，”她告诉伊泽巴，“我就让你和家人团聚。”

伊泽巴的态度立即松动了些。随即，他又仔细想了一想，便点头表示答应。旧主已经倒台，封口不言并不能为他带来好处，反倒是开口说话，也许还会有些意外收获。借此，巴科斯也得到了一次机会。她可以深入萨达姆政权情报机构的地下巢穴，一探其中的各种秘密。要知道，她身边的这位“向导”，可是一位熟门熟路的局内人。

巴科斯摆出一摞资料，上面整整齐齐列出了许多姓名。这些人要么来自伊朗，要么以巴勒斯坦为活动基地。数年来，萨达姆都是他们从事恐怖活动的坚强后盾。不过，伊拉克“强人”一旦心生厌意，这些恐怖分子往往落得兔死狗烹的下场。巴科斯希望伊泽巴好好坦白，把双方的合作细节一一道清。一开始，对方很是配合。但是，当资料上出现“基地”组织分子姓名的时候，伊泽巴却是双肩一耸，表示无可奉告。根据他的回忆，自己和“基地”组织分子好像接触过那么一次，不过，与会的代表级别都很低，那次见面也更像是互探虚实。最终，会面没能达成任何协议。萨达姆信奉世俗主义，对待宗教极端分子，他向来只以迫害与杀戮相迎。“基地”组织的诸位领导，自然不可能对萨达姆生出仰慕之情。两边的分歧之大、血仇之深，任何所谓的“合作”，都不可能进行下去。

“那么，扎卡维呢，你听说过这个人吗？”末了，巴科斯终于问出了那个最重要的问题。

“名字听过，”伊泽巴说，“不过没有打过交道。”

“没交情？”巴科斯不得不加紧逼问。她想知道，伊泽巴是否在隐瞒事实。

“好吧，假如你和这个扎卡维见了面，”她提示道，“你想一想，他是不是你想要的那种合作伙伴？”

对方的答案简洁明了：“不是。”

就这样，伊泽巴实践了自己的诺言。巴科斯必须回之以礼。她一声令下，一部电话递到了伊泽巴面前。入狱几周之后，伊拉克特务第一次获得了与家人联络的权利。巴科斯接过电话，拨通号码，确认线路畅通。而后，她将话筒交到伊泽巴手里。一听到那头传来的声音，囚徒再一次涕泗横流，哭出了声。

巴科斯呢，则吩咐卫兵看好犯人，自己悄悄溜向外边，走出了拖车的门。

这是一个星期四，约旦驻伊拉克大使馆的门庭外边没有几个前来申请签证的人。8月上旬，日光酷烈，访客本就很少。不到10点，气温已经飙升到37摄氏度。2003年8月7日上午，只有十几个伊拉克公民来到此地办理前往约旦的手续。他们沿着外墙排成一排，正好占据了荫凉的阴影。突然，几辆灰扑扑的出租车慢慢地靠了过来，几台模样老旧的四门老爷车也渐行渐缓、靠了过来。车门一开，负责使馆安保的当地保安就扑了上来。他们一个个衣衫汗湿，口中大呼小叫，显得异常紧张。这怪不了各位保安，前一天发生的那件事情，足以让他们神经过敏、反应过激——就在24小时之前，使馆收到一张字条，有人借此发出警告，声称这座建筑即将遭遇袭击。

面对威胁，使馆的安保人员自然非常重视。其实，接到这样一张字条，保安们都有些摸不着头脑。说来汽车炸弹和自杀式“人弹”确系巴格达常见的两道“家常便饭”，当地的许多集市和宗教场所深受其害，不少人因此殒命。但是，在2003年8月初的巴格达，类似的恐怖事件可还未曾出现。而且，保安们不明白为什么会有人找约旦使馆的麻烦。约旦也是个阿拉伯国家啊。论及历史与文化，它和伊拉克有着千丝万缕的联系与情谊。

作为建筑，使馆所在的二层小楼也算得上堂皇漂亮，附近则是巴格达最为时尚的街区。使馆的访客大多是准备前往约旦一游的伊拉克人。安曼的局势非常太平，地理上和伊拉克也很接近。长久以来，伊拉克中产阶级都把那里当成了合意的旅游胜地。过去他们常去安曼采买物品，现在不少人则准备前往避难。使馆门外那道高高的墙，正是因为访客而筑起。主人建立这么一道隔离设施并非出于安全考虑，只是想要控制访客的人数而已。不过，使馆门前还是人流如织。使馆和绵长的签证申请队伍，俨然成了阿尔巴塔什大街上最惹眼的两道风景。

使馆外边，又一辆小货车正在逼近。车身通体泛绿，有些破败老旧。它的到来，引起了大家的注意，不过，倒也没人因此惊慌失措。司机年龄不大，他迎着使馆门口哨兵的眼光，将货车停在了院墙的一旁。建筑与车辆之间，只剩下几十公分的距离。车一停稳，司机突然跃出汽车，朝着街的另一旁跑去。他跑得很快，不多久，整个人就已经和停车地点远远隔开。保安们还来不及上前看个究竟，司机就摁下了远程遥控器，货车后座的炸弹，随即爆炸。

爆破的威力实在巨大。货车前端因此飞蹿上天，跃过足足两层楼的高度之后，又狠狠地砸向地面。使馆的外墙，由此被炸出一个9米多的大窟窿。附近的几位保安人员和签证申请者当场毙命，几辆路过的小汽车被砸得变了形。隔壁的一家儿童医院也感到了那股冲击力，其中的好几位大夫甚至以为，自己的工作地点才是恐怖分子的目标。直到避难人群冲进医院，他们才如梦方醒。而后，人们一共发现了17名遇难者的遗体，他们都是伊拉克公民，其中，还包括一个家庭。那天，这家人正好驱车经过使馆附近。爆炸当中，家庭成员全数丧生。家中的小女儿身首异处。她那长发零散的头颅随着震荡而掉落在大街当中。一位路人正好目睹了这幅惨景。一开始，他吓得抄起纸板盖住头颅，而后，路人又惊又怕，发疯一般地徒手在地上乱抓，仿佛想要将小女孩的脑袋埋进土里。

这次针对平民的袭击导致多人丧生。这是美军占领巴格达以来，第一次遭遇如此恶劣的事情。首都各地，愤怒的居民奔走相告，咒骂那可恶的凶手。每个人的心中，元凶的身份却又各有不同。一些群众觉得美国占领军最为可疑。谣言甚至声称，爆炸发生的当时，一架美军直升机正好发射了一枚导弹。还有人则认为约旦人遭此劫难全是咎由自取，既然约旦王室长期与萨达姆作对，那他们迟早会得到报应。报应之说，得到了另一些人的同意。只不过在他们看来，约旦国王与萨达姆沆瀣一气才是惹祸上身的原因。事故现场的外边，慢慢聚起了围观的人群。怒火在围观者中不断发酵、不断蒸腾。终于，十几条汉子气得冲进使馆的大楼。他们的一腔愤恨，全部发泄在了约旦国王阿卜杜拉二世的标准像上面。阿卜杜拉的父亲侯赛因的留影也一齐倒霉，遭到了闯入者的损毁。使馆的员工也被赶得四处逃窜，只能逃上大街。

各国官方的反应也有些模棱两可。约旦情报部长推测，惨案的幕后黑手应该来自伊拉克国内的某个武装组织。该组织和约旦王室早有旧怨，此举正是为了报仇泄愤。五角大楼的一位发言人则觉得“基地”组织难辞其咎。不过，一些身在巴格达的美国情报专家表示，此事与“基地”组织并无关系，发言人的立论因此并不成立。芸芸众口、种种猜测，唯有保罗·布雷默三世（L. Paul Bremmer III）指出了正确答案。布雷默是占领军临时政府（Coalition Provisional Authority）的最高长官，他这个职位直接得自布什总统的任命。在长官看来，约旦使馆爆炸案的祸首来自“伊斯兰护卫军”。布雷默表示，美军入侵之前，“护卫军”已在伊拉克东北部的偏僻山区活动多年。他的看法，得到了情报界的佐证。美军情报人员发现，一些“护卫军”分子早已悄悄潜入伊拉克城市，预谋发起类似的武装袭击。

事发那一周，许多美国记者纷纷找到布雷默，想要知道他对于案件的意见。采访中，布雷默表示：“类似的灾难，将会变得屡见不鲜。凶手采用的爆破技术，此前我们在伊拉克国内见所未见。”

且不论肇事凶徒的来历与身份，单是爆炸的恐怖，已经大大加剧了当地人和一些美国来客心中的不安。对于驻伊美军而言，每天必行的巡逻任务，也足以让士兵们心怀恐惧、裹足不前。暗地里的埋伏、不期而来的冷枪，慢慢变成了美国大兵的必然遭遇。约旦使馆遭遇袭击后不到几个小时，美军的一辆悍马（Humvee）军车就中了埋伏。车辆经过的道路一旁，暗藏着的地雷突然炸响，两名美国大兵当场丧命。而后，美军和对手交上了火。这场交锋一直持续到晚间。没多久，又一名美军士兵在执勤期间遭到枪击，最终不治而亡。

那次约旦使馆袭击惨案中的死者，大都是使馆外徘徊的平民。这样的事实，让所有伊拉克普通人心中已然生出的绝望再度加深。他们本就觉得美国占领军并不想把权力交还给伊拉克方面，而且这些外来人甚至无法也无力保证当地社会的基本安全和稳定。“萨达姆在位期间，使馆的安全还能得到保证。可是现在，就连使馆门口也变得不太平了。”这是一名伊拉克警察的心声。

警察名叫贾迪亚·扎拉（Gatia Zahra），上尉军衔，人还非常年轻。看着救援人员忙里忙外，看着地上那一堆堆的残肢断臂，扎拉心中五味杂陈。面对美国记者，他发出了这番感叹。

对于爆炸案，华盛顿方面也做出了表态。一方面，美方发誓一定协助调查，不过他们也指出，此案可能仅仅属于“内部治安”问题。而且，如果伊拉克想要建立稳定的民主政治，此类事件定然不可避免。不过，布什总统仍然觉得，使馆爆炸案美方有必要好好干预，免得这场伊拉克冒险落得个失败的结局。因此，他干脆暂停了8月的休假计划。

“伊拉克问题已经取得了巨大的进展。”在自家位于得克萨斯州克劳福德（Crawford，Texas）的庄园里，布什向来访的记者表示，“总体而言，当地局势趋于稳定。”当时，有些军方人士认为，美军应在伊拉克当地长期留驻，至少待满2年时间。有记者趁机提及了这种观点，并向总统咨询看法。不过，对方却没有直接回应。当时，布什只是说：“反恐战争花费的时间并不重要，本届政府解决恐怖主义问题的决心一直坚定不移。”

同一天晚上，在达拉斯（Dallas），总统安全事务顾问康多莉扎·赖斯正和一群非洲裔美国记者叙话畅谈。其间，赖斯主动提到约旦使馆爆炸案。对此她觉得，伊拉克当下的环境确实不大稳定。但是，二战过后的德国，不也历经了一段不大稳定的日子吗？最后，德国成功转型成为民主政体，伊拉克的将来也应如是。

“当然，取得进步的过程中，旧政权的余孽，还有各路各派的极端分子都会试图加以破坏。约旦驻伊拉克大使馆遭遇的这次袭击，无疑就是这种势力在反攻倒算。”赖斯说，“联军士兵，会面临很大的人身风险。谨记，民主不是一天建成的。”

建立民主，不是一夕之功。爆炸发生的那一天，无疑是伊拉克最为艰难的时光。那个日子死去的人，比战争告一段落以来的任何日子都要多。就在那一天，恐怖主义进化出了新的形态。接下来，恐怖分子会将炸弹藏进汽车，并把目标指向平民。事态的真相和白宫政客的说辞似乎正好相反。伊拉克并没有浴火重生，也没有走向民主与稳定。一切都违背了赖斯的预期。

“路途是艰难的嘛。”赖斯表示。

前路的艰难险阻，大大超乎白宫方面的想象。8月未过，巴格达再次爆出两起汽车袭击案。比起这两次袭击造成的后果，约旦使馆门口的惨案只是一场小小风波。9月，布什离开得克萨斯州返回白宫，这时候，伊拉克的局面已经大为改变，形势不可逆转。

8 月底的两起爆炸中，第二次袭击的目标其实只有一个人——这是个外国人。当时，留驻伊拉克首都的所有外国人中，唯有这一个人不会招致当地人民的反感。他叫作塞尔吉奥•维埃拉•德•梅洛（Sergio Vieira de Mello），来自巴西，身手矫健。他是联合国驻伊使团的主管，堪称外交官中的外交官。梅洛能说 5 种语言，举止优雅、精明强干。在参与和平进程方面，他有着多年的经验。作为联合国人员，梅洛严守中立。他的存在，代表着国际社会的努力。战火平息之后，他一直努力让伊拉克社会回归正常轨迹。工作起来，他不知疲倦。为了给当地人民运送饮水与药品，他总是事必躬亲。而且，他还得忙碌地穿针引线，在伊拉克国内的各大政治派别之间居中调停。当地人与美国占领军的心结，也有待他去解开。2003 年夏末，天气越来越热，气氛也是愈加紧张。热浪中、恐惧下，大家口中的“塞尔吉奥”仍是那样庄重沉稳。最为溽热的那几天，他那标志性的领结也是整整齐齐，没有半点下垂或发皱的痕迹。

梅洛常常造访美国占领者的驻地。占领者中既有军人，也有一般平民。他们或是筑起了戒备森严的营盘，或是把萨达姆的官邸变作自己的指挥中心。有一次，梅洛出现在巴科斯工作地点的外边，而后，他礼貌入内自报家门。面对中央情报局的资深官员，他的态度非常客气，语气却一点不容拒绝。背着巴科斯等人的面，他和中情局的几位领导起了争执。梅洛坚持认为，美军最好不要出现在联合国办公室的附近。办公室位于巴格达的运河酒店（Canal Hotel）。酒店楼层低矮，窗户呈拱形，自 20 世纪 90 年代起，联合国驻巴格达办公室就一直留驻这里。萨达姆政权崩溃之后，酒店门口匆匆立起了一道隔离墙。不过，人们仍然可以自由出入酒店，而不会遭到酒店保安的检查与盘问。当然，酒店的屋顶之上，设有一个美军的观察哨，街区犄角里那几条窄巷当中，还有不少美军军车穿行。梅洛认为，所有这些东西都应当撤去。“联军部队的出现，让当地的街坊感到很不自在。而我们必须和这些当地人对话与工作。”一位联合国官员向记者表示。

2003 年 8 月 19 日，约旦使馆爆炸案已经过去了 12 天。下午 4 点 30 分，梅洛身处运河酒店 3 楼，端坐在自己的办公桌前。他丝毫未曾察觉，窗外，一辆卡车的引擎正在轰鸣呼啸，发出巨大的噪声。其实，街口那条窄巷已经封闭。那个地方，似乎不该出现汽车的身影。这时，梅洛的房间里涌进了一大帮人，其中除了两位外籍人士，还有几个联合国方面的工作人员。来客此行，是为了参加一次针对伊拉克难民问题的会议。宾主双方刚刚互相介绍完毕，酒店的正前方就爆出一声巨大的声响。肇事元凶正是那辆卡车的司机。他的炸弹取材于空军军火，拥有大得可怕的威力。那一刻，卡车就像一把尖刀，而联合国办公室所在的 3 层小楼则是一块蛋糕。两相碰撞，结局必然是一片狼藉。

“爆炸瞬间，我们仿佛被冲上了天。”吉尔·洛舍尔（Gil Loescher）回忆说。他是美国圣母大学（Notre Dame University）的一名教授，也是当天造访梅洛办公室的外宾之一。“而后，3 楼的天花板飞速坍塌，我们往下坠落，先是掉到 2 楼，随后直直地朝着 1 楼坠去。”神智恢复的一瞬间，洛舍尔发现自己仰面朝天躺在地上。塌陷的天花板压住了他的双腿，叫他一点动弹不得。几米外的废墟中，埋着梅洛的身躯。当时，外交官的意识还算清醒，他甚至打算拨打电话呼唤援兵。但是，当救援队打开通路，来到梅洛面前的时候，才发现外交官因为失血过多已经断了气。就这样，梅洛成了那次惨案中丧生的 22 位遇难者之一。联合国机构也是有史以来第一次遇到如此规模的夺命袭击。

一段时间过后，救援队在废墟中掘出了一具年轻的尸体。此人正是这起事件的元凶。此前，一些美国官员还觉得爆炸乃是萨达姆的亲信所为，而非恐怖袭击。暴徒的现身驱散了所有的怀疑。这无疑就是一起恐怖事件。布什总统也在公开讲话中指出，运河酒店爆炸案的幕后，活跃着一群“形似‘基地’组织的恐怖分子”。这些人潜入伊拉克，就是要制造祸端。“因为他们无法容忍我们在中东建立自由社会的作为，所以他们要和我们斗争到底。”惨案过后 3 天，布什出席了一次募捐活动。活动中，他向记者发表了如上的感想。

这些“形似‘基地’组织”的恐怖分子，到底又是何方妖孽呢？

联邦调查局的专业人士亲临运河酒店爆炸现场，想从废墟中找出一点线索。为了同一个答案，国土安全局与中央情报局的诸位专家则在深挖过去几天的市内电话聊天信息和短信通讯记录。专家们觉得，纷繁复杂的通讯当中，也许藏匿着爆炸案元凶之间联络的蛛丝马迹。巴科斯虽然已经返回美国，却也投入了寻找痕迹的工作当中。她的职责就是分析与总结调查的一手资料，并将其整理汇编，写成文件上交。她的报告，最终将会呈到华盛顿各位高官的案头之上。

国土安全局偶然截获的一个电话，给调查人员留下了特别的印象。通话很简短，双方的言语也不多。很明显，他们是想隐瞒什么信息。他们甚至没有提及互相的姓名，也未曾透漏任何住址之类的信息。但是，来往相谈之中，两者都隐隐约约，指向了同一件事情，而且语气当中还带着点庆祝的神气。

“兄弟，”电话一头的一个人表示，“今天真是老天爷开恩呐。”

中央情报局的电信追踪部门立即运作起来。通过电话记录中的数码签名，他们一路追索通话人的具体身份。经过查证，两名通话人使用的手机 SIM 卡都是赃物。失主远在瑞士，是一名商人。那么，两张 SIM 卡是如何跨越千万里的距离来到了伊拉克？这个问题，一时没有答案。

巴科斯等人还没来得及喘息片刻，10 天过后，伊拉克又爆出一桩惊天惨案。论及血腥残酷的程度，这桩惨案可谓登峰造极。事发地点也从首都转移到了纳杰夫（Najaf）。这是一座省会城市，城中分布着许多什叶派的宗教场所。大多数伊拉克人都属于什叶派信众，纳杰夫对于他们的重要意义，也就可想而知。

2003 年 8 月 29 日，星期五，也是穆斯林的一个宗教节日。大批民众挤进带有金色穹顶的伊玛目·阿里（Imam Ali）清真寺，准备聆听一位叫作穆罕默德·巴基尔·哈基姆的阿亚图拉[1]的布道。哈基姆是位学者，在什叶派信众当中声望很高。他长年流亡伊朗，美军占领伊拉克之后几周才回到祖国。过去，哈基姆的家人曾经遭到萨达姆的迫害。阿亚图拉本人立场温和，仿佛

1 阿亚图拉（Ayatollah）：是一种宗教教士衔位。

一位慈祥的祖父。回国之后，他几次发话，呼吁伊拉克人民团结一心、包容忍耐。看起来，他应该是美军和临时政府的合作伙伴。几位美军官员，正好持有这种想法。不过，那一天，哈基姆却对占领军当局提出了严厉的批评。他戴着头巾、长袍加身，一站上清真寺的演说台，就开始历数美国人的种种不是。在他看来，美军没能尽到保境安民的责任。约旦使馆与运河饭店的两起爆炸案，也是他谴责的重点。他还觉得，伊拉克人民必须团结起来，为自己的安全而斗争。“我们应当协同奋斗，要求占领军立即将主权归还伊拉克人民。我们要组成新的政府，掌握自己的命运。”阿亚图拉呼吁道。

演讲完毕，哈基姆朝着自己的车队走去。这时，爆炸发生了。第一声巨响似乎刚在耳边响起，第二次爆炸就接踵而来。惨案中，共有89人遇难，大多是当天前往清真寺目睹哈基姆风采的群众。此外，还有500多人因此受伤。数千名遭遇惊吓的信徒乱作一团。大家匆匆忙忙想要逃出清真寺。途中，死者的尸体遭到践踏，而逃生的人有不少也受了重伤。至于那位深孚众望、得到广大伊拉克人爱戴、也为部分美方官员信任的哈基姆，则是下落不明、不知去向。人们几经翻找，才发现了一只断手。手指上的一枚戒指，大致确认了哈基姆的身份。

惨案带来的震荡很快席卷全国。许多城市都爆发了示威游行。大家希望立即组建临时政府，要求美国占领军立即将主权交还伊拉克人民。巴格达自然也不平静。上万名什叶派信众组织起来，他们从自己栖身的贫民窟出发，一路走向逊尼派聚居的社区。途中，什叶派示威者高喊口号：“打倒复兴党分子！”同时呼吁：“不要美国！不要萨达姆！只要宗教！”正当示威者怒火中烧的时候，美国有线电视新闻网却掐断了现场报道。屏幕上，出现了一则过期的新闻：惨案发生的同一周，美国国防部长拉姆斯菲尔德来到伊拉克进行访问。部长也提到了最近的几起恐怖事件。面对记者，他反复强调，幕后黑手肯定是萨达姆政权的那些“死硬分子”。而且，黎巴嫩的真主党（Hczbollah）游击队说不定也参与其中。话里话外，他还把矛头指向了真主党的后台伊朗政府。不过，除却这些流血惨案，伊拉克的和平进程“成效卓著”。对此，拉姆斯菲尔德表示满意。

“你们看，巴格达最近简直是百业兴旺！”国防部长告诉记者。

情报人员深入清真寺废墟，对案发现场进行了勘验，他们的工作很快有了进展。一种空军军火在现场四处可见，点燃炸药的引线属于土法炮制，看起来也似曾相识。此前，约旦使馆与运河酒店两起案件中，也曾发现类似的痕迹。所有证据综合在一起，指向了同一个犯罪嫌疑人。此人应当精通炸弹制作与爆破技术，而且有心制造事端。

国土安全局方面也行动起来，搜寻那些可疑的通话与信息。这一次，美国监听人员终于有了重大发现。嫌疑人通过手机发布了一则庆功信息。其中的内容，美国人再熟悉不过——“老天爷开恩了”。而且，对方的电话号码似乎已经被记录在案。运河酒店事发之后，接电话一方的号码似乎也被拨打过。SIM 卡的来源也得到了确定。原来，SIM 卡离开瑞士之后，落入了一名叙利亚人手中。几天之前，这个叙利亚人刚刚落网。犯人自称信奉宗教极端主义，这次潜入伊拉克，即是为了“圣战”。叙利亚人还说，自己有一个上司，那人来自约旦，其他的极端分子都叫他“扎卡维”。

那时，巴科斯已经离开伊拉克回国，待在中央情报局总部休整。此前，她已经起疑，既然这些案件是因潜入伊拉克的宗教极端分子而起，那么，扎卡维会不会是这些极端分子中的一员？现在，她的猜想得到了证实。扎卡维不仅与纳杰夫惨剧有关，还参与了联合国驻伊拉克办事处的爆炸袭击案。也许，他还是策划袭击约旦使馆的阴谋集团的一员。要知道，5 个月前，“伊斯兰护卫军”才刚刚覆灭。现在，扎卡维竟然能在一个陌生城市扎下如此深厚的根基。而且，他有足够准确的情报，能够调动足够充沛的弹药和物资，短短几天之内，他就可以制造一场接一场的血腥事件。看来，席卷伊拉克的恐怖大潮当中，扎卡维可不单单扮演着参与者的角色。正是他，掀起了这场波澜。

巴科斯仔细研读了相关的资料，而后马上着手撰写报告。她的作品白宫方面第二天就可以看到。事实已经清晰，扎卡维就是一系列恐怖事件的主犯。布什政府打着消灭恐怖主义的旗号，打倒了萨达姆。可是，萨达姆倒台之后，恐怖分子反而大为受益。过去的扎卡维偏居伊拉克东北部的一隅，只是个小麻烦，如今，这个麻烦却蔓延到这个国家的心脏地带，变得比以往更为致命。

日后，当美国的情报专家与恐怖主义研究者回首伊拉克战争最初那些日子的时候，都会对扎卡维的战略眼光表示惊叹。也许，扎卡维确是英才，又或者，他只是瞎猫撞上了死耗子。不管怎样，他挑选的那些袭击目标，确实达到了散播恐怖的目的，他刺激了美国人的神经，让美军在伊拉克不得不长期驻扎下去。约旦使馆遭袭之后，阿拉伯诸国都对伊拉克局势呈观望态度。他们不肯参与伊拉克的重建进程，美国人标榜的战争合法性也就无法成立。此后的两起爆炸，更是"堪称妙笔"——这是布鲁斯·里德尔（Bruce Riedle）的评价。里德尔是中央情报局的资深特工，他长年从事恐怖主义的研究工作，并凭借这方面的专业知识辅佐过两位美国总统。

"运河酒店一案，几乎等于向所有驻伊非政府机构下了逐客令。此后，任何国家都不敢前往巴格达开设外交办事处了。"里德尔这样分析扎卡维的计策，"而且，扎卡维深知什叶派与逊尼派的关系。于是大胆出击，制造纳杰夫惨剧。如此一来，宗派冲突将会不可避免。"

"首先，他让美国在伊拉克陷入孤立境地，"里德尔思索着，"然后，他会掀起内战，让我们受困其中。"

时间回到2003年8月。那时候的巴科斯，可没有今天里德尔的后见之明。她只是写下那些她知道的东西。同时，她还得控制情绪，努力不要胡思乱想。因为她知道，报告一旦上交，必然会在白宫高层引发震荡。

同样的震荡连巴科斯的上司也担待不起。他三番五次向部下施加压力，要她注意报告中的细节。总之，据巴科斯回忆，当时没人敢向白宫方面提起，原来扎卡维才是这一系列惨案的元凶。

"你这份东西再压一压。"一次，一名顶头上司干脆吩咐，"等我们有了确切证据，再汇总材料也不迟。"

一天之内，文件修修改改、改改修修，从白天一直拖到夜晚。待到定稿，已经是第二天的凌晨3点10分。此时巴科斯才赶回公寓，补上那么几个小时的睡眠。其实，那份报告的内容非常简单，只不过，其中的基调和政府对外的宣传正好相反，一些高官肯定会大吃一惊。这一点，巴科斯非常清楚。

她还知道，他们说不定会让报告石沉大海。不过，那又能有什么用？报告中全是事实。

“我们如此警惕，正是因为害怕上头可能会不高兴。”巴科斯表示，“我们知道，这份报告一定会遭驳回。没办法，因为报告告诉了上头一个事实：伊拉克战争，我们没有赢。昔日的胜利，造成今天的败局。对于那些人而言，得知这个事实简直就等于陷入一个噩梦。”

第九章 你们认为这是一场暴乱？

联合国驻巴格达办事处的爆炸硝烟已经散去了好几天。万里之外的加拿大，罗伯特·里切尔一家人刚刚结束假期，正在驱车回国的途中。里切尔工作很忙，这段异国闲暇当然来之不易。此前，他已是先后几次耽搁了休假的时机。就在路上，里切尔的工作电话又开始铃声大作。打来电话的是中央情报局的一位官员，专门负责和白宫沟通联络。官员表示，有一份文件刚刚呈到总统案头，其中的某些细节需要里切尔确认一遍。对方的声音，听来很是急切。

“还记得那份文件吗？就是预测伊拉克即将遭遇暴乱的那一份。总统想知道，中央情报局是否赞成其中的判断。”官员问道。

手机震响的时候，里切尔一家刚好驶过“大使桥”(Ambassador Bridge)，踏上了美国领土。桥的一端是加拿大安大略省温莎市(Windsor, Ontario)，另一侧的道路则通往底特律(Detroit)。里切尔回国之后的第一件事，就是靠边停车，接听电话。官员提到的文件他当然知道。几天之前，他刚刚在那份文件上签字。

“文件内容属实。”里切尔说。过去，他曾是中央情报局驻约旦的情报主管，如今已经升任“中东分部”(Near East Division)的负责人。“这是分部全体人员的共同看法。其中的判断，我们完全赞成。”里切尔表示。

电话另一端的气氛变得有些僵。即便身在800公里之外，里切尔也能感到那边的紧张。“暴乱”这个词和伊拉克战争似乎有些不相称。要知道，布什总统已经公开宣布战争胜利了。虽然只要有人偶尔关注一下国际新闻，就能发现一个事实，入夏以来，伊拉克的混乱局面正在逐步升级。美军人员的死亡率，已经达到了惊人的程度：一周10人。包括汽车炸弹袭击在内的各种恐怖袭击，在媒体上夺人眼球。另外诸如狙击手的突袭、路边炸弹的伏击之类的见报较少的意外事件，也是美军伤亡数字居高不下的原因。尽管如此，“暴乱”这个词还是太过惊悚，它让人想起越南战争的噩梦，象征着无休无止的游击斗争。那个时候，在国家安全委员会 (National Security Council) 的会议上，安全和平仍是伊拉克的主基调。五角大楼官员作为演讲背景的幻灯片材料中，局势相对宁静的省份才是被突出的重点。至于那些袭击事件，仿佛有些零零星星、不值一提。幕后的祸首也都是萨达姆政权的残余势力。这样的会议，里切尔也参加过几次。有一回，拉姆斯菲尔德的一名顾问干脆直接发问：“你们说的这些袭击，关系应该不大吧？”

关系不大？里切尔愣在了原地。他回想自己多次访问巴格达的经历，心中生出了一个答案。“我看关系大得很。”里切尔暗想。

“每时每刻，我们都在见证袭击的发生。”他告诉同事。

伊拉克境内窝藏了不少恐怖分子，这一点，已经毋庸置疑。但是，没人敢用“暴乱”形容当时的伊拉克局势。直到2003年8月30日，事情才有了变化。那一天，正是纳杰夫惨案发生的日子。深孚众望的哈基姆当场毙命，无数的什叶派信众也随之丧生。几个小时后，中央情报局驻巴格达情报站站长格里·梅耶尔（Gerry Meyer）匆忙打开发报机，向总部发去了一封密码电报。按照情报界的俗语，这种发报机又被称作“灰狼”（Aardwolf）。中情局总部和前线情报站的正式联系，都需要“灰狼”牵线搭桥。算上纳杰夫惨案，梅耶尔见证了接连3起恐怖袭击事件。他很担心，恐怖主义即将在伊拉克进入一个新的阶段。接下来，其他国家的“圣战士”将会疯狂涌入伊拉克，他们要与美国占领军作战。在本地，他们绝对不缺合作伙伴。一些胸怀怨愤的旧政权人士一定会与他们勾结起来，危害社会稳定、破坏美军声望，还会对那些追随美国人的势力进行惩罚。过去 5 个月的种种成果，都可能因为这次暴乱而毁于一旦。如上论断，全数出自梅耶尔的报告。他还预测，随着越来越多的恐怖分子来到伊拉克境内，此地的汽车爆炸事件将会变得更加频繁。无论萨达姆落网与否，这种趋势都不会逆转。

报告的悲观基调，让不少白宫高官大为惊骇。驻巴格达的另一些美方官员，也提出了尖锐的反对意见。联军临时当局的主管布雷默三世抗议称，梅耶尔的报告言过其实，过分渲染了当地的负面情况。布雷默的批评，叫中情局忙作一团。里切尔的假期不得安宁，也是由于这个原因。

2005 年，里切尔退出情报圈。想起当年的风波，他表示："当时，双方都有点急火攻心。中央情报局说伊拉克即将发生暴乱，然后白宫那边就像炸了锅一般。"在他看来，双方对于局势的判断，都有其缘由和道理。中央情报局的观点来自特工的一线经历，自然有理有据；而白宫方面，不过只是克尽本分，响应总统的最新讲话精神。当年 5 月，布什登上亚伯拉罕·林肯号航空母舰（USS Abraham Lincoln），向全世界道出了自己对于伊拉克局势的观点。

"当时，总统在船上宣布：我们已经赢得了伊拉克战争。"里切尔表示，"如此一来，你还能叫白宫那些人怎么办？"

梅耶尔的报告就这样被压制下来。又是 10 个星期过去了，死于恐怖袭击的伊拉克人有增无减。这时，总统的国家安全顾问终于发现，伊拉克局势似乎确实出现了暴乱的苗头。围绕着这个词，相关的辩论又持续了数月时间。终于，美国政府承认，伊拉克的局势正处于暴乱之中。

假如扎卡维能够操纵美国政府伊拉克政策的走向，他一定会善加利用，为自己搭起一个完整的恐怖主义网络。其实，他根本用不着拥有这般神力，华盛顿当局在 2003 年春夏时节的种种作为，足以帮助他完成目标。

没错，在伊拉克问题上，美国政府确实犯过很多错误。比如，占领军未能维持巴格达的治安，放纵了当地的大规模抢掠活动。又比如，一夜之间，占领军当局就将萨达姆政权的所有武装力量悉数遣散。布雷默等人搭建的安全体系，更是漏洞百出。如此这般种种的不是，各种文章与书籍不知道数落了多少次，垒在一起，绝对称得上连篇累牍。当然，美国人之中，要数驻扎在伊拉克当地的情报官员与外交使节最清楚本国政府的这些失误。毕竟，他们身临其境，一步一步见识了扎卡维团伙发展壮大的历程。

许多年过去了，一些中央情报局官员想起伊拉克战争前夜的经历仍然觉得万分惊讶。当时，他们发现，美国政府的战争准备非常仓促。萨达姆倒台之后，占领军又当怎样管理伊拉克这个国家？面对如此问题，华盛顿当局毫无计划。而后，军方倒是向中情局进行了咨询。他们想知道，如果美军要负责维护伊拉克社会的稳定，那么，美军士兵会遇到怎样的安全问题？为了得出答案，很多初级特工忙得昏天黑地。但是，战争即将来临，调查工作似乎开展得太晚了一些。

“开战之前，我向军方询问军队保护法例拟定好了吗？结果，他们想都没想过这个问题。没办法，我只得自己揽下这个责任。”一名情报人员表示，“我这个外行，就这样做起了军事工作。当然，主要是军队内部没人去做。”

几周之后的巴格达，局势果然陷入混乱。至此，伊拉克已经失去了获得法治的时机。国务院的一名资深官员还记得自己随军第一次踏进伊拉克首都时的情形。当时，萨达姆政权刚刚倒台，当地的人们对美国来客笑脸相应。这一点，并未出乎官员的意料。

“他们真是很高兴。”说话的人自称“迈克”（Mike）。因为从事安全工作，他恳请作者隐去他的真实姓名。“当然，没有出现投掷鲜花欢迎王师的场面，那是因为人家没有投掷鲜花表示欢迎的习俗。每天晚上，都有许多人向天鸣枪表示庆祝。我们在城中四处转悠，见到的都是一张张笑脸。”

不出几周，伊拉克人脸上的笑容僵住了。在这几周之内，治安迅速恶化，各种匪徒在城中大肆抢掠。所有的政府部门都倒了霉，博物馆里的无价珍宝不翼而飞，新建大楼的铁栏杆也是踪影难觅。没有警卫出来恢复秩序，美国军队也在袖手旁观。总之，美国人对于乱局毫无反应。一方面，美方确实无力管束；另一方面，他们也没有心思管束。伊拉克人陷入痛苦、遭受不公，似乎不干占领者的事。就这样，当地人民收起笑容，怀着隐忍的态度，打量起眼前这支占领军来。

“美军在当地毫无作为，只是凿出了一个‘黑洞’。”迈克声称。

萨达姆政权垮台之后，伊拉克国内竟然出现了大规模的治安问题，这一点，确实让美军始料未及。他们未能担起保境安民的责任，倒还可以归为不察之失。相比之下，美军迫不及待地解除了萨达姆军队的武装，还对复兴党分子集体下了党锢令，可算得上一种适得其反的错误。在萨达姆时代，人们都喜欢谋求一份公职，比如学校的校长，或者警察局的头目，又比如情报机关的负责人。成为复兴党的一员，则是谋取这些公职的必要条件。一位青年想要升入大学，也必须先加入复兴党。这样一来，复兴党自然是人丁兴旺。美军对于复兴党人的排斥，让成千上万的技术人员和官僚一夜之间没了工作。接下来，两个棘手问题凸显出来：其一，由于本地的军警人员集体下岗，治安自然无法保证，不法活动愈加猖獗；其二，失去公职、没了俸禄的伊拉克官员心怀怨愤。他们人数众多而且极易串联，不满之下，一股逆流渐渐形成。

“美军居然抢走了这些人的饭碗，还把他们赶到街上！他们可是知道怎样造反生事的！”里切尔回忆道。2003 年 5 月 16 日，占领军当局的一把手签署命令，开启了所谓的“去复兴党化”进程。听到这个消息的时候，里切尔万分震惊。“而且，美军居然没给他们任何遣散费。有些人已经在伊拉克军队中服役了 15 到 20 年，但我们却拒绝发给他们薪水。”

这样一个伊拉克，当然最合扎卡维的心意。一方面，没有任何强力机关可以管束他的言行，另一方面，他还借此招纳了不少得力的伙伴。曾在萨达姆军队中服役的上校与尉官，如今改为扎卡维卖命。一些人甚至得到赏识，成了“约旦人”的左膀右臂。有人为扎卡维提供住所，有人为扎卡维提供情报，还有人拿出武器金钱资助扎卡维一伙。事后调查证实，扎卡维刺杀哈基姆所用的空军军火和炮弹外壳，就是得自萨达姆爆破部队人员的馈赠。

中央情报局的档案确认，扎卡维在伊拉克这场暴乱中扮演了重要角色。不过，许多外人并不知晓这一点。即便在中情局内部，不同的分析员对于扎卡维的作用也有不同的看法。针对一些细节问题，他们也存在分歧。一些人认为，扎卡维一直身在伊拉克，另一些人则表示，叙利亚才是“约旦人”的匿藏地点，他躲在外国，远远遥控伊拉克的一干手下。2003 年秋，正当华盛顿当局为了暴乱存在与否而讨论不休的时候，恐怖事件开始接连爆发。

9月22日，联合国驻巴格达办事处再次遭遇袭击。当时，大多数联合国雇员早已离开伊拉克。不过，事故仍然造成一名保安身亡，19人因此受伤。

10月12日，一辆丰田卡罗拉（Toyata Corrolla）汽车驶过巴格达酒店（Baghdad Hotel）外围的隔离墙，随后一头扎进酒店大堂。此地附近属于高尚社区，分布着许多诊所与药店。汽车爆炸了，6人因此丧生，30多人受伤。死者当中还包括3名美军士兵。

10月27日的那起事故最富有戏剧色彩。这一次，整个巴格达都成了自杀式“人弹”的表演场地，国际红十字会是他们的目标之一，此外，还有4座警察局也遭到袭击。这一天，共有36人遇难，200多人受伤。其中，又有一名美国大兵命丧黄泉。

11月20日，梅耶尔受命出席会议。此前，上头要他撰写一份正式报告，并在会议上向总部汇报一下巴格达的治安状况。于是，中央情报局驻巴格达情报站主管又有了一次描述当地混乱局势的机会。较之以前，梅耶尔眼中的局势正在变得更加不堪。他觉得所谓暴乱不仅存在，而且还有扩大与蔓延之势。恐怖分子和失意的复兴党人已然结成联盟，前者的能力因此大为增加。而且，他们还四处活动，显得自由自在。美国占领军无暇理睬他们，而临时政府的警察部队刚刚仓促成立，对于他们更是没有一点约束能力。梅耶尔还说，伊拉克的普通人都觉得这些恐怖分子完全“无法无天”。此前，可能还有人认为美军会给伊拉克带来和平安定，而这样的希冀，如今早已化作泡影。

“暴乱分子横行无忌……大大加强了他们制造祸端的胆气。”报告中，梅耶尔如此写道。他利用“灰狼”把这份报告传回了兰利总部。谁曾想到，“灰狼”的密码早就被记者所知悉。不久之后，报告就落入了新闻界人士的手中。文中，梅耶尔指出了恐怖分子的两大“合作伙伴”：其一，因为什叶派得势而不满的部分逊尼派人士；其二，萨达姆情报机关的官员。两股势力合流，壮大了恐怖分子的声势。“逊尼派聚居的腹地趋于萧条和孤立。由于严格的‘去复兴党化’运动，许多旧政权的军警职员在一夜之间没有了工作。纵观整个国家的大环境，经济发展不力，政治方向模糊不清。旧政权的守护者由此觉得自己有必要团结起来，重建昔日的系统。”

梅耶尔的用词实在太不留情面，一些同事甚至担心他可能因此丢了饭碗。果不其然，他那份报告很是触怒了几位白宫高官。这些人甚至表示，中央情报局如此污蔑总统，背后一定有政治阴谋。毕竟，第二年就是大选之年。

11 月 11 日是美国的“老兵节”。趁着节日，白宫方面再次组织会议。会议的内容，当然是关于梅耶尔的那篇大胆的报告。总统布什亲自出席会议。里切尔再次受到召唤参加了会议。同时到会的还有中央情报局局长乔治·特尼特和他的副手约翰·麦克劳林（John McLaughlin）、国防部长拉姆斯菲尔德，以及其他几位国家安全顾问。会议一开始，布什总统就单刀直入，硬生生地提出了一个问题：

“你们是不是都认为伊拉克发生了暴乱？”总统问道。

麦克劳林率先应答。他早就备好了一份文稿，于是就按部就班地念了起来。报告的主题在于阐述“我们的敌人是些什么人”。说着说着，“暴乱”这个词就从麦克劳林的嘴里钻了出来。拉姆斯菲尔德反应很快，几乎立即进行诘问。

“你倒是说说，什么叫作‘暴乱’？”国防部长下了命令。

麦克劳林和同事们引经据典，一一介绍了“暴乱”这个定义的诸多要素。他们口中的内容，大多来自五角大楼编撰的一份战地手册。中情局的诸位专家表示，当下，伊拉克国内已经形成了有组织的反抗团体，该团体正欲通过武装冲突，推翻伊拉克的中央政权。而后，他们又介绍了国际恐怖组织与伊拉克国内旧有势力的合流，并重点提及了反抗团体的领导层、斗争策略与武器状况。不过，根据一位与会官员的描述，国防部的几位代表丝毫不为所动。

“军方根本没有听取这些东西的兴趣。”官员回忆，“他们觉得战争早已结束，自然觉得所谓‘暴乱’都是吓人的空谈。”

会上，总统倒是一直非常安静。散会之前，他作了总结陈词。言语里，布什似乎已经接受了事实——没错，伊拉克已经陷入暴乱。但是，他不准备把这个事实公之于众。

“没有原因，我个人不予置评。”布什表示。

一个多月过去了，白宫终于得到了个好消息：美军在12月13日对萨达姆的家乡提克里特（Tikrit）郊区的一处农庄开展的军事行动中抓到了萨达姆·侯赛因。这件事给经受了一连串坏消息打击的白宫带来了短暂的缓和气氛。不过，伊拉克“强人”的落网，并不能遏止恶化的局势。过去几个月，扎卡维一直隐身暗处，操纵局势的发展。扎卡维的左右集聚了许多心怀不满的伊拉克人。世界各地还有不少宗教极端分子前来投奔。现在，他自觉已是“伊拉克暴乱”的领袖了。美国军队在伊拉克的战略目标，正面临着扎卡维为首的宗教极端分子的严峻挑战。

梅耶尔曾经两度在其给中情局的报告中警告过暴乱即将来临，但是却没能作为巴格达站的站长亲眼见证暴乱高潮的到来。早在11月10日，他就因为自己那份措辞辛辣的报告而遭到解职，随后被召回了华盛顿。

多年以后，一些中央情报局官员回首那段往事，都觉得有些不可思议。他们难以相信美国方面表现得如此不济，竟然放任恐怖分子在几个月内迅速坐大。扎卡维这个“孽种”，凭借着一阵阵和风四散开来，而后，他又有幸落入一片沃野，并很快在此扎下了根。

“历经‘去复兴党化’的伊拉克，简直就是恐怖主义的沃土。”里切尔分析说，“占领当局的不作为就好像阳光雨露。美国人对于伊拉克文化的误解，仿佛阵阵和暖的风。有了这样的好年景，也由不得他扎卡维不开花。”

对于扎卡维而言，伊拉克确是一个好地方。巴格达北部与西郊的那些破败村镇，是他得以发迹的“兴旺之地”。这里又被人称作“逊尼三角区”[1]。三角区内的居民，对于美军入侵很是焦虑。很快，焦虑升级成了怨怼。慢慢地，一些人更是表现出公开的仇美情绪。

扎伊丹·贾比里（Zaydan al-Jabiri）是一位部落领袖。他有一个很大的牧场，就位于拉马迪（Ramadi）附近。一开始，扎伊丹也曾把美军当作解放者。他一度觉得，美军起码比施行特务统治的萨达姆要友善一些。不过，2003年

1 逊尼三角区（Sunni Triangle）：位于伊拉克西部的安巴尔省，居民以逊尼派信众为主。

4 月 28 日，他的期望幻灭了。那一天，扎伊丹记得清清楚楚。就在 3 天前，布什刚刚发表演讲，宣布“伊拉克战争胜利告终”。此前，42 岁的扎伊丹酋长一直期待占领军能出台办法和措施，鼓励商业活动。扎伊丹的主业是贩售羊毛，同时也出售新鲜的羊肉。长期以来的宵禁政策和旅行限制，几乎毁了他赖以生存的营生。他和他的杜莱姆（Dulaim）族人一样，都希望新政权能带来新气象。直到那一天的到来，彻底毁掉了扎卡丹等人的期望。

那天，是星期一。在这个星期一之前，扎伊丹和占领者根本没有打过照面。美军的第一波攻势有意避开了扎伊丹所在区域的几个省会城市。战局大致平定后，涂着咖啡色迷彩的坦克大部队却来到了这个地方。他们此行是为了扫荡残余的抵抗势力，同时稳固当地局势。4 月 23 日，来自第 82 空降兵师与第 3 骑兵团的一队士兵进入费卢杰。他们占领了城中的几座政府大楼，又圈禁了一所学校，并把这里当作营地。4 月 28 日晚，200 多名示威者聚到了学校门外，他们朝着校内的美国伞兵大喊大叫。后来，美军声称示威人群中有人携带了武器，而且还率先开枪挑衅，因此，他们还击了。这次事件造成 17 名示威者死亡，70 多人受伤。事后，人权观察组织（Human Rights Watch）的调查员走访了事发地点。调查结果显示，美军留驻的学校大楼楼体并无子弹痕迹，可以判断示威者没有开火的迹象。很快，当地民怨沸腾。不过，几位部落贤达倒是觉得民众应当克制情绪，扎伊丹正是他们中的一员。“当时，我们竭力克制，争取不要和美国人发生任何冲突。”多年以后，扎伊丹如此回忆旧事。不过，美国人也应当给出一个说法。几经磋商，安巴尔省（Anbar）中部的主要部族长老决定派出一个代表团，去和美军谈谈善后的条件。

“我们见到了美军，告诉他们我们部落民众有部落民众的规矩，我们可以用部落的办法把这件事摆平。只要你们肯出一点‘血钱’(diyya)，也就是抚恤金，那么我们和你们之间的恩怨就算两清。”扎伊丹说，“我们还说，他们（受害者）也有妻子，有的人还有孩子，给一点钱，保证他们的遗属活得下去。他们的孩子，也不会与你们为敌。”

几天后，美国人给出了回音，美方同意支付一笔补偿金。按照人头计算，每个死难者都可以得到一笔价值 3 000 美元的“血钱”。

那一刻，扎伊丹火了。“区区 3 000 美元就想买一条命？你们那些警察的狗也不只值这个数吧？”他怒喝道。

“打那以后，我们都认清了一个问题：美国人没安好心，他们动机不纯。”扎伊丹总结道。

那次事件，仅仅是个开始。其后，扎伊丹又在美国人那里碰了不少钉子。他曾经发誓，任何推翻萨达姆政权的人，都会得到自己的支持。他 30 岁那年，部落里甚至策划了一次起义，目标直指萨达姆。主事者同样出身安巴尔省的名门大族，当时正在萨达姆部队担任空军军官。最终，事情败露了，萨达姆由此逮捕了 150 名军人，并将他们全数处死。此外，还有 1 000 多名逊尼派信徒同时遭到拘禁，这其中，也包括涉嫌此事的扎伊丹。本来，他难逃一死。不过，萨达姆最终留了他一命。赦免的背后也有其原因。萨达姆希望通过一次大赦，修复一下同国内逊尼派部落的关系。这些部落实力强大，可以长期充当萨达姆政权的后盾。

拜萨达姆所赐，扎伊丹在鬼门关上走过一遭。伊拉克“强人”的许多政策，也不讨部落领袖的喜欢。尽管如此，扎伊丹对萨达姆的态度仍然有些矛盾。其实，他很欣赏萨达姆的强硬作风。私下里，他甚至赞颂过萨达姆对待西方的“不屈态度”。那样的态度，让他这样的逊尼派伊拉克人想起了光荣的往昔。有那么一阵，伊拉克曾经是一个强盛帝国的一部分，而巴格达更是整个世界的科学和文明中心。至于美国人，只是一群后起的自大分子而已。在扎伊丹等人看来，这些后起之秀并不了解伊拉克那丰富的文化遗产。这片土地曾经孕育出的种种文明——文字、数学、天文、法律，美国人也是一无所知。今天的伊拉克，只是殖民者在地图上划出的一个区域。除了沙漠下的石油，这里似乎别无价值。但是，这个国家里的各个部族，都可以把历史追溯到那个曾经的辉煌时代。

“美国人和他们的媒体都在宣扬一种错误观念：只有赶走萨达姆，伊拉克才成其为伊拉克。”扎伊丹有些愤愤不平，“伊拉克的历史超过 7 000 年，而美国立国才不过 200 年。这就像一辆奔驰（Mercedes）汽车和一辆现代汽车，能比吗！”

当然，扎伊丹并不反对美国军队的干涉行动。费卢杰的屠杀也未曾让他改变心意，尽管那方屠场距离他的牧场只有不到60公里远。“我们不是军人。”扎伊丹解释道，“而且，我们也不想保卫萨达姆那个政权。”不过，随着美军占领伊拉克已近周年，扎伊丹对于占领军的怨言也增加了许多。他很肯定，美国人想在这里赖着不走。而且，占领军还夺去了逊尼派的权力，转而把国政交到了什叶派政治人物的手中。在扎伊丹看来，这些什叶派政客只能算作“匪徒与国贼”。他觉得，他们只是为了伊朗效命。他还认为，如今的巴格达，已经成为什叶派武装人员驱逐逊尼派群众的劫掠场。而在扎伊丹的家乡，许多族人为求自保，只能躲在自行掘好的密室当中。而后，族人把藏身之地变成了根据地。他们依靠地利，袭击和骚扰临近的美军。对这样的情况，扎伊丹的感情很是复杂。不久，一个名字传进了族长的耳朵。扎伊丹听说，有一个神秘的约旦人正在招兵买马。依附于他的人，都会得到一笔重金。扎伊丹本人倒没有投靠这个叫扎卡维的约旦人，不过，他的不少族人却选择追随此人而去。

扎伊丹决定去一趟费卢杰，和驻扎当地的美军接洽一番。7 月 4 日，他带着其他几位长老造访了美军基地。此行，扎伊丹等人还为美国客人带来了礼物——几束鲜花，想借此对客人的国庆日表达敬意。不料，接待他们的那位海军陆战队官员很是失礼。扎伊丹等人丢了面子，自然非常生气。当然，美国人如此怠慢，也不是没有原因，每次这些部落领袖来到基地，背后都带着一定的目的。这种目的，多半是打着索赔的名义，求取一些金钱利益。事情已经过去多年，扎伊丹已经想不起那次登门到底所为何事。但是，对此后的不快经历，他倒是记忆犹新。

他还记得，那位美军军官突然出言轻蔑。在那人的口中，所有的伊拉克人似乎都有容纳恐怖分子的嫌疑，这一点，深深激怒了各位部族长老。一位长老立即出言反击。他把美军比作傀儡，只是为了艾哈迈德·查拉比（Ahmad Chalabi）而卖命。这个查拉比乃是什叶派政客，长期流亡国外。伊拉克境内藏有“大规模杀伤性武器”的假消息，布什正是从查拉比的口中得知的。

“大家都清楚，你们是上了查拉比的当，才一头扎进伊拉克的！”一名长老指出。扎伊丹试图打打圆场，可是没用。双方再也谈不下去了。美国人变得越发轻慢，一名长老干脆猛砸桌子，随后拂袖而去。

看着同伴站起身来，扎伊丹不觉心头一凉。他这才发觉，自己这群长袍加身的部落人士，和眼前这位穿着迷彩服的军人之间的鸿沟竟然如此之深。大家说着同样的语言，却没有互相沟通的能力。

长老们打算离开。这时，扎伊丹觉得，有必要给军官留下一句临别赠语。

“你们在伊拉克是待不下去的。”他告诉对方。

烈火，正在慢慢燎原。扎伊丹很清楚这一点。他下定决心，不会去阻挡这团火焰。

“那一刻，”长老事后回忆，“才是战争的开始一刻。”

第十章
我们正是要制造暴乱

2004年1月，巴格达。在这里，扎卡维已经度过了10个月的光阴。当天，他打开电脑，敲击着键盘，准备给本·拉登去一封信。2年之前，扎卡维离开了阿富汗。距离他亲赴坎大哈的本·拉登住所求见主人的经历，更是过去了整整4年。那一次，扎卡维吃了闭门羹。但是，现在的他打算和前辈好好叙一叙那段未曾开始的前缘。下笔伊始，扎卡维似乎就动了感情。

“您与我身虽远，心却近。”他把如此的语句，献给了“9•11”惨案的幕后主使者。

自从上次一别，世事早已变迁。扎卡维觉得自己有必要站出来，为伊拉克的“暴乱”正一正名。毕竟远方的本·拉登似乎并未发现伊拉克正在经历剧变。扎卡维想让“基地”组织领袖知道，伊拉克如今的形势与他们曾在阿富汗的经历完全不同。信中，他谈到了伊拉克的种种好处。比如伊拉克人讲阿拉伯语，正好与扎卡维、本·拉登声气相通。当然，他也提及了此地的一些不便，比如沙漠过多、藏身之地太少，等等。扎卡维还表示，自己在伊拉克的“事业”已经取得了重大进展。当下，他希望本·拉登伸出援手，提供一点资源。当然，扎卡维先得从“圣战”的实际情况出发，向“基地”组织头目好好介绍一下这片战场上的各路势力。其中，自然也包括他手下的这支小小的武装。

首先，扎卡维提到了美军。诚然，美军的火力异常强大。不过，在扎卡维看来，美国大兵简直就是“安拉所有造物之中最为卑怯的那一群”。驻伊美军很少外出迎敌，只是缩在自己的基地以内。而且，扎卡维还预测，美军很快就会离去。毕竟，美国人的仗总是打不完的。

而后，扎卡维讲起了伊拉克的逊尼派信众。在这个国家，这些人并不占据人口的多数，并且他们最有可能被扎卡维所利用。但是，“约旦人”对于他们并不客气。扎卡维认为，伊拉克逊尼派群龙无首，而且习惯各自为政，他觉得“他们实在可怜，堪比守在吝啬鬼桌旁乞食的孤儿”。即便是那些投靠他的萨达姆部队士兵，也都缺乏实战经验，从来不愿正面对敌，只想通过投掷手榴弹、发射迫击炮来打击对手。

“这些伊拉克兄弟还有些贪图安逸。他们更愿意躲进老婆的怀抱里，和一切危险都离得远远的。”扎卡维敲击键盘继续写道，“有时候，一场恶战下来，他们当中竟然无人死伤。我曾经无数次教导他们：苟安与胜利绝对不可两全，唯有鲜血与必死的决心，方能让胜利之树开花结果。”

而后，扎卡维笔锋一转，把谴责目标指向了伊拉克的主要族群——什叶派穆斯林。他敲下的字句，慢慢变得恶毒起来。恶毒的字句，足足占据了好几页篇幅。

“什叶派，就是障碍，就是恶毒的蛇、狡猾的蝎。什叶派就是四处渗透的间谍，就是蚀人肌肤的毒液。”扎卡维挥洒着各种比喻。在他看来，什叶派信仰者的卑劣程度，甚至要超过那些“异教徒”。扎卡维还论证说：“犹太教徒与基督徒同为有经人[1]，却也没有什么共同点。什叶派与伊斯兰信仰的关系，也大体如此。更有甚者，伊拉克什叶派与美国占领军走得很近。”扎卡维觉得，前者想要阴谋摧毁逊尼派的信仰根基。

“有史为证，几个世纪以来，什叶派就以反叛与狠毒著称。”扎卡维就此下了结语。如此的胡言乱语，怕是难以讨得本·拉登的欢心。没错，“基地”领袖同样出身逊尼派家庭，但与此同时，他也自视为一个“维护穆斯林团结”

1 有经人（People of the Book）：穆斯林将犹太教徒和基督教徒称为“有经人”。因他们分别为“天启”经典《旧约》和《新约》的信奉者，故名。

的人。对于袭击什叶派无辜平民，本·拉登并无兴趣。相反，他一贯谴责类似的行径。这一点，扎卡维并非不知道。不过，“约旦人”很有信心，觉得自己能让本·拉登回心转意。而且扎卡维还暗示了自己下一步的行动计划：掀起一场恐怖风暴，杀害更多的什叶派信众，从而引发激烈的宗派斗争。“约旦人”觉得，如此行为好处有三：其一，破坏伊拉克的局势；其二，消灭一批“叛教人员”；其三最为关键，恐怖活动会裹挟大量的逊尼派信众，迫使他们拿起武器，为了“解放”而斗争。这场战争，当然要由扎卡维点燃。

“约旦人”声称自己是在“唤起沉睡的头脑，激励迷糊的灵魂”。通过信件，他阐述了自己的“战略构想”：“全能的安拉早已知晓，而我们也看出了解决问题的关键，我们要向什叶分子（Shia）宣战。唯有如此，信徒与叛教者的斗争才会继续下去……唯一的办法，就是炸弹、炸弹、炸弹！我们要用炸弹对付什叶派的头头们！宗教、军事和其他领域的干员，一个都不能放过，直到他们屈服为止。有人可能会说，我们这么做，将会让整个民族（指全体穆斯林）陷入一场不可预知的战争当中。而且，这场战争将演变成彻头彻尾的暴乱，无数人将因此流血、因此丧命。不过那正是我们的目的。我们就是要制造暴乱。”

趁着通信的时机，扎卡维还打算和本·拉登讲讲条件。他向对方表示，自己人马虽少，但“功绩”却很多。近来，伊拉克每一桩恐怖袭击的背后，都有扎卡维团伙在操纵或参与。据扎卡维估计，他的手下一共发起了 25 起袭击。纵观伊拉克全境，也只有北方的少数城市未被扎卡维一伙沾染。不过，扎卡维也表示，如果本·拉登愿意伸出援手，如果自己有幸能够攀附“基地”组织遍及全球的资源网络，成绩一定会更加“亮眼”。扎卡维表示：“我希望，我和我的组织能成为一支锐利的矛头、一支所向披靡的先锋队、一座让伊斯兰民族走向胜利彼岸的桥梁。”扎卡维还向本·拉登承诺道：“假如您认可我提出的方案，假如您愿意接受我对于叛教者的挑战——”那么，扎卡维将向“基地”组织宣誓效忠。“我和我的弟兄，会是您忠诚的士兵，我们将集结在您的旗帜底下，听从您的号令。”

当然，假如本·拉登并不领情，倒也并不打紧。扎卡维赌咒发誓，即便得不到任何回音，他也不会对“基地”领袖心生怨愤。不过，无论本•拉登意下如何，扎卡维都会让“基地”听见自己的声音。“约旦人”已经打定主意不再躲躲藏藏，而要向整个世界显示他的存在。

“我们一直在隐忍，因为我们分量不够。”扎卡维还觉得，现在就是成名的时候了，“名扬天下的那一刻，正在步步临近。”

同年2月，一个冷冽的夜晚，距离扎卡维去信本•拉登的那天，已经过去了几个星期的时间。在费卢杰的一座别墅中，光线晦暗不明，陆军准将斯坦利•麦克里斯特尔正站在屋外的楼梯上。这座城市，乃是伊拉克暴乱肆虐的中心地区。将军能够听见手下士兵穿廊过屋搜寻犯人和武器的动静。同一时间，他们要找的人也在耐心等待。那人趁着黑暗的庇护竖起耳朵，仔细分辨外界的各种声音。他听到了柴油机空转的低响，也听到金属撞击木料的脆声。他听到有人用美式英语大吼大叫，还听到几声犬吠，以及皮靴落在玻璃之上的吱嘎作响。

其实，这件事纯属偶然——美军驻伊拉克特种部队的司令带着部队，闯进了伊拉克头号恐怖分子过夜地点所在的那个街区。当时，两人相隔不过19米，他们之间只有几道薄薄的混凝土墙体，外加黢黑一片的夜色。说来，自从一年以前美军闯进这个国家，巴格达就陷入电力短缺之中。每个晚上，都如此时一般伸手不见五指。

“当时我站立的地方，和扎卡维不过一个路口的距离。”事后，麦克里斯特尔回忆道。

那个冬天，麦克里斯特尔等人已是无数次出击。面对伊拉克的暴乱局势，华盛顿当局中最为乐观的几位高官也不得不接受现实。治安恶化的元凶，当然是那些宗教极端分子。他们有的来自伊拉克之外，有的则是土生土长的本地人。为了找出宗教极端分子的踪迹，五角大楼组建了专门的特种行动小组。小组领导的重任，落到了麦克里斯特尔的肩头。麦克里斯特尔声望很高，是大家眼中的“兵王”（soldier's soldier）。49岁的他，确实无愧为美国陆军中的精英分子。他曾在“第5游骑兵”团服役。那支部队有着显赫的声名，以“更远、更快、更强”的战斗箴言著称。麦克里斯特尔的前辈曾于二战期间登陆诺曼底海滩。《黑鹰坠落》中的惊险故事，也是“游骑兵”们在摩加迪沙[1]的亲身经历。麦克里斯特尔本人的人生经历也颇有传奇色彩。他擅长长跑，每天都要跑十几公里。他自律严格，一日常常只吃一餐，晚上也只留出4个小时以供休息。4个多月以前，他被调来伊拉克，坐上了美军联合特别行动中心的主管职位。而后，麦克里斯特尔那无穷的精力，全部耗费在了对一个人的追踪当中。时间推移，此人在伊拉克的逊尼派社群当中已经闯出了名，同时，他也是美国占领军最为凶险的敌人。他，就是扎卡维。

那天晚上的行动，风险极大。麦克里斯特尔打算带着部队，挨家挨户搜查当地的每一间住宅。不过，他当时身处的那个街区，可能是全伊拉克最不安全的地方。过去的一个月里，足有4名美国特工在此丢掉性命。特工们都是因为中了埋伏而丢了性命。他们的尸身惨遭肢解，残肢断躯还被拖着招摇过市。尸体遭到焚烧之后，最终被吊上一座横跨幼发拉底河（Euphrates River）的大桥展览示众。正是由于这样的变故，麦克里斯特尔的大多数同事都对这个区域避而不及。但是，在麦克里斯特尔看来，此地不过是地图上一个普普通通的观测地点。他挎上手枪、爬上悍马汽车，带着自己的手下一齐奔向龙潭虎穴。

这天，麦克里斯特尔并不准备发起什么突然袭击。他打定主意，今晚只在当地好好侦查一番。既是如此，大张旗鼓地坐着直升机从天而降有些不大适合。麦克里斯特尔等人决定以车代步。车队当中除了悍马，还有一些装甲卡车。车队轰隆，压过漆黑无灯的街道，驶入1号高速公路。假如一路西行而不停留，麦克里斯特尔一干人等可以直接去到约旦和叙利亚。路上空空荡荡，将军的车队行进了一个多小时后驶离了高速路。这里是沙漠的尽头，也是费卢杰的远郊区，映入眼帘的事物大多是平坦的屋顶和纤细高挑的棕榈树。趁着黑暗，“三角洲”的士兵们慢慢靠近第一个目标。士兵首先向屋内投入了数枚闪爆弹，随即冲进门里。他们默默无言，仔细搜查着建筑内的每一个房间。

---

1 摩加迪沙（Mogadishu）：索马里首都，也是全国最大城市。

又是一座建筑，士兵们照例推门而入。这次，麦克里斯特尔也上前一步，走进屋内。这里仍然亮着灯，于是，将军摘下夜视镜。他发现，自己的手下正在盘问一群睡眼惺忪的当地男人。另一个房间里，满满坐着一屋子妇女儿童。他们都只穿着睡衣，身上的毛毯裹得很紧，显然是为了驱走寒冷。孩子们抬起头，向门口这个高高瘦瘦的美国人投来了好奇的目光。那些妇女的眼神里，则有着完全不同的意味。即便在多年以后，麦克里斯特尔仍然忘不了那和她们对视的一瞬间。

“她们的眼里满是恨意，彻骨的恨。”他回忆。

虽然出过很多次任务，但麦克里斯特尔还是第一次身处伊拉克人的居所之内。同样的情形，他以后还会反复经历，也将在他的脑海里留下难以磨灭的印象。他还记得，一次在拉马迪，手下包围了一座房屋。美军怀疑，这里是恐怖分子的避难场所，于是，屋内的男人全部被拎了出来。麦克里斯特尔的部下命令他们全体双手抱头、趴卧在地。突然，门里钻出一个小男孩，年纪大约只有 4 岁。只消一眼，男孩就发现了自己的父亲。他看见爸爸趴在地上一动不动。于是，他默默地跟了过来，绕过满地的身躯，走到父亲的身边。他学着大人们的样子趴下身体，小手也背到了脑袋的后面。

“美军当中的有些人至今还觉得自己就是解放者。”想起那一幕，麦克里斯特尔心绪不平，“假如你是伊拉克人，家里突然冲进一群大兵，个个装备傍身、荷枪实弹，而后，这些人还在你家东找西查。你会有怎样的感想？好吧，虽然我的部下从不打砸家具，也不会把屋内搞得乌烟瘴气。但是，你可以设身处地好好想想，如果有人大摇大摆闯进你家大门，当着你妻子、儿女的面翻箱倒柜，你又该有怎样的反应？有时候，我都会想，假如眼前这个地方就是我家，我又会怎样看待这些不速之客？那种记忆，将永不消逝、伴你一生。”一次又一次，麦克里斯特尔等人完成了一桩又一桩的任务，而他们的身后总伴着人们的哭喊、号啕。

在那个差点与扎卡维正面相遇的夜晚，麦克里斯特尔一干官兵正迈向下一家亟待清查的民居。这时，那栋房子的二楼窗台上冒出了一个人影。影子身材敦实，一袭黑衣遮体。只见他迅速打开窗户，并从那里直接跳进了黑暗的巷道当中。挣扎爬起过后，那人一转眼钻进背街小巷再也没了踪影。他可能直奔背面的铁路而去，也可能借着夜色留驻原地，只等来客悻悻离去。所有这一切举动，全都逃过了麦克里斯特尔等人的眼睛。

依照惯例，美国人搜查了房内的各种物品。此时，他们才恍然发现，刚才自己距离扎卡维，竟然是那样的近！

一次机会就这样没了。假如扎卡维在那时就落入法网，历史将因此改变。可惜，美军再次获得同样的抓捕良机，已是一年之后的某一天了。

扎卡维溜了，特种部队的新任领导很是懊丧。其实，他和他的同事们都不曾想到，这个"约旦人"竟然如此危险。事后，麦克里斯特尔回忆，自己初涉费卢杰的时候，整个局势还算安定。"当时，伊拉克还没有陷入内战一般的混乱。"

"我们的失误，导致了血腥的后果。只不过，那个时候苦果还未酿成。"麦克里斯特尔表示，"那一晚，扎卡维还只是个小角色。"

不过，麦克里斯特尔能够预见，事态还将步步升级。他记得那一家伊拉克人——那是一户普普通通的老百姓，但是，他们眼中流露出的愤懑，却足以被扎卡维之流利用。由此，恐怖分子不用担心金钱问题，也无须烦恼无人前去投奔。美军搜查平民住宅，也许有一定战略意义，但是，这样的举动只会增添当地人的仇恨。何况，连月停电、物价飞涨、失业率升高，已经惹得民怨沸腾。"所有这些都在鼓动戾气，而这股戾气明显是冲着美军来的。"麦克里斯特尔指出。

"扎卡维足够野蛮，也足够有心计，他善于利用我们造成的败局。他会让我们看起来很无能，有时候又显得很可恶，甚至既无用又可恶。"麦克里斯特尔表示，"那天晚上，他成功逃脱，无疑是个大麻烦。但是，真正的麻烦，深藏在那家伊拉克人的眼神里。看看那家人的样子，我就知道这场战争将会漫长而艰巨。"

要想打赢这场仗，麦克里斯特尔必须拥有一支得力的部队。伊拉克的面积与纽约州相仿，这个国家的每个角落，都可能埋藏着暴乱的根系。自"越战"以来，美军还是第一次遇到如此的挑战。2004 年年初，散布伊拉克各地的美国军队，却似乎还没做好准备。

即便麦克里斯特尔本人，也是在上任之后才认识到局势之严峻。军队里，他擢升很快，还得到了“麻烦消除机”的美誉。而且，他想法深刻。美国军队向来喜欢大刀阔斧的改革，而麦克里斯特尔特别擅长窥见军队体制中的腐朽部分。

麦克里斯特尔出身军旅世家。他的父亲官至少将，兄弟姊妹5人不是曾经从军，就是成了军人的伴侣。年轻的时候，麦克里斯特尔曾是个出了名的后进分子。在西点军校学习期间，他常常喝酒误事，还时不时以下犯上，因此一共被记下了大大小小100多次过错。他这样一个学员，似乎也只有通过加入特种部队，才能得到一点晋升的机会。不过，特种部队里的麦克里斯特尔如鱼得水。他活力满满，而且勇于挑战现状。这一点给他的上司留下了深刻印象。他变得很自律，对手下的要求也一贯严格。为此，大家都叫他“教皇”。

“9•11”事件之前，麦克里斯特尔已经成为准将。而后，他上了阿富汗战场。没过多久，他又被提升为五角大楼参谋长联席会议的作战部副主任。伊拉克战争爆发的时候，五角大楼每天都要组织电视会议，遥控远方的战局。主持会议的工作，就由麦克里斯特尔担任。

2003年4月14日，美国军方宣告萨达姆政权已经土崩瓦解。麦克里斯特尔就是那一刻的见证人。“当时，我还以为这场仗已经打完了呢。”他回忆道。

6个月过去了，他来到了伊拉克。这一次，他的任务仍是军事指挥。他的手下既有将领精英，也有情报人员。不过，他的战争才刚刚开始。那年秋冬之交，麦克里斯特尔和部下开始搜查主要目标的时候，伊拉克局势正处在趋于恶化的转折点。北部城市摩苏尔（Mosul）是美军打造的“重建典范”。不过，这个城市的种族对立情况相当严峻。另一方面，美军对于当地治安也是愈发无能为力。驻扎当地的部队是第101空降兵师，主管这支部队的大卫•彼得雷乌斯少将（David Petraeus）很早便开始了恢复秩序的努力。在他的指挥下，当地的公共设施得到重建，学校也快速复学。警察部队得以充实，各种基础设施也得到了修复。2004年1月，彼得雷乌斯的大部队撤离当地，新来的美国驻军人数大不如前。而后，暴乱分子接踵而至，并开始了猖獗的活动。一次，他们甚至击落了麦克里斯特尔随从乘坐的直升机。事发当时，麦克里斯特尔正在摩苏尔访问。

局势恶化得实在太快，波及的范围也过于宽广。在伊拉克，麦克里斯特尔的第一处办公地点位于巴格达国际机场。上任之后，他异常惊讶，战争在即，美方却没有拿出任何计划予以应对。他的手下确有一支特种部队，部队先是被命名为“6-26别动队”，而后又几易其名。但是，部队却没有任何情报储备。既没有从战地上得来的资料，也没有线人前来主动提供情报。

有时候，占领当局的懒怠简直能叫麦克里斯特尔气掉下巴。一天，他来到一座监狱参观访问。途中，他路过一间小小的办公室。据称，突击搜查得来的资料，全数囤积在这间办公室内。走进屋里，麦克里斯特尔看到了堆积成山的沙包和垃圾袋。他和手下辛苦搞来的资料、手册、电脑、手机和其他物件就那样塞在其中，大部分没有经过任何处理。

“这是怎么搞的？”长官责问随行的人。

“哦，这都是下面那些犯人负责包装的。”回答竟然如此。

“这可都是第一手的情报！”麦克里斯特尔惊呆了，“有人前来翻看整理这些资料吗？”

“翻译官有空的时候，偶尔会过来做些整理工作。”随从表示。

麦克里斯特尔大发雷霆。

“简直难以置信。”想起那天的所见所闻，他还有些气愤难平，“我知道翻译人员很忙，而且他们也不知道战场到底需要怎样的情报。但是，我们的那些工作人员竟然如此懒惰，守着丰富、有用的信息却毫不作为，就像眼睁睁地看着果子烂透也不肯花一点精力去采摘！”转眼间，麦克里斯特尔入职已满两月。他决定召集一次会议，特别行动中心在阿富汗与伊拉克的所有指挥官都必须参加。会议为期两天，主题针对两个国家甚嚣尘上的暴乱活动。同时，麦克里斯特尔给手下人布置了阅读任务。他开出的书单当中，写于1961年的《现代战争》（*Modern Warfare*）就是一部关于反游击战的经典著作。会上，特种部队的各位军官还观看了电影《阿尔及尔之战》（*The Battle of Algier*）。电影于 1966 年上映，内容虽系虚构，却也大体还原了 20 世纪 50 年代法国殖民者与阿尔及利亚民族解放阵线之间的苦斗。观影结束，讨论开始了。麦克里斯特尔提出两个尖锐问题。第一个问题关乎酷刑。将军想让属下知道，为何滥施酷刑让法国殖民者在道德和战略上双双失分。其次，将军还指出，法国人对阿尔及利亚的社情民意缺乏了解。殖民者甚至不知道为什么暴乱分子的主张能够吸引那些普普通通的百姓。阿尔及利亚的往事与今天伊拉克的情形是如此相近。麦克里斯特尔一针见血，指出了美军面临的问题："我们根本不知道军营外面的伊拉克到底发生了什么。"

还有一件事情，也让麦克里斯特尔很是吃惊。短短一年不到，扎卡维这个外国人就在伊拉克落地生根。此人搭建起的恐怖网络几乎覆盖了这个国家的全境。显然，这位约旦"来客"得到了本国土著的支持。但是，若论阴谋计划，扎卡维的才能也叫人叹为观止。

扎卡维善于搜集情报，正因如此，他才可以稳坐老巢之内，操控数百公里之外的恐怖活动。对于个人安全，他好像不大在意。好几次，他大摇大摆地前往机场，就在美国人电子网络的监控之下搭乘飞机。他胆大，却也心细。他挑中的目标都因为有重大安全隐患而便于袭击。他使用的炸弹结构简单、威力巨大。当然，他选取战略时机的能力，最让麦克里斯特尔印象深刻。扎卡维虽然好战，却不是时时刻刻都准备挑起冲突。对他而言，恐怖主义更像一种手段。只要善加利用，他可以借此制造敌人，同时也能拉拢不少盟友。他挑起什叶派与逊尼派的宗派争斗，正是出自这样的考虑。宗派冲突早已深入伊拉克社会的肌体之中。早在伊斯兰教刚刚开始兴起的时期，冲突已经显出苗头。当时的一系列杀戮事件，就是最好的佐证。

20 世纪下半叶，伊拉克人渐渐形成了统一的国家观念，一种超越宗派的爱国主义情结也由此诞生。而后，两伊战争爆发。持续 8 年与伊朗政府的对抗，更让这种情结得到巩固。萨达姆倒台之前，这里的宗派关系整体趋于和谐。什叶派与逊尼派在学校里打成一片。生活当中，两派信众比邻而居的情况也很常见。随着扎卡维的到来，整个国家也趋于分裂。昔日安定的邻里，变成了武装对抗的两方。每到夜晚，打着两派旗号的帮会活动都会进入活跃期。宗派仇杀屡见不鲜。道路上、运河里，尸体随处可见。

“扎卡维把自己的观念，灌输到了伊拉克人的头脑当中。”麦克里斯特尔分析道，“他觉得，伊拉克人之间没有同胞、同事、街坊之谊。在他看来，他们要么是拥有共同信仰的兄弟，要么就是可怖的敌人。在相互的恐惧之下，以前的和睦荡然无存。”

扎卡维希望给伊拉克新政府及其美国盟友制造麻烦，与此同时，令这个国家的宗派冲突迅速升级。扎卡维的某些对手其实和他有着一样的品性。不少什叶派武装团伙开始在国内占领地盘，并据此向美国军队和逊尼派武装发起攻击。其中，巴德尔旅（Badr Brigade）甚至求助于伊朗革命卫队，索取金钱、武器和训练支持。自1979年霍梅尼执政以来，德黑兰当局和美国方面一直关系紧张。美方为与伊朗作对，甚至多次向萨达姆提供武器。伊拉克的乱局，让伊朗政府看到了抹黑老对手的良机。于是，他们也开始在伊拉克境内扶持代理人。不多时，伊朗制造的“地雷”犹如雨后春笋般在伊拉克的道路上“绽放”开来。他们袭击的目标，直接指向了美国人的悍马军车。

就这样，扎卡维掀起了一场三方战争。美国占领军同时与两个教派的武装分子为敌，而两派之间也在相互对峙。他把自己对暴乱的热情，全数抒发在了寄给本·拉登的信函当中。这种热情并非他个人的凭空想象，而是从一本叫作《善用暴行论》（*The Management of Savage*）的书中提炼而成。《善用暴行论》认为，宗教极端分子为求达到目标，完全可以不吝采用暴力血腥的手段。2004年，如此著作在极端分子聚集的网络上广泛流传、风头很劲。

《善用暴行论》的作者阿布·巴克尔·纳吉（Abu Bakr Naji）出自“基地”组织，自称是个神学家。书中，他侃侃而谈：“如果圣战缺乏暴力，如果我们心存柔软，那么，我们将会失去力量的源泉。引导大众参与斗争，需要我们采取行动，也需要我们制造对立。唯有如此，人民才会自觉或不自觉地成为斗争浪潮的一部分。”

“因此，我们必须展开一场血腥斗争。”纳吉鼓吹着，“死亡，方能牵动人心。”

扎卡维的信已经寄出两周了，此时，他手下的“人弹”又在蠢蠢欲动。袭击的目标指向了什叶派的民众。论及残忍程度，它比以往的任何一次惨案都要血腥。

2004年3月2日，全世界的什叶派信徒将迎来圣徒阿里[1]的忌日。这一天，又被称为阿舒拉节（Day of Ashura）。对于伊拉克境内的什叶派信徒而言，今年的阿舒拉节特别值得纪念。此前，由于萨达姆严厉的宗教政策，他们已经很久没有大规模公开地举办怀念先贤的仪式了。

晨间的时光刚刚过去一半。巴格达和卡尔巴拉[2]的街上就聚满了人群。大批什叶派信徒来到城中著名的宗教场所，等待纪念仪式的来临。据称，当天参与仪式的信众超过了100万人，其中，还有许多自伊朗而来的远客。无论在巴格达还是卡尔巴拉，人群当中，都散落着几个安静的身影。他们都很年轻，也都不言不语，只是跟着大部队慢慢行进。如果眼睛够尖，大家可以看到他们黑袍之下防弹衣的形迹。10点一到，几声巨响突然爆发。爆炸的步调非常一致，弹片和人体残肢同时飞溅开去。慌乱的人群正待逃散，几枚迫击炮弹又从四方落进了他们的立足之地，这一次又吞噬了不少性命。事后估计，当天一共发生了10余起爆炸，导致700多人伤亡，其中，死者数量达到180人。

这一次，美国人很快确定了凶手的身份——此人定是扎卡维无疑。不到24小时，美军驻中东总司令约翰·阿比扎伊德（John Abizaid）就向国会表示：“各种证据显示，阿舒拉节惨案的幕后黑手正是扎卡维。”3月3日，阿比扎伊德再次确认了扎卡维涉案的信息。

“严密的组织、杀害无辜信众的愿望，这些都是扎卡维集团犯下罪行的典型特征。”将军称。

不过，并不是所有人都把矛头指向了扎卡维。伊拉克什叶派领袖阿亚图拉·阿里·希斯塔尼（Ayatollah Ali al-Sistani）就觉得美国人才是真正的元凶。

1 圣徒阿里（Husayn Ibn Ali）：是伊斯兰教先知穆罕默德的孙子，曾参与争夺“哈里发”继承权，后败亡。

2 卡尔巴拉（Karbala）：阿里的葬身之地。

希斯塔尼表示，美国人来临之前，伊拉克国内的局势大致稳定。相反，他们占据此地过后，治安才转向极度恶化。有些人甚至觉得，美国军队就是制造惨案的直接元凶。他们不相信穆斯林能够犯下如此暴行。

街头巷尾的外国记者，乃是距离伊拉克人最为接近的西方人。因此，这些新闻从业人员成了一些当地民众的出气筒。阿舒拉节惨案当中，巴格达的伊玛目·穆萨·哈达姆清真寺受损严重。就在此地附近，一位从头到脚裹在罩袍当中的伊拉克妇女追着几名美国记者，不停叫骂：“你们太残忍了！”妇女喝道：“你们为什么要这样对待我们？”

一年之前，扎卡维逃到了伊拉克中部。当时，他身无长物，只有区区几件武器，以及少得可怜的现金。不过，他野心勃勃，他想要挑唆当地群众反对美国占领军，同时在什叶派与逊尼派信众中制造矛盾。不到一年，他几乎样样遂愿。而且，他犯下的罪行还被愤怒的伊拉克人安到了占领者头上。

如扎卡维所计划的一样，伊拉克陷入了混乱。很快，他还会想出新的毒计，让这个国家在苦难中越陷越深，也让西方世界感到恐惧。当然，在那之前，他还有些事情要办。因为他始终未曾忘记另一个地方，那就是约旦。

第十一章
他们比“基地”组织更凶残

2004年2月29日，哈莱伊拉死了。扎卡维这位贤惠的妈妈和白血病顽强战斗，抗争多时，方才咽下最后一口气。慈母病危之时和身后治丧期间，情报局的特工一直在暗中守候监视，想要等待“孝子”的出现。结果，他没有露脸。

同年4月6日，约旦法庭就美国外交官弗莱遇刺身亡一案作出宣判。被告扎卡维罪名成立，被处死刑。这一次，故事的主角再次缺席。不过，他已经备好礼物要给约旦哈希姆王国的领导们提个醒。他想告诉他们，自己没有忘记祖国。这份“礼物”场面巨大，按照扎卡维的构想，它的轰动程度应远远胜过他在伊拉克制造的各次恐怖袭击案。他还希望，随着几声巨响，约旦的情报机构将会坍塌得不成形状，国内政治也陷于瘫痪。而他，则会超越本•拉登，成为极端恐怖分子的头号大亨。

如上种种的愿望，被扎卡维托付在了阿兹米•贾尤西（Azmi al-Jayousi）的肩上。贾尤西也是约旦公民。此人当年35岁，祖籍巴勒斯坦。他体格敦实，稀疏的头发呈现棕色，外貌上略有几分欧洲人的特征。贾尤西和扎卡维是老交情。扎卡维在阿富汗操办恐怖分子训练营期间，贾尤西就对他一路追随。在赫拉特，贾尤西选择“炸弹制作”作为职业。因为一次操作不慎，他还付出了一根手指的代价。而后，扎卡维遁入伊拉克境内，伴其左右的贾尤西也随之加入“伊斯兰护卫军”，在“护卫军”的“化学实验室”中任职。在那里，他的日常工作就是调配毒药，随后将药喂给野狗以验效用。为了谋划“大计”，扎卡维向这位小兄弟求教了不少事情。前者在约旦制造恐怖事件的图谋，需要后者发挥专长方才可行。扎卡维希望贾尤西能够造出一枚“大炸弹”，大到足以夷平大楼，同时还在安曼市中心散出一大团毒气。他的构想和“脏弹”（Dirty Bomb）制造放射污染的原理完全一致。因此，假若扎卡维计谋成真，这可真是一种不折不扣的恐怖武器。它能把肉眼难见的毒素，扩散到城市的许多角落。只消一点风势，扎卡维追随者口中的“自杀性化学袭击”造成的后果就可能难以估计。也许，受害者能达到上万人。

当然，要想达到目标，炸弹专家本人先得想个法子溜进约旦才行。和扎卡维一样，贾尤西也是约旦情报局的一枚眼中钉。90 年代的时候，他曾经涉嫌参与宗教极端活动，并因此多次遭到逮捕，甚至蹲了一阵监狱。这样一来，即便贾尤西持有假护照，也有可能在跨越边境的时候被人认出。所以，扎卡维不愿冒险。贾尤西的交通问题，他交给自己的运输总管、叙利亚籍前牙医阿布·哈迪亚前去操办。哈迪亚觉得，贾尤西可以混在油罐车队当中通过约旦边检。根据哈迪亚的构想，贾尤西一干人的藏身之地就是汽车的油罐。当然，罐体内部经过改造，设有通风管道。从叙利亚混进约旦，过关时间大约是两个钟头，有了换气口，此间困于瓮中的贾尤西等人才不会被闷死。路上，恐怖分子不会携带任何个人物品，他们的身边只有制作炸弹的材料，以及很多的钱——既有约旦货币第纳尔，也有大捆大捆的欧元。所有资金加在一起，大约有 100 万美元之巨。

哈迪亚的计划成功了。刚一越境，贾尤西和同伴们就住进了约旦下线提供的安全屋。随后，炸弹专家立即进入工作状态。他买下一台二手欧宝车（opel），并进行了大肆采购。在贾尤西的指派下，几名助手分别前往约旦北部的 3 座城镇，在当地租下了面积巨大的仓库。贾尤西还命令他们买车。最后，恐怖分子再次购得 4 部座驾，每一次的经销商都各不相同。其中的一辆雪佛兰“随想”（Chevy Caprice）个头很大，配有强劲的 V8 发动机，全身骨架都由底特律钢打造而成。面对安全哨卡，这台汽车也有足够的力量冲过。此外，贾尤西还准备了3台卡车，2台用于装载大型炸弹，一台用于运输化学材料。他先后下达了十几项任务，分配给不同的助手前去操办。有的助手要为卡车换上更为坚固的保险杠，有的负责囤积化学物品——杀虫剂、氰化物、过氧化氢、甘油、丙酮等，这些东西贾尤西统统都需要。而且，助手必须分多次小批购买，免得引起卖家的怀疑。如此细水长流，贾尤西一伙竟然囤下了20吨化学制剂，它们全都躺在伊尔比德（Irbid）的一家小仓库里。容器与箱子旁边，还立着橘红色的警示标志。这一次，贾尤西总共带了12名助手潜入约旦，他们个个都抱着必死的决心，一心想要制造事端。

至于贾尤西，他就像个艺术大师一般统管全局，仔细操纵犯罪的整个过程。电话联系可能会暴露，于是，贾尤西驾着那台欧宝在不同的仓库之间穿梭来去，亲自传达自己的各种指示。其间，他还抽空去了几趟安曼为行动选择目标。经过观察，贾尤西选中了以下几个地方：情报局总部、王宫及其附近建筑，还有美国大使馆。新建的“麦加商业中心”商铺林立、宾馆众多，也是一处上好的行动地点。

而且，贾尤西还有一个发现，在约旦境内，他可以自由来去，没人干涉他的行动，也没人盘问他的行程。于是，他变得有些麻痹大意。当时，距离4月中旬的行动只有不到几个星期。贾尤西酷爱甜食。为了心爱的“卡纳菲”（kanafeh）——一种形似香炸奶酪卷的甜品，他经常出入各种糕点铺子。口腹得到满足后，贾尤西心里又生出了更为莽撞的主意。他想去一趟旧居，会会久别的妻子。那女人身在安曼，却不知道丈夫和自己同处一个城市。贾尤西虽然思妻心切，却也明白一件事情：只要自己和老婆联系，定然会被情报局所知晓。因此，他有些犹豫。最终，爱意战胜恐惧，孤独的贾尤西决定冒一冒险。4月初的一天，他派了一名手下去自家房屋跟前查探。守候一阵过后，探子发现贾尤西的老婆陪着父母出了房门。他驱车上前，来到女人的身边，自我介绍过后，贾尤西的妻子和他交谈了一阵。随后，她返身折回屋内。不多时，贾尤西的老婆和3个孩子已经整装待发、准备上车。

贾尤西的计划正在逐步成型，但是在万事俱备之后，他现在最迫切的需求是让妻子前来帮助他消磨眼前的时光。

这个时候，距离扎卡维“大炸弹”计划的执行，只剩下短短两个星期的时间。

一时间各种预警信息纷至沓来，从首都周边的城镇和远郊区，小道消息通过一张看不见的情报网迅速传送到了约旦情报局的指挥中心。情报局人员最初发现情况不对，是和一个家庭的失踪有关。这一家的男主人正是扎卡维的旧相识、来自巴勒斯坦的贾尤西。此人已经从情报局的视线当中消失多年，早就不在约旦。当时，情报人员怀疑，难道这一家子是要去伊拉克和贾尤西团聚？

很快，反恐专员阿布·穆塔兹的桌上又多出了一项重要证据。1999 年，扎卡维大赦出狱之后，穆塔兹曾想劝他回心转意，摒弃宗教极端思想。5 年过去了，穆塔兹已经升任上校。如今，他的眼线和下属已遍布全国各地。这一天，边境小城伊尔比德传来了几则不同寻常的情报。当地有探子发现，一些陌生人带着大量金钱，正在伊尔比德疯狂采购，采买的物品包括几辆宽大结实的二手汽车。同时，这些神秘人士还在远离人迹、了无人居的地方租下了几座仓库。

消息引起了穆塔兹的高度重视。他立即要求手下加紧侦察。陌生来客的举动实在怪异，当地人不由得对他们产生了怀疑。情报人员想要查证他们的身份，但却一无所获。最终，事实证明，出面采购的人并非最后的买家。

“他们居然还用上了中间人。”穆塔兹分析道，“这样一来，我们还是不知道幕后主使的真实身份。”

很快，情报局特工找到了一位中间人并敲开了他的门。此人 40 多岁，以经销汽车为生。过去，他曾经干过一些不法活动，并且因此惹祸上身。由于这段经历，汽车经销商开始信仰宗教。当然，他并不算是一个狂热的宗教极端分子。眼见特工上门，经销商显得相当害怕。很快，他就决定坦诚相告。他告诉情报人员，有人委托自己买下一台雪佛兰“随想”。而后，他还搜索记忆，努力回想那人的种种特点。

“不过，我可和他没有任何关系。我甚至没有收取任何其他费用。”经销商表示。

那一次，经销商提供了嫌疑人的姓名与联系方式。不过，姓名并非真名，电话号码也打不通。当然，经销商提供的细节信息，仍给了情报局人员一些启示。汽车的特点自然是很有用。据经销商回忆，除了那辆雪佛兰“随想”，对方还想要一台德国制造的黄色大型卡车。

同时，神秘人的其他特征也很有价值。情报局发现，从注册文件到行车牌照，此人的购车手续全无一点真实痕迹，不是偷窃得来，就是自行假造而成。

与此同时，穆塔兹收到了更为惊人的爆料。伊尔比德的几家五金店发来报告，声称发现了可疑的大宗金钱交易。这一次，有人从那里采买了许多化学制剂。情报局方面觉得这些材料很可能被人用于制造爆炸品，于是立即展开追踪。警报，就这样拉响了。穆塔兹立即把情况报告上级。很快，情报人员在约旦全境展开搜查，目标直指一台黄色卡车，以及那辆雪佛兰“随想”。

“一开始，我们非常耐心，只是在默默搜集情报。直到化学制剂的信息爆出，大家才真正意识到事态的严重性。”事后，穆塔兹忆起了当时的情景，“对方的采购量实在太大，似乎不只是为了制备武器。显然，恐怖分子有着更为庞大的计划。”

情报局领导层觉得，伊尔比德事件发展到这一步，似乎还不到通报美国同行的时机。毕竟，恐怖分子的目标并不清晰，另外，也没有“基地”组织或扎卡维涉嫌其中的证据。而且，中央情报局即便知情，也不能提供什么实际帮助。以约旦情报局的能力，处理这种事件实在绰绰有余。约旦情报局的诸位特工特别善于从人的口中套出情报。他们的这种才能，叫美国同行望尘莫及。要知道，美国情报部门可以调用的资金远比约旦方面丰厚得多，技术能力更是遥遥领先。作为约旦情报局的一分子，穆塔兹在这方面自然也是一名专家。而且，同事们都觉得，他才是最为顶尖的审讯精英。

穆塔兹出生在塔菲拉（Tafilah），约旦河东岸的一个小城。小城的历史长达 3 000 年，却并不以文脉或者财富著称。苦难，才是小城历史的最好注脚。穆塔兹学业成绩优秀，而且还拥有同样优越的部族背景。因此，他获得了前往卡塔尔深造的机会。在那里，穆塔兹的专业是新闻学。他拿到了相关学位，却并未把报纸或电视台当成职业归宿。相反，他投考约旦情报局，并在录取考试当中拿了高分。随后，穆塔兹成了情报局的一名初级员工。由于他文笔流畅，上司把撰写案件报告的工作委托给他来处理。至于报告的内容，无一例外全部关于反恐。当然，穆塔兹的真正才能并不在此。他是个天生的一线特工，非常擅长在极端分子当中发展线人。穆塔兹并非虔诚信徒，不过，他思想开放、为人坦诚。这样的人，总能让他人托付信任。“每个人的心上都有一把锁，只要找到钥匙，就能打开他的心房。”这是穆塔兹常常挂在嘴边的一句话。

但是，要想开启极端分子的心锁，可能还得用上另一把钥匙。他们的宗教信仰异常排外，若被认作异端，任何人都难以从其心门而入。还好，穆塔兹对于《古兰经》的熟识程度，绝不下于任何自命虔诚的宗教极端分子。有时候，他会和审讯对象面对面而坐，进行“神学辩论”。辩论长达几个小时，辩题也是五花八门。有时候，穆塔兹会礼貌地请辞一阵，因为他要去某处清真寺完成祷告。而后，他会消失一段时间。当然，穆塔兹从未前去祷告。他往往会来到某家酒吧灌上两杯啤酒，提振一下自己的精神。

审讯这份工作，需要无比的耐心。耐心，大概是穆塔兹与生俱来的天赋。一次，他耐心等待了4个多月，最后等来了一位宗教极端分子态度的转变。而后，那人表示，若有机会，自己可以为穆塔兹提供情报。穆塔兹还记得那个年轻人的职业——跨栏运动员。此人曾在阿富汗接受过武装训练。不过，他又和约旦的家人、世俗的生活藕断丝连。于是，穆塔兹决定通过父母亲情向审讯对象施加压力。而后，情报员潜入年轻人家庭所在的社区。他四方打探，搜集有关年轻人母亲的各种消息。平日里她造访的各类商店，也在穆塔兹的了解当中。他有意接近那家她最爱流连的杂货铺，还和老板交上了朋友。一天早上，他提着一篮当地美味的乳鸽，来到老板的店内。而后，穆塔兹请老板出面，组织了一场特殊的午餐会。宗教极端分子本人和他的母亲还有穆塔兹都在老板的邀请之列。饭毕之时，为人母者被特工拉到了一边。借此，穆塔兹说明来意，请对方帮助自己拯救她那聪明而又才华横溢的儿子。唯有如此，他才不至于把牢底坐穿。就这样，他和她也成了朋友。至于她那个儿子，则成为了他最得力的线人之一。

如今，穆塔兹必须综合每一点线索、查验每一条街市传言、调动每一条线上的探子，让那个使他内心惶惶的恐怖阴谋切切实实露出痕迹。为了找出阴谋的蛛丝马迹，整个情报局都开足了马力。前面提到，约旦情报部门的侦讯技术虽不先进，但却坐拥高效的人际侦察网络。特工们甚至多次深入部落和农村寻找情报。恐怖袭击可能到来的信息，也在这些地方口口相传、播散开来。

有一天，情报终于找上了门。爆料人来自伊尔比德，是一名商人。他径自走进当地警察局，声称掌握了可靠线索。情报局求取信息的风声，自然也传到了商人的耳朵里。于是，他想起了自己那几个最新的合作伙伴，并觉得他们的行为分外可疑。当时，商人刚刚租出一座车库，此地位于伊尔比德通往安曼的高速公路旁边。租客并非熟脸，而且也没有提及租下车库之后的具体打算。要知道，那个地方人流稀疏，实在有点偏远，几个租客也是神神秘秘。朝向高速公路一侧的窗户，被他们遮得严严实实。他们甚至自掏腰包，为车库筑起了一道院墙。后来，商人曾经去车库附近查看过一次。他还记得，自己透过窗户缝隙，在车库当中窥见了一个东西。

“车库里面停着一台卡车。”商人告诉警方。

警方突袭了那个车库。他们不请自来，让几个工人颇为吃惊，他们没有反抗，便直接举手投降了。随后，警察进入仓库内间，发现了一排排油漆桶，里面装的自然都是化学制剂。根据情报局人员的估计，这里的化学品足够让安曼市中心变得寸草不生。仓库的另一角还堆放了不少小茴香种子。这些东西，可以大大增强炸弹的威力。而且，商人的观察果然正确。车库中央，停着一辆巨型卡车，车身呈黄色，由德国曼恩公司制造。一切都与情报局掌握的情报相符。突袭当时，工人正准备给卡车换上更为硬实的钢造保险杠。伊拉克那边的暴乱分子常常会用保险杠撞开路障，随后引发爆炸品。看来，扎卡维的这次行动已经进入了最后准备期。

情报局雷厉风行，接连又展开了几次突袭。在距离仓库不远的地方，调查人员发现了其他的车辆，贾尤西的“实验室”也由此露出踪迹，炸弹专家的这处工作地点地处乡村，正在一家牧场的隔壁。如此一来，即便邻居能够嗅出化学制剂的味道，恐怕也无法通知警察局。

实验室暴露之后，穆塔兹又查看了此前审讯的记录。终于，他大致了解到恐怖分子的具体图谋：对方应该在策划一起自杀式袭击，而且，这次袭击规模空前，因为恐怖分子使用的“化学脏弹”结合了化学武器与巨型炸弹的威力。“脏弹”一旦炸响，安曼市中心将会腾起一团杀人烟云。而且，爆炸的中心就在情报局总部。恐怖分子把主战场选在总部附近的一家加油站旁边，那里和穆塔兹的工作地点相距很近。

“我们发现事情不妙的时候，他们差不多就要大功告成了。”穆塔兹回忆，“他们打算袭击情报局大门，用肩扛榴弹发射器和小型枪械开路，打死守门的卫兵。然后，再利用那台曼恩卡车撞向加油站。最后，其他的卡车齐齐炸响，车上的炸弹与化学品随即开始发挥威力。可以想见，爆炸之后这个区域将会毒气漫天，救护车完全无法进入。他们的所思所想实在让人毛骨悚然。他们比任何人都恶毒，他们比‘基地’组织还凶残。”

不过，“拼图”当中仍有一小块不见踪影：炸弹专家本人当时还不见踪迹。

贾尤西行事十分小心谨慎。在伊尔比德，少有人知晓他的真实身份，更没有一个人知道他确切的落脚地。他的电话卡总会提前结清话费。每过几天，他还会更换一台手机。如此一来，有关部门自是无从查证他的行动轨迹。大搜捕开始的时候，贾尤西躲进了安曼近郊的马卡营地。此地的居民大多是巴勒斯坦后裔。他打算留在这里，等到风声过去再另图大计。不过，此时的情报局已经知道了主谋的姓名。贾尤西的大名，情报部门当然非常熟悉。他们还搜出了他当年被捕时的存照留影，并通过国营电视台广而告之。当然，最为重要的信息在于：贾尤西和妻子、儿女在一起。迄今为止，外界仍不清楚情报局到底利用了怎样的手段，才追踪到贾尤西一家的下落。也许，漏洞乃是一起不慎拨错的电话，又或者，线索来自某个冒失的亲戚。总之，2004 年 4 月 17 日这天，大批安全部队来到马卡营地，把一座公寓楼围得水泄不通。情报局方面很有自信：恐怖事件的主谋就在楼里。

次日凌晨2点10分，十几个士兵手持枪械来到了贾尤西的住处外边。一名军官朝着里面高声喊叫：

“开门，我们是警察！”

作为回应，屋内突然机枪轰鸣。枪声掠过，走廊内弹片如雨、砖石飞溅。一名士兵肩部中弹倒下了。他的几个同伴则趁机钻入屋内。几枪还击过后，第一名抵抗者丢了性命。而后，突击队扑进黑漆漆的阴影中，搜寻其他恐怖分子。

突击队闯进一间卧室，发现了缩成一团的贾尤西，妻子、儿女也和男主人待在一起。贾尤西的杰作足以夺取千万无辜者的性命。不过，面对荷枪实弹的对手，凶徒没有一点反抗的表示。他紧紧依偎在妻子身边，似乎毫不担心巨大的危险。警察靠近的时候，他仍不肯和家人分离。他放任自己的孩子与C-4炸药并肩而坐。屋内，还有无数的保险丝与雷管。显然，这一屋子东西都是扎卡维构想中惊天巨响的最后原料。

那天早上，阿布·哈伊萨姆上校来到情报局的审讯室。1999年，他和扎卡维在这里见了最后一面，而后，上校的“老熟人”去了巴基斯坦。今天，哈伊萨姆的另一位熟人正在审讯室内。只见他气喘吁吁，身边也没了家人陪伴。他头发杂乱，眼睛也因为缺乏睡眠而没有神采。不过，哈伊萨姆认得出这个人就是他认识的贾尤西。上校记得，当年的贾尤西下巴光滑、没有半点胡须，体格比眼前的样子也要敦实一些。这一次落入法网，贾尤西不知会遭遇何等命运。唯一肯定的事情是他再也无法获得自由，也没有和妻子相守的机会了。

哈伊萨姆走进审讯室。上校的手中，还托着一个小小的盒子。他一坐下，“炸弹专家”略微抬起了头。他的眼里除了疲惫，就是挫败。看来，这次讯问不会太难。

上校摆出盒了，推到了贾尤西的身前。盒中，蜂蜜浇过的香炸奶酪卷摆到了炸弹专家的鼻子下面。

“来，先吃点卡纳菲吧。”哈伊萨姆招呼道。

两天过后，穆塔兹坐到了贾尤西的身旁。“炸弹专家”把筹备作案的整个经过复述了一遍。这次，情报局方面还用了录像存证。扎卡维的惊天阴谋虽以破产告终，却还是在安曼制造了不小的轰动。这天早上，广大市民又通过电视获知了最新信息。根据官方估计，扎卡维的阴谋如果成功，可能会导致安曼市中心的 8 000 多人死于非命。电视上，一名情报局官员不断向贾尤西提着问题。“炸弹专家”的语气平缓，仿佛像一名技工在介绍机器检修程序。他先是谈到了越境的过程，后又说起获取金钱、伪造证件、雇佣焊工的种种“工序”。他详细讲解了自己设计容器、装载腐蚀性毒液的用心。最后，他的话题终于转到了袭击的流程上面：驾驶雪佛兰的人携带肩扛榴弹发射器打头阵，他的任务就是靠近目标，杀死看门的警卫。而后，曼恩卡车将冲进袭击现场。卡车的保险杠经过更换，可以闯破任何路障。卡车甚至可以撞烂墙体，直抵情报局大楼的中心。因为贾尤西猜测情报局的指挥部应该位于大楼的中心地带，因此卡车上的炸弹应当在那里引爆。

一旦爆炸成功，在场的情报人员哪怕没有立即死亡，也会身负重伤失去还击能力，如果幸存下来，也该吓得动弹不得了。于是，其他的车辆就可以趁机慢慢驶入目标范围，停在最为适当的地点。一路上，绝对不会出现任何抵抗。

“我是‘炸弹专家’，我清楚这一次爆炸的威力。情报局大楼将不复存在，周围的各种建筑也会一并倒霉。即便一些相距较远的街区，也可能被波及。”贾尤西念念叨叨，情绪很是低落。不过，当有人问起他如此作为的动机时，“炸弹专家”立即活跃起来。他表示，这一切都来自一个人的命令。在贾尤西看来，此人不但是他的上司，还在为他的人生导航引路。贾尤西前往阿富汗西部赫拉特省接受武装训练的时候，两人便结下了这段情谊。

“我把一颗忠心，都献给了扎卡维。”贾尤西说。录像机继续运转，记录下他吐出的一字一句。“我要为他卖命，而不会考虑其他问题。”“炸弹专家”还表示，就算自己因此身死，也会感到光荣。

“如果我失去生命，那么我将成为殉道者。”贾尤西这样看待死亡，“那些被我杀掉的人则会下地狱。”

恐怖分子的宣言，在约旦引发了全民关注。当然，有一个人对于案件的细节尤其挂心。按照极端分子的计划，此人应是恐怖事件的最大目标，那就是国王阿卜杜拉二世。2004 年 4 月的这起未遂袭击，无疑在国王耳边敲响一道警钟。如果贾尤西真在安曼市中心引爆炸弹，那么，他将把伊拉克战争带来约旦首都。

此前，阿卜杜拉已经多次表示，暴力局势不可能限于一国范围之内。伊拉克的诸多邻居很有可能受其连累。面对美方的高级官员，国王多次对美军入侵伊拉克的举动表示担忧。即便对方就是布什本人，阿卜杜拉也是多次实言相告。后来，美军闪电般击溃了萨达姆部队，却也未能打消阿卜杜拉二世的疑虑。相反，国王告诉友人，伊拉克战争很可能“引发一场数十年难以治愈的后遗症”。但是，就连阿卜杜拉本人也没料到情况竟如此惨烈。

对美方官员，阿卜杜拉渐渐也有些不大信任了。国王觉得这些人无法掌控战后的伊拉克局势。2003 年 7 月，伊拉克国内还未曾乱作一锅粥。那时，阿卜杜拉和布什任命的伊拉克临时政府首领保罗·布雷默有过一次会面。布雷默想要立即解散萨达姆属下的部队，同时开除所有复兴党人的公职。不过，国王希望他能三思而行。后来，两人又在约旦的一次经济论坛上碰了面。这次，国王特地把布雷默拉到一边。据传，阿卜杜拉当时提出警告：“这个决定可能会引发严重后果，会让我们下不来台。”

“我当时希望他能理解一件事情，假若他要针对所有的复兴党人，那么，这些人很可能转而投靠反抗力量，成为他的主要敌人。同时，他们留下的权力真空，也可能被别有用心的人占据。”2011 年，阿卜杜拉出版了回忆录。书中，他记录了自己和布雷默的对谈。约旦国王告诉美国人，解散军队实在是“有些过于大胆……无异于制造混乱”。

国王记得，布雷默的回应很是唐突无礼。

“我的事情，我清楚得很。”美国外交官表示，“凡事皆有代价。我已经掌握全局，不过，还是谢谢您的忠言提醒。”

而后，伊拉克的局势果然急转直下。国王目睹如此变化，倒也并不吃惊。阿卜杜拉同样出自逊尼派家庭，对于伊拉克的逊尼派少数群体，他抱有一份同情。此前的几十年内，逊尼派都在伊拉克处于统治地位。但是，到了此时，他们感觉遭到了孤立和排挤。愤懑的情绪可能驱使某些伊拉克人转向极端主义。同时，宗教极端分子还在不断招募外籍兵丁。伊拉克在中东的战略地位是如此重要，“基地”组织及其盟友不可能错过这个乘虚而入的良机。

“他们完全可以把自己的活动中心从阿富汗迁移到阿拉伯世界的中心地带。”阿卜杜拉认为。

而后，美国人的又一着昏招，再次给了宗教极端分子壮大实力的机会。就在扎卡维等人阴谋破产的当月，美国媒体爆出了军营里的一起虐囚丑闻。有照片为证，阿布·格莱布监狱[1]的美军看守对囚徒施行了虐待。后者不是被套上狗链，就是遭到女狱卒的性侮辱。丑闻一经公布，即在阿拉伯各国引发了潮水般的愤怒。当年春天，阿卜杜拉再次访问华盛顿。其间，国王敦促美国总统为虐囚事件向伊拉克人民道歉。布什照办了。他表达歉意的时候，阿卜杜拉正站在身边。

美国官方一向标榜“要建设一个稳定、进步的伊拉克”，假若有人对此表示质疑，很多美方人员可没有布什那样的好性子。阿布·格莱布虐囚事件过后几个月，阿卜杜拉前往纽约参加一次晚餐会。席间，一些资深记者与工作人员询问国王，想要知道他对于伊拉克妇女的处境有何看法。一位宾客立即抢答：“显然，自萨达姆倒台以来，伊拉克妇女的生存状况大有改观。虽然那个国家时有恐怖事件爆出，但瑕不掩瑜。”

这样的意见，阿卜杜拉可不敢认同：“伊拉克妇女的生活比以前坏了10倍不止。萨达姆毕竟是世俗政权，在他治下，男性和女性拥有平等地位。”

国王的直白，引发了在场某些美国高官的不满，丽兹·切尼（Liz Cheney）就是其中之一。丽兹是副总统迪克·切尼的妹妹，曾经出任美国国务院的中东事务主管。听罢国王的表态，她立即找到了阿卜杜拉的一位助手。不等对方开口，她就提出了自己的意见。切尼想要助手转告国王，请他勿在公开场合发表类似言论。当时，助手还以为这位女士只是开玩笑而已。没想到，

1 阿布·格莱布（Abu Ghraib）监狱：位于巴格达市郊，曾爆出美军虐囚事件并因此闻名。

第二天他又收到了丽兹·切尼的电话。切尼再次重申，自己已经和美国国防部的保罗·沃尔福威茨(Paul Wolfwitz)讨论过国王那番言辞。这位沃尔福威茨，正是布什政府在伊拉克政策方面的高参。两人一致认为，国王的那个观点不宜向公众传达。

得知此事，国王有些震怒。

“我的那番言辞完全符合实情。”阿卜杜拉在自传中表白，“未曾想到，美国政府的某些人士竟然如此不能忍受不同意见。他们的某些支持者也有同样的毛病。美国人向来标榜言论自由，为何又接受不了不同的观点？”

阿卜杜拉眼中的事实异常严酷，伊拉克陷入烈焰炙烤，周围的其他国家也可能因此惹上祝融之灾。至于贾尤西等人，则差一点就成为那颗酿成灾祸的火种。还好情报局发现及时，火势才没有蔓延开来。不过，整出事件的导演仍然逍遥法外。他躲在伊拉克，随时可能卷土重来。

情报局打算再出一拳，给未遂阴谋的幕后黑手重重一击。他们要把宗教极端分子的卑鄙与残忍昭告天下，于是，贾尤西接受询问的录像片段上了电视，通过约旦国营电视台呈现到了千家万户的眼前。所有约旦人都能看见，一个巴勒斯坦人语调冷淡地讲述着一起惊天大案。原来，恐怖分子竟然打算摧毁小半个安曼。同样的画面，通过阿拉伯语新闻频道传向中东各国，伊拉克当然也包含其中。贾尤西肿胀的面庞，把整个屏幕塞得满满当当。电视机前的扎卡维心中的震撼，自然可想而知。

显然，扎卡维清楚贾尤西已经被捕，更明白自己的计划已经破产。但是，眼见贾尤西等人出镜现身说法，他还是有些吃惊。于是，他决定“以其人之道还治其人之身”，做出公开的回应。

“没错，我们的目的就是要摧毁约旦情报局。”扎卡维坦承。他的话语通过麦克风上传到一家宗教极端网站的录音区。

不过，恐怖分子否认自己持有化学武器。他表示，此等指控出自约旦情报局方面的虚构。“安拉在上！”扎卡维说，“如果我们拥有那种玩意（化学武器），埃拉特和特拉维夫之类的以色列城市早就倒霉了。”而且，扎卡维反复强调，他的袭击目标全是军事设施，他的敌人则是“叛教”的政权及其武装部队。贾尤西等人的被捕倒确实是个挫折，不过，扎卡维觉得，挫折只是暂时的。

“我们将和约旦政府展开长期斗争。胜败，都是常事。”扎卡维表示。而且，他还警告约旦王室：“未来，你们还有得好受。”

其实，扎卡维的情绪并不像宣扬的那样饱满。贾尤西的失败，深深刺激了他的神经。而后，情报局又接连拘捕了许多涉事人员。根据他们的描述，以及一些线人的披露，情报局方面才知道当时扎卡维吓得不轻。事件败露之后，扎卡维离群索居了好几天。面对助手，他也从不谈论那场爆炸，甚至不肯为失败总结一点经验。

“本来，那场爆炸会让他‘名满天下’，给他带来全球性的声誉。”一位约旦情报官员表示，“扎卡维希望自己能够超越本·拉登。而且，他确确实实想要给情报局一点教训。”

扎卡维并未沉寂多久，便很快振作起来。2004 年 4 月底，一个天赐良机落到了他的跟前。这下子，他不需要伤害太多生命，也能变成“圣战”中的一个大明星。

第十二章
屠场主人扎卡维

灯光闪亮，摄影机开始录像。镜头中，扎卡维手持一张纸，好像准备朗读什么宣言。这天，他一袭黑衣。从松松垮垮的裤子到遮盖面容的滑雪面具，从上到下无不是黑色。他始终保持站立，衬得身下那个人影苍白无力。原来，扎卡维前方的毯子上还坐着一个人。那人穿着橘色套头衫，身体不舒服地扭来扭去。他的双手双脚，都落在了绳索的束缚之中。

“各位伊斯兰同胞，我有一个好消息要宣布。”扎卡维情绪高昂地用阿拉伯语说出了开场白，“晨曦初露，捷报之风正在吹拂！”

扎卡维的身边站着4个手下。他们和主人一般，个个都是黑衣加身。而且，他们还端着步枪，肩头挂着子弹带。他们整装待发的样子，似乎准备投入什么竞赛。扎卡维侃侃而谈的同时，几个手下一齐朝向人质虎视眈眈，仿佛那人随时可能挣脱束缚、溜之大吉。小房间内的每个人，都保持着良好的镜头感。当然，那位穿着套头衫的囚徒是个例外。囚徒的双眼空洞无神，精神也有些恍惚。总之，尼古拉斯·伊万·伯格（Nicholas Evan Berg）好像失去了意识。他似乎不知道，自己正在经历什么事情。

扎卡维入镜之前，拍摄其实已经开始。当时，伯格端坐在一把塑胶椅子里面。他面对同一个镜头，向着可能的观众自报家门。当时，他的情绪还算放松，语调平静如常。对面的人，似乎也只是在询问他要不要开个银行账户。

“本人名叫尼克·伯格（Nick Berg）。”人质说道，“我的父亲叫迈克尔（Michael），母亲是苏珊（Susan）。我有一个兄弟大卫（David）、一个姐妹萨拉（Sarah）。我住在宾夕法尼亚州的威彻斯特（Westchester, Pennsylvania），家乡邻近费城（Philadphia）。”

伯格是近视眼，不过，那天他脸上的眼镜不见了，嘴边倒是多出一丛浓密的大胡子。这样的装扮，反而让他看起来比实际年纪（26岁）年轻一些。他的语气自信而友善，如此一来能让熟人辨认出这个看起来有些陌生的颓唐男子确是尼克·伯格无疑。两个月之前，伯格来到伊拉克。当时，他确实有点自信过头，竟然想在伊拉克开一家通讯设备修理厂。后来，伯格遭到绑架。扎卡维看上他，主要是因为他的国籍。扎卡维想要抓一个美国人，什么美国人都行。在扎卡维看来，伯格的身上确实有些“美国人”的基本特征：这小子雄心勃勃、理想远大，对人有些轻信。而且，他对自己的能力是那么坚信不疑。哪怕他既不了解伊拉克这个国家，也对中东文化元素缺乏研究。他好像觉得，只要自己信念够强、点子够好，这些困难全都不成问题。好吧，这样一位来自费城郊区、怀着创业梦想的年轻人，最终成了扎卡维镜头之下第一位男主角。而后，扎卡维会凭借同样的手段，震惊整个世界。

这次造访伊拉克，伯格属于不请自来。离开美国之前，身边的人都不同意他去。大家都觉得，伊拉克实在危机四伏。不过，伯格却在危险中看到了机遇。他自认为这个百业凋敝的国家恰好能给他提供两个有利条件：其一，他可以实现事业的跨越性发展；其二，也许他可以在这里跻身社会上层——历经十多年的黑暗统治，伊拉克似乎前路光明。来到伊拉克之前，伯格曾在肯尼亚待过两年时间。寻觅商机的同时，他还为当地的人道主义援助组织出了不少力。离开肯尼亚之前，伯格的一个举动差点让他出了名。他把自己的行李箱清得一干二净，所有物品都送给了其他人。他就那样穿着身上的衣衫，飘然回国。

伊拉克的“解放”，让伯格发自内心地欢欣鼓舞，他的雄心和热情再次高涨起来。他觉得，自己会给伊拉克人带去一个充满机遇的“新世界”。当然，他们也会回馈给他很多机遇。

"我很自信，而我的自信是有原因的。伊拉克这个地方，确实机遇满满。"以上的话出自伯格在2004年1月写给朋友的一封电子邮件。那个时候，他才刚刚抵达伊拉克。"当然，这里的风险同样很多。"

伯格钟情伊拉克的原因，不但美国官员难以理解，伊拉克方面同样也表示困惑。其实，除了他身边那些熟人，大概没人清楚伯格的思维方式。伯格向来以发明家自居，同时，他还自诩很有冒险精神。不过，在旁人看来，伯格从来就不能算是一个"正常人"。小时候，伯格的居所是一座错层式建筑，家的附近就是威彻斯特的商业中心。街坊都觉得伯格的性格有些怪异。他的乐趣之一乃是饲养酵母菌落。无论走到哪里，他都带着一个小小的工具箱。箱子里从来不缺胶带与绳索。他喜欢手工，还"发明"了无数奇奇怪怪的小玩意儿，比如带电的"测谎仪"，比如一个电池驱动的警钟。夏令营里，一旦有人闯进他的房间，警钟就会大吼"给我出去"。他的创意，给周围的人带来了不少欢乐。高中同学觉得伯格善于动脑，都忘不了他敏锐而湛蓝的眼神，还有那不拘一格的发型——伯格把头上其他地方都剃得一干二净，只留下额头上的一撮金色卷发。乐队里，他负责吹奏低音喇叭；科学竞赛当中，他表现得也很积极；艰涩的哲学著作，他总爱翻来翻去。为了考验身体的耐受能力，他甚至报名参加了跨国自行车竞赛，完成了100多公里的骑行旅程。即便回到家中，他似乎也想显得不同寻常一些。伯格是犹太裔，家人不信宗教，政治上倾向自由，反对战争。可是，伯格偏偏以信奉宗教保守主义、鼓吹资本主义自由竞争、强烈支持美国干涉他国政治为自己的信条。

"别人不去的地方，他就会踏上一脚。"吕彼得（Peter Lu）是伯格的高中伙伴，提起朋友，他这样评价，"相反，如果眼前有一条现成的路，那尼克绝对不屑于踏足。"

大学时期，伯格进了名校深造。不过，他并不屑于拿到学位，于是从康奈尔大学休学。而后，他几度再次求学，也工作过一段时间。他始终没有文凭，不过倒是积累了不少工作经验。他曾在非洲做过志愿者，也曾负责维护无线电天线设施。后一个角色，让他发现了自己的卓越才能和不一般的神经耐受力——他可以身处180多米的铁塔之上，安然完成通讯设施的修复工作。慢慢地，他打算自己创业，好好利用自己对于电力的兴趣。24 岁那年，伯格得到了家里的资助，从而开办了属于自己的公司——“普罗米修斯高塔服务公司”（Prometheos Tower Service）。董事长伯格主要选择发展中国家开展生意。他想帮助这些地方建造无线电设施。塔楼的设计完全出自伯格之手，看上去有点形似乐高玩具。至于材料，他打算采用廉价的当地产品。总之，伯格的生意经确实有些不同寻常，其中的风险更是不可预期。当然，这样的工作，对他最是合适。伯格的公司需要市场。伊拉克的基础设施千疮百孔，涌入该国的美国资金又不计其数，这样一个地方，似乎充满了机遇。

“参与重建的企业太多了，他们常常把具体的工作分包下去。若论专业技术，他们没人能与我相比。”伯格写给家里的电子邮件里洋溢着乐观情绪，“反正，我没听说其他公司真正配备了专业人士。我觉得，这就是我的优势。当然，我们必须认识一些朋友才能得其门而入。我希望自己能有一位优秀的经理作为助手。”

初次踏上伊拉克的土地，伯格感觉相当之好。2004 年 3 月，年轻的企业家决定二度赴伊，同时正式开始招揽客户。在这个国家，他总是独来独往。他常常驱车来到乡间，寻找无线天线塔楼的踪迹。他主动向人提出自己可以帮助检查与修复受损的电讯设施。他大摇大摆地在即将倾倒的钢制桅杆上爬上爬下。未来的修葺目标，被他一一记在了名单当中。他的每一封电子邮件，也都是情绪饱满、言辞欢乐。其实，他的生意进展很慢，不过他从不在意。直到有一天，他在摩苏尔郊外的一座天线塔上徘徊攀援，这时，伊拉克警察发现了这个衣着怪异的外国人。

他们把他请了下来，却不知道该拿他怎么办才好。这个眼镜男的身上带着许多工具，笔记本里画有各种各样的通讯器材。据此，警察们觉得他应该是个间谍——可能来自以色列，也可能是伊朗方面派来的探子。就这样，伯格被捕了。2004 年 3 月 24 日，伯格进了摩苏尔的一家警察局，并一直被扣在那里。他在伊拉克的冒险似乎就此走到了终点。

一位美国公民，单枪匹马在伊拉克晃荡，随后又和当地警察起了冲突。如此一件小事，当然是由美国大使馆的低级官员处理。不过，伯格的例子实在有些不寻常，以至于国务院和五角大楼的高层领导也投来了好奇的目光。最后，年轻企业家的下落问题，落到了弗吉尼亚州的兰利小城。中央情报局的反恐部门开始关注伯格的命运。当时，扎卡维问题专家纳达·巴科斯正在部门里充当分析人员。

材料显示，伊拉克警方很快将伯格移送到了美军设在摩苏尔的基地。他走遍伊拉克寻找商机的故事，又找到了新的“听众”。当然，美军也不能理解这个年轻人的动机。说来，那位负责把伯格押进基地的军警，正好还是巴科斯的熟人。

“你来伊拉克到底出于什么目的？”这个问题，伯格不知道听了多少遍，反反复复，不厌其烦。

“所有人都不知道他到底打着什么主意。”巴科斯回忆说，“这个人怎么能一个人在伊拉克晃荡游历，看起来似乎还在策划着什么事情。他说他来伊拉克是为了寻求商机，这种理由怎能让人相信？”

与此同时，伯格的身份似乎也有些问题。3 年前，一名“基地”组织嫌犯曾经用过的电邮地址与互联网号码，竟然与伯格的完全一致。事后，这个疑点也得到了合理解释，虽然答案实在有些离奇：轻信他人的伯格，曾在一次长途汽车旅行中把笔记本电脑借给了身边的人。那时候，这人费尽浑身解数也无法登入邮箱。伯格再次热心过头，把自己的邮箱密码贡献了出来。那位陌生人，碰巧是扎卡里斯·穆萨维（Zacaris Moussaoui）的一名同伙。穆萨维外号“第 20 个劫机者”，他本该在“9•11”事件中负责驾驶飞机。不过，穆萨维还未学成出师，就落入了法网。

伯格的身上疑点多多，摩苏尔的美军领导自然不想轻易地把他放走。但是，军人们别无选择。近来，国务院的几位官员接到了无数通电话，全部来自伯格远在宾夕法尼亚的家人。伯格的父母很是焦虑，他们督促国务院立即着手调查儿子的“失踪案件”。4 月 1 日那天，伯格的双亲收到一封电子邮件，这才发现儿子竟然被关在美军基地里。伯格的爸妈大为震怒，立即把美军以非法监禁的名义告上法庭。4 月 6 日，伯格重获自由。

美国军方提出，他们可以提供一架军机，礼送伯格出境回国。此等建议，伯格不屑一顾。企业家自顾自地回到了巴格达。出狱当天，他在伊拉克首都的某家酒店里订下一个房间，然后，他又打了几个电话。到了4月10日，没人再见过伯格其人。

儿子得而复失，伯格的父母再次打来电话加紧询问。美国大使馆则先后向警察局和军事基地寻求答案。接下来的一周时间里，伯格杳无音讯，仿佛消失了一般。接着，又是7天过去，大家仍然没有伯格的任何消息。直到5月8日，一队美军出外巡逻，途经某处高速天桥。这时，大兵发现桥上晃晃悠悠悬着一条什么东西，凑近一看，士兵们大惊失色——原来，那是一副一身橙衣的躯体。绳索缚住四肢，把它吊在了大桥上面。躯体下方，铺有一条毛毯。毯子上除了血迹，还有一颗白人男青年的头颅。头颅下颌处的胡须杂乱无章，完全被血与沙浸染。

就这样，尼克·伯格再次现身。

两天之后的网络上，一条骇人的影像正在疯传。影像中的某些图片，可能是伊拉克战争以来最为血腥的一幕。这样的东西，巴科斯可不想看。但是，她却不得不看。很快，她与另外两位中情局分析员凑在一起，准备在一间办公室里观看影像全过程。

屏幕上那个人就是伯格。他被五花大绑，瘫坐在地。他身上穿着橘红色的套头衫，脸上没有一点表情。伯格身后，5个蒙面男人靠墙而立。墙色很浅，中间那个男人嘴唇一动一动，读着一篇宣言。听那声音，巴科斯很是熟悉。那副矮矮墩墩的体格，也让她想到了一个人。没错，这个人哪怕戴着面具，巴科斯也知道他就是扎卡维。

巴科斯还注意到了伯格身上的衣服。当时，阿布·格莱布监狱的虐囚丑闻尚在发酵。美军所虐待的那些伊拉克囚徒穿的囚服，和伯格的衣服完全是同款。在过去几次行动中，扎卡维就显出了操纵大众舆论的精明才能。这一次，难道他是在向广大穆斯林发出信号？难不成，他想要展现一次“复仇”的全过程，让大家看一看他是如何为阿布·格莱布监狱的囚徒出气吗？

没错，他就是这么想的。

“试问，我们怎么可以袖手旁观？”手持讲稿的男人声情激越，“当我们的宗教遭人践踏，一个自由人如何能不理不睬？眼见我们的信仰流血，眼见我们的男女同胞在阿布·格莱布监狱中遭遇羞辱与非人折磨，试问，你的良心在哪里？你的愤怒又在何处？”

讲稿很是冗长，足足持续了好几分钟。话里话外，扎卡维反复强调信徒的自尊，还多次引用宗教经典。他提起了先知穆罕默德，并督促大家“以先知为范，学习他的行事准则”。他还提到了先知的一个事迹：一次，巴德尔（Badr）城的犹太商人发动暴乱，事败之后，先知下令把所有俘虏斩首示众。这段往事，似有所指。接下来，扎卡维直接向美国总统喊话：“你的日子不会好过，你和你的士兵终将悔恨！悔恨你们踏足伊拉克，悔恨你们胆敢激怒穆斯林……我向你发誓，阿布·格莱布监狱里男女同胞的尊严，必须要用血与灵魂偿还！接下来，你会看到很多副血肉模糊的身躯，很多装载尸骨的棺木。你们当中的很多人，都会像这样死去。”

话音刚落，扎卡维手臂一扬，从剑鞘中抽出一把长长的匕首。而后，他一个猛扑抓住了伯格。美国人全身被束缚，自然无法反抗。很快，伯格歪倒在地。另一个黑衣人踏步跟进，死死摁住俘虏的身躯。然后，扎卡维一手抓过伯格的头发，另一只手持刀割向他的喉部。随着扎卡维那只手的动作，伯格发出一声恐怖的嘶喊，但旋即变得哑然。他的身体挣扎了几下，又被跃上前来的另几个黑衣人压在肩头和双腿之上，很快就没了动静。另一边，扎卡维还在忙碌着那恐怖的活计。他又推又锯，镜头也变得摇晃起来。好长时间过去，整个仪式却还未结束。

巴科斯感到一股恶心涌上了自己的嗓子眼。

“快点、快点，动作快一点吧。”巴科斯听见了自己的心声。可是，恐怖还在继续。巴科斯没法再看下去，只得起身告辞。“看这种东西，不会有什么收获。”她这样想。

其实，巴科斯并没错过太多内容。她只是没能看到，扎卡维的一个白布遮面的同伙站起身来，他的手中，拎着伯格的头。当然，伯格已经身首异处。恐怖分子高高举起那颗头颅，就像展示一座奖杯。而后，他动作轻柔，把头颅放到主人的背脊之上。

视频全长5分36秒，拍摄工具大概是一台手扶摄影机。因此，录像才会有些摇晃不定。录像中这不可思议的骇人仪式，就是扎卡维传递给世界的信息。整个世界，都为他的残忍举动而颤栗。

血腥的画面被反复传播，从北美到南亚，再到整个中东，不知道多少网民目睹了那可怕的一幕。一些人惊叫厌恶，一些人悲伤垂泪，还有人绝望愤怒。不过，每个人都在下载观看。

火热的内容，自然要有一个贴切的名头。不知何时，有人给扎卡维的这段作品添上了注解——“阿布·穆萨卜·扎卡维斩杀美国人”。长久以来，扎卡维都想超越本·拉登，成为宗教极端分子当中最为“勇敢”的那个人。视频里，他的目标似乎已经达到。至少，在手起刀落的那一刻，他的夙愿已经了结。

斩首，这不是宗教极端分子第一次利用这种手段对待受害者。两年之前，《华尔街日报》记者丹尼尔·珀尔（Daniel Pearl）就已惨遭“基地”组织分子割头杀害。不过，珀尔身为记者，曾经多次深入巴基斯坦探求“基地”组织的踪迹。对方出手报复，似乎也在情理之中。

尼克·伯格呢？他只是个普普通通的美国人。他落得身首异处的下场，只是因为他的国籍。他的死状原原本本得到传播，完完整整地呈现在数百万美国人的眼前。而且，他惨死的时候，支持伊拉克战争的民意基础已经有了大幅下跌的趋势。当月早些时候，白宫还在为伊拉克鼓劲打气，企图提振当地的商机。现在，扎卡维的暴行，让美国政府不得不出声回应了。

“他们这样做，是要动摇我们的意志。他们就是想粉碎我们的信心。”布什做出了自己的表态。总统面前，聚着大批记者。还有无数的美国人正在倾听着他的声音。人民始终忘不了那有关伯格的一幕幕骇人细节。接着，布什表示，伊拉克的情况仍在好转，而后，他却拒绝了记者的提问申请。

不过，其他的美国政客却察觉到了民意正在起变化，明眼人当中甚至包括布什的一些共和党同仁。后来的民意调查证明了他们的远见。阿布·格莱布监狱的虐囚丑闻一出，再无任何道德根基可以支撑美国在伊拉克发动战争。此前，美军利用高科技战争机器迅速摧毁萨达姆部队的情形，已经再也没人记起。慢慢地，人们只能想到晚间新闻中数不胜数的路边炸弹袭击，还有一副副国旗覆盖的美军灵柩。扎卡维的暴行，无疑在刺激着美国人本已脆弱的神经。

“如果你始终把握着美国的脉搏，那么从美国人听到尼克·伯格被斩首的消息那一刻起，美国的脉搏就已经改变了。”共和党议员罗伊·布伦特（Roy Blunt）来自密苏里州，面对《纽约时报》记者，议员做了一番如此的比喻。议员还认为：“伯格的死严重挫伤了民心。大家都在思忖，为什么我们要进军伊拉克，我们又是在与怎样的人为敌？”

对了，美军的“敌人”到底是何身份呢？在很多观客眼里，视频中这些人出自“基地”组织。反正他们个个头巾遮脸，难以辨别身份。直到视频上线之后第3天，一条信息才回答了大众对于“凶徒”的猜疑。

2004年5月13日，宗教极端分子积聚的“伊斯兰极端分子网”（Islamist Web）中，又挤进了一家最新成员。新组织以“团结与圣战协会”（al-Tawhid wal-Jihad）自称。原本所谓“协会”只是一些规模较小的“圣战”团体，成员既有伊拉克本地人士，也包括一些外来的极端分子。而这个新的“协会”却标志着他们的联合，是一个形态超前的极端组织。扎卡维就是组织的领导人。而后，新组织发布声明，自称这一刻乃是“决定性的历史转折点”。

“我们的联合象征着教众的力量，同样，也是为了扫除安拉的敌人。我们要让他们土崩瓦解，我们要夺回被他们窃走的权力。我们还要在大地之上，重建宗教的秩序。”扎卡维一伙的声明就像一出宣言，“任何其他团体或派别只要加入‘团结与圣战协会’，都等于获得了完成以上任务的门票。同样，联合起来，也是现实的需要。我们要向整个伊斯兰世界发声：请勿退缩，也不要背弃，我们要谨守诺言、努力奋斗，直到我们命运确定的那一天！不是胜利，就是牺牲！”

声明当中，“团结与圣战协会”同时尊奉两位领导人。其中的一个当然是扎卡维。大家又叫他“谢赫”，意即“头领”。比起另一位领袖，“头领”扎卡维的地位更高一些。3个多月之前，扎卡维刚刚致信本·拉登。信中，他向“基地”组织提出结盟邀请。而且，扎卡维还夸下海口，发誓要整个世界听到自己的声音。这一刻，终于来临。伯格的死，加上宗教极端组织联合组成的“协会”，让扎卡维在宗教极端主义运动的旗帜上烙下了自己的印记。曾经，他只是在一个崇尚暴力的恐怖组织团伙里担任首领。不过，现在他的声望足以与本·拉登匹敌。整个西方世界记恨他，年轻一代的宗教极端分子则把他视为偶像。当然，本·拉登也会录制视频，这个沙特人会穿上金光闪闪的长袍，留着经过熏染的胡须，端坐案旁大讲道理。相形之下，扎卡维在视频中表现出的却是一个颇有魅力的年轻人形象，他身着忍者般的服装，亲手杀掉了美国人质。

中央情报局的分析人员仔细研究了那段视频，又把声明认认真真读了好久。而后，特工们不禁生出一个想法，这个扎卡维，似乎有点得意忘形。曾几何时，没有受过正式教育的扎卡维并不被人看好。那时，大家觉得他眼光短浅又智商有限，完全不足以成为大型组织的领导。而且，本·拉登能够出人头地，有赖于手下与教士阶层的鼎力支持。这一点，扎卡维完全不具备。本来，极端分子屠杀手无寸铁的无辜平民，又或者制造自杀性爆炸事件的时候，总要寻找借口进行掩饰。本·拉登的周围，便有一些颇有名望的宗教学者相与拱卫。他们时不时发布“教令”，为“基地”组织的残忍行为给出“符合教义”的解释。但扎卡维可不需要这样的解释，他好像觉得自己能够掌控大局。指挥极端分子对抗美国军队的任务，他一个人就可以完成。

巴科斯一直在想，扎卡维目前取得的这些“丰功伟绩”，会不会把他自己推上风口浪尖？他很可能不单单是美国人的心腹大患，说不定，他那些“同伴”也想除之而后快。

“扎卡维这人也太高调了，”巴科斯分析道，“哪怕‘基地’组织，也会常常求教于相关专家以阐释‘教法’，但是扎卡维却我行我素。他的所思所想，仿佛就有法律的效力。他有他自己的规矩，他手下的武装由此更像一支邪教组织。而他本人，就是那个说一不二的教主。”

可以想见，扎卡维迟早会惹祸上身。他那些形如异端邪说的作为，“基地”组织高层必然看不惯，其他的恐怖组织对他肯定也有怨言。更何况，他会触怒自己的幕后“金主”。这些富有而“虔诚”的阿拉伯人可是宗教极端主义团体的财源。扎卡维之流所需的金钱，大多出自他们的馈赠。

不过，一些普通信徒已经对扎卡维五体投地。无论在伊拉克还是其他地区，他都有着不少拥护者。那段录像公之于众之后，扎卡维的仰慕者更是给他送上一个全新的“威名”——“屠场主人”(sheikh of slaughterers)，以示对扎卡维的敬意。

本•拉登仍是一个深孚众望的领袖。他抗击苏联、袭击美国的履历，至今无人能敌。不过，扎卡维作为“屠场主人”，无疑成为宗教极端主义开启新时代的引路先锋。他录制的血腥影像，一方面可以赢取那些死硬分子的心，另一方面也能起到吓阻世人的作用。

第十三章
了无希望的国度

2004年6月23日，美国外交官罗伯特·福特（Robert S. Ford）拎着行李踏上了一辆小货车。车身四周盖着装甲，而福特即将乘着这辆车走完他这一趟旅行的最后一程。这里，他本不想再来，不过现在反悔也晚了。还有25分钟，他就将抵达此行的终点站——巴格达的“绿区”[1]。巴格达市区里，防爆墙林立，加上杂乱摆放的拖车，简直如同一座迷宫。天气湿热难耐，浓呛的柴油和腐烂的垃圾还在散发恼人的臭味。这一切，福特都得忍受下去。6个月前，他才刚刚辞别巴格达，现在却又再次踏上故地。他回来得真是时候，正好有机会目睹伊拉克这座“大厦”倾覆倒塌的全过程。

机场公路两边破败的风景，似乎象征了这个国家的命运。这段高速公路全程不过30公里，路边却满是密密麻麻的路障和检查点。貌似严密的安保措施，仍然无法阻止日夜不停的爆炸声与枪声。这条大道，被美国大兵称作“爱尔兰之路”（Route Irish）。当地人的称呼则更为直白——“死亡街”。一年之前，从机场前往“绿区”的这条路还算是一条坦途，只需搭上摆渡车就能平安通过。如今，若想保证旅途平安，乘客最好选择“安全出租车”（Secure

1 绿区（Green Zone）：位于伊拉克首都巴格达，联合国派驻伊拉克的分支机构和多国驻伊大使馆均设在此地。

Taxi）。这种出租车经过改装，不仅配上了防弹玻璃，周围还有卫队随行。雇用这种出租车队的费用也很高昂，每趟行程都要花费 1 000 美元。不过，福特这种资深外交官有另外一种代步工具，美国大使馆的专用防暴小货车正在等他。福特坐定之后，货车即刻启动，速度简直快得骇人。

"真不是什么好兆头。"福特暗自思忖。

在伊拉克，美国人的处境尤为危险。上次驻留伊拉克期间，福特就曾经遭到什叶派武装人员扣押，失去自由长达两个小时。这一次，应该也不会有什么好事发生。

上一次来伊拉克，福特还是自愿请命的。美军进入巴格达的几周后，为了帮助临时政府在伊拉克站稳脚跟，国务院发出一纸招募令，希望征集一些通晓阿拉伯语的外交人员前去巴格达协助工作。福特似乎正是最好的人选，他在中东工作多年，语言能力无可挑剔。招募令下达的时候，他正任职于美国驻巴林大使馆，他在那里是二把手。对于布什政府的伊拉克冒险，福特与大多数同事一样很是怀疑。不过，既然国家有需要，福特还是积极响应。很快，他就搭上了一台军用飞机奔赴伊拉克。

2003 年 8 月，福特抵达巴格达。此时，塞尔吉奥·维埃拉·德·梅洛遇刺身亡的阴影还笼罩着当地。入职之后，福特径直来到了什叶派"圣城"纳杰夫，执行自己的第一个任务。一支海军陆战队驻扎在当地，负责维护"圣城"的治安。福特的工作，就是为陆战队提供联络服务。不过，外交官很快发现，海军陆战队的各位官兵心思全不在工作上面，他们一心想逃离伊拉克。而且，当地什叶派武装派系众多，彼此之间仇怨很深。为了确保当地的安定和平，美军打算把他们悉数缴械。

福特那次惨遭拘禁的经历，正好发生在入职后的第一个星期。福特是一个自信满满、喜欢直面挑战的人。刚刚在纳杰夫站稳脚跟，他就开始在各位社区领导之间走动起来，为此他常常离开美军基地。一个星期六的下午，他再次外出，和城中的一位知名教士见面。事情谈到一半，25 个武装分子突然闯了进来，福特和一位海军陆战队少校都成了俘虏。几个枪手拉起福特身边的年轻翻译，拖到屋外一顿乱揍。福特甚至能够听见翻译被打得哀声连连。

当时福特的身边，只有一件“武器”——虚张声势。外交官看来看去，终于找到一个看起来像小头目的人，他把那人唤了过来，对着他的耳边开始低语。

“我叫罗伯特·福特，巴格达来的。我是联军方面的代表。”福特操着阿拉伯语，说出了这样一段开场白，“我和你们的头儿约好今晚午夜时见面。你可以告诉他因为你把我抓起来了，所以我无法出现了。”

这一席话还真管用，福特一行人立即获得了自由。而后，武装分子又急急跑了出去，放回了那个可怜的小翻译。年轻人伤得很重，看起来必须立即送医。几分钟之后，福特又让身边的海军陆战队少校给这帮武装分子的头目打电话，希望借此机会劝说对方缴械投降。

少校难以置信地看着福特——这个精力超级充沛的外交官真是想找死啊!

“真他妈不要命了！”少校未予理睬，他拖着福特回了基地。

事发之后第二天，福特再次投入工作，继续为伊拉克的团结稳定而奔走呼吁。但是，工作越是深入，福特就越感到失望。几个月过后，当他第二次接到前往伊拉克的命令时，心里已经很是不情不愿了。福特倒不担心人身安全，也不是嫌弃那里的鬼天气。糟糕的生活环境、热水时断时续的澡堂，还有伊拉克各派军阀与部落长老那反复无常的嘴脸，通通不是让他心灰意冷的原因。他只是觉得，自己的工作是徒劳无益的。这种无力感，就像毒气一般消磨了他的意志。

“二进宫”的命令，由上司亲自电话通知。电话这边，福特只是抱怨：“不要，算了吧，我不是已经去过一次伊拉克了吗，何必让我再去一次呢？那个国家了无希望，任谁去了都是白费功夫。这种工作，我是一点儿也不想做。”

虽然抱怨良多，但最后他还得再向虎山行。“绿区”又在眼前，目极之处的风景形成强烈的反差，显得有些超脱现实——一面是宫殿般的建筑和棕榈环绕的游泳池，一面是临时搭起、满是拖车的贫民窟。贫民窟常常遭遇迫击炮的袭击，从天而降的迫击炮弹，仿佛是巨人投下的飞镖。面对如此攻势，当地人只能用拖车拖来沙袋，筑成城墙聊以慰藉。因为这次调动，福特的老婆大动肝火，他本人也是闷闷不乐。他又要在这里虚掷很长一段光阴，为了毫无意义的事情跑来跑去了。不过，他还是必须回来。

“没办法，要想脱身必须辞职。”想起自己的决定，福特表示，“要想辞职得有钱才行。可是，我没有那么多钱。”

他确实没有选择。他的任命状由国务院的最高领导直接签发，容不得他有半点抗拒。约翰·尼葛洛庞帝（John Negroponte）前往伊拉克履新大使职务之前，特地恳请国务卿鲍威尔指派福特辅佐自己。这一次，福特的头衔是“政务参赞”。这个职位听起来很是风光，以福特的年纪，一般人很难爬到这个位置。之前，福特撰写的内部回忆录和各种邮件，在内部广受好评，大家都觉得他的文字真实记录了战争对于当地局势的影响。而且，福特胆子很大，他曾在中东最为危险的地区工作多年，却毫无畏缩之意。这一点，他的同事们深感佩服。福特通晓5门语言，曾在“和平队”[1]服务。他工作过的地方从摩洛哥的内陆到土耳其的海滨，几乎遍及全球。他就像个记者，总在不同地域搜罗各种信息。他的朋友都觉得，没什么东西能够难得住他。

“他的工作基本上就是在各个危险地区间跑来跑去。”谈到福特，曾经的美国驻阿富汗大使罗伯特·诺依曼（Robert Neumann）如此评价，“他不是个坐办公室的人，而是一个深入当地、广结人脉的人。要想像他那样有所作为，你就不可能时时刻刻安全无虞。”

这一次，福特的工作性质略有一些不同。眼见伊拉克局势有失控的倾向，布什政府不得不加紧行动，扶持当地人组成临时政府。临时政府组建后，从守土保境到组织选举等伊拉克各种事务，通通可以交付后者去处理。美国官员曾经轻视的暴乱，如今已经酿成大祸。无论在政治、经济还是人力方面，暴乱造成的损失都在节节攀升。与此同时，美国大选的日子也是一天近过一天。因此，福特必须加倍努力工作。“我们需要尽快做出成绩，上面很想快点把主权还给伊拉克人，自己好早点抽身。”

按照联军临时当局的构想，一旦临时政府组建完成，临时政府总理伊亚德·阿拉维（Iyad al-Allawi）为首的伊拉克政府会接管当局的一切权力，美

1　和平队（Peace Corps）：美国总统肯尼迪在任时组织的青年团体，专为第三世界国家提供服务。

方也就能全身而退了。2004 年 6 月 28 日，政权交替正式完成，此时距离福特二度调任伊拉克还不过一周时间。美国当局已经做出了表态：一旦新生的伊拉克政府足以自立，美军就将全面撤离此地。不过，什么时候新的伊拉克政府才能自立呢？没人清楚答案。反正，几个月肯定不够。当时，巴格达西郊与北郊的小镇已俨然成了“无法”之地，暴乱分子甚至占据了费卢杰和拉马迪的部分城区。同时，还有不少外籍极端分子潜入伊拉克，只为参与所谓“圣战”。上述地区的居民，大都是逊尼派教众，如果新生的伊拉克政府还想保持国家安定，那么他们亟需在逊尼派人士当中找到盟友。盟友一定要德高望重，要有能力让暴乱地区重获安宁。他们必须说服逊尼派部落参与民主进程，让逊尼派群众同意参加选举并拥戴新政府。当然，新政府也必须公平、公正，在逊尼派、什叶派和库尔德人当中毫无偏倚。福特的使命之一便是找到那些可靠的逊尼派人士，拉拢他们，让他们接受美国方面的指令。

入职之后的头一个月，福特来到费卢杰了解情况。在这里，他与当地的美军领导层以及不少阿拉伯国家的外交使节交换过意见。当地的局势，比福特想象得还要糟糕。费卢杰本就是暴乱的中心地区。历史上，此地就是“反叛”圣地。福特发现，费卢杰的逊尼派势力完全没有和美军协商的意思，就连驻扎当地的美国海军陆战队也难以掌控全局。整个城市，只有美军基地附近还算安全——这还是海军陆战队时常扫荡的结果。几位军官甚至告诉福特，自从 4 个美国雇佣兵在市中心死于非命之后，费卢杰的大部分区域对于美国人来说都很不安全。

“费卢杰市区里，暴乱分子和外国武装人员的活动非常猖獗。”福特与海军陆战队官员的对谈内容被写进了国务院的机密资料当中，“为了避免此地成为宗教极端分子的安乐窝，联军不得不努力打击在此活动的暴乱分子与外国武装人员，并对市区内扎卡维等人可能出没的地点进行扫荡和打击。目前，行动还在继续。”

围绕当地局势，福特还和一名约旦外交官有过深入交流。外交官和费卢杰附近的逊尼派部落交情颇深。他曾对福特说，这个地区“了无希望”。对于美国人的到来，逊尼派几乎一致表示反对。对待某些同属外来客的武装分子，他们的态度却又各不相同。一些人表示反感，另一些人却张开怀抱大呼欢迎。经历10余年的压制之后，什叶派武装力量正在对逊尼派进行反攻倒算。逊尼派的某些长老认为，外籍武装分子可以成为他们反抗什叶派的盟友。约旦外交官还告诉福特，一些逊尼派长老甚至觉得，唯有重建君主制，伊拉克才能重获安定。可是，早在1958年，政变[1]就废黜了王室。

“总之，伊拉克的逊尼派群龙无首、四分五裂，对待美军很不友好，互相之间也多有嫌隙。要想让他们达成共识，恐怕难过登天。”外交官的看法，同扎卡维曾经的判断是何等相似。两相比较，简直就像回音。

除却上述困难，伊拉克要想回归安宁，还有另一重障碍需要跨越。福特觉得，这个障碍最为可怕。费卢杰西面的沙漠当中，扎卡维正在蠢蠢欲动。他也瞄准了逊尼派聚居的中心地带，也想在此地有一番作为。而且，同福特一样，扎卡维也在搜罗情报、拉拢盟友，他甚至也想到了伊拉克未来的政治问题。虽然他的目标和美国人正好背道而驰，不过，双方的努力方向却是那样“相似”。

福特当了几十年的外交官，也见识了不少暴乱局面。他的职业生涯让他相信，任何冲突，都可以通过政治途径得到解决。总有一天，逊尼派与什叶派也会厌倦目前的动荡局面。到那时，他们不再继续杀戮，不再致力于摧毁对方。他们终将坐到谈判桌的两边，谈出一个和平共存的方案。当然，扎卡维可不在此列。他不是伊拉克人，也对和平共存毫无兴趣。他的目标在于撕裂，在于破坏，他要制造一片荒芜，他要破坏伊拉克重建世俗社会的基础。

拉马迪，伊拉克小城，也是扎卡维分子口中的“伊拉克伊斯兰国”的“首都”所在地。其实，直到2004年初夏，这个地方才算完全沦陷。此后，扎卡维一伙成了拉马迪无可争辩的主人。

从巴格达出发西行一个小时，就能抵达幼发拉底河边的一座小小城镇。这里的房屋低矮，中间夹杂了不少棕榈树。此地，就是拉马迪。不同派别的军阀在此混战，让整个城市变得一片狼藉。从外貌上看，拉马迪仿佛正在经历世界末日一般。破败的大楼矗立在废弃的集市旁边。街上，横七竖八地散

1 政变：1958年，伊拉克发生宫廷政变，国王费萨尔二世被迫下野。

落着瓦砾和碎玻璃片。这里的行人与汽车都仿佛“提线木偶”，慢慢悠悠，了无生气。这里的某处郊区围着长长的沙袋掩体。掩体的另一侧，一座美军基地已经建好。美军主管认为，整个城市都在部队的掌控当中。其实，美国人的统治区域除了基地内部和临近岗哨，也就限于重型机枪的射程范围内。每当海军陆战队小组入城巡逻，暴乱分子就会像蟑螂一般躲进深巷。他们的踪迹，美军根本无从寻觅。

每一次美军出巡，扎伊丹·贾比里都眈眈相向、不发一语。曾几何时，这位族长也想调和本地居民与美国驻军的关系。不过，这样的愿望他现在早就放弃了。他不愿意接近美军，不单因为他们伤过他的面子。如今，城里实在有些危险，外出活动有害无益。族长的一位老朋友就是前车之鉴。这位朋友来自安巴尔大学，是一名外科教授。一次，他冒着风险会见了几名美方官员。拉马迪的形势实在棘手，美国人想听一听这位朋友的意见，看一看他有何“高招”来控制日益猖獗的暴力活动。结果，会面过去刚刚一天，这位朋友就被人从座驾中揪了出去，一枪打死。

死亡，在如今的拉马迪很是稀松平常。就连美国海军陆战队，最近也牺牲了16条军人的性命。而后，美国人仿佛滋生出了一种报复心理。哪怕就在大白天，他们也会在民居附近发起枪战。有时候，子弹甚至穿堂过屋，打进某户人家的卧室里面。惯骑快车的摩托骑手，常会沦为美军岗哨的活靶子。如果听不懂美国大兵的英语喝令，也可能遭到枪击身亡。拉马迪附近的沙漠当中，更是发生过一起人间惨案——美军军机空袭了一座楼房，45个伊拉克人因此丧生。美方坚信，袭击地点乃是暴乱分子的藏身窝点。可是伊拉克人却觉得，那不过是一处婚礼现场——至少，视频显示，事发之处横七竖八躺了不少女人和孩子。他们都已死去。受害者中，甚至可以看到婴儿的尸身。

重重羞辱之下，拉马迪的逊尼派居民开始对那些反抗占领军的势力有了好感。一些外来客打着驱逐美军的旗号，也受到了当地人的欢迎。相比本地的暴乱力量，这些外国人组织严密，纪律也更加严明。而且，他们特别大胆，似乎无所畏惧。不过，当地人很快便明白了一点，原来这些外人图谋深远，他们打击的对象不仅仅限于美军。外来客霸占了许多房产，还向一些商家索要“税款”。他们大摇大摆开进街区，而后四处布置重型武器。这些地方，也就成了他们的“领地”。领地中的各种规矩实在严苛，吸烟饮酒一律不许，女性也失去了接受教育的权力，至于西方的各种玩意，更是在严禁之列。即便留个西式发型，也可能惹祸上身。在拉马迪，有人仅仅因为点燃一根香烟，就落得个被宗教极端分子组建的“巡逻队”就地枪毙的结局。

当然，宗教极端分子倒也做过一些安民的“努力”。他们组织法庭，又恢复了一些基本的生活设施。不过，事实证明这帮人既无统管局面的能力，也没有维持社会安定的兴趣。各类商家自然是倒了大霉。各大道路之上不但有极端组织设下的重重路障，还埋着无数颗炸弹。在这种情况下从事运输行业，无疑面临着盘剥与丧命的双重风险。扎伊丹这样的牛羊贩子，生意自然也大受影响。城市里的情况同样糟糕，现代生活的种种痕迹渐渐褪去——垃圾清理、电话服务、电力，一项一项变得无踪无影。一些小店主本想努力营业，却又苦于宗教极端分子立下的各种古怪规矩。比如，在某些小区，黄瓜和西红柿绝对不能同台贩售——原来，宗教极端分子觉得这两种东西酷似男女的“隐私”部位，摆在一起，大有宣扬淫秽不雅的嫌疑。

虽然经营维艰，一些商家却仍对宗教极端武装分子表示支持。他们觉得，相比无人管理的状态，有人维持秩序总要强一些。当然，扎伊丹不同意这种观点。眼见外国军队侵入自己所在的城市，族长相当愤怒。宗教极端武装分子的鲁莽行径，等于是在挑战部落的权威。这一点，扎伊丹同样难以容忍。外来客的极端行径令族长咋舌，他们耀武扬威的作风，又叫扎伊丹有些轻蔑。族长甚至觉得，这些人其实就是一群市井无赖。那个叫扎卡维的约旦人，尤其让扎伊丹看不惯。不过，有些本地居民似乎已经把他当成一代“传奇”，还渐渐对其生出了仰慕情绪。为此，扎伊丹不止一次向身边人大吐怨言。

“看看那个扎卡维身边都是些什么人，不过是本省的人渣、泼皮而已。”扎伊丹常常这样抱怨，“那些人之所以会接受他，是因为他们是一群失去牧羊人的羊。而他的那些心腹之人，都是卑鄙小人，根本没有良心。他们跟着这个扎卡维，不过是贪图他的钱财而已。”

城中，扎卡维的身影难得一见，不过，他那些本地跟班倒是很快就臭名远扬了。一帮跟班之中，要数“电工奥马尔”（Omar the Electrician）的名头最响。“电工”的身体结实粗壮，门牙的牙缝豁开很宽。对于宗教，他怀有极度的狂热。此人本是一名小贩，20 多岁的时候，他为了替一名死去的亲戚报仇而枪杀了一名警官。当时，萨达姆还未倒台。案发之后，“电工”匆匆逃亡，来到“伊斯兰护卫军”的地界寻求庇护，恰好扎卡维也隐匿在那里。而后，“约旦人”潜入巴格达，奥马尔也追随他而来。到了费卢杰，“电工”已经升任扎卡维的亲卫队队长。他手下的这支武装名声极差，常常打家劫舍、掠取钱财。有时候，他们甚至还会袭击美军的巡逻小队。绑架，是奥马尔一伙的敛财手段。人质无法交付赎金，就只有死路一条。不过，奥马尔本人曾经发誓“绝不亲自斩首犯人”，另有人会代他完成杀戮。这点原则来自他的手下对记者的陈述：“‘电工’说了，砍人脑袋的活计，就交给那些没有心肝的人去办。”手下回忆道。

终于，扎卡维向当地人摊了牌：安巴尔省的诸位部族长老必须向他宣誓效忠。按照传统，他们应当献上“拜雅特”（Bay'at），一种宣示忠诚的盟誓。2004 年夏天，一位表亲找到扎伊丹叙旧，给族长带来了一个消息：扎卡维想让扎伊丹发表效忠声明。这是扎伊丹平生第一次收到如此要求。表亲表示，这个消息自己也是在啜饮咖啡的场合偶然听见的。不过，他还是进一步追问族长：“你看，你打不打算发个声明响应一下呢？”

这可如何是好？扎伊丹心里已是火冒三丈。这个外国佬、贼监犯，实在是无知胆大！部落的权威延续了几百年，岂容他随意挑战？按照扎伊丹的判断，这个扎卡维的真实身份必然是美国特务无疑。华盛顿当局派他潜入此地，就是要搅得一方不得安宁，西方人和伊朗人才好借机浑水摸鱼。他们会让伊拉克四分五裂，然后从中谋利。不过，即便贵为族长，扎伊丹也不敢当众忤逆扎卡维。眼下，他只能巧言应付。“你说的那个扎卡维是什么来头？”扎伊丹装起了糊涂，“我和他没见过面吧？”

2004 年 7 月，布什政府发出了“悬赏令”。白宫方面宣称，如若有人提供信息，指出扎卡维的具体去向，那么他将获得一笔巨额奖赏。原先，扎卡维的悬赏金额就已经高达 1 000 万美元，而从这一天开始，悬赏金额更是大涨特涨，升至2 500万美元。如此一来，扎卡维的项上人头已经和本·拉登一样值钱了。

眼见自己身价上涨，扎卡维似乎有些得意。他特地录制视频，上传到了宗教极端分子聚集的网站。视频中，他用上了自己的最新绰号——“屠场主人”。扎卡维的声音也显得自信而亢奋。他大谈特谈历史上那些英雄豪杰。穆萨·伊本·努萨伊尔(Musa Ibn Nusayr)，一位参与征服西班牙的名将的名字，被扎卡维反复提及。话语间，扎卡维仿佛在暗示，有朝一日，他的名声将和他口中的这些历史人物一样显赫。接着，扎卡维激情饱满地向伊拉克各地乃至世界各国的宗教信众发出邀请。他希望他们能来到他的身边，和他一起共谋大计。

“这是我的呼吁，出自真心的呼吁。巴格达与安巴尔的雄狮，迪亚拉与萨迈拉的英杰，摩苏尔与北方的猛虎，请大家协力同心，准备战斗。”扎卡维表示。

他所谓的“战斗”暗指何事，他那些听众都清楚万分。伯格惨死之后，扎卡维继续一而再、再而三地利用血腥斩首事件向伊拉克政府发出挑衅。陆陆续续，“约旦人”的手下已经斩下过十几名人质的头，其中的大部分都有录像存证。受害者中包括一名保加利亚籍司机、一名来自韩国的翻译，以及一名埃及雇佣兵。而后，又有几位美国、英国、日本、奥地利与意大利公民先后遭遇身首异处的下场。几名黎巴嫩人质交付赎金之后，侥幸逃生。不过，他们讲述的扎卡维一伙犯下的种种暴行，实在叫人坐立不安——几名外国工人无法偿付赎金，因此被暴徒用电钻慢慢折磨致死；扎卡维的手下行刑的时候，往往会让其他俘虏陪同观看；暴徒会将俘虏倒吊悬挂，之后钳掉他们的舌头。那些响应扎卡维号召前来投奔的年轻极端分子，往往会被“约旦人”当作执行自杀式任务的炮灰。有时候，他们拼出性命所摧毁的东西，不过是另几条倒霉的无辜生命而已。若论战略价值，几乎等于零。

扎卡维招募自杀“人弹”的举动，本就触犯了宗教禁忌。《古兰经》明文规定伊斯兰教信徒不应轻生。当然，凡事皆有例外。一些宗教学者指出，战场上不屈的斗士结束自己的生命，倒也不能看作违背教义。几十年来，无数的宗教极端分子为了一个问题争辩不休——到底什么人才叫斗士？对于伊斯兰法律体系，扎卡维的理解相当片面。经他阐释过的“教法”，已是极尽疯魔之能事。扎卡维还特地聘请了一批“教法”专家，专职大量批发“斗士”的头衔。任何为他效命的人，都可能通过“斗士”认证。由此而来的结果，是一波自杀式炸弹袭击的高峰。根据学者的统计，这种情况在“圣战”的历史上可谓前所未见。

扎卡维本人也对这种现象有过论述。他觉得，自杀式炸弹袭击乃是他们“武器库中最为致命的一件武器”。他的这件“武器”，可以“在敌人的肌体上划出最深的伤痕”。接着，“约旦人”还无不嘲讽地写道：“自杀式袭击省时省力，执行起来非常简单，而且成本也最为低廉。”那么，豁出性命的“人弹”，又会得到怎样的回报呢？这个问题，扎卡维在招募录像中也有解答。他给出的好处，无非就是升入“天堂”的保证。当然，扎卡维的“事业”最为吸引人的一点并不在此。“约旦人”一再吹嘘，声称自己领导的这项运动前无古人，即将创造历史。这种“理想”宣言产生的诱惑，可能才是许多宗教极端分子愿意追随扎卡维的原因。追求“穆斯林世界的解放”的目标，无疑已经足够诱人。不过，在扎卡维看来，如此目标只是他奋斗终生的“事业”的第一步。他的宏愿，在于重塑世界秩序。“安拉保佑，我们会战胜美国。当然，胜利可能需要时间。”扎卡维表示，“美国的可耻形象，还会继续被人唾骂很久。”

由此扎卡维也谈到了自己的命运。“约旦人”觉得，他就像一个助产士，将会引导宗教实现中兴。《圣训》中有这样的记载，伊斯兰获取最终胜利之前，整个世界会出现一片濒临灭亡的末日景象。这种种景象，也被扎卡维常常挂在嘴边。同时，根据古圣先贤的预测，人类的终极之战将以叙利亚北部为战场。具体的地点，就在一个叫作达比克的小村附近。这样的传说，比基督经典中关于末日来临之时正邪比拼的预言更为详尽。

“圣战的烈焰将会熊熊燃烧，”扎卡维说，“直到十字军完全化作灰烬。”

扎卡维的宣言实在大胆。由此，他也触怒了不少宗教领袖与学者。他们纷纷向他发难，并提出了强烈的反驳。

反对者中，也包括几位扎卡维的同道中人，其中的一位还算得上是他的熟人。在一片批评之声当中，要数他的言辞最为犀利。这位熟人，正是扎卡维曾经的囚友兼导师，曾和他在贾法尔同窗共囚的麦格迪西。当年，正是麦格迪西第一个承认了扎卡维的领袖地位。后来，扎卡维漂泊异国期间，麦格迪西又进过几次监狱。其实，出狱之前的几个星期，师徒二人的关系已经现出裂痕。此后，裂痕一直存在，从未弥合。如今，师父更是成了徒弟的反对者。扎卡维大肆杀害穆斯林男女的行为，麦格迪西很不认同，虽然他们确定这些男男女女未曾与腐化的统治者进行过斗争。

“伊拉克国内的乱局与民意，我有所耳闻。有人正在采用手段，破坏‘圣战’的圣洁名声。他们爆破汽车、在路上设置炸弹、用迫击炮轰击街市……几乎穆斯林聚集的所有地区都深受其害。”麦格迪西的这些文字，全都写在自己的私人网页之上。他很清楚，扎卡维一定会上线拜读。“圣战士的手不应当沾染血腥，更不应当夺取那些他们不该伤害的人的性命。即便他们身负罪责，也不该落得如此下场。”

其实，麦格迪西本人对于暴力并不过敏。某些暴行，并不会刺激他的良心。但是，导师觉得暴力运用亦有其道。而他那位学生，无疑忽视了一些“重要细节”。

“比如，”麦格迪西举证说明，“有时候，我们的战士可能为了非伊斯兰教法的原因，而胁迫了一名穆斯林，甚至夺取了他的性命。这名穆斯林可能正为异教徒效力，不过他的效命并不足以向对方提供有效帮助。这样的情况下滥施杀伐，无疑不合教法。”

自杀式袭击，则是麦格迪西抨击扎卡维的另一个热点话题。“导师”指出:“教义反对自杀。仅在极少数情况下，教徒方才可以自行了断而不犯教法。扎卡维手下那些人弹选择自尽，本就已经违背教法，他们杀戮无辜的行为，更是增添了自己的罪孽。即便死者尽数属于什叶派，也并非脱罪的借口。”

“当然，某些伊拉克弟兄可能有其理由，不过，炸毁清真寺一事仍然属于犯罪。”麦格迪西表示，“一些弟兄觉得什叶派的鲜血毫不值钱，如此想法实属谬误，真正的‘圣战士’应当避免。”

主流宗教界也掀起了一股风潮，向扎卡维式极端主义发起挑战。谴责之中最尖锐的声音来自扎卡维的祖国。发出这声音的人，正是当年那位赦免扎卡维的新任君主。

2002 年，阿卜杜拉二世曾经向美国提出警告，指出美国入侵伊拉克如同“打开了潘多拉魔盒”。因为这番言论，约旦国王遭到了美方的责难。而后，国王不幸一语成谶，尽管他本人也并不乐见预言成真。看到扎卡维窃用宗教的名义滥施炸弹袭击，乃至对人质实施斩首暴行，国王深感恶心与憋屈。他特地召见了一些宗教学者，想要为自己的信仰正名。阿卜杜拉希望得到学者们的帮助，将两件事区别开来：一是伊斯兰教，二是扎卡维心中的妄念。此外，阿卜杜拉还想借由宗教的力量，戳穿扎卡维利用所谓“叛教信条”指控他人“背弃信仰”，为各种杀戮恶行巧言辩护的伎俩。

国王的想法很好，实践起来却并不容易。罗马天主教与伊斯兰教什叶派都拥有架构统一的教士体系。体系之内，教士可以组织宗教辩论，从而促使参与者在思想上达成一致。体系的权威性，也得到了信徒的广泛认证。伊斯兰教逊尼派则不然。身为高级教士，逊尼派的教法解说人权力很大，他可以签发“教令”、引导思想。但是，各位教法解说人的思想并不统一，他们的看法，甚至可能针锋相对。同样一种行为，一位教法解说人可能视若犯罪，到了另一位教法解说人那里却又合乎情理甚至变成必为的人生义务。寄居伊拉克的扎卡维，正好利用了这种矛盾。他豢养的教士都和他臭味相投，他们滥发“教令”，为他施行杀戮、制造爆炸觅得“宗教上的理论依据”。相反，大多数理性的教士，都认为扎卡维的种种暴行有辱教门。

阿卜杜拉认为，唯有调动伊斯兰教各派的道德之力，彻底批驳扎卡维，宗教极端主义的流毒才能得到消解。当然，从开罗到喀布尔，从德黑兰到通布图，世界各地的教士学者必须协同努力、一致发声，相关的声明，应当得到两大宗派主流人士的认可与接纳。如此艰巨的任务，国王托付给了自己的表亲加济·本·穆罕默德亲王（Prince Ghazi bin Mohammed）。此人毕业于剑桥大学，是一位宗教学者。同时，阿卜杜拉二世将约旦的高层教士与宗教专家召集一堂。大家群策合议，准备起草一则宣言。宣言内容直指三个核心问题: 其一, 穆斯林的定义是什么? 其二, 什么样的教士才有签发教令的权力? 其三, 在何种情况下, 一位穆斯林才能将教胞指为“叛教者”?

2004年11月9日, 宣言撰写完毕, 经由大法官伊兹•丁•塔米米 (Iz al-Din al-Tamimi) 之口而公告天下。法官讲话期间, 国王一直在旁边安坐。阿卜杜拉希望这份宣言能够成为范本, 自此之后, 教众不会再为扎卡维之流鼓吹的“叛教”所蛊惑。

“我们谴责极端主义、激进主义与某些狂热思想。历史上, 伊斯兰一直在与这些极端思想作斗争。”塔米米朗读道, “我们以宗教与道德的名义, 谴责一切形式的恐怖主义及其错误行径。此等行径危害人类的生命, 其形式也违背了安拉的旨意。”

国王的宣言并未引发西方世界的关注。此前一周, 布什再次当选美国总统。面对民主党候选人约翰•克里, 布什的优势微乎其微, 仅仅获得一场小胜, 个中的原因与秘密, 才是美国各大媒体忙于分析的焦点话题。而后, 法国又爆出一件大事, 新闻界的目光都聚焦到那个大新闻上了。当时, 巴勒斯坦领袖亚希尔•阿拉法特罹患流感, 正在当地接受治疗。宣言面世之后不到36小时, 他就溘然长逝了。随后, 阿拉伯世界陷入一片悲恸与惋惜之中。相形之下, 阿卜杜拉反对极端主义的宣言完全乏人关心。

不过阿卜杜拉仍在竭尽全力争取宗教界的支持与肯定。几个月之后, 200多名宗教人士齐聚安曼。他们来自50余个国家, 沙特阿拉伯、埃及、伊朗、黎巴嫩皆在此列。各位教士此行同样是为了起草宣言, 宣言旨在谴责某些打着宗教名义的暴力行径。由于涉及多国多地, 达成这份协议花了不少时间。到了第二年, 共有500多名学者和7家国际伊斯兰协会正式认可了国王的宣言——或者说“安曼公报” (the Amman Message) 。

“任何人都无权将其他信仰安拉的穆斯林团体指为‘叛教者’。”公报发出了这样的声音。

有史以来, 不同派别的宗教人士第一次共同发声, 否定了“叛教”指责的合法性。对于正常的宗教信徒而言, 此等宣言具有很高的约束效力。不过没人指望一份宣言能够平息伊拉克的乱局。各种杀戮事件仍在当地屡见不鲜。

不过，阿卜杜拉事后回忆认为，当时自己已经别无选择。表面上，扎卡维是要打击美国占领军与什叶派势力，但实际上，他是想蛊惑年轻一代穆斯林。扎卡维希望自己能够操控这些年轻信徒的思想。晚间新闻里每一帧记录炸弹袭击的电视画面，网络上任何一段关于宗教极端主义的视频，都会让扎卡维距离目标更近一点。让人焦虑的一点在于，整个穆斯林世界似乎尚未看到这个危机。

“一小撮宗教极端分子就可以通过暴行影响一大批人。对此，温和中正的信徒负有反击的责任。无论教派为何，大家都应该同声谴责。”国王表示，“大众的沉默，就是对宗教极端分子的纵容。”

能够蛊惑年轻穆斯林的极端分子，当然不止扎卡维一人。另一位善于蛊惑人心的恐怖大亨，近来也与扎卡维找到了共鸣。之前，本·拉登很不喜欢扎卡维，而且他从不掩饰自己的这种看法。但是“9•11”事件过去已经3年，扎卡维在这期间的种种作为，似乎已让本·拉登刮目相看了。这个“沙特人”觉得，扎卡维具备一种潜力，能为自己带来亟需的东西——“胜利”。

当时，本·拉登过着流亡生活，他平时能做的事不多，只能写写邮件，或者派出使节，对几百公里之外的事务进行形式上的遥控。趁着现在扎卡维风头正盛，如果“基地”组织能和扎卡维一伙联起手来，那么前者无疑可以分享后者的“胜利荣耀”。扎卡维的“明星光环”，也会给本·拉登等人带来好处。

终于，本•拉登决定与扎卡维结盟。这个消息还是“沙特人”亲自灌制音频，通过一家阿拉伯语有线新闻台公布的。本·拉登行事一贯低调，这种主动示好的事他做得可不多。音频中他表示，“基地”组织最近又新添了一个分部，分部的领袖之位，他决定授予扎卡维。

“众所周知，我们的圣战弟兄阿布·穆萨卜·扎卡维乃是‘基地’组织两河流域分支的领袖。”本·拉登表示，“两河地区的‘基地’组织弟兄们都应当听从他的指示，遵从他的命令。”

扎卡维方面当然也得投桃报李。西方分析人士觉得，“约旦人”的回应明显经过精心编排，显得热情洋溢。扎卡维宣称他和本·拉登的联合具有历史意义，这种联合能让“伊斯兰世界的人民感到十分振奋。那些奋战在一线的信徒，尤其应该感到高兴”。

“今天是一个幸福的日子，我们要宣布一个好消息。团结与圣战会的领导人阿布·穆萨卜·扎卡维及其追随者，在今天向我们这个时代圣战武装的伟大领袖阿布·阿卜杜拉·奥萨马·本·拉登宣誓效忠。安拉保佑本·拉登！”扎卡维在网上贴出的声明如此表态。声明还指出，本·拉登与扎卡维之间并非简单的伙伴关系，两人的这一次联手，象征着“圣战”进入了新时期。以后，他们会合力扫荡一切“阴险与不忠的叛教势力”，最终让伟大的哈里发国得以重建。

“毫无疑问，安拉保佑，最终胜利正在步步接近。一切都将回到光荣的往昔。”扎卡维的声明还在继续，“我们会怀着愤恨，在那些伊斯兰的敌人的心中种下恐惧的种子。”洋洋洒洒的文字中，扎卡维显得很是得意。他不禁强调，正是自己制造暴乱的主意赢得了本·拉登的青睐。“‘基地’组织的兄长很有雅量，他们已经明白了我们的策略与主张。”扎卡维如是说，“我们的宏伟计划，得到了他们的击节赞赏。”

声明最后，扎卡维再次向本·拉登拍了胸脯，保证自己一定对“基地”组织恪尽忠诚——“哪怕您吩咐我们集体跳海，我们也会听从您的指示”。

就这样，“基地”组织在伊拉克的分部正式开张。那位出身扎卡小镇、暴戾恣睢的凶狠流氓也得到了一个新的头衔——“埃米尔”，意即“领袖”。接着，“领袖”旗下的分部很快得到了总部的最新命令——本·拉登希望扎卡维赶快行动，破坏伊拉克即将开始的全民选举。

第十四章
你抓得住他吗?

2005 年 1 月 30 日，是伊拉克历史上的一个大日子。这一天，这个国家将会举行有史以来的第一次议会选举。对于这次选举，本·拉登可不是那么欢迎。他曾在一次录音讲话中盛赞扎卡维，同时也向选举发出了严厉抨击。“所谓选举，不过是一起渎神的阴谋。”本·拉登表示。参与选举的人，自然是罪莫大焉。为了迫使选举流产，扎卡维已经做好了准备。他不用阻止人们前往投票点，只需要让广大的逊尼派信众惧而远之即可。或者，他可以煽动逊尼派的情绪，让信众拒绝接受选举结果。总而言之，他要搞乱伊拉克，彻底破坏政治改革的环境，让大使馆政务参赞福特的选举动员工作付之东流。

那个冬天，福特确实走访了不少伊拉克要人，但这些说服对象往往都对福特的劝说无动于衷，他们害怕自己与美方的合作会引来杀身之祸。面对这种担忧，福特无力反驳。去年一年，确实已有不少逊尼派人士因为和美方合作而遭遇不测。他们有人被枪杀，有人被捅死，有人被绑架后不知所踪，还有人在家中遭遇了炸弹的袭击。福特的一些熟人也在罹难人员之列。这一点，尤其让他感到痛苦万分。福特离开“绿区”后的第一站，直指拉马迪。在那里，他与安巴尔省的省长见了面。省长名叫卡里姆·布尔贾斯（Karim al-

Burjas），曾经担任过陆军将领，为人非常谨慎。交谈中，布尔贾斯也向福特表达了辞职的意愿。在美国一手扶持的政府中担任省长，让他觉自己和家人的安全无法得到保障。5 天之后，布尔贾斯的担心成了真——扎卡维派出的武装分子突袭了省长的宅邸，绑架了他的 3 个孩子，其中最小的一个只有 15 岁。为了确保家人安全，布尔贾斯只得立即辞职。此后，不但安巴尔省省长的位置空了出来，拉马迪市市长也无人担任了。

“当地公职人员的安全处境堪忧。”自拉马迪返回之后，福特将当地情况通过密码电报反馈给了华盛顿当局。

不过，福特并未放弃努力，他仍在为了选举到处奔走。这天，他走访了一位军官。此人性格异常直率，面对美方参赞的邀约，他的拒绝也是直截了当。他叫塔里克·哈什米（Tariq al-Hashimi），曾在陆军任职。他的英语口音正宗，身上的衣服出自定制，由此可见，哈什米对于西方文化应是相当接受的。不过，哈什米曾经多次口出“恶言”，攻击美方匆匆交权的政策。他的态度颇得罪了一批美方官员。当然，福特却认为哈什米头脑清醒，对于逊尼派势力的政治方向也有着正确的把握和判断。而且，此人非常大胆、直率，从不掩饰自己的观点，福特因此很重视哈什米的意见，两人也在后来成为了莫逆之交。

30 多岁的时候，哈什米秘密加入了思想保守、势力庞大的穆斯林兄弟会，后来，他晋升为伊拉克军队的高级将领，并且获得了经济学的高级学位。萨达姆倒台之后，哈什米及他背后的兄弟会势力迅速成了伊拉克逊尼派的头号政治力量。一开始，美方提出将在 1 月进行民主选举的方案时，哈什米一干人都在表示欢迎，他们甚至提交了参选登记表。但没过多久，不知出于什么原因，他们这帮兄弟会成员又集体宣布退出选举。此时，距离投票开始只有几周时间了。

为了规劝哈什米回心转意，福特特地离开“绿区”，敲响了哈什米别墅的大门。参赞希望，退休后的上校能够重新考虑一下参选问题。那天，哈什米的态度很是和蔼。他一头银色短发，胡须修得短而漂亮，浑身上下透出一股凛然英气。他还是像以前那样，对外交官直呼姓名。不过，对于参选的规劝，主人倒是拒绝得很痛快。

“我们绝对不会参选，因为我们不想有性命之虞。”哈什米语气平静地道出了理由。

哈什米有很多事情要抱怨。面对美国客人，他总是不吝言辞。其实，大多数逊尼派都和他有着同样的不满。萨达姆·侯赛因垮台以后，他们的政治地位也趋于边缘化。而且在宗派混居的地方，逊尼派教众还常常遭遇残酷迫害。十几年来，什叶派一直是伊拉克当局的打压对象。如今局势扭转，对方终于得到一个机会，把痛苦施加到逊尼派身上。在巴格达和巴士拉，不少逊尼派居民被什叶派邻人逐出了社区。有些逊尼派甚至惨遭虐杀，凶手中不但有打着什叶派旗号的帮派分子，甚至还包括什叶派警察。当然，两大宗派都在互相杀戮，谁的手上都不干净。不过，一些逊尼派人士觉得，美国军队完全没有阻止事态恶化的行动，让人不得不怀念起萨达姆统治下相对优越的地位。其实，美军不但未能维持秩序，还常常打着搜捕暴乱分子和武器的名义，在深更半夜闯进逊尼派信众的家里。此举破坏私人财物不说，还严重触犯了阿拉伯人的文化禁忌——陌生男人闯进妇女儿童栖身的房间，简直就是冒天下之大不韪。

“你们就是这样对待我们的，抓人、抓人、抓我们的人！”哈什米抱怨道，“而且，你们经常抓错人。然后，你们自然就会得罪我这样的人，我这样的逊尼派领袖。”

呃，但是，福特心想，那些枪击美军士兵、炸毁美军军车的人，不也是你们伊拉克逊尼派的人吗？更别说某些逊尼派人士还给扎卡维这样的恐怖分子提供庇护呢。

据福特了解，哈什米虽不喜欢美军，但也同样厌恶扎卡维和那些占据了伊拉克西部居民区的外国武装分子。几周之后，美军又和一伙极端分子发生了血战。双方从一个街区打到另一个街区，战况极为惨烈。最终，极端武装被彻彻底底赶出了费卢杰。不过经此一役，美军也无力再追击，只能眼见着对手逃往拉马迪和其他城市。那时的拉马迪，已经不是一片适宜居住的地区了。在扎卡维的经营之下，城市已然沦为战地。扎卡维拿手的汽车炸弹袭击，更是夺去了无数伊拉克百姓的性命。不过，在哈什米看来，这一切的罪魁祸首仍然是美军。

“这些极端分子是在跟你们打仗。”他表示，“是你们把这里弄得跟地狱一个模样。”

哈什米正在气头上。但是，福特清楚他的心意——哈什米希望自己的同事能在未来的伊拉克政府中占个位子，为逊尼派发声。最近，扎卡维天天发布广播，威胁要杀掉一切敢于出任新政府职位的人。因此，即便哈什米等人有心合作，现在也不是理想的时机。哈什米表示，自己不能让同胞冒这个风险，否则良心会过不去。

“如果我们的人敢和政府靠近，费卢杰和拉马迪的逊尼派极端分子很可能会取走他们的性命。”哈什米说，“在摩苏尔这样的地方，即便我们的人没被杀死，也可能引发大规模的抵抗。如此一来，我们怎么和那些什叶派还有库尔德裔竞争？当然，这一切都拜贵国设计的那种愚蠢的比例代表制[1]所赐。”

接下来的几周，福特及其同事连发了多封报告，请求布什政府推迟选举。他们认为，只有伊拉克的安全局势得到巩固，逊尼派人士才会显出合作态度。外交官们还警告，如今，足有三分之一的伊拉克人觉得选举不合法理。既然这样，美国政府没有必要坚持原定日期，也没有必要为选举站台，或者为失败承担责任。

“我们的汇报内容大致如下，”福特回忆着当时的情形，“什叶派会投票，库尔德人也会参与选举。不过，逊尼派会加以抵制。如果选举继续进行，产生的政府只可能由什叶派和库尔德裔把持。逊尼派会被完全排挤在外。这样的结果，只会加重伊拉克的问题。”

这样的消息，布什政府的高层官员当然不爱听。一些高官指出，既然逊尼派群众慑于暴力而无法出门投票，那么组织方不如变换形式，让他们在家中完成投票流程。互联网和电话都可以用来投票。不过，这样的提议实在不够现实——即便选举组织方可以筹到足够的电脑，一些地区也没有足够的电力。比如，安巴尔省大部只能零星通电，有时候干脆毫无能源供应可言。如上的困难，

1 比例代表制（proportional representation system）：萨达姆政权倾覆之后，美国占领军有意扶植什叶派政治势力。什叶派人士与库尔德裔得以在议会中占据大量席位。对此，逊尼派人士深感不满。

福特也向白宫方面作了汇报。对此，一名白宫官员只是斥责参赞“办事不力”。

福特的报告没能说服白宫，无论如何，布什都不打算搁置这次选举。按照白宫方面的计划，选举将会推出一个“宪法议会”。宪法议会将负责制定伊拉克的新宪法。而后，第二轮选举开始，正式议会将从中选出。最终，伊拉克将会迎来一个民选政府。这个国家的政治责任，自然交由民选政府承担，伊拉克国内的所有问题，也可以让民选政府去处理。如果选举推迟——哪怕只耽搁一天，美国人就不能顺利卸下肩头的担子。

“他们早有计划了，”福特回忆说，“如此一来，我们的想法总统怎么可能会听？”

2005 年 1 月 30 日，伊拉克史上第一次选举正式拉开帷幕。数百万人参与其中，大量人群涌向投票点。电视新闻上，人们笑意盈盈。他们的手高高扬起，展示着指头上的紫色印记——那是投票之后留下的印迹。扎卡维也没有违背诺言。投票期间，暴乱分子制造的爆炸袭击多达百起，大部分发生在逊尼派聚居区，至少有 44 人因此丧生。

事后，美、伊两国官员都表示选举圆满完成。扎卡维虽然也搞了不少破坏，但他要伊拉克“血流成河”的叫嚣却已经破产。

当然，扎卡维并非满盘皆输。从另一个角度来看，“基地”组织伊拉克分支的领袖也算得偿所愿。纵观伊拉克全境，从临近叙利亚的边境沙漠再到波斯湾沿岸，大多数逊尼派民众都安坐家中，未曾外出投票。在安巴尔省，逊尼派参与投票的比例只有 2%。其后的 10 个月内，伊拉克将会通过新宪法。宪法明确要照顾三大族群、3 600 万伊拉克人的共同利益，平均分配给他们石油资源带来的财富。但是，参政议政的热潮中，却听不见逊尼派人士的声音。伊拉克的政局曾经为逊尼派所主导，而后，他们的地位大大下降，似乎沦为了备受欺压的二等公民。由此而生的怨愤情绪，还会持续许多年的时间。

经过福特的耐心劝说，哈什米终于决定“出山”参政。之后，穆斯林兄弟会的领导人成为了新政府的副总统。借此，他也变身为伊拉克逊尼派的利益代言人。哈什米上任不到一周，他的家人便遭遇劫难。扎卡维的手下伏击了他的一位姐妹和一个兄弟，事发地点就位于巴格达的大街上。5 个月后，哈什米的另一位兄弟，同时也是新政府的军事顾问，在家遇刺。这桩凶案同样是由扎卡维策划的。

姐妹的葬礼过去了两天，哈什米决定出镜接受英国广播公司的采访。电视上，他再也不那么神气活现。副总统的声音甚至带着颤抖，刚刚送走两位骨肉至亲，哈什米的情绪自然很难平静下来。对方的目的很明确，就是要逼迫哈什米辞去公职。但是，这一次副总统决定坚持下去。

“我们的事业走上了正轨，对此我很满意。”哈什米表示，“为此流出的血、牺牲的人，都是进步的代价。”

死难者越多，扎卡维的敌人也就越多。即便在安巴尔省，昔日欢迎极端分子的民众也开始态度大变。他们不再把扎卡维一伙看作打击美军、消灭什叶派的子弟兵。有些人甚至向美军提供线索，检举宗教极端分子的行踪。每一天，情报局、巡逻队还有那些线人与探子都会收到大量举报材料。所有的材料经由特殊渠道，汇总到了中央情报局位于巴格达的行动中心。较之往年，现在情报中心的规模已经扩大了不少。

2005 年 2 月的一条线索，险些就让扎卡维落入法网。巴科斯目睹了事件发生的全过程。一切，都要从街角的一台俯瞰式无人机监视器说起。

当时，美国人收到的情报大致如下：2 月 20 日，扎卡维的一员重要副官将从费卢杰驱车赶往拉马迪。那天，副官需要参与一个会议。美方觉得扎卡维可能一路随行，因此，这是一个将其缉拿的大好时机。于是，一台无人机立即开始了追踪，而所有的指挥官都聚到了监视屏幕前，一边看，一边待命。

当天下午，屏幕上出现了副官的座驾。只见他一路向西疾行，身后还跟着另外两辆车。其中一辆属于小型皮卡。皮卡紧随副官，不过，两车之间始终保持着一段距离。车队沿着平直的沙漠公路持续行进，公路两旁都是农场和一片片的椰枣树林。

突然，前方不知什么时候冒出了军方的检查点。车队猝不及防，猛然停了下来。第一辆车很快落入士兵的控制之中，不过，随后的卡车却已经逃进了沙漠。美军发现，遁走的两辆汽车分别奔向了不同的方向。其中一辆皮卡车已经走在返回费卢杰的路上。空中的无人机迅速推进，摄像头对准了卡车司机。无人机发出了高频警笛，对方却不为所动，只是将方向盘猛然一打，车身旋即回转。显然，他是想躲过可能的导弹袭击。而后，皮卡车半是打滑，半是抽搐着继续前进。好几次，它差点和沙漠上的汽车残骸或道路标志撞个满怀。司机还是那样拼命和疯癫，只为甩掉那紧追不放的无人机。

巴科斯盯着监控屏幕，几乎看入了迷。她想，扎卡维的“职业生涯”，看来是要葬送在拉马迪这条公路上了。如果他能化为破铜烂铁里的一摊模糊血肉，那该有多好啊。

“我们干掉他了！”她喊叫起来，屏幕中的画面已经定了格。“他死了，死在车里了！”

她错了，他没有死。至少，那天还不是他的死期。疾驰的皮卡车再次来了一个急转弯，跃上一条土路，向一片密密麻麻的棕榈树林中的一间农舍驶去。接着，车门突然打开，一个身影跳了出去。皮卡车则继续前进，一直行驶到棕榈树下才猛然停下来。

即便到了这个时候，扎卡维还是完全可能被美国抓住，但是谁能想到，就在这个关键时刻，无人机却出现了技术故障——就在扎卡维穿过棕榈树林继续逃命的那一刻，监控机械突然死机，重启了。接下来，扎卡维从美国人的视野里消失了一段时间。待到美军赶到树林，只能重新慢慢搜寻。他们不敢肯定附近是否设了埋伏，又或者是地雷遍布。其实，那个时候，逃亡者早把汽车抛到树旁，逃之夭夭了。还好，士兵们找到了扎卡维丢弃的座驾。经过仔细搜查，他们又有了额外收获。汽车座位上摆着一台笔记本电脑，它的主人正是扎卡维。电脑旁边，还有不少金钱——币种多样，总额达到1万美元。看来，扎卡维等人走得实在匆忙，这些财产全都无暇收拾。

技术部门花了两个星期，才终于获取了电脑中的数据。那之后，翻译文件与整理硬盘的工作更是耗时长久。此时，大多数有用信息，包括藏身地点、行动计划、手机联系人等，都可能因为时间推移而失去了用处。不过，这台电脑仍然给了美国特工一个机会，他们可以借此深入扎卡维的“大脑”，一探他的内心。

特工们打开一个文件夹，发现其中藏着十几张照片。有些照片里，不同造型、不同伪装的扎卡维反复出现。显然，“约旦人”希望伪造证件以便四处流窜。他曾经剃净胡须、戴上平光眼镜，扮作文质彬彬的商人；也曾利用假胡须和格子头巾，摇身一变成为部落长老。另一个文件夹中，他的医疗记录也暴露无遗，众多的照片记录了他几处伤势的诊疗过程。通过查看他的回忆录与邮件往来，特工们渐渐明白了扎卡维一伙的组织结构。原来，扎卡维自命为“战地司令”。当然，他的公开身份则是“基地”组织伊拉克分支的领导人。扎卡维写给“基地”组织总部的几封邮件，也被美国人悉数查获，其中包括扎卡维与本·拉登的几次通信，以及扎卡维自制的幻灯片讲稿。他和手下的视频会议记录，更被美国人当作无价之宝。视频中，扎卡维侃侃而谈，提及了不少未来的计划。电脑中的一些个人文件，与美方人员之前得到的情报相符。不过，更多的资料看上去非常陌生，应当属于崭新的收获。

“我们在扎卡维的电脑里搜出了一封幻灯片文件，内容关于军事组织。可以说，我军最优秀的指挥官，水平也不过如此。”看罢扎卡维电脑中的种种东西之后，一位军事分析人员提出一个观点：“扎卡维团伙组织严密，他们的行动顺序、地点、计划全都列在了文件当中。组织成员的名称，也是一清二楚。”

电脑中的一段文件，甚至完整记录了扎卡维团伙的一次会议过程。一开始，会议的气氛有些严肃，让人不禁脊背发冷。但仔细观看，却又让人觉得十分滑稽。只见一群冷血杀手围坐在一起，认真得就像小学生。一个人开始吟唱歌曲，其他人则专心聆听；又一个人开始背诵诗句，其余成员还是报以关注与热情。他们就这样一个接一个地表演节目。轮到扎卡维了。这一次，“约旦人”以玩笑开场，而后又讲起了一个故事。他还谈起了自己关于伊拉克和中东局势的看法。他表示，“圣战”分子应当努力，大家要在一片废墟当中为宗教复兴打下基础。而且，在扎卡维看来，伊斯兰教虽然古老，却也历久弥新。

相比其他的“圣战”领袖，扎卡维的这番表态还真有些不一般。通常情况下，极端分子都不会大谈未来，他们只是模模糊糊地宣称要重建“哈里发”的国度，让伊斯兰回归“黄金时代”。在那个“黄金时代”，所有信徒都服膺同一个宗教权威。西方人强加在中东大地上的所谓国界，也都消失得无影无踪。当然，这些东西虚无缥缈、非常遥远。遥远的东西，扎卡维从来不谈。他口中的“哈里发国”就在现世，不久之后即将建成。他作为“解放者”的首领，已经带领部下走上了重塑“黄金时代”的征程。

“他正在干着他的‘大事业’。”军事分析人员指出，“他很有战略眼光，而且眼光长远。”扎卡维的大事业，让巴科斯也大吃一惊。回到兰利总部，她仔仔细细回顾了扎卡维电脑硬盘中的种种内容。其中的那些影像与图片，让巴科斯的判断更加笃定——扎卡维及其核心追随者就像一个邪教团伙，他们举止怪异，怀有强烈的“救世”妄念。正因如此，他们与本·拉登一伙完全不是一路人。中央情报局的心理分析报告，同样支持巴科斯的结论。报告认为扎卡维患有妄想症，他觉得自己就是英雄转世，是那些他仰慕的古代伊斯兰战士的化身。自大的念头就像肿瘤，正在扎卡维的思想中慢慢扩散。为了他那“宏大的抱负”，杀戮无辜之类的罪行自然无足挂齿，传统的伊斯兰思想对于他也没有半点约束力。

“历史上，研读过《古兰经》且熟悉经卷的人不少。”谈起扎卡维的“思想”，巴科斯分析道，“不过，扎卡维可不算其中之一。他只能背诵经书的部分内容。若论精通，他根本做不到。因为他识字不多，许多内容也是一知半解。所以，他只能按照自己的理解去解释经卷中的内容。因为他既无专业背景，也未曾接受过相关训练。”

如今，研究扎卡维已经成了巴科斯日常工作的全部内容。一年之前，她还要忙着追查“基地”组织与萨达姆的联系——尽管此事子虚乌有。恼怒之下，她还差点辞职。当时，巴科斯留下一张字条，而后整整消失了4天时间。直到一位老员工出面劝说，她才决定回来继续工作。巴科斯很幸运，萨达姆与“基地”组织到底有无瓜葛，她再也无须挂心。她只需紧紧盯着一个人，那就是扎卡维。她彻底变成了一名“猎手”。按照中央情报局的说法，“猎手”就是超级警探，一旦上头将某人看作危害国家安全的威胁，他们就要立即跟进，追踪线索、搜集资料，直到除掉目标为止。“猎手”的生活往往一分为二，生活的两面，往往又有天壤之别。巴科斯就是如此，她一方面要适应中情局反恐部门的办公室政治，另一方面还得深入海外，经历现场抓捕行动的危险。

“猎手”必须锲而不舍、一路追踪，直到追踪对象从追踪名单上消失为止——那个时候，这些人通常已经不在人世。作为一名新员工，巴科斯并非孤身应战，美国政府庞大的情报网络，她可以自由出入、采集信息。她要找到关键的证据，让扎卡维彻底失去危害无辜人的能力。

因为工作需要，巴科斯必须在伊拉克与美国之间往返来去。回家的机会多了，她可以更多地重归正常的生活。她的新家坐落在华盛顿的克里夫兰公园附近。街区里，有不少19世纪末期风格的建筑，漂亮的咖啡店也不少见。她租住的公寓，和国家动物园只有几个街区的距离。巴科斯的工作性质属高度机密，自然不方便向家人透露。其实，家里人至今也不知道她靠什么维持生计。特工的社交圈子都不太大。平日里，她也只和工作伙伴偶有联系。巴科斯不是个热爱手工的人，但是，为了和中情局里的女性员工打成一片，她还是加入了她们组织的“刺绣与品酒会”，成了一名会员。

“其实，大家就是在一起叙叙旧、聊聊天。”巴科斯说，“不光是刺绣，也远不止喝喝酒。这样的生活实在不错。”

这样的生活，也不会持续很久。往往第二天，她就得踏上追踪的征途。

7月到了。距离扎卡维在拉马迪附近死里逃生，已经过去了5个多月的时间。一天，巴科斯又追踪到了对方的最新消息。这一次，消息有些让人迷惑。原来，监控系统查获了一封邮件，收信人是扎卡维，寄信者则是本·拉登的副手兼“基地”组织的二号人物。内容洋洋洒洒，多达6 000余字。初读上去，仿佛一篇“绩效”考核报告。信中，扎瓦希里对于伊拉克分支的“业务状况”很是关心。中情局截取信件的消息并未对外公布，巴科斯若想浏览研究，也必须经过申请，进入一间专门的密室。这个地方被员工们称作“墓穴”。如此重要的文件，自然不可错过。“墓穴”内的巴科斯对邮件研究得很是认真，一字一句也不肯放过。

扎瓦希里的言辞还算客气，不过，他仍向扎卡维表达了一些不满情绪，他认为扎卡维的暴虐行为，很有可能破坏“基地”组织的形象，让本·拉登一伙的威信荡然无存。扎瓦希里觉得，杀戮与暴行加诸在美军身上当然可以，但是对于汽车爆炸案、什叶派清真寺袭击案，还有那一系列斩首视频，总部却认为有些欠妥。眼见什叶派儿童横死街头，普通的穆斯林似乎不会感到欣喜；保加利亚司机身首异处的影像，对于他们的“事业”也毫无助益。相反，大家都很震惊，甚至有点恶心。“群众不理解、不认可的行为，我们的‘圣战’运动万万不可为。”这是扎瓦希里的态度。此外，他还表示：“阁下深受广大信众拥护与爱戴，然而，人质遇害的画面，却又让一些信众生出二心。一些无知小人诬称阁下为‘屠场主人’，实在无法代表广大信众的观点，对于您的形象也是一种辱没。您也许会问，敌人摧毁我们的城镇、杀戮我们的人民，难道他们不是更残忍吗？为什么我们不能以牙还牙、报复这些‘十字军’及其仆从？这样的问题，您不妨多多提及。由此，大家可以见识您雷霆手段后的苦心……不过，我想向您真诚建议，我们处于战争当中，战争的成败，半数系于舆论。我们必须争得（穆斯林的）民心。而且，敌人势力非常强大，我们远远不及。我们的力量可能不及‘邪恶帝国’（kingdom of Satan）的千万分之一。依我看，处死俘虏用子弹就行。如此一来，不会引发疑问与非议。疑问与非议，恰恰不是我们需要的。”

这当然是一段警告。不过，刨除这些字句，扎瓦希里其实对扎卡维不吝溢美之词。“基地”组织的二号人物称赞这位“约旦人”勇气超群，还表扬他治军有方。临到结束，扎瓦希里竟然向扎卡维提出了金钱要求：“如果您能支出一笔10 000美元的资金，那我们真是感激不尽。”扎瓦希里这封信件的主旨非常清晰。显然，“基地”组织及其伊拉克分支之间出现了很大的嫌隙。扎瓦希里的信件，就是证明这层嫌隙的最好证据。

扎卡维终究做出了回应。不过，他并未直接向“基地”组织叫板。

扎瓦希里的书面谴责发表两周之后，扎卡维也发出了一封公开信。收信人乃是他曾经的导师兼狱友麦格迪西。在信中，扎卡维狠狠驳斥了麦格迪西。所有曾对他表示怀疑的宗教极端分子，也遭到了扎卡维的责难。“约旦人”表示，麦格迪西也许深孚众望、博学多识，但是，人非圣贤，学者也并非事事皆知。

“何谓学问？不是麦格迪西说了算。麦格迪西所说所言也并非全对。他对‘圣战’了解不多，对于国事更是知识粗浅。”扎卡维写道。

然后，扎卡维还宣称自己的那些所作所为——比如杀害什叶派信徒，比如鼓吹自杀性袭击通通有其宗教理据。这些事情，都曾得到一些“正直正义、追求真理”的“圣战学者”的首肯。当然，扎卡维不太方便透露这些“学者”到底姓甚名谁，因为他们大多身在囹圄，一旦名字为人知晓，就可能遭到迫害。

两个月过去了，“基地”组织二号人物谴责扎卡维滥杀什叶派信徒的批评，犹在大家的耳边回荡。这时，扎卡维也做出了第二次反击。2005 年 9 月，他灌制了一段录音，并将其上传至宗教极端分子聚集的各大网站。这一次，扎卡维通过录音宣布，自己准备再次发起袭击，目标直指那些“拉菲达”[1]。一些宗教极端分子常常用这个词来蔑称什叶派穆斯林。

“‘基地’组织两河流域分支令：我们将和伊拉克境内的‘拉菲达’全面开战。”扎卡维表示。接着，“约旦人”还向伊拉克境内的所有武装派别发出了警告。当时，2005 年 1 月的那次大选所选出的新政府已经开始运转。扎卡维宣称的伊拉克各大派别都应当发表声明予以谴责，否则，他们可能面临严厉报复。

“正义或是邪恶，你们必须选择一边。”扎卡维表示，“任何势力只要向‘十字军’及其代理人投降，都会成为我们‘圣战’武装的敌人。我们将像打击‘十字军’一样打击你们。”如此宣言，等于公然向“基地”组织的权威发出挑战。扎卡维的举动，让人有些摸不着头脑。要知道，他此前费尽心思，就是想要获得本·拉登的认可。巴科斯和同事们不得不打开“机密文件库”，从中取出扎卡维的各种信件与资料。他们想知道到底扎卡维只是一时热血上脑，还是有心通过类似的行动，夺权全球“圣战”运动的领导权。

“扎卡维的信件，我们看了一遍又一遍。他的那种语调，让大家都非常吃惊。”巴科斯回忆说，“他毫不谦虚、自信满满，他大胆地与扎瓦希里展开争辩。他觉得他在伊拉克制订的策略才能真正地弘扬‘圣战’。”

巴科斯不禁替扎卡维考虑起来。她想，站在扎卡维的角度上，又该如何看待整件事情？扎卡维身为千军万马的统帅，拥有无数忠心耿耿的士兵。为

---

1 拉菲达（Rafidha）：指“不从正道”的人。

了他，他们可以随时牺牲一切，献出生命也在所不惜。阿富汗战争结束以来，扎卡维这般“成就”实在无人能及。他羞辱了一个超级大国，使之陷入游击战的泥潭；他获取了大量金钱、武器和自愿追随的士兵；他在一线与美国人及其伊拉克盟友做着斗争，相反，“基地”组织的各位领导人却都在自我放逐。根据民意调查，对伊拉克战争表示支持的美国人比例已经大幅下降。从这个角度上讲，扎卡维已经赢得了这场战争。

所以，他为什么要听从扎瓦希里的建议？

没错，他滥施暴行，得罪了不少穆斯林。但是，如此暴虐的行径，难道真能伤害扎卡维的声誉？现在，巴科斯也不敢肯定了。每个月，都有100到150名宗教极端分子偷偷潜入伊拉克境内，只为了投奔“屠场主人”。这些死硬的“圣战士”愿为扎卡维而战，也愿为他去死。在网络上，扎卡维的声望也是节节高升。宗教极端分子认为他英勇无畏，总在毫不留情地扫荡那些“安拉之敌”。他在网上贴出的血腥图像，对于大多数人来说也许非常血腥，不过，在许多年轻网民心目中，他就是偶像与英雄。他们认为，几个世纪以来穆斯林一直忍羞受辱，扎卡维的出现，为广大的信徒出了一口气。有了如上的种种支持，扎卡维自然无须本·拉登的提携与认可。一些研究者认为，扎卡维的组织堪称“基地”组织本地化的成果。这样的看法，扎卡维可不会同意。他的组织才不是“基地”组织的分支，而是“基地”组织的2.0升级版本。

“大家都觉得，扎卡维砸了‘基地’组织的招牌。”巴科斯分析道，“其实，他是在营销自己这个‘品牌’。在这方面，他一直非常成功。”

同一个夏天，当扎卡维和他的“基地”组织同伴为了斩首人质的事情争得不可开交时，美国总统布什则在白宫主持安全会议。会议的主题正好也是关于这个约旦籍恐怖分子的。

会议于2005年6月29日开始，地点设在狭窄的“战略办公室”（Situation Room）。当时，布什的第二届总统任期已过去6个月。这天，室内摆着一张漂亮的木制长桌，总统的座椅位于桌子的一头，坐在另一头的与会者也都是些熟面孔：副总统迪克·切尼、新任国务卿康多利扎·赖斯、国防部长唐纳德·拉姆斯菲尔德、国家安全事务顾问史蒂夫·哈德利。这天早上的报告人名叫迈克尔·海登——空军四星上将，未来还会出任中央情报局局长。当时，他的身份是国家情报主管的一位重要副手。

报告开始，海登先是简要介绍了伊拉克当下头号恐怖分子的生平事迹。他谈到了扎卡维在扎卡小镇的童年经历，而后，又先后讲起少年扎卡维如何作奸犯科、如何前往阿富汗冒险、如何“皈依”宗教，又是如何进了监狱。海登还仔细描述了位于赫拉特的恐怖分子训练营和扎卡维逃到伊拉克东部之后的种种事迹，比如劳伦斯·弗莱之死和“新千年袭击未遂案”。接下来，当然就是介绍扎卡维在伊拉克发展壮大的粗略过程。按照海登的说法，扎卡维其人非常狡猾，又有一点“傻人有傻福”，两个因素组合在一起，他得以成功刺杀伊拉克国内最有名望的什叶派教士，又将联合国驻巴格达办事处夷为平地。

听到这里，布什不觉抬起了头。

“是这个扎卡维杀了塞尔吉奥？”总统发问。他口中的塞尔吉奥，当然是指巴西外交官塞尔吉奥·维埃拉·德·梅洛。战争开始的那年夏天，他在扎卡维制造的运河酒店爆炸案中不幸殒命。布什与梅洛有过一面之缘，总统很是欣赏这个巴西人的性格。“这些事我怎么现在才知道？”布什喃喃自语。

行动简介即将开始，布什把头转向拉姆斯菲尔德。此时，国防部长正准备介绍一位刚刚到会的客人——斯坦利·麦克里斯特尔，美军联合特别行动中心主管、扎卡维长年的“追踪者”。当时，麦克里斯特尔恰好回国访问。而后，他接到电话，并匆匆赶到会议现场。

“总统先生，斯坦利会给您介绍我们抓捕扎卡维的具体步骤。”拉姆斯菲尔德报告布什。

当时，麦克里斯特尔已经晋升少将。根据正式的会议记录，麦克里斯特尔一边播放幻灯片一边向总统做介绍，当时布什只是简单提了几个问题。报告结束之后，总统默默地盯着少将看了好长时间。

“你抓得住他吗？”布什问道。

麦克里斯特尔集中精神，竭力摆出自信的样子。

“我们会成功的，总统先生。”将军表态，“我本人毫不怀疑。”

议程还在继续。突然，总统再一次探头问麦克里斯特尔:“你看，你是打算生擒这个扎卡维呢，还是想直接将其正法？”

“我真想亲手抓他归案，总统先生。”

“为什么不能直接干掉他呢？”布什的问题又来了。这时，屋内响起几声怯生生的笑声。

“呃，是这样的，总统先生。我还要审问他，他掌握了一些我们很想了解的情报。”

他话音刚落，布什旋即满意地一笑。

“嗯，这个解释好。”总统表示。

其实，麦克里斯特尔没有那么自信。他也不知道自己离成功有多远。他的“6-26 小组”倒是处理了几个扎卡维身边的人。其中有几个被直接击毙，剩下的则被悉数关进了巴拉德空军基地。那里，正是小组的总部所在地。每多一个俘虏，麦克里斯特尔等人的信心就会增长一分。不过，想要抓到扎卡维，他们还有很长的路要走。

手中的情报越是翔实，麦克里斯特尔越是觉得自己的追捕对象不可小觑。此人可能没有受过太多教育，但却算是一个颇有能力的战地指挥官。他能把一群毫无军事素养的白丁训练成士兵。他还可以将招募来的新手变作听话的自杀式“人弹”。“人弹”与士兵都会严守纪律，乖乖执行他的命令。在俘虏的印象中，扎卡维其人沉默寡言、不怒自威，而且，他无所畏惧。“扎卡维确实不好对付。”一次战略会议上，麦克里斯特尔的助手如此表示。

扎卡维其人，拥有一种“圣战士的气质”，他“既有暴力的一面，却又像个无上的领袖”。这一点，恐怕没人能够否认。如上的评价，来自麦克里斯特尔的书面回忆。将军觉得，扎卡维的魅力“已经散发到了伊拉克之外”。

麦克里斯特尔手下搜集的资料显示，扎卡维建起了一套严密的管理流程，涵盖自杀式“人弹”的招募、运送、培训和任务执行等全过程。他选取的“殉道者”不仅来自中东，还广涉全世界。一个“人弹”和扎卡维的初次接触，必然是从观看他录制的宣传视频开始。任何拥有电脑又能连上网络的人，都可能与之结缘。其后，他们会拿到对方提供的电子邮箱地址，并由此和扎卡维方面真正搭上关系。通过邮件，潜在的“人弹”将见到扎卡维团伙的一众联络人。他在他们之间辗转来去，从一个隐秘地点转移到下一个隐秘地点。最后，他将踏上一段沙漠之旅，经由叙利亚边境潜入伊拉克境内。入境之后，“人弹”身上的钱财即被搜刮一空。而后，扎卡维一干人会把“人弹”幽禁起来。其间，他几乎不能和外界接触。

“通常情况下，一个外国‘人弹’第一次看到的伊拉克人，就是那些即将死在他炸弹下的冤魂。”麦克里斯特尔表示。

至于扎卡维本人，“人弹”基本无缘得见。由于美国军方与情报部门的加紧搜捕，“约旦人”特别注重自身的安全。麦克里斯特尔等人审讯俘虏后得知，扎卡维甚至很少透露自己每天的落脚地点。他的下落，也只有极少数亲信才会清楚。他从不使用手机，而且总在搬来搬去。最近，他又娶了一房妻子——她来自伊拉克本地，可能只有 15 岁。他的第二位太太给他生下的两个孩子，如今也被他带在身边。只是，他特别注意掩饰自己的家庭信息，所以美军也从未发现扎卡维亲人的蛛丝马迹。

尽管如此，追踪还是取得了不小的进展。到了 2005 年夏天，麦克里斯特尔的团队再次扩员。美国政府的一些顶尖反恐专家加入其中，他们当中既有特种部队老兵，也有出身国土安全局的技术鬼才。为了保证大家能够协同作战，麦克里斯特尔辟出一个大大的“作战情报室”（Situational Awareness Room），他的所有队员都聚在此地办公。通过四周遍布的电视屏幕，将军等人可以掌握无人机镜头下的各种适时动态。

麦克里斯特尔觉得，扎卡维的最大优势在于作战中的应变能力。将军的团队必须由此着手，将敌人的优势消磨殆尽。对手的指挥系统很是灵活，扎卡维可以在洞悉美军的动向后迅速调整战术战略。要想打败他，只能让自己变得更加机动。

“‘基地’组织伊拉克分支每完成一次暴力袭击，总会消停那么一段时间。因为他们需要招揽新人、徐图大计。如果我们能够打出一套组合拳，对手恐怕就没了喘息之力和发展壮大的时机。”这就是麦克里斯特尔的策略。言谈之时，将军也已经习惯使用扎卡维团伙的最新名称了。“只要压力够大，

‘基地’组织伊拉克分支的一干成员都会疲于奔命。逃亡当中，他们当然无暇招揽新人、筹措资金，也没有办法改进自己的战术战略。”

为了保证“组合拳”击中要害，麦克里斯特尔觉得美方需要“注意出击的步伐”，一方面“叫敌人无法还手”，同时“自己也不能乱了阵脚”。这样的要求，当然非常严苛。每天，“6-26小组”的各位成员需要工作16个小时，他们还得跟上麦克里斯特尔近乎残酷的体能训练。除了吃饭和锻炼，队员们几无闲暇时间。将军自己也是常常熬夜，只在晨曦初露之前才能稍歇片刻。而后，他又得忍住巴拉德附近49摄氏度的平均气温，继续白天的工作。

黑白颠倒的作息规律，麦克里斯特尔的手下都已渐渐适应。他们在夜晚出击，搜查恐怖分子可能的藏身之地。嫌犯一旦落网，就立即转送基地隔壁的审讯中心。在那里，另有专家会整理当晚的各种“收获”——包括手机、纸质资料、地图等。小队下一夜的行动方向，也许就隐藏在这些收获之中。同时，桌边的国土安全局专家也会与成员们分享当日通过录像监控和手机窃听得到的种种信息。天空中的无人机监视器如今还在增加。整个伊拉克，都在他们夜以继日的监视之下。麦克里斯特尔口中的这些“不会眨的眼睛”还有回放功能，他的队员可以借此追踪恐怖分子一天的踪迹，找出他们放置炸弹的地点。

当年秋天，麦克里斯特尔的新战略已经大见成效。他们一点一点渗透了扎卡维的指挥系统，连续除掉了“约旦人”的好几位中层助手。这几人的职责很广，从物流到通讯，再到招募人手，统统由他们负责。由此，扎卡维方面元气大伤。据统计，已有100多名扎卡维团伙的领导成员遭到了逮捕或是被击毙。这个数字，很快就迈过了200大关。其中，还包括20个扎卡维倚仗的高层助手。

从巴拉德到巴格达，麦克里斯特尔等人搭起了一条情报热线。通过热线，他们可以将获取的恐袭情报、武器与爆炸品消息一一汇报上级。9月底，麦克里斯特尔等人向五角大楼发去一封报告。报告中，情报人员声称截获了扎卡维亲自签名的一封信。信件显示，恐怖分子把袭击目标瞄准了臭名昭著的阿布·格莱布监狱。扎卡维的不少手下，当时正关押在那里。这次行动将由扎卡维的“AMZ 部队”负责执行。所谓“AMZ 部队”，乃是美军对于扎卡维武装的简称。袭击的时间定于10月到11月，正值伊斯兰教传统的“斋月”[1]。极端分子认为，一个人在此期间献出生命，必定会在来生获得幸福。

阴谋暴露，美军方面自然严阵以待。当年的斋月，伊拉克的局势倒还算平静。当然，所谓平静，也是以当地的标准而言。5 天之后，守在电视边的麦克里斯特尔等来了一则爆炸性的新闻，惨案还是发生了。只不过，这一次的爆炸跨越了边境。约旦安曼的 3 座酒店遭遇连环爆炸，数人因此丧生。

事发那天晚上，麦克里斯特尔正在处理公务。他和他的助手盯着电视屏幕，目睹了安曼拉迪逊酒店遭遇袭击之后的残破大堂，以及走廊中横七竖八的尸体。将军很清楚这桩案件到底因谁而起，不用怀疑，这又是扎卡维策划的一起夺命恐怖事件。

“这还真是……”麦克里斯特尔不禁扭过头，告诉身边的副手，“糟糕透顶。”

1 斋月（Ramadan）：伊斯兰教的习俗。时间是伊斯兰教历的 9 月，是伊斯兰教徒封斋的一个月。

第十五章
这是我们的“9•11”

行动当日，萨吉达・里莎维很早便起了身。她做完祷告，显得异常笃定。今天，就是她生命的终点。这一天，她本打算在租住的公寓中度过。公寓空空荡荡，她无聊地打发着时间。直到拎着包裹的同伴出现在门口，里莎维才开始为“行动”做最后的准备。只消几分钟，同伴阿里（Ali）便将所有炸弹拆封完毕。这些东西陪着他们，一同越过了茫茫沙漠，从伊拉克来到安曼。旅程，很是艰苦。两人的弹衣摆在眼前，衣服经过精心设计，可以最大限度发挥炸弹的威力，同时还很贴身，他们套上弹衣再穿好普通服饰，整个人也不会因此显得臃肿。

那还是里莎维第一次见到弹衣。她没想到，这一刻来得如此之快。里莎维拿起衣服，觉得它着实沉重。她又摸了摸那个鼓鼓囊囊的口袋，感受到了嵌在其中的金属线。她很清楚，自己必须熟悉炸弹的开关位置。她觉得弹衣的肩头和肚腹的部分还可以稍稍修剪一下。即便是自杀式炸弹背心，也必须贴身舒适才行。

“阿里帮我套上背心，他自己穿好另外一件。”那一年，来自拉马迪的里莎维 35 岁。面对约旦情报局的询问，她如此回答：“阿里还教了我背心的用法，帮我指出开关所在的地方。”

阿布·哈伊萨姆上校仔细听着，他一声不吭，生怕打断了对方的思绪。昨天，他刚刚开始审讯里莎维。还好，今天她终于开口交代了，对此哈伊萨姆很高兴。

安曼的大街小巷中，祭奠死难者的仪式还在进行。那场袭击堪称约旦历史上最严重的恐怖主义袭击——3 座酒店连环爆炸，60 多人因此死亡。炸弹袭击，似乎动摇了国家的根基。作为情报局反恐部门的资深人员，哈伊萨姆亟需还原整个爆炸事件。眼前这名罪犯，就是案件还原的关键。

情报局对里莎维的兴趣，远不止她在恐袭中扮演的角色这么简单。事件的主谋一早已经揽下罪责，而且在那之前，情报局也已利用旁证，猜出了扎卡维与爆炸案件的关系。现在，就要看这个眼窝凹陷、神情黯然的女人能否直接指证扎卡维。一名“人弹”似乎不可能进入扎卡维的生活圈，但是这次任务实在特殊。里莎维必须伪造旅游证件，穿越两国边境，才能达成最后的目标。一些特工认为，这个里莎维在“基地”组织伊拉克分支中的地位定然不简单，只有这样她才会参与到这次由伊拉克宗教极端组织策划、在伊拉克之外实施的大型恐怖活动。也许，她知道那些招募她的恐怖分子叫什么名字，或者，她甚至认得出那些为她提供便利的人，比如训练她的人、为她提供假护照的人、为她装备炸弹的人，等等。她或许还有同伙，正埋伏在约旦境内蠢蠢欲动。没准儿，她还知道他们的下落，也对他们的计划一清二楚。

情报局的其他人员，也在为破获案件劳神费力。在一次行动中，情报局拘捕了许多涉嫌此案的约旦人和外国公民。几个特工甚至扮作恐怖分子，深入伊拉克西部刺探情报。他们需要查出扎卡维的下一个目标在哪里。当然，要想阻止扎卡维，最好的办法是找到一个对他知根知底的人。这个人可以带领特工拨开迷雾，直捣恐怖分子的老巢。

终于，涉案的这个伊拉克女人愿意吐露实情了。上校询问的话语之中，似乎有种魔力，里莎维抵挡不住，只能选择招供。渐渐地，她开始讲述自己那不快乐的生活。时不时，她还会静静地抽泣两声。里莎维来自伊拉克中部，当地局势很不稳定，居民主要隶属逊尼派部落。美国军队入侵之后不到几个星期，里莎维的两个兄弟都加入了暴乱武装，为扎卡维效命，其中的一个还当上了“基地”组织伊拉克分支的中层军官。后来，当了军官的兄弟在费卢杰遭遇了美军袭击，并最终因此丧命。她的另一位兄弟同样死在美国人手里。不仅如此，美军还夺走了里莎维姐夫的生命。亲人丧生，里莎维悲痛欲绝。她觉得自己重任在肩，必须为死去的兄弟报仇雪恨，伊拉克逊尼派的传统一向如此。2005 年的秋天，是个沉痛的时节。当时，正值里莎维那位当上军官的兄弟死去的周年忌辰，与此同时，巴格达也出现了第一名女“人弹”。后一件事情，让伊拉克官方大为恐慌。通常情况下，妇女面对警戒线都是畅通无阻的，而她们身上宽大的罩袍，似乎也特别容易掩蔽炸弹。伊拉克的传统观念认为，对女性搜身有辱人格。在这样的背景下，妇女似乎成了最佳的带弹工具。

因此，里莎维的自告奋勇，才会得到响应。

“我只是想杀死美国人。”里莎维告诉哈伊萨姆。由于兄弟的关系，她接触过一两个“基地”组织伊拉克分支的干部。兄弟死后，里莎维主动联系了那几个人。

扎卡维很快拟好了行动计划。这一次，他为尚未婚配的里莎维安排了一位“老公”。他叫阿里，和里莎维来自同一个小镇。他们两人将组成一对雌雄“人弹”。这样一对中年夫妻，实在稀松常见。里莎维与阿里走进任何公众场所，都不会引起特别的注意。

11 月初，里莎维“夫妇”和另两个参与恐怖袭击的人员碰了头。随后，4 人开始为行动做最后准备。里莎维和阿里拿到了伪造的护照，护照上显示他们俩是夫妻，然后他们也清楚了自己的任务——跨越边境进入约旦，杀死几名美国特务与以色列情报人员。此外，扎卡维的人还为他们编造了一个听起来相当可信的故事：夫妻俩此次前往约旦，是为了诊治不孕不育。准备工作的最后一步，是将“夫妻俩”带到一个地方，在那里，扎卡维派出的教士为他们主持了一场正儿八经的婚礼。如此作为，当然不是为了真正撮合两人。按照计划，里莎维和阿里肯定不会假戏真做，这场婚礼，只是为了避免触犯“教义”。极端分子向来认为，女性不应单独出门，若要出外旅行，她们应有丈夫或男性近亲相伴左右。

接着，“夫妻俩”一直待命，等到斋月结束。开斋节落下帷幕后第二天，两人出发穿越沙漠来到约旦。旅程花去整整一天时间。途中，他们的签证险些招致怀疑。终于，他们拖着疲惫的身躯，住进了早已安排好的公寓里。公寓附近，乃是安曼最大的伊拉克侨民社区。此时，距离预定的行动时间还有4天。4天之后，正是11月9号。约旦日期缩写方式承自欧洲，按照那种传统，那一天也可被约旦人记为“9•11”。

“9•11”终于到了。阿里将炸弹装进背心，又帮助里莎维穿好作案工具。她的肚腹周围足足裹着9公斤“黑索今”炸药和弹片。为了保证炸弹能顺利引爆，阿里查验得非常仔细。然后，他拿出胶带，将暴露在外的金属引线缠绕起来。准备停当的两人，爬上一辆租来的汽车直奔拉迪逊酒店。9点不到，“夫妇俩”已经出现在了目标地点。

走进酒店的“费城宴会厅”，里莎维顿时怔在原地。眼前的景象，似乎不大符合她的想象。事后，里莎维向阿布•哈伊萨姆表示，自己原以为会遇上一群操着英语、西装加身的美国特工。但是，她在大厅里看到的人，却都是普通的约旦人民。原来，行动的目标竟是一场婚礼。

推开大厅的门，里莎维遇到了好几个带着小孩的家庭。身着节日服装的年轻女人，显然是为了婚礼而来。男人们聚集在大厅的一侧，另一个角落则被女士占据。显然，他们正准备跳起达卜克舞（dabke），开启一场阿拉伯传统婚礼。这些景象，里莎维统统看在眼里。一时间，她有些茫然无措。

一位酒店职员走了过来。他觉得，这对“夫妻”闯进酒店大厅，应该是为了找人。里莎维的搭档嘟嘟囔囔，只说想来见识一下约旦传统婚礼到底是什么样子，等会儿他们就会离开。打发走职员，一男一女两个伊拉克人立即散开。他们朝着不同的方向走去。终于，里莎维在一群女青年身旁停了下来。她把手伸进外套，拨动了炸药的开关。至今她也不明白，为什么那副炸药哑了火。也许，她当时太过紧张，拉错引线了。她不禁望向搭档，才发现问题有些严重。只见阿里神情严肃，直奔门口而去。

里莎维呢，她突然打算逃走。不过，她还没有迈开步子，就发现阿里已经站上了一张餐桌。接下来，可怖的爆炸声，响彻了整个大厅。

“其实，我是想脱下那副背心，但是我不知道如何解开束缚。”里莎维说，“所以，我只能选择逃离。”

厅内已经乱作一团。她绕开惊惶的人群，又从伤者与死者身边走过。当气喘吁吁的她稍稍镇定下来时，酒店已经被远远抛在了身后。那件背心，还是和她的身躯紧紧相连。只是她的身上，已经沾满血污。

而后，她坐上一台出租车。此时的她有些迷惘，也有点愤怒。她记不得住所的地址，也忘了附近的地形。在她下车地点附近的一些商户和路人都记得这个一身黑衣的陌生女子。当时，她连滚带爬冲出汽车，操着伊拉克口音，结结巴巴地向身边的人问路。她走路的姿势形若一具僵尸，显得很怪异。那些和她擦身而过的人，都觉得里莎维“肯定有些不正常”。她找到了兄嫂的家，而后一头倒在床上不肯起身。她落入法网的地点，也正是在那里。

几天以来，案发当时的各种场景都在里莎维的脑中漂浮来去。迷惑，由此化为恐惧。那些她应该对付的美国特工，到底又在哪里？难道，扎卡维派给她的任务本来就意不在此？

“他们反复告诉我，说我要除掉的对象都是美国人。”面对哈伊萨姆，里莎维甚至有些埋怨，“我答应他们，只是为了给兄弟们讨个公道。”

因为仇恨，她上了当。其实，她一直也没有悔改。她只是觉得计划出了差错，所以才会酿成那出惨剧。她从来没见过扎卡维，但她始终不敢相信，“基地”组织伊拉克分支的领袖愿意牺牲一条性命，只是为了除掉一群参加婚礼的妇孺。里莎维觉得，一切都是她的错。她甚至难以相信，在那个瞬间，她的手指竟然摁动了雷管的开关。她就那样放弃了自己的未来，同时罔顾了一群陌生人的性命。还好，那个小小的金属片出了问题。

“我其实不想死。”她的声音轻柔纤细。

审问持续了几天，里莎维的价值也渐渐变得清晰。她从未见过扎卡维，也和“基地”分支里的任何重要人物没有关系。她不是情报局人员中意的那种俘虏。他们的藏身地在哪里？他们的走私路线又经过哪些地区？这些问题，她一概不知。对于扎卡维的行动，她也毫无头绪。说实在的，她有些笨。这个被仇恨迷住了双眼的笨女人，倒是很合扎卡维一伙的意。她轻易地上了钩，为了一个不曾存在的理想而豁出性命。当然，就连这个任务，她也搞砸了。

哈伊萨姆对里莎维产生了些许怜悯。但是，惨案的记忆实在太过鲜活，由此生出的对恐袭分子的愤怒已远远盖过了怜悯。他丢下里莎维，回到自己的办公室，继续着自己的任务。比起其他事情，眼下这个任务最为紧要——他要抓住扎卡维。

抓住扎卡维，其实不单单是一个任务。哈伊萨姆觉得，这已经是自己一生的义务。哈伊萨姆精力过人，这一点大家都清楚。为了长时间工作，上校经常会在情报局总部洗浴和起居。现在，他已经打定主意要搬进自己的办公室。不到扎卡维落网的那天，他绝不回家。其他部门的不少军官也下了同样的决心。就连翻译和文员，似乎都在同仇敌忾。

“正义面前，每个人都受到了感召。”一名情报人员表示，“我们必须拿起武器，继续工作。”

一直以来，扎卡维都想“唤醒”约旦的500多万逊尼派教众。他想让他们团结起来，而现在他得偿所愿了——大家已经团结一心，都想要了他的命。

惨案过去几个小时，安曼的大街小巷便挤满了抗议的人群。城中最古老的宗教场所旁边，很多人一面游行，一面高喊：“扎卡维，下地狱！”另一些人则一边哭泣，一边前进。领头的妇女身着哀悼用的黑衣，还手持一面标语表示对“安曼新娘”的同情。灾难发生后第一个周五，全国各地的清真寺照常举行祷告仪式。宗教领袖趁此机会，发出了步调一致的谴责声。在恐怖分子出生的扎卡小镇，扎卡维的兄弟与56位亲戚特地登出广告，表示和他断绝关系。

两年之前，美军侵入伊拉克。打那以后，恐怖暴行开始肆虐邻邦。对此，大多数约旦人都是沉默以对。汽车炸弹的可怖袭击让一些约旦人心生恐惧。不过，眼见美国人陷入泥潭，布什政府改造中东的计划濒临破产，许多约旦人甚至有些喜不自胜。甚至，在安曼的某些贫民区，扎卡维被人视为民族英雄。大家觉得，他保护逊尼派同门免受美军与什叶派的迫害，实在是护教有功。

但是，安曼酒店的爆炸案让扎卡维的形象发生了改变。到了今日，即便惨案已经过去多年，广大约旦人提起“扎卡维”这个名字时，都显得异常轻蔑与愤恨。

“这是犯罪，这是严酷的暴行。这样的犯罪与暴行和伊斯兰信仰毫无关系。”贾迈勒·穆罕默德（Jamal Mohammed）是一名小店主，这次特地来参加游行。他一边挥舞约旦国旗，一边对着安曼一家英文报纸的记者说出了上述心声。

“扎卡维就是个可恶的罪犯，他已经完全疯癫。”另一个人插嘴表示。

从网络聊天室到报纸专栏，再到大学的讲坛，穆斯林的声音是如此一致。在伊拉克，扎卡维常常把美国军队指为敌人，可是，他才是那个杀戮无辜伊拉克平民的凶犯。在安曼，他又大肆诋毁王室和政府公务员，并且居然做出了在一场普普通通的逊尼派婚礼上屠杀无辜妇女和儿童的暴行。一向保守的穆斯林兄弟会，也将这次事件斥为“怯懦的恐怖主义丑行”，而且“纵使拥有任何借口，也不能原谅”。

爆炸发生之时，阿卜杜拉正在哈萨克斯坦访问。国难一出，他连夜赶回。途中，外国领导人不断来电以示慰问。凌晨 5 点，国王终于回到安曼。

那天晚些时候，阿卜杜拉来到医院看望幸存者，之后，他上了电视发表演讲。公众面前，国王语气沉静。他向国民保证政府一定彻查“涉案的恐怖分子和那些资助他们的人”。表面上，他镇定自若，不过，据阿卜杜拉后来回忆，其实当时自己早就气疯了。

“我们要马上展开报复。”盛怒之下，阿卜杜拉召集了安全部门的主要负责人，随即下了决心，“扎卡维实在欺人太甚。我们要立即行动，抓他归案。”

可是如何才能抓到扎卡维？阿卜杜拉却并未指明。当时，国王自己也不清楚下一步行动的方向在哪里。但是，从那一天起，约旦的安全策略有了重大转变。曾经，约旦的整体局势尚属安全，约旦情报局只管守土。这一点，情报局的诸位员工很是以之为傲。为了打击恐怖犯罪，约旦政府也常常和其他国家分享情报。盟友之中，自然也包括美国。安曼酒店爆炸案发生后，阿卜杜拉决心主动出击，向“基地”组织发起挑战。约旦政府已打消顾虑，他们将直接与美军携手合作。一大批经验丰富的情报局官员，将成为美国特种部队的得力助手。双方的目标，直指恐怖分子设在伊拉克境内的基地。

袭击发生后第二天，罗伯特·里切尔曾和国王有过一次交谈。话里话外，约旦国王对待情报事务的态度已经大有转变。作为中情局安曼分站的主管，里切尔曾经两度驻留约旦，其间，他和国王渐成莫逆之交。如今，里切尔已经成为中情局行动部门的二把手，他麾下的情报小组极为神秘。为了表示哀悼，也为了关心调查进展，里切尔拨通了国王的电话。

“这是我们的‘9•11’，我们的国难。”里切尔还记得国王的话语，“灾难的创伤，我们将永远铭记。”

伤者之中，还有阿卜杜拉的一位熟人。为此，国王特地去了医院探望。医院之行，深深触动了阿卜杜拉，同时，也让他怒发冲冠。“这些受害者都是普通百姓。”国王提及此事，不禁哽咽，“新娘和新郎的父亲都遇害了。”

几周过后，纪念逝者的人群渐渐散去。不过，约旦人民的心灵创伤仍然难以愈合。过去，一些宗教极端分子常常发声为扎卡维辩护。今天，他们似乎也改变了观点。这是情报局的一名卧底特工亲眼见证的事实。

“有些人从来和情报局不共戴天，如今却也选择和我们合作。”卧底特工表示，“很多人都在联系我们，想要把他们对扎卡维的看法一吐为快。扎卡维，现在真是众叛亲离。”

一起爆炸事件，竟然激起了成千上万人的谴责与唾骂。扎卡维有些吃不消了。接下来的几周，他显得非常收敛。一时间，世界各地所熟知的那个骄横跋扈的扎卡维不见了。

眼见家乡人民也开始游行示威，反对自己的横行暴虐，扎卡维隐隐害怕起来。他打算利用媒体扭曲事实，以求混淆视听。上一次，当安曼的化学袭击阴谋破产的时候，他也采取了同样的策略。于是，通过网络高调认领安曼连环爆炸案的几小时后，扎卡维忙不迭录制了第二段录音。借此，他撒了个谎，称自己原本是瞄准了同一家酒店里的几名外国情报人员，没想到临时出了岔子，才害死了婚礼上的那么多人。任何死于爆炸的穆斯林，自然都是出于“无心之失”。而且，婚礼上的遇难者虽有可能是被自己“刺杀外国人”的图谋所殃及，但是，谁知道美国人是不是也在婚礼现场附近安置了一枚炸弹，准备导演一出惨剧？

“我们的兄弟认真可信，他们分得清自己的目标。”扎卡维巧言狡辩，“安拉清楚，我们对3座目标酒店进行了2个多月的密切监视，最终确信它们已经沦为美、以两国特务机构的秘密据点。”

扎卡维大发谰言，就连“基地”组织也看不过眼了。不久之前的7月，本•拉登的副手扎瓦希里刚刚对“约旦人”有过一次温言规劝。现在，“基地”组织再次发言谴责。这一次对扎卡维展开批评的人，是本·拉登的另一位重臣阿迪亚•阿卜德•拉赫曼（Atiyah Abd al-Rahman）。拉赫曼原籍利比亚，他和本•拉登的战斗友谊已经超过了20年。对于扎卡维，他的言辞可比扎瓦希里严厉多了。拉赫曼觉得，“约旦人”的所作所为，已经让“基地”组织在逊尼派信众之中声誉受损。他操着命令的口吻，要求扎卡维立即停止对“基地”组织的抹黑行为。而且，由于“约旦人”不听指令、自行其是地组织了这次“安曼的酒店行动”，他又挨了拉登的一顿训斥。拉赫曼由此严肃警告扎卡维，以后，他的一举一动都需经过上级允许。

“我们不单单是杀手、屠夫，我们的事业也不仅仅关于血腥、诅咒、叫骂与威胁。”拉赫曼表示，“我们需要扩大眼界，我们要让仁爱战胜愤怒。”

拉赫曼曾经参与过阿尔及利亚内战。在那些战斗中，政府与极端分子的对决十分惨烈。历史上，许多“圣战”组织都因为滥施暴行而招致人民反感，最后落得了灭亡的下场。拉赫曼就事论理，希望扎卡维吸取教训。“因为缺乏理性，这些组织自取灭亡。他们漠视民意，他们的极端、压迫与暴行让人民心生嫌隙。缺乏善意、同情与博爱，也是这些组织相继败亡的原因。”拉赫曼在信中写道，“敌人没能打败他们，但是，他们却自己打败了自己。”

这一次，扎卡维没有出言辩驳。到了1月，安曼酒店连环爆炸案已经过去了2个月的时间。这时，扎卡维表示自己将会退居二线。“基地”组织伊拉克分支将会招纳更多的伊拉克人。分支的领导权，他也将交给当地人。他们还准备成立一个名为“圣战者舒拉委员会”（Mujahideen Shura Council）的组织，至于扎卡维，则会转任“战略顾问”。根据当时“基地”组织伊拉克分支的一份声明，扎卡维此举意在“解决分歧、弥合异见”。

一时间，扎卡维似乎失去了威信。在他的职业生涯中，这样的情况实在少见。安曼袭击之后，他写下一篇备忘录。“如今的伊拉克形势，对于美军愈发有利，对于抵抗运动则愈加困难。”组织的窘境，被他形容为“目前的困难”，他甚至觉得，事情还会变得更加不堪——这些观点，他都记录在了上述那本备忘录中。这本备忘录也在美军搜索“约旦人”藏身点的时候，一并被缴获。伊拉克新政府军的壮大，让扎卡维万分恐惧。他觉得，伊军已经成了“挡在美军身前的一块盾牌”。“分支”人员大量被捕，扎卡维为之苦恼不已；海外“献金”日益枯竭，更叫他异常不安。为了打破困境，也为了挫伤美国人的锐气，他试图想出一条不同寻常的惊天妙计。比如，他曾幻想美国会与伊朗开战。美国介入伊拉克局势，乃是源自一份错误情报，对此，扎卡维自然清楚。他思忖着，觉得自己可以制造假象，让美国人将军事矛头指向德黑兰。他甚至想过假冒伊朗支持的什叶派武装分子，向西方目标发动恐怖攻击。没准，只要他散布消息，声称“伊朗拥有大规模杀伤性武器”，美国人就会乖乖上当——这些“奇思妙想”，全写在了他的备忘录里。

当然，幻想只是幻想。就连扎卡维自己也很清楚此路不通，所以没有证据显示他打算将这些想法付诸实践。但是，他有更为实际的手段可以切实地给美国人带来麻烦，这些手段，也被他一一列举出来。其中的一条，是煽动宗派冲突——逊尼派与什叶派的冲突、什叶派与库尔德人的冲突、什叶派与其他任何势力的冲突，等等。笔录最后，扎卡维添上了一条训诫，读来很有一些自我反省的诚意。

“我们要避免从事那些可能伤害抵抗运动形象的事情。”扎卡维表示。

其实，扎卡维并没有反省，没过多久，那个人们熟悉的扎卡维又回来了。沉寂数周之后，扎卡维终于开始策划新的恐怖袭击事件，而且这起恐袭计划的规模大大超过了他在安曼酒店制造的那起。整个阴谋雄心勃勃、计划严密，而且颇有一些戏剧性。伊拉克的暴乱就像一台绞肉机，随时都在吞噬人命，但唯有这起阴谋，却显出了一点难得的战略性。这起事件及随之而来的社会影响，让扎卡维此前的种种作为，与之相比都不值一提。这次事件，彻底粉碎了美国人想要体体面面结束战争的希望。

2006年2月22日，晨光未现，5名身着军装的武装分子走进了阿斯卡里清真寺（Mosque al-Askari）的庭院。清真寺位于古城萨迈拉（Samarra）中心，拥有1 000年历史以及很高的名望。这个早晨有些寒气逼人。一轮弯月，正好划破了云层。月光之下，清真寺的金色穹顶闪闪发光。什叶派宗教场所之中，此处最为著名。武装分子行动很快，而且几乎未出声音。他们降服了清真寺的守卫，而后把炸弹沿着清真寺的屋顶轮廓摆放开来。

早上6点44分，两声巨响轰彻天际，整个萨迈拉都为之惊醒。大家冲上街头，却没有看见那著名的金色圆顶。圆顶矗立的地方，只剩下一堆碎石瓦砾。清真寺的整面外墙已经倒塌，现出了空空荡荡的礼拜堂，以及残留的石桩、扭曲的钢筋。

没有人因此受伤，更没有人因此死去。这一次，没人再会谴责扎卡维夺取无辜穆斯林的生命。不过，随着清真寺变成废墟，什叶派与逊尼派的仇杀开始逐次升级。双方的冲突遍布萨迈拉各地，有时候，整整一个社区的人都被屠杀殆尽。仅仅几天之后，萨迈拉的市立太平间收殓的尸体就已经超过了13 000多具。整个国家，也都因为清真寺被毁而陷入恐惧。美国大使馆里，罗伯特·福特所在的办公室连续召开了十几次会议。美方召见了许多两派要人，哀求他们一定维护和平。当晚，白宫收到一封密报，报告的主题很不吉利——“宗派冲突已达顶点”。

“无论私下还是公开的场合，都有不少有识之士向我们表示了担心。他们觉得，伊拉克可能爆发内战。”报告内容中写着这样的字句。

布什政府的官员们很快得出结论——此事一定与扎卡维有关。而后，他们惊讶地发现，伊拉克宗派冲突造成的死伤，远远超出了约旦遭遇的几次恐怖袭击。一些资深官员觉得，萨迈拉爆炸案就是整个战争的转折点。另一些人则认为，扎卡维丢下的“火星”开始燎原了，整个伊拉克由此陷入宗派仇杀的熊熊火焰。

萨迈拉的变故，给了布什莫大的刺激。

“在我看来，萨迈拉清真寺爆炸案几乎击垮了他。”这是美国驻伊拉克大使约翰·尼葛洛庞帝的意见。那个“他”，当然就是总统本人。“他肯定觉得，整个局势由此变得无法控制了。那种感觉，让他心中恼火万分。”

此后，尼葛洛庞帝还能想起，每当有人要向布什汇报什么关于伊拉克的事情时，总统总是一脸苦相。“他那样子仿佛在恳求大家，千万不要再告诉他任何坏消息。”

相反，扎卡维自然很是高兴。萨迈拉事件之后，他忍不住召集专业人士，为自己拍摄了一组宣传影像。这之前，“约旦人”一直在克制本性，避免这样出风头的事情。

安曼遇挫之后，“约旦人”想了许多办法要提高效率。其中，他尤其重视控制媒体舆论。扎卡维善用网络，他把网络暴力当作武器，也当作招兵买马的工具。于是，在尼古拉斯·伯格身首异处的录像中，他亲自出镜——当然，当时的他戴着面具没有露脸。现在，他觉得，“基地”组织伊拉克分支应当重塑形象，而自己则要身先士卒。

他不再自称“屠场主人”，同时，他也不喜欢安坐桌旁慢慢讲道——那是本·拉登与扎瓦希里的一贯风格。他想把自己塑造成为“圣战英雄”。

视频拍摄持续了几天时间。当时，萨迈拉爆炸也不过刚刚过去几日。而且，这段影片经过了精心的剪辑，看起来专业无比。至于内容则很是简单——除了扎卡维，还是扎卡维。观众可以看见扎卡维参加军事会议、扎卡维阅读地图、扎卡维与手下在沙漠中漫步、扎卡维手持轻机枪四处扫射，如此种种，不一而足。每一帧图像，似乎都在说明扎卡维是个无法无天的罪犯。本·拉登一伙也会灌制录像，有时候，“沙特人”也会带着武器出现在镜头之中。有时候，本·拉登也会拿起卡拉什尼科夫冲锋枪，打出一两发子弹来作作秀。胡须泛灰、长衫加身的他，身边总是围着一群比他年轻得多的后生。相反，录像中的扎卡维总是自信满满，他看起来毫不惧战。他从头到脚一身黑色——胡须如此，帽子如此，忍者式的裤子也是如此，长袍更是如此。只有肩上绿油油的子弹带，以及脚下最新款的美国造“新百伦”板鞋，才能为这副躯体带来一点色彩。

视频中，扎卡维恢复了往日的风采。他吐出的每一句话，都显得自信满满，只是话语中的叫骂,确实少了许多。他甚至很少叫嚣攻击那些"十字军"。相反,他满怀深情地把伊拉克叫作"我珍爱的国度"。他一开口,仿佛是在朗诵诗歌。

"安拉遂愿,你们的敌人已经暴露。他们变得虚弱、无助,他们已经粉身碎骨!"扎卡维咏道,"不要、不要让他喘过气来,操起刺刀,瞄准对方。啊,持旗的人,就在一旁!"

情绪,实在无须再煽动。扎卡维煽起的宗派斗争之火,已然蔓延到了伊拉克各地。这团火焰,当时正处于烧得最旺的时期。安曼酒店爆炸案后不久,美军竟然在巴格达搜出了一处地下监狱。此地由几个出身什叶派家庭的警察开设。他们利用炸药炸出一个地窖,专门用于关押逊尼派囚徒。在这里,警察对囚徒拳打脚踢、滥施虐待。美军一共在这里发现了接近 200 名囚犯,他们个个皮包骨头,许多人每天都会遭受毒打乃至电击折磨。

黑狱之外一个街区不到的地方,就是法拉赫•纳吉布(Falah al-Naqib)的住所。此人信奉什叶派,乃是伊拉克新政府的内政部长。部长事后承认:"此事我们也有责任。"调查显示,扎卡维挑起的零星冲突,最终导致了这起有组织的大规模犯罪。伊拉克政府中的一些官员,甚至对设立黑狱、虐待囚犯之类的报复行径大为支持。扎卡维挑起宗派矛盾的行为,虽遭到了一些穆斯林的反对,可是这些人也不得不承认,"约旦人"的策略确实很有效。

第十六章
大限将至

伊拉克的西部边境线上，分布着许多小型城镇。2006 年的最初几个月，这些城镇都被看作扎卡维的领地。其实，此地之主另有其人。此君供职于伊拉克的海关部门，那些穿梭约、伊边境荒野的货车，全都在他的窥视之下。在他看来，车流就是自己的生财工具。

他叫扎伊德·卡尔布利（Zaid al-Karbouly）。表面上，他是伊拉克的一名公务员，其实，“基地”组织驻伊拉克分支也在给他发放赏钱。而且，后者提供的好处不止丰厚的酬金，卡尔布利还可以拿到不少其他利益。随着时间推移，他在恐怖组织中担任的职位，甚至高过了他在政府中担任的官位。他常常为恐怖分子提供运输情报，为他们的抢掠活动选择合适时机、大开方便之门。有时候，卡尔布利本人也会参与其中，抢劫财物。

卡尔布利是扎卡维团伙中的重要成员，又是出了名的贪婪腐化，他自然成了边境上各位约旦情报人员特别留意的一号人物。安曼酒店连环爆炸案过后，情报局的主要精力都花在了搜捕扎卡维上面。搜捕的间歇，特工们也打算和卡尔布利好好“玩一玩”。毕竟，此人出身边境地区，还是扎卡维的“海关总管”，也许在他身上，情报人员们能获得意想不到的突破。

又是一年春来到。转眼间，距离安曼酒店连环爆炸案已过去 5 个多月了。

整个约旦都有些人心惶惶，大家都在担忧，不知扎卡维下一次何时出击，又会袭击何地。约旦各大公共场所的安检都严格了许多，穿越国境也变得更加困难。一夜之间，各大酒店和政府部门的周围都装上了栅栏。在这些要地的门脸处还有金属探测仪时刻待命。大批伊拉克难民仍在涌入约旦。为了寻求更好的医疗和购买在伊拉克难得一见的西方商品，一般的伊拉克人也对邻国趋之若鹜。卡尔布利正是后者中的一员，他经常到访约旦，把非法所得的钱大把大把地挥洒在约旦的购物中心和专卖店里。因此，约旦情报局的特工们采取了一种十分省力的抓捕方式——守株待兔，等他下一次到约旦购物时伺机将他抓获。很快，卡尔布利就被抓到了约旦情报局的总部大楼内，关进了那间赫赫有名的羁押室，面对着两个顶尖审讯高手极不耐烦的目光。这两位顶尖审讯高手正是阿布·哈伊萨姆上校和他的上司、绰号“红魔”的阿里·布尔扎克。

几番交锋过去，卡尔布利终于决定开口。他同意发表自白，甚至还允许情报局录像存证。而后，他承认了以下罪行：他在抢劫过程中射杀了一名约旦籍司机、绑架了两个摩洛哥人（后来，两人的亲属缴清了赎金，两人重获自由）。情报局官员希望卡尔布利能够谈一谈扎卡维团伙的组织体系，那才是他们感兴趣的话题。没想到，对方又是一口答应。他的爽快令人吃惊。看起来，卡尔布利有些如鲠在喉，他必须一吐为快，才能卸下心中的负担。一名一直在追踪卡尔布利的前情报官回忆说：“他看起来如释重负。其实我们一抓到他，他就想把一切都和盘托出了。”

情报局向卡尔布利保证，他们会保护他的安全。接着，“他就像竹筒倒豆子一般，侃侃而谈、口若悬河。”官员回忆。很快，审讯人员的笔记本上已经写满了各种关于扎卡维团伙组织结构的宝贵信息。这些信息，全数来自眼前这个局内人。官员回忆，卡尔布利在扎卡维团伙中的一大任务在于监督。他要守在扎卡维的炸弹工厂，监看材料的组装过程。因此，他对伊拉克各地的恐怖分子巢穴都非常熟悉。

“他不懂制造炸弹，但他清楚如何正确安排材料，使之发挥作用。”情报局官员表示，“这个工作，类似于项目经理。”

第十六章
大限将至

算来，阿布·哈伊萨姆已经和十几个扎卡维团伙人员打过交道。他清楚他们的个性，也知道卡尔布利到底属于哪种货色。此人出生在伊拉克边境城市卡伊姆（al-Qa'im），家中信仰逊尼派。他40出头，这个年纪，比起大多数的外国宗教极端分子都要大得多。他赞同扎卡维的宗教极端思想，也对美国占领军怀有很深的仇恨。但是，他不仅是宗教极端分子，更是一名官僚。他很是贪生怕死，也知道从善如流、明哲保身，而且，他那粗犷的外表之下的良心并未完全泯灭。平日里，他腐败透顶，对于各种犯罪行为睁一只眼闭一只眼。但是，卡尔布利觉得扎卡维那种极度癫狂的暴力倾向，与自己的性情很不一样。安曼酒店连环爆炸案，给他留下的感触最深。当然，拷问他良心的事件远远不止这么一起，有些事情，他甚至曾亲身参与、亲眼见证。

卡尔布利的“纠结”，令哈伊萨姆有些奇怪。他觉得，滥杀无辜对于扎卡维一伙就是家常便饭，既然如此，卡尔布利为什么如此抵触？其实，卡尔布利的态度一直很明确，他觉得杀害无辜是大错特错的，并非伊斯兰教信徒应有的行为。

情报局持续施压，卡尔布利不得不继续招供。一起谋杀案件由此露出形迹。死者来自约旦，是一名卡车司机，凶手则是卡尔布利本人。

卡车一进入伊拉克境内，就被卡尔布利等人拦截下来。卡车的后厢满满当当全是货品。根据卡尔布利等人收到的消息，这些东西将会被送往南方的某处美军基地。接下这种买卖的司机，通常只有死路一条。扎卡维等人希望通过杀戮，阻吓其他从事类似活计的司机。当时，扎卡维已经下了命令，这个司机非死不可。

卡尔布利还记得那个司机的名字——哈立德（Khalid）。他手戴镣铐、眼蒙黑纱，他的哭号，卡尔布利同样难以忘怀。

“他问：‘你打算干什么？’我说：‘我打算干掉你。’”自白书中，卡尔布利如是交代。“他开始苦苦哀求：‘求求你，别杀我。’而我则回答：‘没门儿，你死定了。’他还是没完没了地哀求我，我只好掏出手枪，对他说道：‘你赶快祈祷吧。’”卡尔布利回忆，“于是，他一边哀求一边完成了祈祷。”

卡尔布利持枪对准司机的头颅，接连射出两颗子弹，随后，他扬长而去，对方的护照和钞票被他抛在了原地。但是，思虑片刻过后，卡尔布利折返回去，拿走了司机的手机。

那个手机居然响了。过了一阵，卡尔布利条件反射一般按下了接听键。电话那头，传来了死者弟弟的声音。海关官员支支吾吾，随口胡诌了一个故事。他告诉对方，哥哥一切安好，而后便匆匆挂了手机。

又过了一会儿，那个手机还被卡尔布利默默握在手心里。他忍不住打开了手机里的相册，查看起主人留下的存照来。突然，他停手了，因为他在一张留影上发现了4个女孩。显然，她们是男主人的4位千金。

“当时，我竟然哭了。”卡尔布利表示。

打那以后，每一条生命在眼前逝去，卡尔布利都觉得伤口被人戳得生疼。暴乱进入第二年，扎卡维对什叶派宣了战。一开始，卡尔布利同样很是兴奋。不过，当他听闻巴士拉和巴格达什叶派聚居区里发生了种族清洗后，他又开始愤怒起来。这一次，他简直怒不可遏。一次，他目睹了一个什叶派群众被扎卡维的手下当众斩首。那人遭此劫难，仅仅是由于他的宗派出身。

尸体堆积成山，卡尔布利也看清了扎卡维的面目，同时，他也看清了伊拉克的现状。

“以前，伊拉克人都分不清何为什叶、何为逊尼，扎卡维来了之后，事情变了。”卡尔布利声称，“他来了之后，每天都在死人，每天都如此。”

在扎卡维团伙当中，卡尔布利自认属于“外围人员”，顶多到“军士”层级，远远算不上“将军”。但是，约旦情报局的干员们觉得，抓到一个扎卡维团伙的中层人员已经堪称重大突破，更别提卡尔布利是如此健谈。很快，卡尔布利提供的详细资料已堆起了高高的一摞。他谈到了扎卡维在边陲小镇的活动计划，也提及了穿梭其中的补给线。他还认识不少同党，其中还有一些扎卡维身边的股肱重臣。虽然卡尔布利并不清楚扎卡维藏身何处，但是有了他的帮助，约旦情报局从完全不得要领，变得越来越接近目标了。

2006年，入春以后，美国侦察机一直在对一个伊拉克小村进行重点监视。

此地叫作优素菲亚（Yusufiah），位于巴格达南部。村里除了低矮的平房群落，只有连片的农田。从幼发拉底河引出的灌溉水渠，从村中穿过。由于邻近首都，许多恐怖分子都把这个村子当作敌前基地，由此，美军也把这里看作恐怖分子聚集的重镇。4月初，一名线人向美军报告，最近“基地”组织伊拉克分支准备在优素菲亚举行一次高层会议。4月8日，一架无人侦察机向麦克里斯特尔将军的“6-26小组”证实了这个消息。当时，无人机发现一大队汽车开进了优素菲亚。两个小时不到，“三角洲”部队的精英突击小队已在赶往小村的路上了。

1点56分，武装直升机抵达优素菲亚上空。正当特战队员准备冲进预想中对手的藏身地点时，屋内突然传出了一阵枪响。其中，一名抵抗者的身上套着一大串自杀式子弹带，一边作势要引爆炸弹，一边冲向美国大兵们。身后，还有一个人后继而行。不过，两人还没来得及拉响炸弹，就已经被双双击毙。第三名“人弹”倒是成功了，只不过，他仅仅把自己炸得四分五裂，内脏涂满了整整一面墙，却没有伤到其他人分毫。枪声停了，美军开始清理战场。对方一共有5人死亡，1人受伤。此外，小队还搜出了大批的冲锋枪、弹药和手榴弹。小屋的一个房间内，还藏着不少录影带。

这边，清点还在继续，那边，无人机又发现另一批车队正朝另一座农舍奔去。于是，武装直升机再次升空，“三角洲”部队很快来到目标地点外集结待命。美军原已准备迎接一次惊天爆炸，没想到，屋内的人未经抵抗，就全部放下了武器。12名伊拉克男性被戴上手铐、押上武装直升机，踏上了回归巴格达的旅程。

回到麦克里斯特尔的行动中心，各位分析人员细数起了这一天的种种收获。结果，大家很是丧气。“6-26小组”的反恐专家发现农庄里的12个人之中，没有一个可以确定身份。但是，情报显示这次会议确实非同小可。囚徒当中，几位年纪较长的人，明显得到其余人不一般的礼敬。而且，被捕的时候，12人当中只有1人正拿着手机，其他人都在强装镇定，显然，他们是在努力撇清自己与组织的关系。这一点，也很令人生疑。

很快，囚徒们被押送到了麦克里斯特尔的巴拉德空军基地。将军一声令下，几名审讯专家立即开始工作。他们使出了浑身解数，想要冲破对方的心理防线。美国人坚信，扎卡维团伙的几位重要人物就在这12名俘虏当中。为此，审讯专家锁定了几个重点嫌疑对象，并对他们进行了“特别照顾”，其中一个家伙最引人注意。麦克里斯特尔叫他穆巴希尔（Mubassir）。此人30多岁，身材矮壮，仿佛是个摔跤手。他的英语异常流利，而且非常善于开玩笑逗乐。他操着英语，和审讯人员谈笑风生。第一次接受询问的时候，穆巴希尔那口典雅的英国腔让美国人暗暗吃惊。而后，审讯持续了几个小时，他却也一直保持从容淡定，毫无抱怨的神色。

“你们这一出戏到底要花多少时间？我什么时候才能回去看望家人？”这是穆巴希尔的原话，完完整整记录在了麦克里斯特尔的笔记当中。穆巴希尔表示，自己只是个电视顾问，对于恐怖主义一无所知，同行当中的其他人求教于己，于是他才抽出一天时间提供技术指导。和其他人一样，他最终也没吐出任何有价值的信息。

一些人忙于审讯犯人，另一支小队则在加紧查阅搜集得来的其他资料。终于，他们好像淘到了宝。在一卷录像带中，调查人员发现了大量未经剪辑的影像。主人公身着黑衣，形似忍者，脚下踏着白色板鞋。他举着机枪，肆意扫射。这个发现无疑证实了一个重要事实——无论住在这里的那12个人到底是何身份，他们都必然在扎卡维团伙中拥有相当高的地位，否则，他们绝不可能接触到扎卡维自我宣传的原始影像资料。

麦克里斯特尔的人显然已经离扎卡维越来越近了，只是他们仍不清楚扎卡维基地的具体位置。为此，调查人员花了大量时间研究那盘以扎卡维为主角的录像带，企图从中找到一星半点的痕迹与线索。录像带的内容甚是滑稽，主题是关于机关枪的使用与装配的。扎卡维亲自上阵做出示范。他将枪里的子弹打了个精光，才把机枪交给旁边的助手。助手先是伸出双手抓紧枪管，而后却又触电一般地将其丢开，显然，他不知道枪管必然会很烫手。这些形似家庭滑稽录像的视频资料，后来都被美军公之于世了。扎卡维向来自夸英勇善战，麦克里斯特尔希望借此打破他自我吹嘘的谎言。将军甚至向白宫建议，请他们把抓获扎卡维的赏金由2 500万美元下调到

500 万美元。将军觉得，如此一来，对于自大的扎卡维定然打击不轻。

突袭行动仍在继续。接下来的几周，美军在优素菲亚附近徘徊搜索。情报分析人员仔细研究了扎卡维的宣传视频，决定将伊拉克北部与西部的几个地区列为下一轮的重点搜查对象。尽管情报人员们没有放弃对穆巴希尔等人的审讯工作，但审讯的效果确实不尽如人意。经过 3 年多的跟踪追击，扎卡维还是不见踪迹。美国情报人员的工作，似乎遇到了瓶颈。

还好，他们有了新盟友约旦情报局的加盟，为事情带来了转机。美国人视而不见的线索，很快就被约旦同行揪了出来。比如，后者可以轻易听出阿拉伯语口音上的细微差别，并因此判断一个宗教极端分子到底出自伊拉克本地还是外国。

与此同时，约旦情报局对于卡尔布利和另一位落网的扎卡维团伙成员加紧审讯，并取得了重大进展。作为海关官员，卡尔布利很清楚扎卡维赖以走私军需、运送人员的“鼠线”到底何来何去。卡尔布利指出，“鼠线”的主要路径分为两条，它们跨越叙利亚边境，经过卡伊姆并在那里一分为二。一条往南方，指向安巴尔省那些以逊尼派人口为主的重镇，另一条则向北延伸，最终抵达摩苏尔。此外，还有一条暗线的终点站在巴古拜（Baqubah）。此地位于巴格达东北部，是个多教派人口混居的小镇。扎卡维平日游历的线路、中途停歇的地点，卡尔布利也都一清二楚。如上信息，约旦情报人员全部提供给了美国同行。此外，他们还把收获到的许多细节，比如扎卡维可能现身的地点、宗教极端组织武器库的所在地等，也都一并奉上。

看着同行的斐然成就，麦克里斯特尔相当震惊。于是，他决定亲自拜会约旦方面的几位情报人员。不多时，将军和几位高级助手造访了约旦同行设在安曼的总部。没过多久，布尔扎克也率领着约方代表团来到巴拉德，进入了美国人的秘密基地。布尔扎克等人的访问实在意义不凡，因为，如此机要的地方，此前只有来自英国的同行曾经参观过。

“布尔扎克曾经和扎卡维面对面打过交道，我们必须向他认真求教。”对此，一位参与过会面的美军官员解释道。

有一次，美方人员拿出一张伊拉克地图向布尔扎克请教：茫茫的国土，到底哪里才是扎卡维的藏身之地？“红魔”稍加考虑，便站起了身。

“他径直走到地图跟前，把手指戳向巴古拜省的中间地带。”官员至今仍记得当时布尔扎克的举动。“我要是扎卡维，我就会躲在这里。”布尔扎克表示。

美国方面有些迷惑。扎卡维的主要支持者都在安巴尔省和伊拉克北方，那是一块逊尼派的重地。扎卡维现身的地点，也大都介乎摩苏尔与叙利亚边境之间。至于巴古拜，已经靠近伊朗。当地人口约有 50 万，而且逊尼派、什叶派、库尔德人在此混居，这个地方的局势自然不容乐观。

对于布尔扎克的分析，麦克里斯特尔的团队欣然接受。不过，仍有一些美方人员觉得约旦同行此举似有瞎猜的嫌疑。当然，此前也确有报告指出扎卡维曾在巴古拜附近现身，只是这样的消息最终未能引起美国人的重视。

“我们当然不是怀疑这一点。”美国军官尴尬地辩解道，“我们只是把它当作可能性的一种加以考虑。”

5 月来临，约旦同行再次造访美国人的基地。这一次，来客更是带来了一阵及时雨。此前，美方对于穆巴希尔的审讯工作进展得很不顺利。美方深感沮丧的同时，囚徒倒很是高兴。穆巴希尔甚至觉得自己可能马上就会重获自由。不过，约旦来客指出，此人曾经前往约旦，而且，安曼酒店爆炸案期间，他似乎就在附近暗中操控。而且，证据显示，穆巴希尔曾和酒店爆炸案的肇事“人弹”里莎维及其家庭有过多次接触。

当然，这些证据并不足以表明穆巴希尔与爆炸案有关。但是，美国人倒也多了一项利器，可以让穆巴希尔乖乖听话。证据到手之后，麦克里斯特尔手下最为精明强干的两位审讯专家立即提审了穆巴希尔。他们摆出证据，而后还半是威逼、半是利诱地表示：招供吧，要不然，我们就把你转手送给约旦情报部门处理。

“我们当然不想把你交出去，但是，如果事实证明你与此有关，那事情就不可挽回了。”审讯人员说道。

穆巴希尔不由抗议起来：“我无法招供，因为我无罪可供。”好吧，两名美国人闻言立即起身。两人刚要踏出囚室的门，穆巴希尔就叫住了他们。

“好吧，我有些事情想告诉你们。”对方表示。

穆巴希尔的自白足足占了8页纸，其中最具价值的一条线索，美国人竟然一直浑然无觉。原来“约旦人”有一位精神导师，叫作谢赫·阿卜德·拉赫曼（Sheikh Abd al-Rahman），此人是位伊玛目，原籍伊拉克。他很年轻，和家人一起居住在巴格达。拉赫曼和扎卡维定期碰面。每隔一周到10天，两人必然相见。

3年以来，这无疑是美方从扎卡维身后“众多的追踪者”身上获得的最大突破。如果消息属实，那么麦克里斯特尔等人大可以先找到这位伊玛目。然后，他将成为美国人的活地图，带领大家一路找到扎卡维。不过，穆巴希尔的故事，似乎有些太过完美。一些情报人员心生疑窦，觉得他是有意误导。说不定，穆巴希尔会把美国人带进陷阱。美方遍查巴格达地图，终于在一个什叶派聚居区发现了这位拉赫曼的住址。但是让美国人疑惑的是，一个扎卡维的死党，怎么可能把自己的家安在那种地方？美方的怀疑，由此更加深了一层。

美国人和约旦人同时行动起来，想要摸清扎卡维这位“教父”的底细。无人机飞临拉赫曼那豪华的宅邸，而后又跟着他那辆银色轿车一路追踪。特工们穿上当地人的传统服饰，来到拉赫曼供职的清真寺附近守候并拍照。而后，这位头发稀疏、胡须浓密的年轻教士，出现在了约旦情报局的新晋线人面前。此前，卡尔布利已印证了穆巴希尔的情报，他说扎卡维确实有一个年轻的精神导师，这一点，“圣战圈”里众所周知。这位前海关官员同时明确告诉他们，人们所知道的拉赫曼这个名字并非他的真名，而是一个化名。但是，仅仅看了一眼对方的照片，卡尔布利就肯定地下了断言，此人就是扎卡维的精神导师无疑。

接下来，情报人员耐心等待了整整两个星期，无人机一直在悄悄陪伴拉赫曼，紧盯他的一举一动。它看着他走进宅邸，又看着他坐上银色轿车四处奔波。每天，无人机跟着他造访集市、学校、各种应酬场合。每天早上，司机都在伊玛目的房前恭候；晚上，拉赫曼会和家人一起回家。看着如上行程，巴拉德的诸位情报专家有些迷糊了，他们不禁怀疑，自己的计划是不是出了什么问题。难不成，伊玛目已经察觉出情况不对？如果是那样，要不要直接敲门拜访，直接请他过来协助调查呢？

6月7日，星期三。时近晌午，教士的银色轿车却没有开向寻常造访的那些地点。这个情况，麦克里斯特尔等人自然是尽收眼底。轿车在巴格达城中来回转悠了几圈，而后开上了城市中的高速公路。东北方是教士此行的方向。突然，轿车一个急停。拉赫曼走下汽车、拿起手机，似乎在和什么人联络。几分钟后，一辆蓝色货车出现在轿车前。中途换车——这样的伎俩，间谍想要甩掉跟踪者的时候常常使用。

货车快速穿过巴格达外围城区，接着向北驶去，首都很快被远远抛在车后，四周变成了开阔的乡间地带。这时，麦克里斯特尔的办公室外响起了敲门声。将军得知拉赫曼刚刚离开了城市，似乎奔往某个特殊的目的地，那么，他到底要去哪儿呢？麦克里斯特尔的心中不止一个答案。但是，将军猜测，教士该是奔着优素菲拉而去了。结果，他猜错了。货车朝着北方行进了近50公里，然后转头向东继续前进。现在，大家可以确信教士的具体去向——当然是巴古拜无疑。这一点，约旦同行早已指出。

教士很是谨慎。他很快再出花招，想要迷惑潜在的追击者。一进入巴古拜市区，货车立即钻进了停车库。在那里，一辆白底带着红杠的皮卡车正在待命。拉赫曼走下货车，向皮卡司机吩咐了几句，然后再次坐进了新车。一个小时不到，教士竟然两度更换座驾。他的新座驾很快启动，继续朝着北方行驶。

出城5公里之后，皮卡来到一个叫作“希比卜”（Hibhib）的小村。接着，车子走向一条泥泞小路。路旁，棕榈树郁郁葱葱。汽车走下大道，开上一条小路。路的尽头，立着一幢带有车库的二层小楼。小楼附近栽满棕榈和灌木，房子的轮廓，由此变得不太清晰。屋子周围，院墙与金属门起着护卫作用。情报人员通过监视屏幕发现，皮卡司机和屋内的某个人聊了几句，接着，铁门开启，把汽车放了进去。拉赫曼随即走出汽车。皮卡也立即掉头，沿着来时的路离开了。

巴格达时间，下午4点55分。行动中心里每一个人的视线，都落在模模糊糊的屏幕上面。画面上，棕榈正在摇曳，树下有一所小别墅。为了这一刻，中央情报局的分析人员和军事专家已经等了足足3年。问题在于，这次他们找到的那个人真的是“他”吗？

麦克里斯特尔正在行动中心的办公室里，这时，副手打来电话，请他前去观看行动的最新进展。“我向您保证，那个人就是扎卡维。”根据将军的回忆，自己的一位副手很有信心，“不管今天我们干掉的人是谁，肯定都是一条比以前大得多的大鱼。”

屏幕上，一个敦实的身影突然出现，站在小楼的一侧。

“我们看到了一个人，一个从头到脚一身黑的人。他走出小屋，和拉赫曼碰了面，又把来客接进屋内。”麦克里斯特尔记得当时的场景，“接着，又是这个黑衣人走了出来。他沿着小路走到了大道旁边，然后又折返回去。”

这个人的模样，麦克里斯特尔已经在照片上见过十几次了。2003年以来，将军一直在追寻他的踪迹。这个黑乎乎的身影，实在与“那个人”太过相似了，将军相信自己不会认错。

“哦，那个人不是扎卡维吗。”将军转向副手，问道，“你觉得呢？”

“没错，”副手回应，“我觉得也是。”

60多公里之外的巴格达，一队“三角洲”特种部队早已整装待发。命令一到，士兵们火速踏上了直升军机。大概是有些紧急，一台直升军机的引擎还出了毛病。好几分钟之后，飞机才爬上天空。如果扎卡维在这时突然觉悟，逃出那间棕榈遮蔽的小屋，那么整个行动会不会再次破产？下一次，美国人还能不能撞上如此千载难逢的良机？

那时，两架F-16战斗机正在伊拉克中部服役，为美军的地面部队提供24小时不间断的空中支援。两架F-16之中，一架正在补充燃油，自然无法执行任务。另一架飞机一接到指令，立刻开赴巴古拜。很快，空中管理部门给出的数据显示，军机已经逼近希比卜，到达扎卡维的藏身地只需要不到5分钟。

麦克里斯特尔曾经希望，自己能够亲手抓住扎卡维。他的脑海中，徘徊着自己对总统的承诺——“我真想亲手抓他归案”。时间不等人，轰炸的时机就在当下，麦克里斯特尔却突然犹豫了。将军觉得，录像中那个人并不一定就是扎卡维本人。两者系属一人的可能性，大概只有八九成吧……

这时，副手打断了麦克里斯特尔的思绪。

“我觉得不能再等下去了。”副手表示，“您还是下令轰炸吧。”

“好吧。”将军表示同意。

当时，已是下午6点。巡弋中的F-16战机得到了命令：“立即投弹！”

军机掠过楼房、投下炸弹。出乎屏幕前人们的意料，小楼并未爆炸。于是，F-16战机再次开火。这一次，它丢投的炸弹属于“铺路者GBU-12型”，重达220公斤，带有导航系统。接着，通过F-16的监控录像，大家看到小楼陷入了一团火球。三股浓烟冒起，烟尘充盈了整个画面。一股烟尘直冲天际，另外两股则扩散开来，覆盖了整片棕榈树林。不到两分钟，又一枚同等规模的炸弹投下，再次击中同一个目标。

烟尘消尽之时，带着车库的两层小楼已经不见了踪迹。

20分钟过后，“三角洲”部队乘着直升军机赶到现场。直升机降落好后，特战队员们立即列队跑向小楼。待到他们到达废墟跟前，正好看见当地警察抬着担架准备冲进救护车。汽车一旁的残垣断壁，曾是扎卡维的藏身之地。

很快，伊拉克警察识趣地退后，看着荷枪实弹的美国大兵接管整个局面。大兵们的目光则都聚向担架，盯着上面那人血迹斑斑的脸。这人胡须稀疏，一身黑衣沾满灰尘。他的左边面颊之上，一道深深的伤口涔涔冒血。如果大兵们观察入微，他们会发现伤者右臂上横七竖八的疤痕，那是祛除文身的外科手术留下的痕迹。

他就是扎卡维。他受了重伤，不过一息尚存。他睁开眼睛，发觉身边的美国大兵正死死地盯着自己。他惊呆了，口中念念有词。他说什么，大兵们完全听不清。而后，他跌跌撞撞想要爬下担架，似乎准备逃走。不过，几只大手按住了他。

许多年过去了，参与那场战事的某些老兵曾经吹嘘，是他们齐心协力把扎卡维送下了地狱。不过，尸检报告否认了这种可能性。当时扎卡维的生命已经无可挽救，只剩下几分钟的弥留时间。在GBU-12型炸弹的威力之下，他的肺部和其他许多脏器都受到了严重损害。当时在场的美国军医发现，由于内出血过多，扎卡维的颈部动脉已经完全爆裂了。他最后的几次呼吸，每次都有鲜血从鼻孔和耳孔当中流出来。

但是，有一点应该是确定无疑的，直到美国士兵出现在扎卡维身边时，他仍然是有意识的，并且面对面地看到了他的敌人。

伊拉克时间7点04分，扎卡维死了！这一点，确切无疑。太阳落下，沉入棕榈林的阴影之中，扎卡维的面色也暗淡下去。他那重建“宗教帝国”的梦想，也随着他的离去而宣告破灭。

那一晚，也是麦克里斯特尔第一次见到扎卡维。双方唯一一次会面，就发生在巴拉德空军基地临时搭起的太平间里。在那里，专家需要进行脱氧核糖核酸测试，以确认死者确实是扎卡维本人。

轰炸过去几分钟后，麦克里斯特尔下了命令，他的部下在伊拉克各地纷纷出击，防止扎卡维团伙的报复与反扑，他自己则继续坐镇办公室指挥全局。这时，部下前来通知：扎卡维的尸体运到了。

将军走进太平间，发现扎卡维仰面朝天躺在解剖台上，尸体上覆着一件雨披。旁边，一位“三角洲”部队成员和一名“游骑兵”（美国陆军特种部队之一）正在站岗守卫。这位“游骑兵”，麦克里斯特尔也很熟悉。将军看向扎卡维，发现了他左边脸颊的伤疤，除此之外，整个尸体并没有其他严重损伤。麦克里斯特尔的目光，聚焦到了他的脸上，他静静地注视着，看了好一会儿。

“这人看起来确实很像扎卡维。”他说，“就好像海报上那人一样，对不对？”麦克里斯特尔别过头，望向身旁的“游骑兵”。

“你觉得呢？”麦克里斯特尔发问。

“这人就是扎卡维无疑。”对方很肯定。

扎卡维的死，并未在第一时间公诸于世，但是，新闻早就不胫而走，传遍了整个华盛顿。从白宫到五角大楼，再到波托马克河边林荫翠微的中央情报局总部，大家都知道了这个消息。

一开始，布什的反应还算克制。新闻从巴格达传来的时候，总统正在白宫会见两党议员。突然，来自伊利诺伊州的共和党人雷·拉胡德（Ray LaHood）兴奋地插上了话。拉胡德一向支持美国对伊拉克开战，态度非常强硬。他似乎想给总统一个惊喜：“那个扎卡维，刚刚被我们干掉了。”拉胡德说。

布什嘴角抽了一下，显出他有些得意，不过并没有笑出声。马里兰州的民主党议员斯特尼·霍耶尔（Steny Hoyer）不禁拿拉胡德打起了趣。“你以为就你一个人知道吗？”他揶揄道。

几分钟后，扎卡维可能已经死亡的消息，正式登上了新闻媒体，此时，正是美国东部时间下午3点45分。待到事情得到证实，时间又过去了5个钟头。那一刻，总统的国家安全顾问个个欣喜若狂。不过，布什的脸上只有些许笑意。

“对待这种好消息，笑一笑也就罢了。”总统说。

好消息公之于世的时候，巴科斯正在赶飞机。此前，她很是操劳了一阵，不过，那些事情与她的“约旦男友”扎卡维毫无关联。那一年，巴科斯已经36岁。若论资历，她已经成了中情局“扎卡维”小组中的第一人。不过，身心俱疲的巴科斯，已经迫不及待想要换种活法了。她遇到了一个中意的对象，并且再次成婚。她的丈夫对于情报世界一无所知。两人的婚礼非常低调，结婚那天不过是一个普通的工作日。那一天，巴科斯非常忙碌。当她匆匆出现在婚礼现场的时候，已经迟到了。

6月7日那天，巴科斯和中情局同事正在出差中。一位留守总部的朋友特地打来电话，向她通报了扎卡维的死讯。闻言之后，巴科斯竟然一时恍惚。她不知道，面对这样的新闻，自己应该作何反应。

“我很高兴。”她还记得那一刻，“不过，我觉得自己也有点失落。一个我知根知底的人就这么走了，身边好像失去了什么。”

在约旦，首都的人们组织了庆祝活动，但是，扎卡小镇仍有不少人选择为扎卡维招魂。扎卡维可是那里的头号名人，他死之前的几个星期，家乡一些人再次表示了对他的支持。在扎卡维的祖屋附近，几名亲属和当地的极端分子拉起帐篷，开始“缅怀”扎卡维。面对电视台记者，他们大唱扎卡维的赞歌。直到警察出现，一干人才悻悻散去。

阿布·哈伊萨姆马上就会得到晋升，出任约旦情报局反恐部门的主管。对于没有活捉扎卡维一事，哈伊萨姆有些不满，但是，此人的死还是让上校心情舒畅。

“扎卡维的样子，在我眼前飘荡了不知多久。”哈伊萨姆表示。他还记得自己和恐怖分子的第一次见面。“他总是吹嘘，说他终有一天会找到办法伤害我们。他说，他会让我们心痛欲裂。他确实做到了，发生安曼酒店袭击案的时候，我真有点伤心欲绝，尤其是看到那两个小姑娘死去的时候。现在，天理循环，恶人终于得到了报应。”

这种“报应”，似乎与伊拉克无关。在拉马迪，部落首领扎伊丹·贾比里翻阅报纸，发现扎卡维已经身亡的时候，心绪没有任何波澜。这个“约旦人”确实死了，但是，他栽培下的恐怖之树却还枝繁叶茂。繁茂的程度，远超以前任何时期。扎伊丹还告诉朋友，他觉得，曾由外国恐怖分子主导的极端组织，如今正在变得愈加本地化。既然扎卡维死了，一定会有许多极端分子争夺他留下的位置。

在安巴尔省，许多部落开始发起反击。他们疏远宗教极端分子，有时候还会动用武力把宗教极端势力驱逐出去，扎伊丹自然也不甘落后。他和他的同道们，都在向宗教极端主义发起攻击。这场运动，被美国人称为“安巴尔的觉醒”。事实证明，正是一股强大的逊尼派势力把扎卡维的残余势力从大街小巷中清除了出去，迫使他们不得不再次回到了地下世界。至少，目前的情况就是这样。

那些亲近扎卡维的人日子可不好过。一些不幸站错队伍的人，可能因为扎卡维的死而触上霉头。一年之前，扎伊丹的某位表亲曾经劝说族长，要他向扎卡维宣誓效忠。时过境迁，这位表亲遭到了报复。

“我们最后 次见面的时候，我对他发出过警告。‘你大限将至。’我当时是这么说的。”扎伊丹回忆，“我还告诉他，我们不想失去任何部落兄弟，但是，你们这些人实在罪大恶极，不能原谅。”

几天之后，表亲遭到逮捕，随后被处以枪决。

“就这样，我们要了他的命。他的性命是我们部落夺走的。”扎伊丹表示，“他背叛部族，并因此落得了如此下场。这，就是我们复仇的方式。”

卷　三

“伊斯兰国”

黑旗
ISIS的崛起

第十七章
人民希望推翻这个政权

随着几辆巴士的到来，麻烦出现了。美国大使馆的官员福特放眼望去，至少看到了整整 4 车的麻烦制造者。车辆很普通，就是一般旅游公司常用的那一种。他不清楚领头的是谁，只知道车里满满的全是人。他们汗流浃背、神情严肃，身边还都带着旗杆之类的物品。近 10 点，一辆小面包车穿过大马士革时髦的阿费夫区（al-Afif），而后停下了前进的脚步。那个地方，距离美国大使馆只有一个路口。又是一批领受命令、前来抗议的人陆陆续续下了车。

使馆大楼的一扇窗外，罗伯特·福特冷冷地打量着大门之外的这些“客人”。如今，他已是美国驻叙利亚大使。这一天，是 2011 年 7 月 11 日，“阿拉伯之春”[1] 已经爆发了 4 个月之久。最近，外国使馆前常常出现类似的抗议活动。据说，5 个街区之外的法国使馆，也成了示威人群的目标。自然，他们不会放过美国。福特觉得这些人其实都是士兵，只不过临时换上了平民的衣服。他们有的开车，有的走路，匆匆来到任务地点。一些年轻人的发型，一看就属于部队特有的样式；另一些胡须遮面的中年男了，则高高举着叙利亚总统巴沙尔·阿萨德的画像。一个胸前带着身份证的人高声吼叫，好像是

1 阿拉伯之春（Arab Spring）：2011 年从突尼斯开始爆发、几乎席卷了整个阿拉伯世界的民众要求变革的浪潮，西方媒体称之为“阿拉伯之春”。

在下着命令，他应该就是这次集会的主持者吧。远处，一群警察优哉游哉，观望着这边的动静。福特居高临下、俯瞰一切。街上黑压压的脑袋越来越多，在他眼里，仿佛夏日暴雨来临之前积压的黑云。没错，这些人肯定是政府当局派来的——美国大使这样认为。他们的所有举动，未免也太过整齐划一了些。福特刚向所有员工下了门禁令。今天，他准备闭门不出，看看对方到底能玩出什么花样。

一开始，对方玩出的花样并不出奇。他们只是喊喊口号，顺便往美国大使馆抛掷一些发臭的瓜果。可是突然，抗议的群众变得激动起来，口号变成了叫骂，瓜果也换作了石头和砖块。石头砸中外墙的声音、砖块与防弹玻璃撞击的声响，传进了福特的耳朵里。接着，大使看见十几个人爬过钢筋水泥的外墙栏杆，跳进了使馆内院。他还记得当初负责筑墙的承包商还向自己夸下海口，说这堵障碍“不可逾越”。很快，不速之客已经在馆舍的庭院内狂奔起来。他们叫嚷着，使劲拍门，或者用力地敲窗户。眼见这些动作不能撼动这些设施，闯入者只得另找一些脆弱的东西泄愤。一些人沿着砖墙攀援直上，来到了架着卫星电线和无线电发报机的屋顶。这下子，外面的抗议者和屋内吓得瑟瑟发抖的员工之间，只剩下一层薄薄的金属屋檐作为隔离。

福特还是站在窗边。一旁，还陪着两名年轻的海军陆战队队员。两人都是 20 多岁，负责美国使馆的安全。海军陆战队队员手中的冲锋枪握得很紧，手指也紧扣在扳机上。福特的心里则在飞快盘算，万一这些人冲进里屋，他该怎么办？那些叙利亚的警察呢？难道这样还不该管上一管？

敲击还在继续，声声入耳，刺激着屋内人的心。透过门的缝隙，福特已经能够看见入侵者的一双双脚。这时，他身边的海军陆战队队员发话了。

“只要他们敢穿过那扇门，我们就立即开枪。”

福特的脑子转得飞快。他想，如果巴沙尔总统就是主谋，那这一次的示威应当只是吓唬活动。不过，吓唬吓唬倒还罢了，为什么他们做得如此过分？

“不行，绝对不能开枪。”大使坚称，“他们要是穿过那扇门闯进来，你们应当予以警告。万一他们面对你们的枪口还不收敛，那时候再开火也不迟。”

敲击声越来越密，两位陆战队队员也耐心地等待着。紧张的对峙中，福特又开始胡思乱想起来——那些人要是真冲进门来，面对枪口，也该立即撤退了吧。或者，他们会更加胆大妄为？若论对巴沙尔总统性格的了解，恐怕没有几个美国人能超过福特。大使深信，以巴沙尔总统的作风，派出几个手下教训一下外国大使，实在不是没有可能。巴沙尔聪明睿智，很少为了无用的东西而白费力气。当然，他的火爆脾气也很出名。福特有幸亲眼见过巴沙尔大发雷霆。对方气冲牛斗的样子，在大使的脑海当中留下的印象极为深刻。福特清楚，一旦谁惹毛了巴沙尔，天知道他能做出什么事情来。最近，巴沙尔一直心情不佳。因此，福特已经猜到大使馆遭到打砸也不是没有可能。在这个炎热的初夏，同样也是民愤汹涌的当下，他们似乎什么事情都做得出来。

敲门声愈发响亮。海军陆战队的队员将枪口对准大门，等待着对方破门而入。

有那么一段时间，大家都觉得叙利亚会置身“阿拉伯之春”的风波以外。当年3月，突尼斯与埃及两国政权相继崩溃，统治者倚仗的安全部队也在第一时间倒戈相向。随后，利比亚和也门政府也遇到了相似的麻烦。不过，叙利亚似乎不存在这样的问题。这个国家的政治精英与经济大鳄非常齐心，他们团结在阿萨德家族周围，对后者很是拥戴。叙利亚政府奉行世俗原则，还建立了严密的秘密警察制度，因此，所有的种族与宗派问题，一时间还找不到什么严重恶化的端倪。即便“阿拉伯之春”的风暴从北非刮到波斯湾，席卷了多国首都，但大马士革的局势仍然很平静。偶尔的喧嚣，也只是来自破败道路上出租车的鸣笛，以及市中心各色声嘶力竭的叫卖声。

巴沙尔这个人，似乎也很难引发什么争议。中东各国的众多威权统治者当中，他是较为温和的一个。他和他的父亲相比，更是显得性格温和。其父哈菲兹·阿萨德的志向曾是医生，不过，后来他成了统治叙利亚45年之久的强人。巴沙尔曾经前往伦敦求学，在那里，他选择了眼科作为专业。他作此选择，一方面是为了圆父亲未竟的梦，二是由于不喜欢见到鲜血。到头来，他也没能行医救人。因为哥哥巴塞勒·阿萨德（Bassel al Assad）不幸遭遇车祸身亡，巴沙尔才不得不改弦易辙，走上子承父业的道路。他高高大大、轻言细语，全不似一位说一不二的强人。2000年，哈菲兹撒手人寰。叙利亚的政治改革，再次受到各方关注。巴沙尔面临的第一号难题，正是源于大家的这种希冀。上任之后，他放宽了经济管制，对于网络的监控也有所放松。出人意料的是，新任总统还关闭了臭名昭著的梅扎赫（Mezzeh）监狱，而后大赦天下，释放了几百名政治犯。就连穆斯林兄弟会的成员，也因为他的宽宏而重获自由。

一切变化，都发生在美国人的眼皮底下。后者由此觉得，受过西方教育的新任总统实在很有“潜力”。按照美国政府的看法，叙利亚在中东地区一直扮演着“捣蛋鬼”和“独裁者”的角色，假如巴沙尔愿意实行更有建设性的外交政策，中东的局势自会大变。当然，这种愿望要想成真，实在有些遥不可及。巴沙尔上台后，叙利亚仍在向黎巴嫩的真主党游击队提供武器。而且，世界各地的宗教极端分子要想前往伊拉克，还是会把叙利亚当成必经之地。同时，美方怀疑大马士革当局持有大量化学武器，其中甚至包括破坏力极强的沙林毒气。当然，希望还是有的。有时候，巴沙尔的安全部门也会向美方提出合作申请。时不时，两国特工还会一道打击恐怖主义，叙利亚方面甚至会趁着宗教极端分子来到机场或穿越国境之时对他们进行抓捕。当然，这种事情，他们只是偶尔为之。目前，叙利亚“第一家庭”正向西方释放出善意。过去，哈菲兹总统对西方来宾总是冷面相向，时不时还会出口讥讽。不过，儿子巴沙尔的风格则大为不同。巴沙尔的英语无可挑剔，谈起地缘政治，他非常谨慎，近乎索然无味。他的妻子阿斯玛（Asma）在英国长大，是位经济学者。她美丽优雅，特别中意“鲁布托”牌高跟鞋。妇女权益与教育改革是第一夫人最为牵挂的事情。在那时，如今的美国国务卿约翰·克里（John Kerry）还是一名参议员，他对于大马士革方面寄予厚望。克里曾公开表示，巴沙尔可以成为美国政府的合作伙伴。还有不少美国官员，也和克里有着一样的意见。

2009 年，克里受邀出访叙利亚。回国之后，他发表了感想：“我觉得叙利亚一定会有所行动、有所改变。叙方愿意和我国及西方世界保持友好关系，如此一来，自然会有很多经济合作的机会。”当时，参议院外交事务委员会主席的态度很是积极。2010 年末，奥巴马当局有了一个大胆决定。

2005 年后，美国再未向叙利亚派出过全权大使，当时，美方觉得叙利亚政府涉嫌支持恐怖主义分子，双方的关系由此跌入谷底。现在奥巴马政府准备改变一下这种态势了。当然，他得先任命一位美国驻叙利亚大使。大使职位关系重大，白宫方面经过慎重思考，决定将此重任托付给一个人——罗伯特·福特。他在中东工作多年，成功应付了多次危机，并因此给人留下了深刻印象。

对于奥巴马的决定，反对者简直数不胜数。参议院内，就有许多人不支持总统升格“美对叙”外交关系的决定。反对意见来势汹汹，甚至，白宫方面都不敢委派候选人前去国会参加听证会。直到圣诞假期来临，奥巴马才抓住机会任命福特为美国驻叙利亚的第 14 任大使。这一天，是 2010 年 12 月 29 日。

总统的选择，一开始并不合福特的心意。由于在伊拉克表现卓著，2006 年，福特第一次被提拔为一名驻外大使。当时，他的去向是阿尔及利亚。几年过去，福特也到了履新的时候。他个人比较中意突尼斯和巴林，他觉得那边的工作不但有趣，而且环境也比较清静。叙利亚不仅没有什么吸引力，还有施行特务统治的坏名声，而且，该国政府还公开向反以色列武装提供过支持。作为美国大使，少不了又要因为“支持恐怖主义”而向叙利亚方面频繁提出指责和抗议。

“我不想去叙利亚。”福特向上司表示。他戏谑道：“我只想和巴沙尔政权战斗到底。”

不过，最终他还是从命了。接受任命 3 周之后，福特踏上了前往大马士革的旅程。又过了一个星期，他带着国书，造访了巴沙尔的官邸。

总统的家坐落在一处小丘上面。欢迎会上，福特仔细打量了巴沙尔一番。他想要看出，这套灰色西装之下裹着怎样一副灵魂。当天，主人在一把粉蓝色椅子上就座，态度和蔼可亲。这里的宫殿虽也富丽堂皇，但总统身上却没有中东各国军事强人常有的那种腐败奢靡之气。阿萨德个子很高，肩膀窄削，眼眸呈淡蓝色。他脸庞瘦削，只在唇边留了一点胡子。主人的语气一贯沉稳，从不提高声调讲话，有一种人到中年的稳重感。宴会的基调也很愉快，直到福特提起美国国务院最近发表的一份报告。报告批评了叙利亚的人权状况，还提及了一些发生在叙利亚的迫害反对派、折磨犯人的事例。瞬间，主人的表情起了变化。巴沙尔的语气依旧沉静，不过，他明显有些不快。

“谈到人权问题，我愿意四方求教，但却万万不敢征求美国的建议。”叙利亚总统愤愤地说，“毕竟你们在关塔那摩监狱[1]、阿布·格莱布监狱和阿富汗曾经干下过那些勾当。”

秉着一名外交官应有的涵养，福特礼貌地听完了巴沙尔总统的话。

“总统先生，您提到的这些问题都确有其事。”大使表示，“我们应该自己把它们解释清楚。但是，我们也要向您表达出我们的关切。如果您真心想推动我们之间的双边关系，我们就必须开诚布公地好好谈一谈这个问题。”

然而，后来发生的一系列历史事件，使得双方再也不可能坐下来讨论人权问题。两周以后，时任埃及总统胡斯尼·穆巴拉克遭到罢黜。又过了 4 天，利比亚安全部队在班加西（Benghazi）朝示威人群开火，由此引发了内战，内战以穆阿迈尔·卡扎菲（Muammar Qaddafi）下野而告终。3 月初，也门和巴林首都也出现了骚动，人群与警察发生了激烈冲突。最终，叙利亚也卷入了这场风波，尽管这个国家看上去并不大容易为此类风波所动。不过，一周不到，局面便已经有些不可收拾。3 月 18 日，南部城市达拉（Dara'a）发生了暴力示威活动。此前，警察抓捕了几名涂写反政府口号的青少年，并对他们施以酷刑，这次事件也成了游行的肇因。3 月 20 日，一些暴民纵火焚烧了达拉的叙利亚复兴党党部。警察开火还击，混乱中，15 人失去生命。3 月 25 日，大批群众涌上街头表示抗议。抗议的风潮波及了其他城市，从西部的哈马（Hama）和霍姆斯（Homs），蔓延至北部最大的城市阿勒颇（Aleppo）。为了保持国内和平，阿萨德家族向来不吝使用任何手段。这一次，巴沙尔总统遇到了 30 多年以来最严重的一次危机。自然而然，结交美国，获取外交成就的窗口期就这样结束了。

在华盛顿，国务院的一众官僚被接踵而至的爆炸新闻弄得晕头转向，这些新闻，全都来自世界上最为动荡的那个地区。而且，国务院方面还想知道，

1 关塔那摩 (Guantánamo) 监狱：关塔那摩监狱是美军 2002 年 1 月在古巴关塔那摩基地建立的一座监狱。该监狱最初只是临时关押囚犯，但美国军方逐渐将这个临时关押囚犯的场所改建成了一个长期使用的监狱。阿富汗战争后，美国将大批“基地”组织和塔利班成员关押于此。美方认为他们是“非法战斗人员”，不是战俘，因此不享有《日内瓦公约》所规定的任何权利。

叙利亚的这场风波到底会如何收场，阿萨德又会怎样予以应对。面对抗议者，约旦与摩洛哥王室誓言一定尽快启动改革进程。埃及的穆巴拉克总统则遭遇手下军人的集体逼宫，最终被迫下野。军人如此选择，也是为了保全自己的利益。巴沙尔是否会效法前者？抑或落得和后者一样的命运？

叙利亚总统很快做出了自己的选择。叙利亚的精英阶层普遍认为，穆巴拉克之所以被迫交出权位，就是因为之前让步过多。因此，巴沙尔表示自己会强势一些。抗议者的种种诉求，他不会予以考虑。相反，他要用大棒、催泪瓦斯和子弹带领国家走出危机。一周之内，70名抗议者死在了乱局之中，此外，还有上百人被抓进了监狱。据“人权观察”组织统计，叙利亚情报局一共设立了27个审讯中心。据称，他们利用棒击、鞭笞、电刑等手法折磨犯人。尽管如此，抗议却没有消减的迹象。

在许多美国官员看来，叙利亚普通人遭受的不幸不仅令人悲叹，而且完全可以避免。如果巴沙尔足够精明强干，叙利亚完全不至于陷入混乱。2011年，这个国家面临的最大问题是经济衰退。工作机会本就不多，持续的干旱又迫使农民背井离乡迁入城市，如此一来，失业率自然居高不下。延绵数十年的复兴党世俗统治，并未弥合叙利亚严重的种族矛盾与宗派裂痕。一开始，阿勒颇与哈马的抗议者走上街头，不是为了发泄对于巴沙尔的怨恨。其实，他们只是难以忍受总统身边那个腐败的利益阶层。

弗雷德里克·霍夫（Frederic Hof）曾是美国陆军军人。对于中东问题，他有着深切认识。2009年，霍夫还曾作为特别代表前往中东进行访问。谈到叙利亚问题，霍夫也有自己的认识。他觉得，危机一开始，阿萨德之所以使出雷霆手段打击抗议者，可能是想要拉拢那些拥有巨额财富的亲属。

“大众普遍认为，大马士革的精英阶层贪婪得有如匪帮，什么都要多吃多占。叙利亚的祸端，正起于这种观念。”霍夫谈起了自己对于叙利亚局势的想法。“其实，总统已经多次声明将会推动改革。不过，大家只是觉得：‘因沙安拉[1]，算了吧。’如果巴沙尔采用更为高明的办法对待改革与抗议，他

1 因沙安拉（inshallah）：意为“如果安拉意欲”，穆斯林的口头用语。

甚至可能黄袍加身，成为叙利亚的一代明君。”霍夫表示。

但是，巴沙尔选择了暴力的手段。手机镜头下，安全部队的各种行径都遭到存证。如此一来，巴沙尔几乎得罪了所有的叙利亚人。当然，还是有人对他忠心耿耿。2 100 万叙利亚公民之中，总统所属的阿拉维派[1]仍是巴沙尔的坚强后盾。这个国家的军事和情报体系，几乎由阿拉维派一手掌握。当然，剩下那 87% 的国民，还需要总统要么打压，要么拉拢。那么，到底巴沙尔还能撑多久呢？

巴沙尔来日无多了。2011 年，从春天到夏天，白宫方面见证了叙利亚局势的逐步恶化，而后，他们得出了这样的结论。4 月，叙利亚政府已经有些惊慌失措，他们甚至调动陆军部队驱散示威人群。5 月，哈马的主要街道上出现了巡逻的装甲车。一些狙击手躲藏在楼顶上，随时准备打击抗议者。初夏时节，抗议浪潮稍稍退却了些。不过，“恶浪”很快再次掀起，而且浪头汹涌，看起来大有不可阻挡之势。

“一开始，情报显示‘叙利亚之春’将会无疾而终。‘叛乱’将被扼杀在襁褓中，而政府一方会大获全胜。”一位资深官员读过从大马士革前线发来的密电。而后，他不禁感叹：“但是，事情的发展，超出了我们的预测。最初，大家相信‘没人动得了巴沙尔’，但到了现在，人人都觉得‘民变已经不可逆转’。”

福特有些坐不住了。他纵横中东 20 余年，走访过多个国家，更是经历过无数起危机和变故。这期间，他哪一次不是直奔风暴中心而去？危机轮流转，今天轮到了叙利亚。福特觉得，自己应该抓住机会，好好表现。他要让世人看到，美国政府和示威者站在同一战线。福特觉得，这些示威者似乎可以代表叙利亚民心的归属。

作为外交官，福特自然不该偏袒一方，但是，他总觉得自己对于叙利亚人有所亏欠。将近 30 年前的 1983 年，他曾在这个国家感受过当地人的热情与善意。当时，他才 25 岁，一头棕色卷发，身材瘦弱，那时他只是一个学

1 阿拉维派（Alawites）：伊斯兰教教派之一。

习阿拉伯语的普通学生。他趁着假期，离开位于开罗（Cairo）的美国大学（American University），前来叙利亚观光游历。福特和同学一起搭上巴士，从安曼出发来到大马士革。抵达叙利亚首都的时候，时间已经很晚了，街上大多数店铺也都关门了。每到节假日，大马士革都会迎来大批伊拉克游客，他们把所有酒店占得满满当当。两个美国人跑遍整个城市，也没能找到一个落脚的地方。正当福特和同学已经做好露宿街头的准备时，一位酒店职员和蔼地将他俩唤了过去。

"这么晚了，你们是找不到宾馆投宿的。"看着两位风尘仆仆的外国人，那人表示，"干脆，今晚就住我家吧。明天一早，我再把你们送回这里。"

过了几分钟，年轻人已经身处一座公寓当中。房子很是简朴，乃是一家人的居所。虽然已是深夜，主人还是端出了一份晚餐。三人边吃边聊，度过了几个小时。客人睡下之前，男主人还特地向他俩致歉，因为客人只能在他家留宿一晚。"如果二位明天还在这里，秘密警察可能会来找我的麻烦。"男子解释说。

那一次，福特还遇到了许多普普通通的叙利亚人。他们都很热情，待人也甚为友善。福特还记得，就在自己来到叙利亚的几天之前，美军战机刚刚突袭了贝鲁特附近的一处山区，拔除了驻扎在当地的一个叙军军营。而后，福特发现，自己居然和一大堆叙军官兵同处一车。没想到，各位官兵开朗热情，他们的风度让他牢记至今。"欢迎欢迎！"大兵们发现这拥挤的大巴上居然还有两个美国人，立即做出友好表示。一些人起身让座，把位子腾给了两位外国客人。一些人则围着福特和同学问长问短，他们对美国人的恋爱习俗很感兴趣。另一些人则好奇，美国女性是不是都像热剧《海滩》[1]里面的那样火辣多情？当然，也有一位军官特地拉过福特，向他提起了一个略显严肃的要求。"等你回了美国，麻烦给你们那些媒体说一声，"军官表示，"你也看见了，我们不是'柏柏尔人'[2]，不是什么野蛮人。"

28年过去了。现在，叙利亚各地都能见识到当局形同野蛮人的一面。普

---

1 《海滩》（*Baywatch*）：美国电视剧，以海滩救生员生活为主题。
2 柏柏尔人（barbare）：北非的一个部族，此处有"野蛮人"之意。

通人的生活，由此变得万分艰难。福特恍惚间觉得，他在年轻时曾经仰慕的那些叙利亚人，如今就在街上抗议示威。甚至，他们已经加入了反政府武装游击队，并且还成了其中的骨干。迄今为止，对峙双方之中，只有一方使用了暴力。正因如此，福特认为自己很难克制情绪。虽然他是个外交官，职责是呼吁双方同时保持克制。当然，无论福特有何情感倾向，他都不能忤逆华盛顿方面的决议。那个时候，奥巴马虽已先后要求穆巴拉克与卡扎菲辞去职务，但却未向阿萨德表达同样的要求。原因很简单——一些白宫阁僚早已指出，既然巴沙尔政权即将倒台，美国方面就无须再添上一把火了。对于奥巴马来说，开口发言也需择取良机。此前，因为公开呼吁穆巴拉克卸下埃及总统职务，奥巴马遭到了阿拉伯诸国领袖的好一通埋怨。他们纷纷表示抗议，穆巴拉克乃是华盛顿当局的长期盟友，而且当时他仍是埃及的合法元首。另一方面，埃及的示威人士也把白宫当成了批评的对象，他们认为白宫方面太过懦弱，只是被动地等待穆巴拉克辞职，而不是主动与他断绝关系。

尽管奥巴马政府并未公开喊话，但福特还是可以隐晦地向示威者表示支持。示威初起之时，美国大使馆便派出官员同反对派的领导人举行了几次会面。会面很是低调，却也造成了一定反响。大使馆的官方“脸书”[1]页面上贴出的字句同样谨慎小心，但是对于反对派的鼓励意思仍然非常明显。当然，真正让巴沙尔政权感到恼火的事情发生在哈马。福特亲自现身那里，并阻止了一场杀戮事件。借此，叙利亚当局做出判断，华盛顿已经站在了抗议者一边。

哈马位于叙利亚西北部，城中聚集了大批抗议人群。几个星期以来，当地的冲突与死亡事件一直持续不断。2011 年 7 月 3 日，巴沙尔解除了当地行政长官的职务，并派遣军队进入郊区，包围了整个城市。高压之下，局势稍显安定。不过，3 天之内，哈马市中心已经完全被抗议人群占据。至于城市近郊，巴沙尔的安全部队已经集结完毕。

一开始，福特只是远远观望。大使派出助手，前往哈马打探动静。助手是一名 26 岁的女性，她的这趟旅程非常顺利。路途中，助手仔细记录了她

---

1 脸书 (facebook)：又译“脸谱网”，美国一个访问量排名前三的社交服务网站。

的所闻所见，抗议者的心声与目的也在她的镜头下得到了还原。回程之后，助手写下了一份报告，报告图文并茂、非常生动：哈马市中心，成千上万的人聚在一起，叙利亚媒体报道中的种种混乱现象，比如抢劫、斗殴、破坏公物、绑架、杀戮等全都了无踪迹——那一天，抗议者表现得很是文明守法。这份报告，很快就被大使传回了国内，呈给了华盛顿当局。

“抗议者只是在放飞和平鸽和投掷鲜花。”福特说，“看起来，他们的行动很是克制。”

与此同时，城外的叙利亚政府还是打算用武力解决问题。情报显示，阿萨德有意派遣部队进入哈马，驱散示威人群。这一点，在叙利亚其他城市早有先例。对于欧美诸国的反应，巴沙尔显得很是不以为然。福特仔细观察了局势，从而生出了一个想法：假若美国大使身在哈马城中，巴沙尔还会不会冒着风险继续打压示威人群？

一国大使不经申请擅自进入所在国的“叛乱”中心，这种举动，定然不受主人欢迎。对此，福特很清楚。因此，他的这趟哈马之旅必须要低调一些。到了哈马，他不会出席任何活动，也不会发表任何演讲。但是，身为美国政府的全权代表，福特即便只是作壁上观，也会引发热烈的关注。而且，关注的目光，可能不仅仅来自哈马一地。

“我只是去观察局势的。”事后，福特解释道，“当时的我，只是个人身份。否则的话，我的举动将会失去公信力。”

7月7日清晨，福特登上一辆SUV，带着3个随从直奔大马士革北部而去。同行的人还包括他的好友、法国驻叙利亚大使埃里克·谢瓦利耶（Eric Chevallier）。这次出行，福特并未通知叙利亚政府，同时，他也没有向上级做出预先汇报。福特一行穿过首都附近的棕色石山，进入了叙利亚的西北地区。此地，也是这个国家的腹地。这里到处是农田，四周还留有许多千年古城的遗迹。他们的目的地当然就是哈马。福特清楚，自己必定会陷入冲突与对抗。当然，冲突何时到来，对抗又会怎样发生，没人能够预测得出。甚至，他们能不能顺利抵达目的地，都还是一个未知数。在这条高速公路上，密布着许多检查岗哨。距离哈马越近，检查也越是仔细。每次进入岗哨，警察都会投来询问的目光。未经大马士革政府批准，两位外国大使为什么要通过他们把守的地区？对此，警察们当然很是好奇。即便是巴沙尔的人一路大开绿灯，福特仍然不敢保证，两名西方国家的外交使节不请自来，示威人群会有何反应。毕竟，叙利亚人对于西方也是多有疑虑。甚至，他们可能对西方各国当局抱有敌意。

一路上，警察们见到福特等人的时候虽然有些惊讶，却并未加以阻拦。几个小时后，福特的 SUV 进入了哈马市中心。抗议的人群从大使的座驾旁边徐徐走过。他们的目的地指向了市中心的阿希广场（Assi Square）。哈马街头处处洋溢着欢乐的气息，抗议者个个表情兴奋，仿佛已经达到了自己的政治目的。钟楼之上，悬着一条紫色横幅，上书“自由叙利亚万岁，打倒巴沙尔·阿萨德！”巴沙尔派出的部队与警察仍然留守在郊区。在城市中心，福特没有发现任何警力，他甚至找不到一个穿着制服的身影。

按照计划，两位大使将入住当地一家酒店，这家酒店也是他们此次行动的落脚点。接着，福特与谢瓦利耶来到一家医院。这里的许多伤者，都是和警察发生冲突而受伤的抗议者。医院里，大使们和伤员聊了聊天。随后，他们接连会见了好几个反对派领袖。会面的时候，没有记者在场。不过，福特仍然出言谨慎，努力不让对方抱有过高期望。美国大使反复叮嘱他们：克制非常重要，千万不要诉诸暴力以解决问题。

“如果你们做出任何暴力行为，那么美国人可帮不了你们。”福特表示。利比亚的先例可以证明，西方势力虽然有干涉当地政局的行为，不过，美国却不会派兵介入。假若叙利亚反对派有意挑起内战，他们也不要指望美军能够参与战争。福特表示：“有了伊拉克的前车之鉴，美国政府万万不会出兵干预叙利亚政局，绝对不可能。”

第二天是一个星期五，抗议活动在这天达到高潮。福特和谢瓦利耶乘车出行的时候，发现中央广场上人群出奇密集——根据事后统计，那里的示威者数量起码达到了 10 万，甚至可能更多。大家情绪虽然激昂，表现却还算井然有序。大使们的车辆顺着人流，缓缓前进。这时，有人认出了 SUV 上的外交牌照。于是，原本有序的环境变得喧嚣起来。前一个晚上，叙利亚的电视台已经放出消息：一个“美国代表团”刚刚驾临叙利亚的第四大城市。

“美国大使来了！美国大使来哈马了！”示威人群中，一个声音叫了起来。

不多时，福特的座驾左右就聚满了人。大家欢呼雀跃、拥挤上前。汽车自然是寸步难移。围观者投来的玫瑰与百合花束，几乎完全阻挡了司机的视线。为此，他不得不停止前进，随后摇动雨刮将人们的好意轻轻拂去。突然，不知有谁发出一声高喊。喊声很快得到大家响应，渐渐变成了集体的呼号：“人民希望推翻这个政权！”

这一幕，被人用手机记录了下来。人人都在欢呼雀跃，有人爬上树干、摇晃树枝，有人伸出双手，只想摸一摸福特的座驾。美国大使戴着一副大墨镜，端坐在副驾驶座上。他的眼光直视前方，丝毫不敢往周围窥视。这一次，他本想当个看客，谁曾想到，自己竟然成了新闻主角。于是，福特立即命令司机，马上离开这个城市，越快越好。不过，几个小时之内，相关视频就传遍了整个世界。自然，叙利亚首都的人们也得知了福特的行踪。可想而知，巴沙尔愤怒至极。既然福特想要干涉内政，那么总统一定会展开报复。

“美国大使未经我方同意擅自前往哈马，充分说明美国政府参与到了最近发生的一系列事件之中。”叙利亚政府外交部表示。

大马士革方面气得“七窍生烟”，哈马的人们自然喜不自胜。如今的哈马，俨然是叙利亚境内第一座“自由”之城。纵观全国，唯有哈马一地摆脱了巴沙尔政府的控制——尽管可能只是暂时摆脱。城中，刚刚成立的“人民委员会”临时组织了一支骑着摩托的“官方护卫队”。福特等人正是在“护卫队”的簇拥之下，才得以挣脱人群，驶上返回大马士革的高速路。大使走后，人群继续狂欢，直至深夜。郊区的安全部队则一直按兵不动。至少在这一天，巴沙尔不敢越雷池一步。

3 天过后，福特和海军陆战队队员并肩而立，紧紧盯着使馆的楼顶。他们不知道，踩踏之下的屋檐还能支持多久。显然，这应该是一起报复，报复的目标之一可能就是大使本人。福特觉得，今天上门的这些示威者，很可能和那些出击全国各地、殴打示威群众的人系出同门——他们都是阿拉维派，也是总统的铁杆支持者。现在，他们还在打砸东西。他们甚至扯下了美国国旗，并放火焚毁。旗杆上，一面叙利亚国旗已经取而代之。据传，法国使馆还发生了枪击事件。在那边，有人抄起攻城锤砸开了车库，随后又砸烂了大使的汽车。入侵者甚至还和大使馆工作人员起了冲突，3名工作人员因此受伤。之后，法国方面派出警卫，才最终把“来客”驱赶出去。

在华盛顿，国务院中东分部正在举行电话会议。当时，各位高官在思考一个问题，如果巴沙尔下野，叙利亚政府里有谁可以立即接班？对于大使馆袭击事件，国务卿希拉里·克林顿（Hilary Clinton）相当气愤。她迫不及待地召开了记者招待会，谴责袭击行径的同时，也把巴沙尔批评了一番。会上，希拉里脱稿发表了演讲，言辞异常犀利。而且，国务卿还顺带提到了叙利亚总统的前途问题。

“阿萨德总统并非不可取代，我们也不打算支持他继续掌权。”希拉里表示。她吐出的每个音节都传递出一种冷酷的决心：“在我们看来，他已经失去了执政合法性。”美国官员公开质疑叙利亚领导人的领导地位，这尚属首次。

不知什么原因，大马士革使馆区的混乱局势开始慢慢平息。暴民冲进美国使馆的时候，警察们只是在一旁悠闲观望。突然，他们忙碌起来，开始履行本职工作。几声枪响过后，示威者被逐出了使馆区。不过，没人因此被捕。福特等人站上了顶楼岗哨观望形势，发现喧闹的声浪正在减弱。最终，整个社区又安静了下来。

人群散去之后，大使馆工作人员鼓起勇气来到馆舍之外。经过盘点，他们大致清算出了损失。晨间暴乱的遗迹，在使馆内外四处可见：碎玻璃、涂鸦、石头，还有腐烂的水果。整个正门通道，基本都遭到砸毁。前门上印着“美国大使馆”字样的铜牌上的金属字母，也被抠了下来。当然，更严重的损害肉眼是看不见的。叙利亚政府纵容示威者包围美国大使馆，甚至闯进使馆区，大肆破坏，这实质上是对美领土主权的严重侵犯。

那么，美方又该作何回应呢？白宫方面首先对这一事件进行了谴责，但总统奥巴马还没有说出最关键的那句话——“巴沙尔·阿萨德必须下台”，他的幕僚们都把这句话戏称为“富有魔力的咒语”。现在，美国政府内部又开始热烈讨论这样两个问题：一是美国政府是否要向全世界宣布巴沙尔卷铺盖走人的时间到了；二是如果要这样做，何时宣布才是最佳时机。多方面的压力会一一袭来，国会、巴沙尔的政敌、大众舆论，还有法国这样的盟友等，大家都会逼迫美国政府做出强硬的回应。几乎所有人都觉得巴沙尔政权岌岌可危。他们甚至认为，巴沙尔的统治可能比穆巴拉克还要不堪一击。要知道，埃及总统失去权势，不过只花了1个月的时间。每天的新闻节目里都充斥着巴沙尔面临的各种麻烦，从叙利亚军队高官纷纷叛变到叙利亚外汇储备迅速缩水。叙利亚问题专家弗雷德里克·霍夫后来说过："华盛顿当局当时坚定地相信，巴沙尔已经时日不多了。而且，这一时间恐怕相当短暂。"

不过，万一巴沙尔赖在台上不下来，美国该如何反应？他们是否准备好了应对之策？人们普遍认为，巴沙尔很快就会下台，然而霍夫赞同少数人的观点，他担心巴沙尔绝不会像人们想象的那么快就下台。如果这位叙利亚总统找到了坚持下去的办法，那么美国人就会沦为世人的笑柄。

"总统不会在台面上要求巴沙尔下台，因为一旦他这么说了，我们就必须确保其成为事实。"霍夫事后表示。

但奥巴马确实在不久之后提出了要巴沙尔辞去总统职务的要求，时间是2011年8月18日，即暴民攻击美国大使馆事件5个星期之后，这也是叙利亚当局和示威者发生第一次冲突5个月之后。这个要求是在美国联合法、德、英三国共同发表的一个声明中提出来的。

"我方一直强调，巴沙尔总统要么启动民主转型，要么就请下野。"奥巴马表示，"他已经不适合继续担任总统一职。为了叙利亚人民的利益，巴沙尔总统也该退居二线了。"白宫官员认为，总统的声明吊起了一些人的胃口，尽管美国政府并未承诺什么。但是，他们已经认为美方一定会对叙利亚事务做出干预。

2011年，中东多国的政治局势陷入风雨飘摇之中，美国政府的国际角色，也由此多了一重。按照本杰明·罗德斯（Benjamin Rhodes）的说法，华盛顿当局负有"裁决中东各国政府合法性的义务"。罗德斯曾在白宫任职，专门负责撰写演讲文稿，如今，他已经升任奥巴马的国家安全顾问。罗德斯口中的"义务"，白宫似乎还不大适应。不过，就叙利亚问题而言，奥巴马很不赞同巴沙尔的所作所为。根据罗德斯的描述，美国总统“看不惯叙利亚当局已经很久了”。如今，奥巴马觉得自己有义务代表美国出面，向巴沙尔提出反对意见。不过，罗德斯也表示，当时白宫“并无解决叙利亚问题的方案。美方根本不想介入其中，也不曾考虑如何把巴沙尔逼下台”。

那个时候，这些“事务”似乎并不那么急切。“当时，每个人都觉得，接下来事情将会自然而然地往他们希望的方向发展。”一名官员表示，“巴沙尔自然而然就会倒台。整个过程只需要很短的时间。”

不过，叙利亚总统并不打算辞职，而且，他还有王牌可以打。叙利亚当局也许无力压制“叛乱”，但却可以让“叛乱”的性质发生改变。2011 年夏天，他的行动开始了。当时，哈马的混乱程度已经达到顶点。巴沙尔的讲话之中，也出现了一股新的调子。此前，总统只是把游行示威指为“滥施破坏”，抗议者是“罪犯”，如今，他表示自己要和这些“塔克费尔分子”——也就是宗教极端分子——斗争到底。

“时机一到，黑暗角落里的腐朽思想就会死灰复燃。”一次面向全国的电视讲话当中，巴沙尔总统说出了这样一番话语，“他们打着宗教的旗帜施行杀戮，以改革的名义进行破坏，为了他们所谓的‘自由’，四处制造无政府状态和混乱。”

总统认为，哈马和达拉两地的抗议人群都是宗教极端分子。这番指控，似乎并不符合事实。实际上，抗议者来自各个族群，逊尼派、什叶派、基督徒和库尔德人都参与其中。总统的一些阿拉维教胞，也加入了抗议的行列。不过，巴沙尔还是坚持自己的看法，他声称，叙利亚政府即将和宗教极端分子陷入生死之战，对方企图挑起宗派矛盾，想让整个国家倒退，进入中世纪的状态。

抗议浪潮当中，宗教极端分子似乎没有露面。总统的说辞，好像因此失去了立论之基。谁曾想到，几个月之后，在两股势力（一股存在于叙利亚国内，一股则来自叙利亚之外）的努力之下，“塔克费尔分子”竟真的开始在冲突当中大显身手。叙利亚的国内危机，将会演化为一场国际灾难。

第十八章
你说的那个“伊斯兰国”在哪里？

2011年秋天，约旦的国家元首阿卜杜拉二世给自己的叙利亚朋友巴沙尔·阿萨德打去了一个电话。国王此举充满善意，是想给总统提个醒。他的话语虽然没有摆脱外交辞令的套路，却明显传达出了对叙利亚形势的担忧。总之，他试图给老朋友发出警告——他的房子着火了，而这幢着火的房子恰恰又与自己的房子比邻。

原本，阿卜杜拉想委婉一些。他打算派出一个私人使团前往大马士革，与叙利亚总统及其阁僚见面会谈。但是，现在国王决定亲自出马，当面向巴沙尔提出警告。在这一地区的国家领导人之中，阿卜杜拉是唯一一位看出叙利亚正陷入一场连年内战的人。他很清楚，这场内战不但会导致国家分裂，还将严重威胁中东地区的安全。但是，如能在深思熟虑后采取妥善的应对之策，也仍然可能阻止灾难的到来。很显然，目前大马士革没有表现出任何深思熟虑的迹象，阿卜杜拉有责任为其提供最佳的建议。

其实，阿卜杜拉和巴沙尔并不熟络，尽管两人之间存在许多共同之处。他们的父亲都是铁腕人物，也都很有领袖魅力；上任之前，他们都不是父亲的第一选择；他们都曾在伦敦求学，也都娶了美丽迷人、极度西化的老婆。两位第一夫人都受过西方高等教育，各自都有各自的事业。他们的孩子之间的关系不错，两家人互访的时候，孩子们总是聚在一起大玩“超级马里奥”（Super Mario）。当然，两位领袖也有巨大分歧。面对“阿拉伯之春”，他们的看法可谓天壤之别。

在突尼斯和埃及，大批民众涌上首都街头，根本原因是想寻求变革。这样的局势，给约旦还有同一地区的大多数国家都提了个醒。对于潜在的动乱，阿卜杜拉也不得不防。他罢免了保守的前任首相，转而将倾向改革的退役军人马鲁夫·巴基特（Marouf Bakhit）任命为政府首脑。然后，在国王的要求下，巴基特严厉惩治腐败行为，并着手加强地方自治。而后，阿卜杜拉二世启动了一系列政治改革措施。他加速了国家和地方选举进程，又准备将权力过渡给首相和内阁。由于国王主动出招，约旦国内的反对势力一下子失去了立足基础。日后，阿卜杜拉甚至表示，对于“阿拉伯之春”，自己颇为乐见。毕竟，这场风波给了国王一个理由，让他可以大刀阔斧改革国内政策。约旦的政治体系一向偏袒精英，教士与王室因此获得了很多利益，他们自然不想轻易放弃自己的特权。

现在，国王想和总统好好谈谈。根据在场的各位官员回忆，阿卜杜拉打算劝说巴沙尔稳步跟进，推行类似的改革措施。一方面，这有利于巩固总统的统治地位，另一方面，改革对于地区稳定也大有裨益。一开始，两位领袖寒暄了一番，聊了聊各自的家庭近况。然后，阿卜杜拉把话题转到了叙利亚国内的局势上面。他现身说法谈到了约旦的情况，并准备仔细说一说自己下一步的施政想法。

这时，巴沙尔打断了国王的话：“我看，您还是先关心一下约旦的局势，关心一下您自己好了。”“叙利亚人”语气生硬。此言一出，这场对话也走到了终点。

阿卜杜拉的意见，对方完全不想听。本来，国王对于巴沙尔总统寄望很高。巴沙尔的父亲是个固执的“强人”，他出身贫困，一步一步爬到了国家总统的位置。这个过程，自然需要他精于算计、冷酷无情。不过，巴沙尔和父亲完全不同。执政以来，他曾给阿卜杜拉留下过深刻印象。国王记得，总统身旁的几位顾问才智过人，而且非常世俗化。他们曾是国际银行高管，或者从事过跨国机构的领导工作。美国人曾经认为，巴沙尔一旦站稳脚跟、彻底降服操控国家安全机构的那些将军和情报官员之后，就会启动改革。这样的想法，阿卜杜拉也曾有过。

"当时,国王陛下朝巴沙尔总统伸出了援手。他觉得自己可以拉他一把。"阿卜杜拉的一位臣子表示，"我们也都认为巴沙尔·阿萨德能够改变叙利亚，他拥有扭转局势的能力。没想到，抗议就这么爆发了，而且爆发得如此剧烈。我们都有些不敢相信。"

邻国有难,自是非同小可。约旦和叙利亚接壤,两国边境线长达500公里。国界之间，还分布着十余个口岸，专供两边的部落民众通行来往。叙利亚一旦崩溃，约旦势必受到影响，这一点，阿卜杜拉的顾问们再明白不过。汹涌的难民潮将是一个大问题。说不定，一些犯罪集团会趁机兴起。他们可能在边境城市建立据点，专门走私武器和兜售违禁品。约旦的商品若想远销欧洲，必须经过叙利亚境内，才能抵达土耳其南部地区。如果叙利亚境内发生暴乱，这条交通要道势必横遭切断，而约旦生产的商品也将失去重要的海外市场。叙利亚武器库一旦闹出乱子，则会酿成最为惊悚的危机。巴沙尔政权拥有的地对空导弹足以威胁民航班机，而且，叙利亚总统也许还囤积了大量的化学武器，其中的沙林毒气，足以导致成千上万的人死于非命。万一恐怖分子获得这些杀人武器，后果实在难以设想。

那个时候，还是2011年的秋天，大多数情报分析专家听到国王的担心，一定会觉得不可思议。从耶路撒冷到华盛顿，几乎所有的情报官员谈起叙利亚问题时，基调都异常统一："巴沙尔政权时日无多"。当时，巴沙尔政权似乎确实已经众叛亲离。许多军官转投反对派旗下，士兵更是一个营一个营地选择反叛。而且，国家的资金储备正在步步见底，如此一来，巴沙尔政权可能无力采购军需，向亲近的武装团体提供飞机部件的业务也不得不宣告暂停。巴沙尔的几位高级将领承认，自己已经禁止某些逊尼派师团接触武器，以防他们临阵倒戈。

但是，巴沙尔真到了山穷水尽的地步了吗？阿卜杜拉可不敢轻易断言。每一天，国王和安全顾问都要阅览大量的情报资料。很多时候，大家聚在阿卜杜拉二世的山巅别墅，一直待到夜半三更。有时候，国王干脆穿着牛仔裤或者运动衫出现在阁僚面前。他会审看报告，钻研得异常仔细。啜饮咖啡、茶饮的时候，阿卜杜拉也忘不了向属下咨询问题。所有的迹象都显示出，叙利亚的总体局势正向着有利于反对派的方向发展。但是，在仔细研究了那一位阿拉伯领导人看似疯狂的各种举动之后，阿卜杜拉渐渐看出了这个精心策划的计谋中的端倪。

"叙利亚的僵局还会持续很长时间，这一点会超出人们的估计。"阿卜杜拉向手下的大臣们表示。

约旦方面觉得，叙利亚反对派和亲政府派各占三分之一的人口，此外，还有另外三分之一的人口正处于恐惧之中。中间阶层大多来自少数族群，或是隶属少数教派。商人和技术人员，也是其中的中坚分子。这些人的政治立场并不坚定，他们只打算观望下去，看看总统和"叛方"最终谁会得胜。假如巴沙尔能够充分利用中间阶层的恐惧心理——例如他能够成功地在反对派身上贴上恐怖分子或宗教极端分子的标签，把他们的行为定性为种族清洗和宗派清洗，他就可以把大批骑墙派人士转变为自己的盟友。届时，全国支持现政权的人数将超过总人口的半数以上。这样一来，巴沙尔就能牢牢控制住大马士革和阿勒颇这两个全国最大的城市和商业中心，同时也是叙利亚在地中海沿岸上至关重要的海港，那么他也就控制住了整个国家的命脉，即便舍弃沙漠中的几个无关紧要的小城镇，让反对派暂时盘踞在那里，也已经无妨大局。

巴沙尔的银行存款正在流失，这是事实。但是，他的"存货"倒不像外人看起来的那么可怜。何况，巴沙尔还有海外强援可供求援。伊朗和叙利亚向来就是盟友，因此一定会倾囊相助。伊朗支持的真主党（Hezbollah）游击队在黎巴嫩与以色列边境活动，为了保证军需物资一路畅通送抵那里，伊朗方面也不会对巴沙尔政权的危机坐视不管。此外，俄罗斯总统普京（Vladimir Putin）一定乐于提供武器装备，毕竟，叙利亚政府和俄罗斯之间的军购贸易由来已久。俄军在中东唯一的海军基地，正好也位于叙利亚境内。

那个秋天，阿卜杜拉一直冷眼旁观，关注着这场危机。显然，巴沙尔一定不会轻易放权。叙利亚总统并不像一般人认为的那么脆弱。他还有足够的武力、金钱和部队，足以支持很长一段时间。为了避免战争，国际各方都提出了不少解决方案。有人向叙利亚总统表示，可以为他和他的家人提供舒适的避难场所，保护他们的安全。也许，这就是将叙利亚拉出战争泥潭的办法。不过，巴沙尔对此没有一点兴趣。

“那个国家，”约旦国王告诉顾问，“很快就会一片腥风血雨。”

那个秋天，还有一件事情同样令人忧惧。叙利亚反对派的构成，也在潜移默化地变化。如此变化，国际社会似乎毫无觉察，唯有一些关注叙利亚局势的情报官员能够看出端倪。众所周知，叙利亚爆发示威之后不久，政府便宣布了一次大赦。不过，好些示威者并未立即重获自由，普通监狱里的囚犯却被放归社会之上。渐渐地，叙利亚人发现形势不对了。巴沙尔的大赦令也许是出自好心，不过结果却让人生疑。那个春夏之交获释出狱的囚犯之中，有好些都是来自各大恐怖组织的宗教极端分子。其中，有些宗教极端分子曾企图借由叙利亚潜入伊拉克境内参与当地的暴乱，并因此落入法网。另一些人则上了中情局的黑名单，被怀疑与“基地”组织难脱干系。由于叙利亚情报当局的“非常规引渡”[1]政策，他们被抓到叙利亚蹲了监狱。当然，获释的宗教极端分子人数很少，并不足以威胁社会稳定，但是，他们的存在正好印证了总统对于反对派涉嫌散播宗教极端思想的谴责。如今，确有一些宗教极端分子加入了反对派的阵营。这样的策略，似乎是在模仿利比亚前领袖卡扎菲（Muammar Qaddafi）的故技。当年，这位“利比亚人”眼见大敌当前，便敞开狱门，把其中的囚徒释放一空。他这么做，显然是要给自己的敌人添乱。

相关的报告，约旦与美国的情报人员都认真研读过，对于其中反映的情况，他们半信半疑。叙利亚总统释放的囚徒之中，颇有几个熟悉的身影，其中，有不少都是扎卡维的手下。他们曾为“约旦人”运送物资和人员，穿梭在几国领土之间。现在，他们重获自由，也许马上就会故态复萌，甚至重操旧业。

当然，那个时候中东的危机实在太多。也许，几个恐怖分子重归社会，只是一个小问题而已。

1 非常规引渡（extraordinary rendition）：某国将在本土逮捕并怀疑与恐怖活动相关的人员转移到另外一国并在该国以非正常法律手段对其进行审讯的行为。

“那里面也没有几个真正的‘基地’组织级的恐怖分子。”2011年末，一位中东情报官员如是说。当时，重获自由的宗教极端人士，已经聚在叙利亚国内蠢蠢欲动。不过，官员并不担心。“我们清楚他们的身份、他们的住址。要怎么把他们抓回监狱，我们更是清楚得很。”

同一时间，有几个“局外人士”正怀着一点疲倦、几分绝望，关注着叙利亚局势的发展。他们就好像饥饿的秃鹫，对着一头公牛虎视眈眈。这些人所属组织曾经的名号，叫作“基地”组织伊拉克分支（al-Qaeda in Iraq）。他们过去是扎卡维身边的股肱之臣，如今却只能躲到摩苏尔等地的偏僻郊区，缩在阴暗的角落中苟且偷生。他们之间少有联系，因为害怕联系会招来打击。他们的组织也改了新名——“伊拉克伊斯兰国”（Islamic State of Iraq），以此造成一种假象——这是一个真正的“国家”。它不仅拥有一个政府和各个职能部门，还拥有自己的国旗。不过，连他们的家人也都清楚，这个“国家”其实只是过家家。“你们说那个‘伊拉克伊斯兰国’在哪里？我们现在都在沙漠里面苟活着呢！”这段抱怨载于伊拉克的法庭记录当中，出自某位“伊斯兰国”领袖的妻子之口。不过，组织的领袖仍然坚信：“伊斯兰国”不但真实存在，而且还会发展壮大——当然，这需要上天庇佑。

“伊斯兰国”新的领袖刚刚得到提拔。本来，他只是集团中的三号人物。前两把交椅上的大哥都在美伊联军的突袭行动中丢了性命，晋升的机会才落到了他的头上。他的前任都算得上是斗士，可是这位新领袖却更像一个学者。他曾是教授，甚至还拥有博士学位。他今年32岁，性格沉郁。他特别在意细节，演讲中一点小小的差错、服饰上细微的不妥，他都会耿耿于怀。他原名易卜拉欣·阿瓦德·巴德里（Ibrahim Awad al-Badri），来自伊拉克萨迈拉，出身保守的教士家庭。投身“圣战”之后，他自行更名为“阿布·巴克尔·巴格达迪”（Abu Bakr al-Baghdadi）。

他相貌平凡、身材中等，头发有些稀疏，年轻时的胡须密度也属一般水平。当然，随着人过中年，他的这把胡须会变得有如灌木丛一样密密匝匝。巴格达迪坚信命运会青睐自己，笃定得就像个预言家——世界的命运如此，他个人的命运也是如此。2011年春天，“阿拉伯之春”如火如荼。那时候，巴格达迪仿佛看见了一只神灵之手，正在操控世事的变幻。这只手握住历史这棵大树的树枝使劲晃动，直到成熟鲜美的果实掉在他巴格达迪的脚下。没错，命运终将选择他。但是，他也打算加快行动步伐，让梦想早点儿成真。2月，巴格达迪通过“伊斯兰国”的舆论武器，向开罗的广大示威者们提出了建议。他觉得，既然他们已经驱逐了“叛教”的穆巴拉克，下一步，他们应该有继续“革命”的义务——要向着西奈半岛推进、向着更远的地方前进。

“各位的眼前，圣战的大门已经打开。圣战的前景是如此光明！”如此的宣言同样出自巴格达迪的手笔。当年2月，他在宗教极端分子聚集的网络上大发感慨：“思想成熟、身体健康的君子都没有退缩的理由。你们决不能和那些畏惧圣战的人畏缩在一起。”在同一张帖子里，巴格达迪还提出一个主意：打开埃及的监狱，释放其中的囚犯。在埃及，监狱几乎成了资深宗教极端分子的家园。实际上，“伊斯兰国”的所有高层人员，几乎都在中东各地的监狱里蹉跎过不短的时间。巴格达迪本人也不例外。“释放囚犯，是各位的首要义务。”巴格达迪呼吁道，“不把监狱变得空空荡荡，你们就不要罢休。”

他发出了呼吁，可是，一时间却无人响应。无论在埃及的开罗还是在利比亚的班加西，守在政府门前游行抗议的人们似乎没有任何表示。对此，世界各地的宗教极端分子都有些失望。可能，人们并不想在赶走一位世俗派强人之后，又迎来一群宗教狂人上台掌权。开罗的“胜利广场”（Tahrir Square）上面，呼唤改善生活质量的口号不绝于耳——“要面包！要自由！要社会公平！”呐喊国家荣誉的呼声，也能得到人们的响应——“抬起头来，以做埃及人为自豪！”当年5月，本·拉登殒命的时候，也没人高喊“圣战”，更没有人打出标语支持“基地”组织，又或者挂出恐怖分子的画像表示纪念。民意调查显示，2004年以来，穆斯林世界对于本·拉登的评价越来越低。那个时候，正是扎卡维制造割头视频和自杀式袭击的高峰期。支持对平民发起恐怖袭击——“伊拉克伊斯兰国”的这张王牌，也在渐渐失去效力。

扎卡维的继承者们藏了起来。但是，他们随时可能再度发难。说不定，一名“人弹”会在不经意间窜入巴格达，制造杀戮、带来恐惧。巴格达迪掌权以来，“伊拉克伊斯兰国”已经主动认领过多次袭击事件：他们袭击过银行客户，也袭击过宗教场所的服务人员，征兵站外排队等候的男青年，也成为过他们的行动目标。不过，美军已经远离伊拉克，而新组的伊拉克政府的精力又集中在议会的内部斗争上面，在这样的局面下，恐怖分子纵然屡屡发难，却又好像在无的放矢。

制造汽车炸弹的“手艺”，巴格达迪的手下并未荒废。而且，他们拥有足够多的“愣头青”，足以发起一轮又一轮的“人弹”攻势。不过，扎卡维留下的团伙早已外强中干，就如巴格达迪等人口中吹嘘的泛阿拉伯“伊斯兰国”一样虚弱无力。当时，“伊斯兰国”已经到了山穷水尽的地步。巴格达迪等人既无庇护所，也不能自由行动，要想联络通讯、组织人马、获取武器，完全就是痴人说梦。而且，他们吹嘘的那种意识形态，似乎不再能够引起回响。扎卡维死去 5 年了，对于他的后继者来说，“伊拉克伊斯兰国”梦想的逝去，似乎比自身的覆灭还要可怕。

“梦想”，正在一步步远去。扎卡维死后，组织就走上了下坡路。当然，最开始的时候，大家并未意识到困境正在逼近。

扎卡维的毙命，让他领导的恐怖团伙失去了一位充满魅力的领袖。团伙主要的战略专家也由此一去不返。不过，“基地”组织伊拉克分支仍然保持了制造恐袭的高频率。继承者制造暴乱的能力，似乎还要超过“约旦人”一筹。扎卡维死后的一年之内，美国军队在伊拉克的死亡率也达到了历史顶峰。当年，共有 904 名美军丢了性命。2006 年 7 月，伊拉克平民死于袭击的数字也创下了纪录。当月，共有 3 266 名伊拉克平民不幸丧生。那个时候，扎卡维已经被美军炸死一个多月了。

但是，战场的氛围正在变化。逊尼派部落早已厌倦了暴力和恐惧，于是，他们团结一致，自称“伊拉克之子”（Sons of Iraq）并结成武装组织。“伊拉克之子”驱逐了村落中的宗教极端分子。2007 年，美国总统布什决定向伊拉克增兵。几千名新到的美军被投放到伊拉克全境。当然，“熔炉行动”[1]的大获成功，才是恐怖分子偃旗息鼓的主要原因。“熔炉行动”由情报人员和

1 熔炉行动（fusion cell）：美国军方与情报部门针对伊拉克境内恐怖组织而展开的专项联合军事行动。

特种部队配合参与，他们对于宗教极端分子的猎杀准确率创下了新高。曾经，所谓的“逊尼三角区”是扎卡维等人的庇护所和活动基地。现在，恐怖分子在那里已经越来越不受欢迎。有时候，扎卡维的继承人甚至会在那里落入危险境地。无论白天黑夜，皆是如此。

麦克里斯特尔在美国的特种部队基地巴拉德（Balad）制订的作战计划，几乎天天都在获得实际的成效。有时候，一天之内的收获便有许多件。整个2008年，各部门工作都进展顺利。当年，麦克里斯特尔荣升四星上将，并被提拔为美国参谋长联席会议参谋部主任。他的接班人威廉·麦克雷文（William McRaven）继续着他的政策，直到2010年，美军在伊拉克的战斗任务完全结束。

每一天的搜索工作，都从使用电子监视仪器开始。这种仪器功能强大，几乎能够侦测伊拉克境内所有的电话、电邮和短信记录。巴拉德基地内设有一个记录宗教极端分子资料的数据库。随着资料的完善，数据库的规模也在不断扩大。其中的任何人一旦拨打电话，技术团队便立即开始追踪工作。他们可以定位疑犯的位置，也能跟踪他的行动。美军的战机和无人机，可以起到天线塔台的作用。同时，只要搜到可疑信息，飞机可以立即跟进追踪。有了这些空中监视器，即便疑犯登上汽车或卡车等交通工具，美国情报人员也不会失去对他们的监控。

“海豹”突击队和“三角洲”特种部队的表现也同样出色。他们常常在半夜出击，突袭宗教极端分子的庇护所。行动之前一天，疑犯的藏身地点已经通过监控遭到查获。战争进入第四个年头，特战队员们的经验也是越来越丰富。因此，即便小队只有六七名队员，也可能在一个晚上大有收获。约瑟夫（Joseph）就是这样一位特种部队成员。如今，他已经退役，却仍能记起当时的各种情形。扎卡维死去之后的那个月，是约瑟夫和同伴们最为忙碌的时候。当时，五角大楼几乎拼尽全力，想要彻底摧毁“约旦人”留下的恐怖网络。

“2007年，我们的行动正式开始。”约瑟夫表示，媒体答应将他的姓名隐去，他才愿意在采访中发声，“我们要竭尽全力，打击‘基地’组织。我们的任务很明确：杀死或生擒，而不是生擒或杀死。我们给予了他们沉重的打击，每个晚上都有‘基地’组织分子被我们杀死。”

一日之计，往往要从日落开始，此时，负责监视的同事已经下班。“我们的早餐就是人家的晚餐。”约瑟夫表示，“而后，大家会得到简要的指令。出击的时候，我们会带上消声器和夜视仪。那个时候，每天晚上几乎都有枪战发生。抓捕完成后，我们会先行审讯，建立自己的情报资料库。而后，根据已知情报，小队就可以着眼下一步的行动。这就是我们每天的工作内容。”

这种战术在多个方面取得了成效。由于美军夜间行动的高速、高效，对手根本没有反应余地，更不能发起任何反攻。而且，每次突袭，美军都能获取海量的新鲜情报。恐怖分子招募新人、诱骗“人弹”的手法，自然也在情报之中。约瑟夫还记得，自己审讯过不少误入恐怖组织的年轻人。他们有的被人洗脑，所以才加入恐怖组织；有的则看起来呆滞又迟钝。“笨得连数都不会数。”约瑟夫这么形容。

而且，特战队员还找到诀窍，可以轻易击穿恐怖分子的心理防线。当时，暴乱组织已经不是伊拉克最为致命、最为神出鬼没的军事力量了。于是，轮到恐怖分子人心惶惶了。约瑟夫和同伴们很快知悉了一个事实：“伊拉克伊斯兰国”的诸位斗士的能耐仅限于滥杀无辜，在战场上则不大管用。

“他们擅长恐吓手无寸铁的人，仅此而已。”约瑟夫表示，“他们觉得自己英勇善战。但是，每到夜半我去敲他们的门的时候，他们都吓得屁滚尿流。”

“黑暗之中，他们也会抵抗一阵子。不过，战斗往往耗时很短，总体而言也很平静。若论时间，顶多也就3分钟而已。有些人一觉醒来，发现床头围着胡子拉碴、肌肉发达的黑衣西方人，看见对方手上仿若未来武器的枪支和脚下凶神恶煞的军犬，马上就做出了明智选择，举手投降。后来，在伊拉克的一些村落里，开始流传‘带着狮子的忍者’的故事。据说，这些‘忍者’会趁着黑夜降临村里，又在黎明之前悄然而去。”审讯当中，约瑟夫总是忍不住想和审讯对象说，传说中的“忍者”，其实就在他们眼前。

“你以前和美国人打过交道吗？”约瑟夫常常这样发问。

“打过。”这是那些俘虏的标准答案。

“你打过交道的那些美国人，有没有我这么牛？”

“没有，他们没你厉害。”

“那就对了。”约瑟夫如是说，“我就是你的克星，我就是魔鬼。”

战局，非常明显。看一看有多少叛乱分子遭到消灭和逮捕，就能猜出结局。而且，对方的损失，不是胜利的唯一标识。从2007年到2008年，驻伊美军的死亡率从904人跌至314人。到了2009年，又下降了几乎一半。同时，伊拉克平民的死亡率也从2007年的近3 900人，降到了2008年的1 700人。直到2010年，这个数字还在持续大幅度降低。

多重打击之下，扎卡维留下的组织已经岌岌可危。严密的监视网络、美军兵员的增加、逊尼派的觉醒，还有高效的突击团队，如此种种，都给了扎卡维的组织以沉重打击。美国中央情报局局长迈克尔·海登（Michael Hayden）公开宣称：到2008年，这个组织在战略层面上将被打败。他们曾经肆虐伊拉克长达4年时间，现在虽然并没有把他们彻底消灭，但是美国人终于找到了一种切实有效的方法，可以最大限度地抑制住他们的疯狂行为。

“熔炉行动”开始之前，一名军官曾经表示：“我们不是要像恐怖分子一样行事。我们要变成恐怖分子最为恐惧的东西——‘黑夜的影子’。”

每个人都很清楚，高压反恐，绝非长久之计。侵入、占领、重建和稳定，伊拉克战争的直接开销已经超过1万亿美元。如果加上各种非直接的支出，美国的纳税人还得再掏腰包，付出另外1万亿美元才够付清费用。一方面，大多数美国人都不再支持政府出兵伊拉克，另一方面，伊拉克人也希望美军早点离开。2007年年底，美军开始从伊拉克逐步撤离。2011年8月，最后一批美军穿过伊拉克与科威特接壤的边境，彻底撤出了伊拉克，这场战争由此结束。战争中，共有4 500名美军士兵付出生命，另有3 200多人在战争中负伤。至于伊拉克人民的牺牲，则可能达到美军伤亡数字的20倍——这还是最为保守的估计。

美国人离开之后，伊拉克政府必须自行负责国家安全。对于任何国家而言，维护国家安全都是一项艰难任务。当时的伊拉克宗派骚乱四起，种族仇杀也正猖獗，要想自行负责国家安全，谈何容易。尽管多方都付出了很大努力，伊拉克的社会环境仍然难言稳定。逊尼派民众对于总理努里·马利基（Nouri al-Maliki）很不信任。2007年，不信任的情绪升级成为公开骚乱。随后，数名逊尼派政治家遭到逮捕，而一些出身逊尼派家庭的军队将领和安全人员也先后遭到罢黜。第二年，政府更是一步一步将曾经驱逐恐怖势力的“伊拉克之子”悉数解散。对此，政府表示，绝不容许伊拉克境内有任何拥兵自重的行径。但是，什叶派背景的武装组织，却没有遭受半点儿损失。显然，他们得到了政府的纵容，甚至支持。不少逊尼派民众，都持有这样的观点。

反恐方面，美军也向伊拉克政府提供了许多帮助。2008 年和 2010 年，美军两次出击，端掉了“伊拉克伊斯兰国”的阵地，而恐怖团伙的领导层也先后两次遭到彻底清洗。第一次突袭的地点位于叙利亚境内，距离伊拉克不过几公里。得到布什总统的批准之后，特种部队展开秘密行动。他们驾着直升机，彻底摧毁了宗教极端武装组织的基地。事后，美方官员确认：死去的一名极端分子名叫阿布•哈迪亚，来自叙利亚，原是一名牙医。此人曾经担任扎卡维的军需总管。恐怖组织获取金钱、招募成员，皆要通过哈迪亚的运筹和操作。18 个月之后，美、伊联军再度出击，袭击了提克里特附近沙漠中的一处据点。当时，“伊拉克伊斯兰国”的各位头目正在此地开会。事后，联军从建筑废墟中搜出了两具尸体。伊拉克政府方面将其留影存照，而后无不兴奋地公之于众。由此，“伊拉克伊斯兰国”的两位最高领袖阿布•奥马尔•巴格达迪（Abu Omar al-Baghdadi）和阿布•阿尤布•迈斯里（Abu Ayyub al-Masri）都已殒命。扎卡维死后，恐怖组织再次陷入无首的境地。

那次袭击过后，叛乱分子也承认“两位勇士已然死亡，正式加入殉道者的行列”。同一篇声明之中，他们也发出报复宣言，誓言要带来“漫长而黑暗的血腥日子”。不过，“伊斯兰国”到底有没有能力报复伊拉克政府，实在让人心存疑虑。哪怕这个政府内部已四分五裂，能力也十分低下。

“圣战”分子的新领袖阿布 · 巴克尔 · 巴格达迪是个野心勃勃的人。2011 年是巴格达迪上任之后的第二个年头，当时，他的组织口袋空空，而他的豪言自然也是空谈。“伊拉克伊斯兰国”一无资源、二无人手、三无地盘。要命的是，巴格达迪甚至没有一个宏大的“目标”，完全不足以激励手下，更无法唤得广大信众前来投奔。

不过，叙利亚的乱局很快让巴格达迪有了大展拳脚的机会。

第十九章
这个国家，由扎卡维奠基

转眼间，叙利亚的乱局已经进入了第六个月。阿布·巴克尔·巴格达迪觉得时机已到。他认为，这个时候是自己染指叙利亚的最好时机。巴格达迪有一名信得过的助手。此人资历很老，曾经伴随扎卡维的左右。根据巴格达迪的命令，助手将会深入叙利亚腹地展开一次远征。当时的叙利亚，除了首都与几处政府军控制下的重镇之外，其他城镇中的国家安全体系正在逐步崩溃，如此一来，扎卡维的追随者们又得到了一个虚弱不堪的“宿主”。

这支远征队的规模很小，据他的队长后来回忆：“当时顶多有七八个人。”他们跨越伊、叙边界进入了叙利亚，沿着一条沙漠中的公路前行。这条公路正好与底格里斯河（Tigris）和幼发拉底河（Euphrates）完全平行。一路上，他们经过不少叙利亚小镇。过去的这些地方曾经是“圣战”分子旅途中的落脚点，只不过当年的“圣战”分子是从叙利亚潜入伊拉克，方向正好同他们相反而已。在这些远离中心城市的地方，他们同当地人取得了联系，其中有叙利亚境内的原扎卡维团伙的成员，还有一些是刚刚从巴沙尔·阿萨德的监狱中放出来的“圣战”分子。这些人后来都证实了当年这支远征军的贫弱。巴格达迪的手下还觉得，眼前的叙利亚，和9年前的伊拉克是何其相似。两个地方都深受暴力戕害，也都毫无法纪与规则。带着武器的人，可以在这里自由来去。

而且，叙利亚的环境比伊拉克还要优越，毕竟，此地没有美国人来碍事。

“没有那场‘革命’，叙利亚就不会成为我们的地盘。”远征军的头目阿布·穆罕默德·祖拉尼（Abu Mohammed al-Julani）回忆，“动乱扫除了许多障碍，我们这才有机会踏足这片可爱的土地。”

根据“伊斯兰国”的计划，祖拉尼等人将会拉起一支新的武装。这支武装将和其他反对派别一起，对巴沙尔进行打击。祖拉尼等人自称“努斯拉阵线”[1]，从名字上判断，他们应是为了支持叙利亚反对派而来。不过，巴格达迪并无心思帮助叙利亚人，而且，“努斯拉阵线”日后会和“伊斯兰国”断绝关系，进而发展成为一个拥有独立战略、独立思想和风格的实体。不过，按照西方情报机构的分析，巴格达迪希望自己能在叙利亚建立一个据点，为自己治下的“哈里发国”打下基础。

“按照巴格达迪的构想，‘努斯拉阵线’将会成为‘伊斯兰国’在叙利亚的代言人。同时，‘阵线’还要为‘伊斯兰国’的扩张铺好道路。”一名美国官员曾经研究过‘伊斯兰国’得势的过程，他如此评价巴格达迪的战略，“在如此设想下，巴格达迪可没想到‘阵线’会自立门户。”

随后的几个月内，叙利亚“分支”和伊拉克方面的“总部”多有联系。从这些联系之中，人们可以看出巴格达迪的个性，也能知悉他的野心。巴格达迪对扎卡维崇敬有加。两位恐怖分子心中的“宏愿”都远远超出了叙利亚或伊拉克的范围。他们的目标，是把宗教极端主义推广到整个世界。而且，两人的行动策略都十分大胆。他们都觉得，安拉会扶助自己达成理想。相比之下，“基地”组织的“思想家”们可要实际得多。后者虽也追求“哈里发的荣光”，却不忘指出那是个远期目标。目标实现，至少也要等到中东各家世俗政权倒台之后。但是，巴格达迪却认为，自己应当大胆地高举“黑旗”，随后“正义”的信众将会跟从追随。

“他总是说，要脚踏实地重建哈里发国，而且，他的说法前所未有。”美国官员表示，“他将用极端思想诠释宗教，大谈特谈对于叛教者的清洗。

1 努斯拉阵线（Jabhat al-Nusra）：又称作“胜利阵线”或“大叙利亚人民阵线”。

总之，他期待一场信徒与非信徒之间的对决。”

巴格达迪与扎卡维心心相印，他继承了后者的观点，也接受了后者的种种癫狂行径。扎卡维死后的几年内，他的继承者们都显得非常收敛。“基地”组织一向反对扎卡维公开炫耀暴力的行为，毕竟这样的行为很可能造成广大信众的反感。于是，“基地”组织的伊拉克分支不再灌制割头录像。曾经，对什叶派妇女儿童的屠杀行动是扎卡维一伙的标志，慢慢地，类似的行动也偃旗息鼓。但巴格达迪上任之后，决定重拾扎卡维的这些作风，而且还变本加厉。他的暴行，让人想起一个世纪之前肆虐阿拉伯半岛的伊赫瓦尼匪帮[1]。而且像扎卡维一样，巴格达迪会逼迫整个世界“赏鉴”自己的所作所为。

如果当年美国未曾侵略伊拉克，也许，巴格达迪的双手不会沾染血腥，他可能进入大学以教书为生。其实，直到 2003 年，巴格达迪的生活轨迹都很平常。这位 30 多岁的年轻人的身份更可能是一位主讲宗教法律课程的教师。当然，现在的他也算是个教员，而他的学生也都是 20 岁左右的年轻人，不过，教学的内容却是关于一名自杀式“人弹”应当注意的各项事宜。

曾有许多宗教极端分子为巴格达迪立传，这些传记无不称颂主人公才识过人，而且一向热心“圣战”。但是，西方情报机构的资料当中，却找不到佐证他才华与胆识的证据。巴格达迪的真名叫作易卜拉欣·阿瓦德·巴德里（Ibrahim Awad al-Badri），早年生涯平淡无奇，既无过人的才智，也缺乏异乎常人的极端倾向。当然，他还是有那么一点近乎狂热的爱好——那就是“伊斯兰法学”（fiqh）。他喜欢钻研宗教典籍，研究其中的学说与警句。他学习“伊斯兰法学”的目的，就是为典籍中的话语寻找合法的阐释。他不是扎卡维那样的顽劣少年，也没有本·拉登千里奔赴阿富汗的豪气。要知道，大学一毕业，本·拉登立即移居巴基斯坦，只为了支持阿富汗的“圣战”。早年间，巴格达迪没表现出什么领袖魅力，也没有一点暴力倾向。熟人印象中的他为人腼腆。他是个近视眼，喜欢看足球，大多数时间都在独处。在他人生的头 32 年，巴格达迪在邻居眼中是那么不起眼。巴德里家的一位朋友觉得，巴格达迪“太

1　伊赫瓦尼匪帮：以沙特阿拉伯为活动基地的宗教极端武装，曾于20世纪20年代多次袭扰约旦。

文静了，人们甚至很少听见他说话”。

这位邻居叫作塔里克·哈默德（Tariq Hameed）。他告诉美国《新闻周刊》的记者：“巴格达迪的自行车后座上满是书本。既有宗教书籍，也有其他内容的书。”哈默德能记得，十几岁的巴格达迪非常好学。那时，巴格达迪一家住在萨迈拉，附近大多数家庭的家境属于中等偏下。他的父亲是一位逊尼派伊玛目，在城中的清真寺工作。巴格达迪常常披着祈祷用的斗篷，或者一身白色的“迪士达沙”[1]，打扮得像个虔诚的教徒。一有空闲，他总是待在清真寺里，而不是和同龄人玩闹嬉戏。哈默德认为：“我几乎没见过他穿年轻人的服装，比如衬衫、裤子。他的外形与萨迈拉其他的小青年不一样。”邻居还记得：“他很早就留起了胡须。而且，他从不去餐厅约会玩耍。”

事后证明，巴格达迪的出身背景乃是影响他人生走向的关键。巴格达迪出身于伊拉克的卜·巴德里（al-Bu Badri）部落，若论血统，他可以算作穆罕默德的子孙。一些宗教学者认为，“哈里发”也就是所谓“穆斯林的领袖”，须由穆罕默德的直系子孙出任。当然，这点亲族渊源在当地并不罕见——仅在萨迈拉一地，就居住着几百名出身巴德里部落的人，此外，还有十几个部落也都和伊斯兰教“先知”血脉相连。不过，巴格达迪的族人都对宗教特别虔诚，因此，青年巴格达迪拥有如此秉性也就毫不出奇。日后，他转向宗教极端主义，似乎也和早年的熏陶有些关系。巴格达迪的祖父曾经去过麦加的“卡巴天房”[2]朝觐，因此获得了“哈只”[3]的称号。叔伯兄弟当中，也有不少以教士和经学教师为职业的人。根据一本传记的看法，巴格达迪的父亲对于儿子有着重要影响，前者一向教导巴格达迪要“从善避恶”。

巴格达迪长大成人那段时间，正好与伊拉克最为动荡的一段历史契合。他出生于1971年，10年过后，两伊战争爆发，双方交战8年，陷入了痛苦的僵局。50多万人因为战争而失去生命。此时，巴格达迪正值少年。待他长到20岁，伊拉克又迎来了海湾战争的耻辱性惨败。其间，巴格达迪服过义

1 迪士达沙（dishdasha）：一种白色长袍。

2 卡巴天房（Kaaba Shrine）：位于沙特阿拉伯麦加城禁寺中央的一处石殿，为穆斯林礼拜的正向。

3 哈只（Haji）：又译“哈吉”，一种尊衔，专门授予前往麦加完成“朝觐”的穆斯林。

务兵役，不过，没有证据说明他曾经亲身参与战斗。后来，他为了学业移居巴格达。1999 年，巴格达迪获得了伊斯兰法律和神学方面的学士学位。他深深沉浸在对于 17 世纪宗教法规的研究当中，甚至有点无法自拔。也许正因如此，他显出了一些清教徒倾向。亲戚们都还记得，传统婚礼上男男女女共处一室跳舞游戏的场面，大学生巴格达迪都无法容忍。他常常抱怨：“这样的行为违背教义！”他的虔诚，似乎促进了他的学业。32 岁那年，他马上就要获得博士学位，由此即将开始教书育人的教师生涯。这时，就在 2003 年 3 月 20 日，美国军队侵入了他的国家。

美军的第一波空中攻势令人“震惊而惧怕”。轰炸的场景似乎点燃了巴格达迪的激情。作为伊斯兰法学学生，他比大多数人都了解《古兰经》中呼吁打击外敌、保卫信徒家园的那些内容。于是，在同一年，他加入了抵抗组织，并开始对美军进行零星袭扰。那时候，这样的抵抗组织数以千计，而巴格达迪的具体战绩不得而知。

又过了几个月，巴格达迪被捕了。他沦为俘虏的具体境况，外界却都不大清楚。美军资料显示，2004 年 1 月，美军在费卢杰展开突袭。俘虏当中有一个叫易卜拉欣·阿瓦德·巴德里的人。而后，他被押送到了伊拉克最令人生畏的一处地方——“布卡监狱”(Camp Bucca) 的拘留营地。营地由美军负责管理。

2 月 4 日，巴格达迪正式“入住”营地，美军的一位摄影师拍下了他当时的样貌。由此可见，那时的巴格达迪脸庞很圆，岁数仿佛已近中年。他的眼镜度数很深，胡子也很杂乱。巴格达迪一向注意安全，自然很少留影。他早年的照片如今只有十几张存世，入狱之前那张，当然就是其中之一。他下一次面对镜头摆好造型，已经是 10 年之后的事情。那时候，他几乎已经变了个人。时光回到 2004 年 2 月 4 日，从这天起，巴格达迪即将从一位虔诚的年轻人，一步一步变身成为嗜血的宗教极端分子。

巴格达迪入住的监狱面积达 5 平方公里。此地就像一个电线环绕、帐篷林立的小小城镇。那些帐篷，全数扎在平整而炙热的沙漠当中。这里靠近边境，距离科威特只有几公里。每到晚上，美军看守总喜欢驾着直升机，从营地上方飞过。那时候的布卡营地，恍然有些拉斯维加斯的风韵。灯火摇曳之下，空旷的沙漠中仿佛冒出了一个大城市。其实，营地里的风景，还是和荒凉的美国大西部更为相似一些。

最初，是英国人建起了这座监狱，其中的第一批住客则是战犯。美军接手后，营地规模大为扩张。根据设计，监狱一共可以容纳2万囚徒，不过，有时候，这里的“住客”会暴涨到2.6万人左右，他们全都住在沙地的帐篷当中。夏天，此地的温度可能高达42摄氏度。加上波斯湾沿岸吓人的闷湿空气，无论囚犯还是狱卒，都有点受不了。“简直就跟住在微波炉里差不多。”一名舰长的伴侣前来探亲过后，对海军记者发出了这样一番感叹。

随着时间的推移和管理者的努力，此地的硬件设施慢慢得到了很大改善。帐篷被撤走了，牢室换成了带有空调的板屋。此外，监狱里还专门开设教室，除了帮助不识字的囚犯摆脱文盲身份，还会教授一些就业和生活技能，从木工到汽车修理，几乎无所不包。不过，到了2004年，这个帐篷村落的主导权已经落到了宗教极端分子手里。首先，囚犯们要求分宗派进行关押，他们的愿望得到了满足。逊尼派的生活区域，很快开始实施严格的“教法”。这种“教法”不单依靠自律，还有专门的人员负责监督执行。一旦有人触犯“教法”或者出卖囚友、向美国人献媚，都可能招来严厉的责罚，比如一顿殴打、挖掉眼珠等。“30区”（Compound 30）内的住客，都是最为死硬的宗教极端分子。对待狱方人员，这些人当然很不客气。他们往往会把粪便搓成球或者制造“茶石”（chai rocks）——把甜茶的渣滓和沙砾揉搓成团，之后在太阳下晒干，然后把漫步经过的美国人当成活靶子来练习投掷。

营地的一位高级主管觉得，巴格达迪入狱时的布卡营地，有些功能已经失灵。但美军建立这座监狱，主要是为了教化那些参与暴乱的逊尼派武装分子。从实际效果判断，布卡营地恐怕恰好起到了反作用。美国军队把极端分子和普通罪犯羁押一处，无意中，仿佛开办了一所“圣战大学”。宗教极端分子正好可以趁此机会，培养教育新一代的“圣战士”。这一点，这位高级主管最是忧心。

“极端分子与温和派杂处共居。每个监房的情况都是如此。”在2009年某期《军事评论》（*Military Review*）中，布卡营地的法律事务负责人瓦西罗斯·塔西卡斯（Vasilos Tasikas）写下了一篇散记，“很不幸，美国军队采取的关押模式大错特错。他们总以为所有的囚徒‘都是坏人’，于是就把他们一起关押。关押时间可能没有期限，但释放的日子也可能随时来临。如此想法，不但幼稚而且短视，甚至非常危险。可以想见，新的暴乱分子完全可能在监狱当中诞生。”

布卡这座“圣战大学”走出的头号“明星校友”，当然就是巴格达迪。他虽然并非硬汉，却也在监狱中活了下来。而且，他还抓住机会，让自己绽放光彩。这段日子，让巴格达迪交了好些朋友，也拉了不少关系。他还收获了日后的头号助手和发言人——此人叫作阿布·马哈茂德·阿德纳尼（Abu Muhammad al-Adnani），曾是扎卡维身前的一名跟班。作为宗教研究者，巴格达迪的专业学识为他赢得了尊崇和地位。在这个宗教极端分子比比皆是的小小“社区”，亟需巴格达迪这种通识宗教法律的人才。在这方面，他确实干得不错。每天，巴格达迪都会领诵经文，带领大家进行祷告。只见囚徒们身着黄色囚衣、端坐在祈祷用的毯子之上，虔诚地完成整个仪式。巴格达迪通晓古典阿拉伯语，《古兰经》正是以这种语言写成，而正式的庆典场合也推崇这样的语言。于是，他正好可以教授这门课程。从小到大，巴格达迪接触了不少宗教家。巴格达和摩苏尔的大清真寺里，最具学识的伊玛目会像唱颂歌一样传授经文。那种悠扬的调子，巴格达迪倒也能模仿得像模像样。而且，他的声音温润和蔼，又有一股权威之气，很多囚徒都表示爱听——但爱听的人，必须抓紧机会才行。

巴格达迪的学究本事，不但赢得了囚友们的尊敬，还为自己早早地铺好了通向自由的路程。为了避免囚室过于拥挤，布卡营地常会把一些危险程度较轻的犯人释放出去。2004 年下半年，狱方审查了易卜拉欣·阿瓦德·巴德里（巴格达迪）的资料，觉得这位深受爱戴的学者无甚威胁可言。于是，巴格达迪自由了。2004 年 12 月 6 日，他正式出狱。在此之前，一支专门的医疗队用棉签从他的脸颊上取得了他的 DNA 样本，存入档案之内。以后，只要他从事恐怖活动，无论是死是活，美方人员都可以由此得知这个人的确切身份。

10个月的囚徒生涯中，巴格达迪和美国人打了不少交道。而且，他与美国人战斗到底的决心更加坚定了。多年以后，他甚至把这点决心写进了祷词之中。“请让美国及其盟友遭遇彻底的失败吧，安拉！”许多次在公开场合里，他都曾经如此祈祷：“请紧紧卡住他们的咽喉……让他们尝到最为惨重的失败的痛苦；请驱散他们那帮乌合之众，请分裂他们、肢解他们；请允许我们对他们发起突袭！”

有那么一段时间，巴格达迪却又故意躲着美国人。那个时候，他同他的第一位妻子结了婚——后来，他一共迎娶了三房妻子。而且，当时他至少拥有一个孩子，那是一个4岁大的男孩。出狱之后，他再次回到学校，继续攻读伊斯兰法博士学位。2007年，他顺利完成了学业。然而，早在拿到博士学位之前，他便已经重新投身暴乱活动。而且那个时候，他过去所在的那个组织已经同其他几个组织合并，一并成为2006年扎卡维成立的“顾问委员会”，即“圣战者苏拉委员会”的成员。巴格达迪受聘成为这个委员会的顾问之一，主要负责有关沙里亚法的法律问题。

西方情报部门采集的资料显示，扎卡维可能和自己的后继者有过一面之缘。扎卡维向来热衷神学，乐于和宗教学者讲经辩论，也许，他曾和巴格达迪有过交流切磋。但是，那时候的巴格达迪还是个不起眼的小角色。即便在同类当中，大家也惯常忽略他的存在。艾哈迈德·达巴什（Ahmed al-Dabash）是“伊拉克伊斯兰军”（the Islamic Army of Iraq）的领袖人物，2014年，达巴什告诉英国《电讯报》（*Telegraph*）记者：“扎卡维与我的一位兄弟很亲近。但是那个巴格达迪，我就不知道他是何许人也了。他好像曾在我家附近的清真寺里领诵经文，不过没人注意到他这么个角色。”

2006年6月，扎卡维的死改变了一切。他的继承者对于“基地组织伊拉克分支”的发展方向有着不同看法，对于如何领导暴乱也另有所想。很快，组织更名为“伊拉克伊斯兰国”。“伊拉克伊斯兰国”的不少领导都出身军旅，曾在萨达姆手下当过军官。他们虽和扎卡维同属逊尼派，却从未获得后者真正的信任。待到扎卡维一死，组织的权柄落到了这些军人的手中。从最高阶层的官员，到下面名义上归属“伊斯兰国”的城镇领导，大大小小的重要职位无不由前复兴党分子把持。巴格达迪的履历让他获得了晋升机会。他是有名的教法专家，又出身正宗的伊拉克籍逊尼派家庭。这样一个人，肯定能够让四分五裂的团体保持名义上的统一态势。很快，巴格达迪被派往费卢杰近郊农业小镇卡玛（al-Karma），担任那里的“教法总长”。而后，他又受命负责整个安巴尔省的宗教事务。到了2010年，整个“伊拉克伊斯兰国”的“教法事务”，都要由巴格达迪一人定夺。

连续三次升迁，让巴格达迪坐上了“伊斯兰国”的第三把交椅。他的地位仅次于领袖与“作战部长”。2010年4月8日，美军的导弹降落在了伊拉克提克里特附近的山坳里，夷平了当地的一处民居。“伊斯兰国”的头号和二号人物，正好在袭击中死于非命。于是乎，一度被同行看轻的书呆子学者巴格达迪，成了组织新任领袖的热门人选。

一个月后，巴格达迪果然当上了领袖。虽然他地位很高，不过坐上领袖宝座也并非顺理成章。西方和中东的许多情报官员认为，那个职位本该归属一位战地经验丰富、领导过多次行动的人物。可是，尽管巴格达迪当时还只是个“文职人员”，他却赢得了复兴党分子和扎卡维门徒的一致信任。

投下信任票的组织领导当中，有一位萨达姆部队的前任上校，此人名叫萨米尔·赫里法乌里（Samir al-Khlifawli），也是“伊拉克伊斯兰国”的军事委员会负责人。2003年后，赫里法乌里加入“叛乱”集团。后来，根据解密文件证明，他鼓励巴格达迪接受领导职位，还承诺自己会全力予以辅佐。后来，赫里法乌里在叙利亚战死。赫里法乌里的“圣战名”是哈只·巴克尔（Haji Bakr）。他留着白胡子，被情报人员认为智谋高超，“伊斯兰国”前期的几场胜仗，绝少不了他的功劳。

巴格达迪缺乏军旅经验，但也拥有其他成员没有的优势。他熟知宗教法律，自然可以巧用“教义”，为种种暴行找到合理的解释。当然，他的谰言早就遭到全球各地伊斯兰学者的批判。学者们认为，他那些暴行，同样属于违背教法的不端行为。不过，“伊斯兰国”施行的种种暴行——斩首、自杀式袭击、绑架、折磨、宗派斗争，还有因他们而流的无辜穆斯林的鲜血，统统得到了巴格达迪的认可，而且，他还将这些行为认证为“符合教法”。

巴格达迪的出身，让他有权成为“哈里发”。既然巴格达迪一伙如此重视“伊斯兰国”的名号，“哈里发”的尊号自然具有同等的重要性。而且，巴格达迪的宗教知识与地位，可以帮助组织提高地位，摆脱扎卡维留下的旧有印象。

接下来的几年，巴格达迪似乎有意想要证明自己坐上领袖的位置乃是得自神授，因此，他必须努力做好准备。一位熟悉巴格达迪个人历史的美国官员指出了这一点。“他完成了宗教上所有的必为程序，还特别注意个人形象。他谨慎挑选衣着，对于自己走路的姿势、言谈的话语也都万分挑剔。”官员表示，“他为了证明自己，可花了不少时间。”

也许正是为了这个目标，巴格达迪才在2011年8月向叙利亚派出了一支远征小队。尽管他的“哈里发国”当时仍然偏安于伊拉克的乡村地带，巴格达迪却已经着手在叙利亚为“哈里发”寻找踏脚石。他觉得，此事一旦成功，自己的组织可以获得多年的生存之机。而且，如此一来，“伊斯兰国”可以打破殖民者为中东各地划下的边界，并一点一点使之消弭。

“我们必须跨越所谓的边境。这些边界，都是邪恶的手强加在‘伊斯兰国度’之上的。它们严重危害了我们的运动。”提起自己的叙利亚计划，巴格达迪如是说，“我们的国度，由阿布·穆萨卜·扎卡维奠基。我们的国度，不会限于任何疆界，必将扩张与壮大。”

几个星期过去了，奥巴马和其他欧洲领导人的呼吁犹在耳畔。不过，巴沙尔并没有听从美欧诸国的意见。相反，他对这些“殖民者”加以谴责。而后，叙利亚当局仍在镇压示威人群，所谓的“民兵组织”[1]，也成了政府的打击对象。

叙利亚的局势，白宫方面很是关心。不过，美国政府并未真正予以重视。奥巴马总统的几位国家安全顾问已经达成共识，觉得巴沙尔一定会下台。同样的观点，得到了两位相关专家的首肯。当年秋天，这两人刚刚去过叙利亚访问，那时，巴沙尔政权看起来已是风雨飘摇。叙利亚政府军的不少官兵早

1 民兵组织（volunteer brigades）：指叙利亚反对派的武装组织。

就投奔了所谓的“叙利亚自由军”（Free Syrian Army），政府控制的不少区域，也已成为“自由军”的领地。总之，专家们表示，巴沙尔气数已尽，无须美国方面大费周章横加干预，他也会自取灭亡。

“巴沙尔的覆灭只是时间问题，而美国政府只需袖手旁观就好。”专家中的一位谈起了自己当时的看法，“我们真不觉得巴沙尔能够渡过那个难关。”

但后来事情的发展出乎了专家们的意料。这道难关，巴沙尔挺过来了。他的政权顽强地生存了下去。而后，叙利亚局势步步升级，冲突演化成为全面内战。奥巴马当局试图找到一根杠杆，迫使冲突双方走向谈判桌。找来找去，美国总统一无所获。埃及与也门爆发示威游行的时候，美国方面大可以挥舞厚厚的账簿，确保自己的意见得到倾听。毕竟，美国政府长期向上述两国提供经济援助，并给了两国政府和安全部门很多支持。在利比亚，联军的军事行动得到了联合国决议的首肯，奥巴马政府自然不用担心法律和道德问题，可以放手支持反对势力，同时也向平民提供庇护。不过，叙利亚的事例实在特殊。美、叙之间并无经济援助，也没有军事合作，美国也不是叙利亚的重要贸易伙伴。在联合国上，虽然美国一再以巴沙尔政权虐待平民为由要求对叙利亚进行制裁，不过，俄罗斯仍然愿意向长期的盟友提供庇护。即便最为温和的制裁，也无法落到实处。通过投票，欧盟决定抵制叙利亚石油，这时，巴沙尔的另一个盟友伊朗挺身而出。他们拨出的几百亿美元借款，填补了巴沙尔的损失与亏空。

正因如此，巴沙尔坚持了下来。他在首都附近布下重兵，建起了牢固的壁垒。同时，他还不时出击，向反对派盘踞的领地发动突袭。一场战斗中坦克和炮火的交锋，往往可能摧毁整个居民区。时至今日，已有 4 000 多名叙利亚人死于战火，其中，更有 300 余名不幸夭折的儿童，更多的人背井离乡。那些留守本地的人，除却身边了无灯火、残缺破败的社区外，只剩下了心中的绝望与恐惧。

公开场合里，美国人取得了不少进展。联合国与阿拉伯国家联盟（Arab League）当中，对巴沙尔的非议越来越多。私底下，白宫及其盟友也在加紧劝说，他们希望巴沙尔能够主动下野，寓居外国。但是，大家都有一份心照不宣的默契——战争持续，似乎可以带来一点好处。只要争斗不停，战争继续下去，伊朗的经济和道德负担都会日渐加重。给巴沙尔的头号盟友放一放血，似乎也不错。这点共识和默契，当然只能意会不能言传。

可以肯定，即便是奥巴马身边那些极力叫嚷的鹰派顾问，其实也不准备对叙利亚局势进行真正的军事干涉。美国政府甚至不想出动空中力量庇护反对派，也对小额的军事援助没有兴趣。毕竟，俄罗斯方面一再否决针对叙利亚的制裁决议。没有联合国议案的掩护，所有对反对派的援助谈何容易。现实中的障碍同样不小。叙利亚反对派与利比亚的同类完全不同。前者没有像样的根据地，自然难以安然组织战线。他们的手中只有小型武器，所有大型武器都掌握在政府军手里。巴沙尔垄断的武器储备，反对派远远不及。奥巴马当局只能给予反对力量一些人道援助和非杀伤性装备，比如药品、电脑和手机。反对派要想抵挡巴沙尔的进攻，只能寄望他人以寻找枪械、装备与弹药补给。而且，美国方面不愿再在中东重蹈覆辙，再卷入一场战争。如此情形之下，就连美国人自己也认为，向叙利亚反对派提供武装毫无意义。

一名资深情报官员曾经参与过关于巴沙尔问题的讨论。他表示："事实就是，反对派根本没有威胁巴沙尔的能力。2011 年，也没有几个人觉得反对派可以凭借外来军援取胜。其实，他们不是没有武装。当时，美国方面真应该呼吁各方克制、制止事态升级，而不是竭力鼓动叙利亚内战。"

2011 年 6 月的一个下午，罗伯特 • 福特正在为哈马的乱局思虑烦心。同一时刻，许多美国议员和官员聚在华盛顿某处，准备出席一场听证会。听证会事关叙利亚局势，主讲人是 3 名美国公民。对于叙利亚的未来，3 人都怀着浓厚的兴趣。其中最年轻的一位只有 27 岁，原本就是叙利亚移民，他已在国会工作了不短的时间，已经是不少在座来宾的熟人。他叫穆阿兹 • 穆斯塔法(Mouaz Moustafa)。对他而言，当下的这份新工作，可能非常刺激，但也有些令人伤感——他要劝说这些美国高官，请他们向叙利亚反对派提供支持。

一个小时之内，穆斯塔法和同事们回答了不少问题。看起来，各位议员不但非常关心叙利亚事务，还很愿意提供帮助。其实，参与听证会并唤起民选官员的兴趣正是穆斯塔法的专长所在。眼见对方如此热情，穆斯塔法深受鼓舞。

“一切才刚刚开始，国会的诸位非常关心局势的下一步发展。”谈起那次听证会，穆斯塔法表示，“他们提出的问题很有意义。希望他们的情绪能被我们调动起来。”

为了达成目的，这样的听证会穆斯塔法还会组织许多次。如此的作为，他觉得是自己的使命。穆斯塔法出生在叙利亚，目前定居于阿肯色州温泉城（Hot Spring，Arkansas）。他精通英语和阿拉伯语，为此深得国会山诸位议员的青睐。在华盛顿，还居住着一些来自中东诸国的流亡人士，他们对于穆斯塔法也是赞赏有加。2011 年，穆斯塔法走到了聚光灯下，他直截了当向美国政府提出要求。毕竟，许多叙利亚人都把美国政府当成了最后的救星。其实，穆斯塔法也不认识叙利亚国内那些巴沙尔的政敌，但是，作为职业说客，他要为他们的利益辗转奔走。由此一来，他可以见证两个国家就此问题产生的各种变化。这样的人，在华盛顿可不多见。

“整个局势好像‘车祸现场’，我们要指挥司机慢慢逃离困境。”穆斯塔法打了个比方，“我们要他们‘往前挪一点，但不要挪得太多’。毕竟，大家不用同归于尽。”

对于美式民主，穆斯塔法的信仰一贯坚定。不过，他参与政治却并非完全出于自愿。穆斯塔法的父亲是飞机技师，在他 11 岁那年，全家移民美国。当时，穆斯塔法对于英语近乎一窍不通。唯一熟识的几个单词，还是来自动画片《能量超人》（*Power Ranger*）。阿肯色州的高中里，白人同学占据绝对多数，穆斯塔法这种皮肤黝黑的外国面孔，自然是同学们无情欺凌的对象。进入青春期后，事情有了改观。穆斯塔法的体格变得强壮起来，他的足球才能也在同一时刻展现出来。从高中到大学，穆斯塔法都是个明星球员。毕业之后，他的去向却有些出人意料。民主党议员维克•施耐德（Vic Snyder）同样来自阿肯色州，还是众议院武装事物委员会的一员。穆斯塔法来到华盛顿，成了施耐德身边的一位实习助理。老板对他印象不错，于是，原本的暑期临时工作换成了一份正式合同。一开始，他为施耐德鞍前马后地打理工作，后来，布兰切•林肯（Blanche Lincoln）当选参议员，这也是阿肯色州人第二次坐上这个位置，穆斯塔法也追随他而去。2010 年，林肯败选，穆斯塔法改行当了电视记者。一次采访中，他结识了利比亚某反对派的高级干部。对方正需要一个精通阿拉伯语，又对华盛顿官僚的第一语言比较熟悉的人。于是，穆斯塔法开始为他们工作。2011 年，作为职业说客的他又有了新主顾——叙利亚流亡者。

不久之后，穆斯塔法常常造访国会和白宫发表演说。他的身份，也变为“叙利亚危机救援队”（Syrian Emergency Task Force）的主管。穆斯塔法旗下的这家非政府组织旨在提供消息，介绍叙利亚国内的最新形势，同时，也为反政府势力的思想和计划做推荐。穆斯塔法觉得，自己这份工作可以为美国的决策阶层提供帮助，而后，美国政府也能向叙利亚反对派提供帮助。

当然，美国人大可不必帮这个忙。

“我们要摆出事实，求得大家的同意。”穆斯塔法表示。他觉得，一般而言，美国人“对于寻求国家解放的斗士抱有天然的同情心”。而且，“对待叙利亚问题，‘民主信仰’和国家利益同等重要。”穆斯塔法表示，“我们坚信，美国的叙利亚政策会兼容考虑这两个方面的问题。”

时不时，穆斯塔法还会造访白宫，与总统身旁的叙利亚问题专家们商量切磋。有时候，他会主动提出会面。在更多的情况下，是主人向他发出邀请。萨曼莎·鲍尔（Samatha Power）当时任职总统的人权事务顾问，后来又出任美国驻联合国代表。她曾和穆斯塔法一起出席过许多次记者招待会。奥巴马那位口无遮拦的国家安全顾问丹尼斯·麦克唐纳修（Dennis McDonough）也是穆斯塔法的亲密伙伴。此外，穆斯塔法还与许多国务院高级官员有过交流。面对穆斯塔法，高官们的态度很统一。提起叙利亚反对派，他们深表同情。但是，话题一旦转向，说起叙利亚问题的解决方案，他们就只会大谈特谈各种困难，同时反复强调美国政府需要担心的法律事宜和风险问题。

“白宫人士经常会说‘这件事情已在处理’‘那件事情已经摆上日程’，但实际情况并非如此。”穆斯塔法谈起了自己的官场见闻，“随着时间推移，他们倒是变得爽快了些。总之，他们告诉我，总统刚刚发表了讲话，美国将逐步撤出目前涉足的各个战场，所以你看……’”

回到办公室后，穆斯塔法打开可视电话（Skype），与叙利亚的“抗议”领袖们展开了一次长谈。他在华盛顿与叙利亚两地来回穿梭的过程中，还会与几位领袖见面切磋。有的领袖相当高调，他们似乎觉得，美国人最后一定会站在自己这边。毕竟，奥巴马已经向巴沙尔下了最后通牒。后者辞职，好像已是板上钉钉的事。“美国政府已经做出反应，而国际社会也给出了自己的意见。总之，叙利亚现政权似乎即将覆灭，巴沙尔必然辞职。久而久之，反对派有了这样的想法——‘咱们终于可以浮出水面了’。”穆斯塔法分析道，“因此，他们不再低调。对此，我觉得有点大事不妙。这样一来，他们不就暴露身份了吗？绝对不行！但是，接下来他们仍然如此张扬。他们似乎感觉自己已经胜券在握了。”

叙利亚国内众多的“抗议者”中，有一位普通的逊尼派女性，她名叫努拉·阿梅厄尔（Noura al-Ameer），来自霍姆斯。穆斯塔法与她在网上结识，两人最终成了好朋友。“抗议声”初起的时候，阿梅厄尔才23岁，正在大学读书。她个子娇小、一头黑发，特别热衷于政治辩论，头脑也非常聪明敏锐。走上哈马街头，阿梅厄尔真是吃惊不小。她发现，这里的示威人群真是包罗万象。其中，不但有各种宗教信仰和种族的代表，还有来自社会各个阶层的群众。有时候，游行中的人们还把《古兰经》和十字架并排高举。那种景象，无疑象征了信仰的平等。

“游行队伍里有商人，也有一般工薪阶层，有医生和工程人员，还有学生和记者。”追忆往昔，阿梅厄尔记忆犹新，“自然，示威人群有了团结一心的感觉。由此，他们的恐惧也消除了些。”阿梅厄尔声称，即便在安全部队冲击人群、拿起棒子想要驱散大家的时候，相邻的人们仍然手挽着手，不肯放弃——哪怕一个是信仰逊尼派的商贩，另一个则是出身阿拉维派的法学学生。这样的场景前所未见。有段时间，阿梅厄尔觉得自己可能命不久矣。但是，她当时并不吝于献出生命。

“哪怕我死了，也算死得其所。”阿梅厄尔表示，“我们的生活本就不容易，也许死了还好一些。或许，这就算重获新生。为了所谓的理想而献身，真是如梦似幻的事情。”

后来，阿梅厄尔的身未死，心却死了。团结的局面很是短暂，宗派仇杀的消息开始慢慢流传。阿梅厄尔所在的社区里，居民大多属于逊尼派。有一段时间，各家各户都收到传单，声称此地很快将遭到阿拉维死硬分子的袭击。她也有几个亲近的阿拉维派朋友，同一时刻，她的这些朋友也听闻了类似的消息——据说逊尼派即将要收拾他们。这时，所谓的“幽灵帮”[1]似乎得到命令，变得活跃起来。这些阿拉维派死硬分子开始袭扰街区，绑架妇女儿童。有时候，受害者会被他们打得半死，有的甚至直接横尸野外。到了 2011 年，街头口号中又增添了一条新的内容：“基督徒滚回贝鲁特，阿拉维分子直接去死！”

终于，厄运降临到了阿梅厄尔的头上。那天，她准备去看望母亲。几位警察突然蹿上公共汽车，把她拖进了大马士革的一间审讯室。这一次，她觉得自己死定了。不过，他们只是把她锁进一间小小的囚室，整天逼迫她面对审讯中的朋友的哭号声。一开始，阿梅厄尔拒绝服软。审讯人员只得把她拷在椅子上面，又用电棒触烫她的额头与胸口。她感觉全身火烧一般疼，而对方只是笑嘻嘻地在一旁观看。

“逊尼分子，我们要把你们斩尽杀绝！”审讯期间，一名什叶派军官曾经激愤地朝着阿梅厄尔等人大声呼喝。他的言辞实在恶毒。时至今日，阿梅厄尔回忆起来，都觉得自己难以启齿去复述一遍。

85 天过后，阿梅厄尔的家人找上了审讯中心的狱卒。他们付了赎款，而她也重获自由。不久，阿梅厄尔逃到了土耳其，并一直在当地隐居。叙利亚的情况，已经发生了很大改变。男女老少携手并肩，拿着鲜花与橄榄枝齐齐游行的景象，已经一去不复返。取而代之的是宗派仇恨与种族仇杀。这样的丑陋现实，是阿梅厄尔未曾预料到的。

“一开始，我加入抗议队伍的时候，身边都是一样的男男女女。他们都和我一样，向往一个更好的未来。”阿梅厄尔说，“现在，我的伙伴已经不见了。巴沙尔离间了我们的关系。”

1　幽灵帮（shabiha）：阿拉伯语，意为幽灵。

第二十章 气氛开始改变

2012年1月24日，一支名不见经传的叙利亚反对派武装上传了一段视频，视频中的恐怖分子亲口证实了此前西方情报部门对该组织同“基地”组织关系的怀疑。这段视频的发布也标志着“基地”组织叙利亚分部的正式开张。

其实早在视频发布的前两天，各大宗教极端主义网站上就已经贴出了一个倒数的时钟，时钟上倒数的数字提醒着人们——某个重要的时刻即将来临。随着倒数的结束，人们终于明白了这个“时刻”意味着什么——“努斯拉阵线”炮制的宣传视频新鲜出炉。这则长达16分钟的视频制作精良，看上去仿佛是一款新车，或者苹果公司新品的发布会。不过这次，“推销员”先生介绍的却是这个所谓的“努斯拉阵线”。出镜的这位语调很是激动，不过，他却始终不肯露出正脸面对镜头。

“整个伊斯兰世界期待已久的盛事，今天终于发生了。”阿布·穆罕默德·祖拉尼表示。这个人是在5个月前接到“伊斯兰国”高层的命令后，才来到了叙利亚。谈话中，祖拉尼表示，自己似乎听见了“人民的呼声”。那么，“我们怎么能不做点成绩，以示回应呢”？

视频上线的时候，祖拉尼一行已经在叙利亚活动了3个多月。几个星期之前，大马士革刚刚发生一起汽车爆炸案，案发地点临近巴沙尔政权情报部门。这起案件策划精准，一共造成了44人死亡。看来，叙利亚的反对势力似乎又找到了对付巴沙尔的新手段。不久之后，“努斯拉阵线”主动揽下了罪责。而他们这次发布的视频也恰好坐实了之前反恐专家对他们的怀疑——专家们怀疑袭击案的主谋不是“基地”组织，就是曾经得到过“基地”组织的指点。

这起案件发生之后，叙利亚外交部的发言人费萨尔·梅克达德（Fayssal Mekdad）很快发出了谴责：“我方早已指出，恐怖分子参与了反政府活动。”不过，几家主要的反对派组织也对政府的谴责发起了反驳，他们表示自己并不赞同这种无差别杀戮。“叙利亚自由军”方面还发表了声明，称自己“从未使用过汽车炸弹，将来也不会考虑使用”——这是“自由军”发言人阿马尔·瓦维（Ammar al-Wawi）的原话。

这起汽车炸弹恐袭只是个开头，接下来，卡车炸弹、自杀“人弹”和其他类型的爆炸恐袭还会依次登场，为叙利亚本就不乐观的局势增添新的危机。

祖拉尼出镜的次数并不算多。但是，每一次面对大众的时候，他都会反复强调“努斯拉阵线”绝无伤害普通民众之意。他说，一位平民百姓，哪怕和巴沙尔一样出身阿拉维派，也不是“阵线”的攻击对象，相反，他们的目标只有巴沙尔政权的军队和警察。当时，叙利亚反对派为了对抗巴沙尔，可谓各显其能。他们中有人举行和平示威，有人利用游击战骚扰政府军，还有人积极与西方社会联系、寻求援助。但祖拉尼觉得，以上的办法全都行不通，唯有自己的斗争策略才可行。

“‘努斯拉阵线’就是全体穆斯林在叙利亚的武装代表。”祖拉尼表示。他觉得，自己的行动虽然暴烈却也神圣。他还表示，这场行动，需要“所有虔信的叙利亚人团结在‘万物非主唯有真主’[1]的旗帜底下”。祖拉尼所说的这面旗帜源自先知时代，不过到了现在，这面“黑旗”已经成了宗教极端分子的常用标志。

祖拉尼的听众之中，有人远在叙利亚之外。“努斯拉阵线”的这番表态，他们很是受用。早在2012年初，波斯湾沿岸国家和北非各地的许多逊尼派

---

1 万物非主唯有真主：穆斯林常使用的一句箴言，意即“在这个世界上唯有一个真主”，在“伊斯兰国”所谓的黑色“国旗”上就印有这句箴言。

信众已经开始行动起来，他们踊跃募捐，为“圣战”分子提供帮助。就这样，宗教极端分子也挤进了反对巴沙尔的队伍当中。

从阿拉伯语有线新闻台的夜间节目里，沙特阿拉伯、利比亚和突尼斯等地的不少年轻人看到了叙利亚暴乱的场景，还目睹了教胞惨遭杀戮的情形。而后，他们纷纷前往土耳其南部地区。此地邻近叙利亚，也是“努斯拉阵线”和其他“圣战”武装的募兵重地。远道而来的年轻人来到土、叙边境的这些小镇，很快就能找到“组织”。

更多的阿拉伯人选择为极端武装提供资金和物资的援助，他们有的捐赠现金，有的赠送首饰，有的甚至直接提供武器。除了单个的支持者，一些阿拉伯国家也在暗中向宗教极端武装提供武器。这些武器往往威力惊人，足以导致大量人员伤亡。

哈贾吉·阿兹米 (Hajjaj al-Ajmi)，科威特教士，也是极端武装最大的金主之一。为了向极端武装输血，他不但设立了私人基金，还在“推特”[1]上发起了募捐活动。阿兹米希望他的25万粉丝能将钱款打到某个户头中，而这笔钱将会用作“圣战”分子的军饷。2012年，“教士”又在视频网站YouTube上发布视频，鼓励大家“捐赠金钱，支持圣战”。还有一些人本着同样的目的，将社交网站当成了“拍卖平台”，他们献出了汽车、游艇、度假别墅，换取资金当作叙利亚反对派的战争资本。此外，还有财大气粗的“天使投资人”直接飞抵战场，把巨额的金钱亲手交到宗教极端分子手中。一些反对派武装分子为了表示感谢，甚至出让组织的名称，冠上金主的姓名。

“简直是群魔乱舞。”中东某国的一位外交官如此评价。眼见同胞踊跃捐资扶助极端武装分子，他显得很是无奈：“各种势力都在收买极端武装作为自己的代理人。事情已经完全失控了。”为了止住这股歪风，一些国家也采取了严厉的措施，比如，沙特阿拉伯和阿联酋两国政府便加强了对银行转账的监管。当然，亡羊补牢的时机，可能有些太晚了，更何况，还有一些海湾国家毫无表示。卡塔尔和科威特同属海湾富国，同由王室统治，也同是美

1 推特（Twitter）：美国社交网站，是全球互联网上访问量最大的十个网站之一。

国政府的亲密盟友，但两国政府的不少要员也同为极端组织的拥护者。他们觉得，唯有宗教极端组织，才能彻底终结巴沙尔的独裁统治。表面上，两国政府仍然声称反对宗教极端主义，但私下里，一些高官却在为极端武装势力竭力开脱与辩解——哪怕这些团体早已被西方国家确认为恐怖组织。这样的态度，在他们和美方官员的交谈中体现得非常明显。

“他们觉得，巴沙尔是个麻烦，而‘努斯拉阵线’之类的势力则是解决麻烦的办法。”说话者是中东某国情报官员。他和科威特、卡塔尔两国相关人士关系密切，深知他们对于叙利亚问题的看法，“所以，他们愿意向‘努斯拉阵线’之类的极端组织捐献钱物。这些组织骁勇善战，又都出自逊尼派。假若他们能够夺取政权，背后的金主都是乐见其成的。”

卡塔尔远在叙利亚 1 100 公里之外。对于卡塔尔人而言，关注叙利亚冲突只是隔岸观火，甚至，他们可以两面下注。不过，那些手持“黑旗”，又得到海湾国家资金扶助的恐怖分子却和阿卜杜拉近在咫尺。对此，国王十分不安。很多时候，约旦的边防警察站在瞭望台上，就能清楚窥见叙利亚境内如火如荼的几方大战。

2012 年，宗教极端分子又向约旦跨近了一步。当时，约旦情报局不断收到线报，称有人持械闯入国境。他们的目的显然是为了在哈希姆王国内制造“革命”。经过几周的观察，情报局人员发现来客不但在约旦境内找好了藏身之地，而且还囤积了大量武器。看上去，他们是想在安曼各地挑起纷争。

他们差一点就得手了。一系列突袭行动过后，情报局及时出击，11 名嫌疑人落入法网。约方缴获了大量机关枪、迫击炮、汽车炸弹和各类爆炸品，这些工具全都是通过偷运进入约旦境内的。经过审讯，情报局大致摸清了对方的企图——他们打算同时向安曼的多处民用设施和政府部门发起袭击。美国大使馆自然是目标之一，市中心的一家购物中心也位列其中。假如计划成功，约旦至少得赔上几十条性命。甚至，上百人都可能因此丧生。

不过，情报局的工作还没有完。一天，边境突然再生事端，一个巡逻小队无意间和一群极端武装分子狭路相逢。当时，后者正准备潜入叙利亚境内。一场激烈的枪战过后，对方死了 4 个人，一名约旦士兵也不幸牺牲——这是叙利亚内战爆发一年之后，约旦出现的第一名与之有关的死难者。

国王非常愤怒。几个月来，他一直苦口婆心警告的事情，如今终成现实。以前，无论是美国人、欧洲人、阿拉伯诸国的盟友们，甚至巴沙尔本人，对于阿卜杜拉二世提出的“叙利亚可能爆发全面内战”的警告都充耳不闻。而现在，叙利亚境内的种族冲突或是宗派对抗，随时可能冲破国境、蔓延开来。同样的事情曾发生在伊拉克。现在，旧事似乎又要重演。

“内战不是一个概念，而是邻国正在经历的事情。”阿卜杜拉告诉手下重臣，“如果任由局势发展，祸乱迟早敲上约旦的门。”

2011 年底到 2012 年初，约旦国王一直忙于“筑墙”，防止邻人之火烧进自家庭院，但这仍没能阻止大量叙利亚难民逃到约旦。到了 2012 年年中，仅扎阿塔里（Zaatari）一地，就涌入了 3 万余名难民。一年之后，这个数字更是暴增到了 15 万 6 000 多人。由此，扎阿塔里也成了约旦的第四大人口重镇。正因如此，阿卜杜拉不得不扩编安全部队，同时在边境哨卡上增加检查站点，确保难民有序流入。因为这股庞大人潮，约叙两国边界上建起了鳞次栉比的临时居所，乍一看去好像一座座“新兴城镇”。叙利亚境内随时可能发生化学武器袭击事件，叙利亚政府军的飞机也有可能闯入约旦的空域。阿卜杜拉先后与美、英和阿拉伯多国军方人士举行了会谈，共同商讨类似危机的应对办法。传说中巴沙尔手中的那些化学武器，最让阿卜杜拉不放心。万一叙利亚政府陷入崩溃，武器很可能引发灾难。为了防患于未然，阿卜杜拉特地向美、英两国军队求助，请他们帮助约旦训练特种部队。危机一到，特种部队可以随时出击，以免化学武器流入极端分子手中。

西方各国政府倒是热心资助难民，不过，他们的捐赠来得很慢。由于人道主义援助迟迟不到，阿卜杜拉不得不四方求告，好不容易才为边境线上的叙利亚难民解决了冬衣问题。另一方面，某些西方国家希望约旦划出一片土地，以训练叙利亚反对派中的“世俗势力”。这个基地当然属于绝密，而约旦方面也有些犹豫要不要答应。当时，巴沙尔部队的主力都在东线和北线苦战。按照有关方面的计划，这些“世俗势力”将会成为所谓“南方前线”的主力军，他们可以从基地出发，乘隙直扑大马士革。最终，阿卜杜拉接受了这个计划。不过，他很担心，如此一来，自己的国家可能身陷叙利亚内战之中，并因此引火烧身。2013 年，“南方前线”正式开启。与此同时，在土耳其的南部，美国中央情报局也在培训类似的组织。不过，白宫虽然对这些秘密计划大开绿灯，却又在训练内容、武器规模和弹药发配方面设下了多重限制。中情局支持的武装分子月俸为 100 到 150 美元不等，还不及极端武装分子月收入的一半。他们的弹药也少得可怜。一名当地指挥官抱怨说，他的士兵每人平均只有 16 发子弹。许多新兵因此很快倒戈，投入其他队伍之中，顺便还带走了手中的武器。一名亲美武装势力的指挥官表示：“我们本以为选择美国就可以抱住西方国家的大腿，结果完全押错了宝。”

当然，对于阿卜杜拉而言，其他的阿拉伯国家领袖才是最为难缠的谈判对象。约旦的不少邻国拥有丰富的油气资源，并因此富得流油，但这样的好事约旦却没摊上。于是，每到经济危机爆发之时，约旦政府常常要向海湾石油富国借债度日。“吃人嘴短”，债主如今提出了条件，他们希望约旦能够打开国门行个方便，允许他们给身在叙利亚的极端武装“亲兵”们递送一些武器和金钱。

这样的请求，让阿卜杜拉感到吃惊。为什么？他百思不得其解。极端武装分子的目的，是要在中东大地上建立神权统治。他们的思想，可能还停留在公元 7 世纪。为什么邻国还要向这种组织提供金钱和武器？

“您觉得这次‘革命’最终会怎样收场？”一天，国王和某位海湾国家的首脑正在举行私人会谈，席间，阿卜杜拉提出了如上问题。

“我希望‘革命’不要结束，希望它能够席卷整个中东。”这是在座另一位王者给出的答案。此人曾经公开表态，对一些宗教极端人士的观点大感认同。“我付出金钱，是要换取他们的支持。他们会向我效忠。”

“不对，您想错了。”阿卜杜拉几乎是在呵斥，“您这是在作茧自缚。终有一天，他们会把您当成‘革命’的对象。”

滚滚的金钱、大批的武器装备仍在源源不断流进叙利亚。眼见此景，阿卜杜拉不禁为中东的未来担忧。国王曾向属下提及未来的种种可能：有可能巴沙尔将得到伊朗和俄罗斯的强力支援，最终夺取胜利——尽管当时看来，这种情况几无可能发生；或者，那些极端武装分子将最终成功入主大马士革——这种情况，似乎也不太可能发生。如果老天保佑、中东有幸，也许各方面可能通过谈判解决问题。也许巴沙尔将被迫下野，把权力移交给联合政府。联合政府可以一边筹备选举，一边恢复社会秩序，为叙利亚人民提供安全保障。当然，还有一种可能——战争持续不断，和平遥遥无期。在这种情况下，叙利亚将会慢慢解体。由此产生的凄风苦雨，还会飘散到邻近的其他国家。未来的几十年内，整个中东都会不得安宁。

言谈之中，阿卜杜拉和大臣们曾多次想象，一个四分五裂的叙利亚，又该是什么模样？它很有可能分裂为几个区域，分别落入逊尼派、阿拉维派和库尔德人的控制中。每个派别的背后，又各有外国金主在支撑、扶持。当前，巴沙尔政权仍然控制着大城市和海滨地区，而内陆则已经是宗教极端组织的天下。叙利亚的分崩离析，似乎已经不可扭转。“我们能够预见，叙利亚的武装割据时代正在来临。”国王的一名亲信表示。

当时，宗教极端势力正在不断壮大，海湾盟友也在不断施压，要求约旦向宗教极端分子提供支持。当然，这种要求表达得可能并不那么露骨。面对如此要求，阿卜杜拉一概婉拒。他常常把自己关在办公室，点击查看各种视频——极端组织每日所犯下的恐怖罪行，都记录在这些视频里。国王看到，被俘的士兵遭到集体处决、神职人员像牛羊一样被人屠宰、脸色苍白的年轻人被人从千疮百孔的高楼上推落……有时候，阿卜杜拉会把视频链接发给手下顾问。这样的事，绝不能在约旦发生——国王希望大家都要警惕。

“我有我的底线。”据一名属下回忆，阿卜杜拉曾经说过这样一番话，“我绝不向宗教极端分子提供支持。因为，支持宗教极端分子的人，必然遭到他们的反噬。我可不想那些人危害我的子民。”

2012 年 5 月的一天，曾任美国驻叙利亚大使的罗伯特·福特接到命令，让他到国务院大厦 7 楼报到。这天，上司找他有事相商。过去 3 年，这位女上司一直是福特的直接领导，两人倒也经常见面，但像今天这种情况以前从未发生过——作为中层官员的福特从未像今天这样，被允许单独乘坐电梯直达顶层那间优雅气派的“桃花木船”（Mahogany Row）大套房，面见套房的主人——时任美国国务卿的希拉里。

如今的福特虽有大使之名，却没有大使之实。表面上，他仍是美国派驻叙利亚的头号外交官。不过去年10月，大使就被召回了国内，据说，这是为了他的安全着想。7月那次“屋檐危机”实在令人心惊。尽管事后叙利亚政府曾派人登门道歉，而且承诺一定会保证外交使团的安全，但接下来又发生的几次事故，却让福特大感寒心。他觉得，叙利亚方面并不打算保护自己。

最让福特后怕的事件，发生在他的一次出行期间。当时的叙利亚国内，仅有少数反对党获得政府承认，属于合法组织。那天福特来到大马士革某地，正是要拜会其中一派的领导人。美国大使带着助手，出现在了主人的办公场所之外。没想到，那里早有一群人在等候他的到来。对方一行约有75人，都是巴沙尔总统的民间支持者。大使和手下迎着劈头盖脸而来的西红柿与鸡蛋，艰难而狼狈地钻到了办公楼里。一进大楼，福特等人就用桌子堵住了大门，这才挡住了示威的人群。面对不知所措的主人，福特只得惨然一笑以缓解尴尬：“我们刚刚从美国大使馆赶过来。”会面结束后，美国大使走出大楼，竟然发现自己和随从的座驾已经遭了秧。汽车的损毁程度十分严重，几乎无从修理。看着汽车，福特不禁后怕起来。照这样下去，迟早他会赔上几根骨头和好些牙齿。“他们肯定不至于要我的命。”福特表示，“不过，一顿痛打大概是免不了的。”福特的担心并未成真，因为紧接着他就被召回美国国内了。3个月后，美国大使馆也关门大吉了。

福特遇上的倒霉事，希拉里·克林顿当然心知肚明。5月的这个下午，两人的话题也将会围绕叙利亚近来的种种大事展开，比如，伊朗方面对于巴沙尔的支持、最新的战果和战局、反政府武装的分类与各自的支持者等。福特刚想细细陈述这些情况，希拉里就打断了他。

“你知不知道这场内战的后果？说不定，临到最后，这就是一场地区灾难。”希拉里表示。然后，她把可能会出现的严重后果历数了一遍——内战变成外战，影响黎巴嫩、约旦乃至伊拉克局势；大批难民出逃；宗派战争爆发，并且把“从黎巴嫩到伊拉克的大片地区都牵连进去”。

国务卿的观点，福特非常同意，不过，他打算表现得积极一些。他说，联合国特使科菲·安南刚刚提出了新的和平倡议，也许，倡议会得到叙利亚各派的一致支持，这样危机也许可以得到遏制。“通过协商，也许叙利亚能够建立过渡政府。或者，我们可以向反对派提供支持，让他们有资本在谈判中获益。当然，我们也可以做出其他选择。”福特继续说道。

国务卿沉默了。她和福特都清楚，叙利亚的前景有100种可能，唯有一种最不可能发生,那就是巴沙尔愿意参加谈判,而且主动提及自己的去留问题。

“国务卿觉得，阿萨德不可能接受那样的提议。”福特表示。

那年夏天，在联合国的组织下，叙利亚各方势力进行了初步接触。为了促成谈判，福特费了不少心力。不过，谈判持续了两年半，仍然毫无进展。谈判总是卡在一个问题上——叙利亚政府强硬声明，一旦反对派要求巴沙尔辞职，那么他们就会退出谈判。

对于白宫的叙利亚问题专家而言，除却这些烦恼，还有一个新问题在徐徐凸显。此前势单力孤的几家“圣战”团体，如今已经集结成为一股统一的武装势力。国家安全委员会摆出的叙利亚地图上早已画满各种圆圈，每一个圆圈都代表着其背后的宗教极端势力。“基地”组织的下属团体“努斯拉阵线”，也在其中占了一块地盘。

叙利亚反对派的营盘就像流水，结构复杂、变幻无常。其中，有的团体出自本土，听从信奉世俗主义的“叙利亚自由军”的领导，另一些则属于宗教极端组织，“努斯拉阵线”就是其中的代表。在那个时候，宗教极端组织已经成了叙利亚反对派的重要组成部分。为了了解这些宗教极端组织的情况，华盛顿方面举办了不少研讨会。“叙利亚自由军”的领导地位，绝不会得到宗教极端组织的认可。每天都有大批来自世界各地的年轻人来到土、叙边界，争相成为宗教极端组织的成员，这一点，实在让人心惊。十几年前，也有无数宗教极端分子聚集到伊拉克或阿富汗，踊跃参加当地的“圣战”。为了招纳更多新人，“努斯拉阵线”的领导层特地在“推特”和“脸书”上开设账号，发布“教学”视频。“课程”的内容既有宗教哲学，也包括战地装备的介绍，以及实战训练。

外籍“圣战”狂徒当中，有几个人还是情报部门的“熟人”。他们中一些人曾在中东其他国家大展拳脚，还有一些人曾遭到美军关押，由此留下了案底。

“有时候在研讨会上，”一名资深情报顾问回忆说，“主持人常会开开玩笑说：‘猜一猜，接下来哪位老朋友会在叙利亚亮相？’一轮介绍完毕，他会再抛出一个更出名的人物，然后打趣道：‘现在，还有人觉得刚才那个组织可怕吗？’”

当然，叙利亚的极端武装新兵当中，有不少人毫无案底。美国方面对他们一无所知，由此也生出了新的疑虑。这些新兵有不少都来自欧洲，最初大概只有几百人，但很快人数就过了千。他们大多出身穆斯林家庭，拥有欧盟或北美国家的国籍，正因如此，他们可以在世界各地自由来去。每次介绍到这里，与会人员都不禁忧虑，原来美国需要担心的不只是叙利亚内战和中东形势，还要考虑这股横越大陆、投奔宗教极端组织的新生力量。也许，还有更多的“极端主义胚子”正在孕育。顾问觉得，这个事实足够让最为老练的国家安全顾问夜不能眠了。

“我们并不认为‘努斯拉阵线’会立即发动袭击。但是，我们担心那些持有欧洲护照的‘还乡老兵’。他们回国之后会有怎样的作为，谁都不知道。”顾问表示，“提到这一点的时候，战略情报室里每个人的脸色都变了。”

从中央情报局到五角大楼，所有的官方报告都提及了这一层忧虑。福特和他的馆员们饱经劫难回国后，加入了国务院的叙利亚问题小组。他们也合力撰写了一份报告，交给副国务卿威廉·伯恩斯（William Burns）进行研究。伯恩斯很想把当时的各种时事总结分析一番，然后得出国际局势走向的结论。那份报告属于绝密，至今尚未公开，不过，福特记得其中的要点。据他回忆，报告提及叙利亚已经成为一片无法之地，许多危险分子都准备借此地利大干一场——“巴沙尔当局对东部地区已无控制之力，边境地区更是已被他们完全放弃。叙利亚和土耳其边境的许多关卡已被极端组织占据。”福特回忆着报告的要点，“这样一来，极端组织的控制力大大得到增强。这样的情况，曾经发生在阿富汗和索马里，所以我们有必要让温和反对派联合起来，对抗宗教极端组织、对抗巴沙尔。”

福特等人的报告分析认为，“努斯拉阵线”是叙利亚反对派中极端势力的代表。2012 年底，“阵线”的威胁日益彰显。这伙人不但与“基地”组织关系密切，而且还在不断扩充势力，同其他“圣战”组织沆瀣一气。此外，越来越多的外籍宗教极端分子正在投奔“阵线”的路途当中。若以“基地”组织作为标准，“努斯拉阵线”的极端程度并不算高。但是，他们的所作所为也足以引起警惕。“努斯拉阵线”一旦占据村庄，就会立即着手推行“教法”。“阵线”成员很少对穆斯林平民施以暴力，甚至，他们还会组织人手清理垃圾，并在一些贫困街区发放食物与饮用水。如此举动，为“阵线”赢得了不少尊敬和美誉。

报告中，福特等人还提出了一个疑问：假如“努斯拉阵线”在叙利亚站稳脚跟，那么，该地区的局势将会如何演变？叙利亚和以色列相邻，堪称中东的“锁芯”。如果这样一个国家落入“基地”组织之手，会不会让其他那些“阿拉伯之春”波及的地方产生多米诺骨牌效应？

暴乱发生之初，白宫的诸位安全顾问一致反对美国方面直接介入叙利亚事务。但到了 2012 年的夏末，顾问们的观点来了个 180 度大转弯——奥巴马的几位亲信都觉得，向叙利亚的“温和”反对派提供武装，已经势在必行。扶持“温和派”打击“极端派”，已经是华盛顿满手烂牌中为数不多能打的一张了。

内阁中，支持这种建议的人并不少见，74 岁的国防部长帕内塔（Leon Panetta）就是其中之一。帕内塔的工作经验异常丰富，这一点，让他在有关政策得失的争论中占了上风。出任国防部长之前，帕内塔曾在中央情报局担任局长。比尔·克林顿执掌白宫的时候，他则是陆军的总参谋长。他曾与伊拉克和“伊斯兰国”的恐怖分子斗智斗勇，也曾在利比亚的反政府势力起事期间，前去协调局势并为反对派提供援助。帕内塔出身意大利移民家庭，喜爱社交活动，人缘很好。从头到脚，他都没有一丝“鹰派”政客该有的气质。不过，主政五角大楼和中央情报局期间，帕内塔对打击恐怖势力毫不手软。许多作战方针，都是经由他的倡导而得到贯彻，比如无人机的使用和有针对性的突袭行动。在他的指挥下，许多藏匿在荒山野岭的恐怖嫌犯丢了性命。一年之前，帕内塔的功绩又添上了一笔——因为他的协调指挥，美国军队成功处决了世界头号恐怖分子奥萨马·本·拉登。

“阿拉伯之春”过后的混乱中东，为恐怖分子提供了新的避难场地。这样的形势，也让帕内塔非常忧虑。对于叙利亚问题，帕内塔也有自己的看法。他曾经担心叙利亚内战会危及地区稳定，宗派斗争会扩散到土耳其、黎巴嫩乃至其他临近地区。不过，帕内塔现在认为，外来“圣战”武装介入叙利亚局势才是最值得有关部门关注和警惕的。

“实话实说，有关情报让人非常焦心。”帕内塔表示，“叙利亚反对派之中，宗教极端分子越来越多。他们的组织结构日渐严密，效率也在稳步提高。万一他们在叙利亚站稳脚跟，并以此为基地扩张势力，这将会成为我们最不愿见到的景象。”

当时，白宫方面始终坚持只向叙利亚反对派提供“非致命性武器”。同时，总统认为，应该利用外交手段迫使巴沙尔辞去职务，让叙利亚反对派组建临时政府。不过这些手段最后被证明并未奏效。眼见调停无望，科菲·安南辞去了特使职务。之前，尽管这位联合国前任秘书长费尽心力，但叙利亚的局势还是没有任何改善。联合国大会上，美方竭力主张对叙利亚进行制裁，无奈俄罗斯坚决不同意。叙利亚内战还在升级，不过双方都未能取得压倒性的优势。在巴沙尔的政府军现出疲态之时，真主党分子成为了他的新援军。叙利亚政府军不断派出军机，对反对派的据点进行空中打击。同时，土耳其和海湾国家对于叙利亚反对派的援助也是源源不断。渐渐地，反对派似乎被宗教极端分子渗透。至于美国方面，国务卿的一句话最能体现当时美国的困境：“我们眼前的选择一个比一个烂。”

私下里，希拉里正准备推行自己的一项政策。她觉得，美国“应在叙利亚扶持与训练温和反对派”，这些“‘温和派’值得美国信任”。国务卿在自己的著作《艰难抉择》（*Hard Choice*）中披露，2012 年 7 月，她曾邀请中情局局长彼得雷乌斯来家中餐叙。其间，两个人大发畅想，立志要招募并组建一支叙利亚“温和反对派武装”。希拉里认为：“如果美国必须介入战争，那么，我们首先应该孤立宗教极端分子，然后在叙利亚培育温和中正的反对派势力。”

那年夏天，希拉里和北约各国外长频繁会面。此外，她也接触了不少叙利亚反对派领导人。而后，国务卿变得“信心满满”，坚信自己的“温和派政策”能有效改善叙利亚局势。彼得雷乌斯也协同手下制订了一整套方案，准备为“温和派”提供训练、武装和组织方面的帮助。根据他们的构想，这支“温和派”武装不仅足以推翻阿萨德政权，还能深入宗教极端分子的地盘并取而代之。8月底的一次会议上，希拉里向奥巴马提交了自己的行动方案。不料，一些资深顾问却觉得国务卿的计划并不可行。帕内塔也对该计划提出了质疑。

“我们恐怕无力干涉。”帕内塔表示，“叙利亚哪里还有秉性温和的反对派？就算有，恐怕也不愿投入美军麾下。温和的势力已经濒临覆亡，我们的政策根本无法做到有效扶持。”

帕内塔的看法不无道理。按照当时的局势，任何得到美国支持的反对派团体都有可能突然反叛。美式装备到了他们手里，更有可能成为杀戮的工具。之前的实例已经表明，即便是那些貌似友好的反对派团体，也在偷偷地贩卖美国提供的装备。

不过，面对总统，国防部长却对希拉里与彼得雷乌斯的计划表示了赞同：“凡事皆有风险，我觉得不妨一试。”毕竟，任由战局自由发展，未来同样不可预测。帕内塔最担心的，莫过于极端分子会趁乱攫取更大的生存空间。

根据出席会议的官员回忆，当时，奥巴马听得非常认真。然而，总统一开口，就在希拉里的计划之中挑出了很多毛病。国务卿本人还记得，总统当时表示，历史上，美国政府曾为无数草莽游击武装提供过类似的帮助，但最后却往往遭遇背叛的结局。总统觉得，美国这一次完全没有必要重蹈覆辙。

总统确实不愿介入叙利亚事务。这一点，当天在场的本杰明·罗德斯可以证明。罗德斯表示，奥巴马非常担心，一旦希拉里遂愿，美国又将堕入另一个战争泥潭。

“他更想采用战争之外的手段。不过，大家对总统的犹豫感到不满：‘下一步怎么办？这一次您在叙利亚问题上退缩了，下一次又当如何？’”罗德斯还记得当天的情景，“不过，总统觉得军事干预的前景未可预期。如果再一次军事介入，美国很可能在叙利亚越陷越深。”当然，罗德斯还觉得，总统与各位顾问针对叙利亚问题产生的分歧其实没那么大，媒体在这方面的渲染有些过头了。

“容我大胆地猜想一下，某些人很想利用这次辩论来凸显自己。他们想证明，他们的看法才是最好的选择。其实，就算遵照他们的指示去施行计划，最终结果很可能并无二致。”罗德斯表示。而且，他觉得希拉里等人呈给总统的计划“感觉很不成熟”。要想打压宗教极端武装组织，必先扶持另一批武装组织——这个道理，显然没能说服奥巴马。“10多年来，我们从伊拉克战争中学到了不少教训。当地宗派冲突的现况，也值得我们反思。总之，这个问题太难解决。”罗德斯表示，“有时候，我们总以为自己的力量很大，其实并不是那么回事儿。”

最终，奥巴马否决了彼得雷乌斯提出的提议。选举期间，他曾明言要让美国从中东的纷乱中抽身。胜选之后，总统必须遵守诺言。当然，奥巴马也表示，未来，也许情势会有改变。比如万一巴沙尔政权越过“红线”，使用了化学武器，那么，美方也可以考虑利用武力解决问题。不过，在当下，美国不会向叙利亚反对派提供任何武器。

争辩并未完结，但美国的政策大局已定。希拉里深感失望，却也无可奈何。她只能遵照总统的命令，继续寻找外交途径以解决叙利亚问题。其间，她曾经签署文件，向叙利亚反对派提供更多人道主义支援，比如毯子、食品、电脑、手机等。

“这些帮助都是小恩小惠。”希拉里如此评价，“在我看来完全于事无补，叙利亚的冲突还会持续升级。”

5个月后，帕内塔辞去了国防部长之职。回首自己两年半的对叙工作，他如此总结——美国政府在叙利亚耗费了大量精力和资金，最后却换来了失败的结局。

“其实经过巴基斯坦和阿富汗的锤炼，我们已经积攒了许多对付‘基地’组织及其分支的经验。”他表示，“但是，我们最终还是没有迈出武力干涉那一步。”

第二十一章 自此，希望都已破灭

“高举着‘黑旗’的士兵跨着马儿自东方而来。他们长发蓄须，以各自的家乡作为姓氏”——据说，以上这段预言出自《圣训》。对照现实，预言似乎已经成真。当然，现实中这支“黑旗军”胯下并无马匹，而是把皮卡货车当作代步工具。他们成群结队、十几个人挤在一台车上，穿过伊拉克的沙漠向西而去。1 年之前，“伊斯兰国”武装介入叙利亚内战。1 年后的今天，巴格达迪终于可以宣布，局势已在掌控之中。曾几何时，连他自己都以为，自己想要吞下叙利亚的心愿，已成纸上谈兵。现在，“哈里发”信心满满，他要让叙利亚的“叛教者”和全世界好好看看“伊斯兰国”军队的声势是何等雄壮。

为了保持自己在叙利亚边境地区的势力，巴格达迪特地派出一员猛将专门看守连结叙、伊两国的要道。接下来，他们要将这条路上的各种危险一一排除。公路的一头是伊拉克的安巴尔省，另一头则深入叙利亚腹地。猛将叫作沙克尔·瓦希卜·杜莱姆（Shaker Wahib al-Dulaimi），他出名之后，人们更愿意称他为“阿布·瓦希卜（Abu Wahib）”。此人是“伊斯兰国”的一颗明日之星。对于自己的“英雄”形象，27 岁的瓦希卜很是自恋。他的本职工作是电脑编程，崇拜的对象则是扎卡维。他的行事风格明显受到了扎卡维的影响。其实，瓦希卜曾在偶像的手下效命过一段时间。2006年，他被抓进了布卡监狱，与偶像之间这段短暂的缘分也就此结束。如今的瓦希卜几乎事事以扎卡维为榜样，他甚至复制了导师的造型——乱蓬蓬的头发、帽子、胡须，而且同导师一样，他出镜时从不戴面具。和扎卡维一样，瓦希卜也想成为一个“圣战超级英雄”，为此，他在各种极端组织的视频中频繁露面。有时候，这些视频的内容显得很是滑稽，例如瓦希卜会摆出耍功夫的造型，或者他会一边开枪、一边跃起。他的憨态，常常让人忍俊不禁。当然，他可不是想来搞笑的，视频中的另外一些内容，只会让人觉得脊背发凉、难以直面。

2013年春天，瓦希卜的手下再次架起摄影机。镜头前，他们的领袖手持步枪，站在沙漠高速公路的中央。宗教极端分子拦下了一支从叙利亚进入伊拉克的卡车车队。卡车停下之后，瓦希卜唤来3名司机，并让他们交出了自己的身份证。录像机忠实记录下了这次行动的整个过程。

司机都是叙利亚人，最年轻的年近30，最大的那个已经40多岁。瓦希卜想知道这3个人是不是什叶派信徒，而对方也很清楚，什叶派的信徒将遭遇怎样的对待。于是，3人坚定地摇头否认自己拥有什叶派背景，至于叙利亚政府，他们更是毫不相干。

“你们都是什叶派的人吧，对不对？”阿布·瓦希卜再次发问。

“我们是从霍姆斯来的，都遵从逊尼派教义。”答者正是司机当中最年轻的那个。他高高大大、面庞清秀，穿着白色牛仔裤和短袖衬衫。

“你确定没撒谎吗？”

“我们只是想讨生活。”年纪稍长的司机接过话头，“我们来这里是为了挣钱吃饭。”

阿布·瓦希卜有意和3人开起玩笑来。“你们说自己是逊尼派，那么，试问你们如何证明呢？”他表示疑问，“好吧，晨祷的时候，你们一共下跪几次？”

司机们有点紧张了。“4次。”一人回答。“3次。”这是另一个的答案。“5次。”第三个司机答道。

阿布·瓦希卜不觉冷笑起来。“看你们的答案，我就知道你们是多神教徒。”他表示自己已经确认了3人的“什叶派”身份。而后，瓦希卜命令3

人跪成一排。他端起冲锋枪，快速地打出几发子弹，击中了 3 人的背部。那 3 人虽然中了枪，但仍然在地上挣扎着爬行。于是，瓦希卜跟上前去，近距离对着他们的后脑勺各开了一枪。

“这就是伊斯兰国的国际高速公路！”一个蒙着面的手下高喊了一声。随后，武装分子开始放火烧车。3 名司机的尸体，被他们抛在旁边。尸体面部贴地，身下已是一片殷红。血液，慢慢浸透了橘色的沙地。

扎卡维的声音响起，宣告了视频的结束。

“如是所闻、如是所见，烽火已在伊拉克点燃！”故去的领袖大发感叹，“火焰将愈加熊烈，直到在达比克把十字军完全吞没。”

巴格达迪一直想要重建“哈里发国”，上面这位暴虐的瓦希卜，就是帮助他大展宏图的得力助手。此前，他也曾派出一队人马进驻叙利亚。但随后巴格达迪觉得，与伊拉克的同行相比，那些人太过软弱，太让自己失望了。他们太过关注叙利亚内战的事务，已经偏离了巴格达迪为建立“哈里发国”而制订的路线。现在，巴格达迪准备再次开启进军叙利亚的征途，他任命瓦希卜和他的手下充当急先锋，并由他亲自负责指挥。

2013 年 4 月 9 日，巴格达迪灌制了一段长达 21 分钟的音频，并将其上传到网络上。借此，他宣布了一项重组“伊斯兰国”的决定。巴格达迪代表“伊斯兰国”的领导层，正式取消了身在叙利亚的下属团体“努斯拉阵线”的单独编制。接着，他宣布，“伊拉克伊斯兰国”将与叙利亚极端势力合并，组成“伊拉克与大叙利亚伊斯兰国”（Islamic State of Iraq and al-Sham）！

所谓“大叙利亚”，大致相当于英语中所指的“黎凡特”。此地位于地中海东岸，北达土耳其南部，包括今天的叙利亚、黎巴嫩、约旦和以色列。正因如此，英语世界的人常把巴格达迪一伙称为“ISIS”或“ISIL”，其实两个词的意思完全相同。

宣言结束之后，巴格达迪又陈述了这个新“国家”的政策。他先是回顾了“伊拉克伊斯兰国”前身的历史，追忆了扎卡维领导组织的那段时期。对于组织的创始人，巴格达迪恭敬地称之为“圣战之主”（mujahid sheikh）。而后，他还动情地讲起了扎卡维投靠本·拉登的往事。当时，扎卡维曾向部下表示，自己此举绝无私心，纯粹只是为了组织发展的战略考虑。

“我对真主发誓，我不求他的钱，也不求他提供人马和武器。对我而言，他是一个象征。”这番话语，本是扎卡维献给本・拉登的吹捧。如今，巴格达迪作为前者的继承人，语气也和当年的扎卡维一样激动。他表示，作为“伊斯兰国”的叙利亚分支，“努斯拉阵线”对于自己来说也有重要的象征意义。因此，“阵线”应该回归“伊斯兰国”的怀抱，就像儿子和父亲理当团聚。

“努斯拉阵线只是伊拉克伊斯兰国的一个分支，是我们的一部分。”巴格达迪表示，“因此我们要呼吁，让我们信仰安拉，不以伊拉克伊斯兰国自傲，也不以努斯拉阵线自居，让我们携起手来，组成一个新的国家——‘伊拉克与大叙利亚伊斯兰国’。让我们站在同一面旗帜之下，这面旗帜属于伊斯兰国。”

巴格达迪的声明，在西方国家引起了轰动和恐慌。西方分析人士一向认为“努斯拉阵线”乃是“伊斯兰国”的下属与附庸。不过，“阵线”近来的种种作风明显比后者低调。如今，巴格达迪不仅证实了两者之间的联系，还宣布这二者将重新合为一体，新的组织将由更暴虐的那一方占据主导地位。

更出人意料的事情还在后面。谁能想到，巴格达迪的“合作伙伴”竟然否认了双方合并的可能性。看来，“努斯拉阵线”的成员打算坚决维护组织，丝毫没有退出历史舞台的意思。在巴格达迪发声之后两天，“阵线”领袖阿布・穆罕默德・祖拉尼出言反击。祖拉尼同样录好音频，一一批驳了巴格达迪的种种说法。“阵线的旗帜永在，无人能够改变。”巴格达迪的老战友表了决心。

而后，祖拉尼直接向世界上威望最高的“圣战英雄”提出了仲裁申请，这位人士，当然就是“基地”组织的领袖阿伊曼・扎瓦希里（Ayman al-Zawahiri）。他曾在本・拉登身边担任助手，也曾因为扎卡维的种种暴虐行为与之争论。扎卡维的后继者，同样不讨扎瓦希里的喜欢。2013 年 6 月 9 日，扎瓦希里发表公开信，信中，他指责巴格达迪恣意妄为，“合并”这样的大事，竟然也不向自己提出申请。为此，“基地”组织首领给出的惩罚足够严厉——他决定让巴格达迪停职 1 年。12 个月之后，巴格达迪是否能够复职，还要视情况而定。而且，扎瓦希里还表示，自己到时可能另选他人担任新领袖。

其实扎瓦希里也不想两边伤了和气，“穆斯林的血不能流在穆斯林的手上”，这是扎瓦希里的原则。于是，他准备派出一位私人信使前往叙利亚居中调停。此人在“基地”组织当中资历很老，名叫阿布·哈立德·苏里（Abu Khalid al-Suri）。

“我谨向各位同教兄弟和圣战武装提出倡议，请大家停止争论，不要加大内部矛盾。”扎瓦希里表示，“我们要和谐共处、团结奋进，要赢得教众的心，并把他们组织起来。”

“基地”组织的这场内斗不但激烈，而且完全发生在众目睽睽之下，似乎是当年扎卡维和本·拉登不睦关系的延续。辩论中，扎卡维涉及的另一宗口舌官司也被牵扯了进来。那次论战为时更早，争辩双方分别是扎卡维和麦格迪西。说来，这两人还有过一段师生之谊。

论战持续了好几个月。网络论坛和聊天室里，极端主义理论家们各站一边，大打嘴仗。他们都想说服对方，觉得自己选择的领袖才能代表“圣战”的发展方向。

面对“基地”组织的建议与批评，巴格达迪的应对方法也与扎卡维大致相似——“基地”组织的意见，两人都选择无视。而后，巴格达迪再次发表声明，称自己只是代表上级，向下属祖拉尼下了个命令。“我听从安拉的差遣，而不是遵从违背安拉的人。”自然，巴格达迪还是担任“伊拉克与大叙利亚伊斯兰国”的领袖，尽管“阵线”并未臣服于他，他却不打算再次为组织更名。

2013 年，极端分子在叙利亚活动猖獗。他们的足迹遍布全国各地，从人烟稀少的东部荒漠到人口稠密的南北边境，就连大马士革近郊，也出现了他们的身影。当然，在叙利亚大展拳脚之前，巴格达迪设计了好些措施，准备先行巩固组织在伊拉克的营盘。

巴格达迪的第一项举措在于行政改革。他任命了一批“省长”“教法顾问”和军事指挥官。“伊斯兰国”在伊、叙两国的各种任务，都有赖这些人员驻扎各地、监督完成。实际上，“伊斯兰国”的各项行政体系都在向真正的政府靠近。他们制作了行政审批的流程图，还设置了各类主管部门，管辖范围包括社交媒体、物流运输、金融、军事训练、人员招募等。“伊斯兰国”

甚至还设有负责管理自杀式“人弹”的专门部门。部门人员必须小心谨慎，绝对不能让“人弹”接触一般士兵，以免坏了“教化”。

巴格达迪制定的第二项举措，强化了“伊斯兰国”进行炸弹恐怖袭击的持续性。在这些炸弹袭击事件中，大批无辜百姓不幸殒命。很快，伊拉克各地太平间里变得拥挤不堪，似乎又回到了扎卡维肆虐的时代。体育场和社区足球场常常成为“人弹”袭击的目标，而清真寺、饭店和集市也被列入袭击范围之内。2013 年 10 月，“伊斯兰国”分子甚至驾驶汽车冲进了尼尼微省（Nineveh）的一所小学的操场。13 名在教室之外休息玩闹的孩子当场殒命。如此暴行，就连久经磨难的伊拉克人也无不深感震惊。

最后一项举措，被巴格达迪称为“打破狱墙”。2012 年，“伊斯兰国”恐怖分子冲进提克里特的一座小型监狱，并将其中的 100 多名囚徒当场释放。其中的一些恐怖分子，当时已经被判了死刑。2013 年 7 月 21 日，恐怖分子同时向伊拉克最大的两所监狱发起了袭击。袭击发生在夜晚，“伊斯兰国”为此动用了多名“人弹”，而且还调用了迫击炮助阵。其中较大的一起攻击的对象正是臭名昭著的阿布·格莱布监狱，袭击让 500 多名囚犯逃脱了禁锢。其中，更有不少扎卡维的旧部。这条举措一出，巴格达迪又收获了大量追随者。

此前，巴格达迪的一些部下已经深入叙利亚东部和北部的乡村地区，夺取了当地的控制权。现在，一旦他的先锋队进入叙利亚，无疑可以很快得到强力支援。先锋队成员不少来自伊拉克的各大监狱，他们战斗意志坚定，也很守规矩。同一地区的不少地域，原来都在其他反对派的控制之下。这些反对派武装中，自然也包括“努斯拉阵线”。不过，面对“伊斯兰国”的进攻，这些反对武装迅速败下阵来，他们要么投降，要么溜走，要么就抵抗到底——对于选择抵抗的组织，“伊斯兰国”武装将会毫不留情地予以消灭。

“伊斯兰国”与“努斯拉阵线”的小矛盾，渐渐演变成了明显的裂痕。带着扎瓦希里的和平愿望，阿布·哈立德·苏里仍在叙利亚观望逗留。苏里觉得，自己仍能找到方法结束两派争端。2014 年，苏里正在阿勒颇附近某宗教极端组织的基地内休憩，这时，5 个人端着步枪冲入房间，其中的一个拉响了背心中的炸弹。苏里死了，另有 6 个人也和他一起丧了命。

没有组织宣布对这起“惨案”负责。不过，经过此事，“基地”组织明确表示要与“伊斯兰国”划清界限。“基地”组织不但要求属下远离“伊斯兰国”，还鼓动大家对后者群起攻之。如此态度，前所未见。但是，“基地”组织的策略无济于事。巴格达迪的手下已经囤积了最好的武装，整合了最有经验的士兵，他们是叙利亚反对派中的军力翘楚，而且，他们的势力还在壮大之中。

拉卡（Raqqa）——叙利亚东部省会，这座城市临河而建，城内建筑破旧。上千年来，外族的铁蹄数度蹂躏此地。希腊人最先到来，而后罗马、波斯、蒙古和奥斯曼帝国又相继入侵，如今，又轮到宗教极端分子了。2013 年春夏之交，一支“伊斯兰国”武装驾着白色皮卡闯入城市近郊。经过几轮交战，“叙利亚自由军”渐渐退出拉卡。而后，这座小小江城正式成为了“伊斯兰国”在叙利亚境内的总部所在地。城中的 22 万百姓，也成了第一批完全生活在宗教极端分子统治之下的城市居民。

新来者行动迅速，城中秩序很快安定下来。迦拉广场（al-Jalaa）被改名为“自由广场”，广场上的钟楼挂起了“伊斯兰国”的“黑旗”。随后，统治者又急不可待地颁布了新法令，宣布禁止一系列“有辱法纪”的行为。

阿布·易卜拉欣（Abu Ibrahim）是拉卡当地的一位年轻人，他常常带着相机，为“伊斯兰国”在家乡的种种作为摄影存证。他的身边，还有两位志趣相投的伙伴。拉卡易主之后的 18 个月内，他们把偷偷摄下的影像与视频传上网络，由此，全世界都看到了当地的境况。

对于“伊斯兰国”气焰嚣张的入城仪式，易卜拉欣的印象非常深刻。此前的一周，城市街头战火纷飞。极目望去，四周死尸遍地。大多数市民不想成为狙击手的活靶子，只好困守家中。商店与面包店被迫关门，许多家庭都因此绝了口粮。“当时，一块面包比 100 万块钱还要珍贵。”阿布·易卜拉欣回忆，“那段时间也是最为艰难的日子。”渐渐地，抵抗力量不是逃散，就是向“伊斯兰国”投了降。战火渐渐平息下来。不知从何时起，大批外籍官兵出现在了拉卡的地界之上。事后，易卜拉欣才知道，他们大多是伊拉克人。市政厅前升起了“黑旗”，而“伊斯兰国”则宣布定都此地。

“他们举着枪械到处游荡，逢人就说：‘一切会好起来的。’”易卜拉欣还记得，“而且，他们很快开始收殓街上的尸体。”

当时，拉卡的许多居民并不知道这些人是何来路，一些人真的相信，只要战斗结束，一切都会好起来。很快，店铺又恢复了营业，居民们又有了些许安全感。这时，“伊斯兰国”的大清洗开始了。

易卜拉欣见证的第一起杀戮的受害者很年轻。“伊斯兰国”恐怖分子声称他是个罪犯，却又没有讲清他罪状为何。年轻人被押到拉卡市中心的广场上罚站示众，而后，极端分子公开判处了他死刑。一颗子弹穿过了犯人的头颅——处刑的场景，一旁的观众看得一清二楚。接着，极端分子将尸体的双手固定在木板之上，高高吊起，那样子，仿佛他正在接受刑罚。就这样，尸体在广场上悬挂了3天3夜，直至发出了腐烂的臭气。

几天之后，易卜拉欣第二次看到了“伊斯兰国”的行刑过程。这一次，死者是一群人。同一个广场上，宗教极端分子杀害了7名男子。其中，有几个像是溃逃的士兵，但还有几个明显只是小孩，他们的面庞上，甚至没有半点儿胡须的痕迹。这一次，宗教极端分子斩下了他们的首级，放在一座公园外的篱笆桩上示众。

“百姓饱受惊吓！为此，恐怖分子很是高兴。”易卜拉欣表示，“他们希望，大家都对他们心怀恐惧。”

接下来，拉卡的新主人开始扫除一切可能挑战他们权威的东西。城中的3间教堂全数关闭，十字架和其他基督教标志不是遭到拆除，就是被遮盖起来。一间什叶派清真寺的宝蓝色穹顶漂亮典雅，却最终落得被炸成碎片的命运。西方“堕落”文化的象征——烟草与酒精遭到收缴，然后被付之一炬。

新主人也创造了一些新标志，比如一家从上到下漆成全黑的警察局。这栋建筑被改建成了一个宗教法庭。法庭开张之后，拉卡市民的生活中突然间多出了许多规矩。很多规矩让人抓狂，但容不得半点儿质疑。“伊斯兰国”的宗教警察（Hisbah）随时在街上游弋。任何触法行为，都可能招来他们的惩戒。

城市中的新法律，首先是关于宗教仪式的——根据规定，礼拜的时候，所有商铺必须关张歇业。居民们的着装与行为也必须注意，饮酒、抽烟一律严禁，西方音乐与橱窗里的西式服饰也在禁止之列，女性若想出门，必须穿戴全副罩袍。即便如此，宗教警察也可能故意找女人们的麻烦。他们可以以某位女士的罩袍过于透明，或者露出了身体曲线为借口，对其进行羞辱性的搜身。

“伊斯兰国”的“教法”当中，有着一整套的惩罚措施。既有公开斥责和罚款，更不缺乏鞭笞之类的肉刑。一对男女因为同坐一张长椅而遭到痛殴；一位男子因没有等足 3 个月的戒期，就急忙迎娶了一位离过婚的女人，受到了公开鞭笞的惩罚。更有甚者，一些“违法者”会因为一些莫名小事，而被草草判处极刑。易卜拉欣甚至认为，只要宗教极端分子一时兴起，随时都有可能通过“教法”剥夺人的生命。

“有时候，一两个星期也不会出现一例死刑，有的时候，一天之内他们便会杀 5 个人。”易卜拉欣表示，“对一般人来说，罚款简直无所不在。开店可能被罚、停车可能被罚、收拾垃圾可能被罚。他们必须这样横征暴敛，才能付清那些外籍佣兵的工钱。我们什么都不敢干，因为干什么都有可能被判死刑。”

极端分子对待孩子的态度，最让易卜拉欣不能容忍。“伊斯兰国”占领拉卡之后，各所学校一直大门紧锁。终于到了再度开学的时候，但学校里的一切都变了模样。原来的课程表与教科书统统不见了，因为宗教极端分子容不得这些“异教徒的书本”存世。孩子们只能接受宗教课程。同时，城里的几百名孤儿全被抓进了军营。他们在那里学习操弄枪械和驾驶卡车，以便以后执行自杀式任务。有时候，易卜拉欣会看见“伊斯兰国”的娃娃兵招摇过市。他们手握真正的枪械，身上的制服肥大，很不合身。

“有些小孩儿还不到 16 岁。”阿布·易卜拉欣说，“学校一关，他们无事可干。极端分子拿着卡拉什尼科夫冲锋枪的样子，很是吸引他们，他们就主动加入了宗教极端武装。”实际上，“伊斯兰国”旗下娃娃兵和少年兵的队伍一直在不断扩充。他们甚至开设了专门的“推特”账号，介绍训练营当中的情况。社交网站上的照片与视频可以为证，“伊斯兰国”驱使未成年和青春期的小男孩穿上军装、操弄武器、进行军事演习。有的时候，极端分子还会把处决犯人的活儿交给娃娃兵去完成。

易卜拉欣觉得,“伊斯兰国”此举的目的主要在于培养极端思想的继承者。将来，巴格达迪一伙很可能遭遇军事挫败，但有了这些思想狂热、为了听从命令而不吝杀人的追随者，极端组织的日子可能要好过许多。提起这些年轻人，易卜拉欣说:“他们都被洗脑了，他们也成了极端组织的忠实追随者。”

在那个时候，“伊斯兰国”的战况还算顺利。巴格达迪宣布进军叙利亚之后，几个月不到，宗教极端组织的兵员总数已经扩充到了近 10 万人。其中，还有不少人不远万里潜入叙利亚，投到巴格达迪的帐下。这些国际队伍成员的国籍，据说涉及了近 50 个国家。叙利亚反对派的其他成员——从“叙利亚自由军”到“努斯拉阵线”无不抱怨，“伊斯兰国”在招募人手方面总是占得先机。当然，这不仅仅因为巴格达迪开出了更高的薪资。“伊斯兰国”吹嘘的宏大目标——建立一个超越国界的伊斯兰国家，才是吸引众人来投的根本原因。

“伊斯兰国”的“推特”账号和“脸书”官方页面上，每天都会更新不少内容。内容提供者大都来自欧洲、北非和中东各地。他们投奔巴格达迪，主要是被他口中的愿景所吸引。他们相信那些“美好”的事物不仅仅存在于天堂，在现世世界里也能找到痕迹。2013 年 8 月，一名自称纳斯鲁丁·莎米（Nasruddin al-Shami）的叙利亚籍宗教极端分子上传了一篇“推文”。文中，纳斯鲁丁觉得，加入“伊斯兰国”的时候，自己“好像闯进了一场全球大派对”。“这里，既有阿拉伯人，也有其他地区的战士。”纳斯鲁丁写道，“在这里，我遇见过从阿拉伯半岛来的人，也有来自马格里布地区的人，还有埃及同伴和伊拉克人。我遇见过黎凡特和土耳其来的同伴。我还遇到过法国人、英国人和巴基斯坦人。总之，这里有形形色色的人，数也数不清。他们都是可爱的同胞兄弟，大家的目的都是拱卫我们的信仰。”

面对英国记者，一名英国籍“伊斯兰国”极端分子表示：“这里的生活实在有趣，有点像那个电子游戏，叫什么——对了，《使命召唤》（*Call of Duty*）。”英籍极端分子表接着说:“这是真人 3D 版《使命召唤》，你懂的。一切都在你眼前发生。那种感觉，你可能无法体验。”

拉卡，城镇中心的集市里，胡子拉碴、手提枪械的外籍“圣战士”数目不少。有时候，他们似乎比本地人还要多。“伊斯兰国”的统治貌似根基稳固，好像会千秋万代存在下去。巴格达迪一伙金库中的存货也越来越多，这因为一方面，“伊斯兰国”在不断讹诈占领区的人民和商户，另一方面，巴格达迪一伙在叙利亚北部的沙漠中占据了不少油井。每一天，“伊斯兰国”可以售出4万桶原油。油井在手，他们自然赚得盆满钵满。易卜拉欣发现，几个月前急于攻下拉卡的“圣战士”们，目前似乎并不急于另辟新土，他们甚至开始有了慵懒的倾向，只有在对犯人行刑的时候，他们才会显得容光焕发。鞭笞与枪毙犯人之余，极端分子也会去餐厅放松、去网吧上网——浏览的还都是西方网站。易卜拉欣甚至撞见过他们出入药店购买“伟哥”的场面。

对于占领者来说，天堂一般的“伊斯兰国”无疑已经在现世实现，当然，这个天堂可能有些寒酸。手持武器的宗教极端分子对现状似乎非常满意，无论好坏，这都是他们的领地。但是，对于拉卡的其他人而言，生活就像易卜拉欣描述的那样——只剩下“恐惧与落后”，而希望之火已然熄灭。

2013年4月，巴格达迪的改革措施出台后不久，穆阿兹·穆斯塔法就悄悄溜进了叙利亚境内。此前，他已是多次这般不请自来。每一次，他都会先行抵达土耳其的哈塔伊省（Hatay），利用边界线上铁丝网的一处缝隙钻到叙利亚。叙利亚国境最北的这一角，早已不是巴沙尔的领地。一年之前，反对派就“解放”了这里。穆斯塔法一路步行，奔向希尔贝特·乔兹（Khirbet al-Joz）——那个小镇，如今是他的“叙利亚危机救援队”的前线基地。前国会雇员和他的同事们现身此地，主要是为了组织各项基础设施的重建工作。历经持续数月的战争与劫掠，小镇至今尚未恢复元气。上一次，在穆斯塔法等人的帮助下，小镇的警察局重新运作起来。此次故地重游，他要和几位当地人士磋商一些事务。当地人很想开设一个小型法庭，以便处理一些小型纠纷。这天，除了这几位热心法庭事务的当地朋友，穆斯塔法可没想到自己还能撞见其他的陌生人。

会谈开始，一名衣着考究的律师率先做了自我介绍。他叫马哈茂德（Muhammad），今天来到小镇，是受一位客户所托。客户对于后巴沙尔时代叙利亚的法律问题很感兴趣。提起客户的名字，他语焉不详。在座的其他人一再追问，马哈茂德才说出了客户单位的名称：

“今天我来到这里，是受‘伊斯兰国’所托……”

此言一出，每个人都愣住了。美国客如此，当地的基督徒和穆斯林也是如此。政府军撤走之后，后两类人就一直寓居当地。

“我们当时都吓呆了。”穆斯塔法回忆，“那位律师一身西装，年纪在50岁上下，胡须剃得干干净净。所有人都不知所措，因为我们确实不知道该作何反应。”

会上，“伊斯兰国”的代表很少发言。他只是认真倾听、认真地做着笔记。只有一次，他突然插话表示，自己的客户觉得，宗教法律要比世俗法律更为优越一些。

“那一次，我们没有讨论任何实质性的东西。”穆斯塔法表示，“因为，我们不想有这么一位不速之客在此旁听。”

律师走了，后来，穆斯塔法再也没有见过他。不过，他留下的“气味”，好似久久不能散去。没错，“伊斯兰国”已在叙利亚坐大，而且，他们还想干预这个国家生活的方方面面。那个时候，穆斯塔法已在“叙利亚危机救援队”工作了两年。他的人生已经和叙利亚的命运紧紧绑缚在了一起。这种联系，他从未预料得见。“伊斯兰国”代表的出现，仿佛是个凶兆。2013年年初，穆斯塔法对于美国的干涉已经不抱希望，于是，他只能把大部分时间投入到解决实际问题当中。至少，他还可以改善一下巴沙尔控制区之外的农村人民的生活。不过，在推进这些具体工作的过程中，他总要面对重重的困难——反对派内讧频繁、腐败横生，从阿拉伯富国流入的黑金正在发酵；宗派矛盾日益尖锐，严重阻碍了各派合作，甚至还导致了血腥的杀戮；更别提还有“伊斯兰国”这个大问题。这些荷枪实弹的宗教极端分子，几乎和其他一切势力为敌。他们取缔了法院与警察局，颁布了自行其是的所谓的“宗教法律”。他们势力强大，远远不是其他反对派能及的。因为他们的存在，西方国家提供援助的时候，会变得更加犹豫。

慢慢地，穆斯塔法对于叙利亚越来越熟悉。他常常来到这里，还会在变幻不定的边境线上冒险徘徊。他和反对派领袖交流，也努力和记者、国际义工、外交官及慈善家建立人脉关系。美国驻叙利亚大使馆被迫关门之后，美国人失去了直接观察这个国家的机会。穆斯塔法从第一线发回的报告，成了大家窥望叙利亚的一扇窗户。后来，有人怀疑巴沙尔的部队涉嫌小规模使用化学武器，为此，他们希望穆斯塔法等人帮忙弄到“血样”，以便检验。穆斯塔法等人一口答应，并完成了这个使命。

2013 年 5 月 1 日，穆斯塔法迎来了又一位不速之客。约翰·麦凯恩突然造访叙利亚。在卫队的保护下，参议员（代表亚利桑那州）穿过一段反对派武装控制的边界线，进入了叙利亚的国境。他来到“叙利亚自由军”基地所在的小楼，会见了 12 名反对派领袖。对方轮番上阵，一起指责华盛顿当局不肯向自己提供武器。他们抱怨，美军甚至没有一点空中支援的意思，只能任由巴沙尔政府军的军机炸平反对派藏身的民居。他们需要枪炮，美国方面却给他们提供了一大堆给养。塑料封装的单兵作战口粮（MRE）塞满了他们的家，几乎到处可见。“难道你们要叫我们用比萨把人家的飞机打下来吗？”一位军官干脆这样质问。麦凯恩越听，脸色越是阴沉。会谈好不容易挨了过去，不久麦凯恩却又听到了一个坏消息，之前会上和他见面的两名反对派军官，刚刚在战场上横死。

“我们需要一次行动，改变整个战局。”回国之后，麦凯恩面对记者如此表示，“美军必须切实派出地面部队，建立安全区域，保护叙利亚人民。将武器提供给正义力量，让他们为了我们大家的信念而战。”

不过，总统心意已决。他反复重申，向叙利亚提供大量武器，只会让情况愈加恶化。“我觉得，中东地区的各方人士都不会欢迎我方进行单边行动。不管他们参与与否，行动都难取得成效。”新闻发布会上，奥巴马侃侃而谈。他还表示，唯有巴沙尔动用化学武器，美军才可能有所回应。因为，“使用化学武器已经违背了文明世界公认的准则”。

看来，华盛顿方面是不打算帮忙了。经由穆斯塔法的转达，所有反对派都知悉了美方的态度。对此，他们自然很是失望。冲突已经进入第二个年头，看来还会继续下去。几方武装仍然僵持，平民的痛苦一日多过一日。最大的改变，不在于横死的概率，而是“凶手”的身份。穆斯塔法身边的两名叙利亚籍员工遭到政府军逮捕，被处死刑；另外两名员工，则在进入“伊斯兰国”武装设下的检查点后不知所踪。后两位员工都非常年轻，和穆斯塔法的关系也很好。事后，“救援队”的人得知，宗教极端分子拿走了员工的笔记本电脑，确认他们在为西方人道机构服务。两人遭到处决，尸体被丢到了阴沟里。

夏末，巴沙尔的政府军使用化学武器攻击了胡塔（Ghouta）小镇。这件事短暂点燃了反对派的希望之火，他们似乎又可以寄望西方进行军事干涉了。不久，美国情报部门拿出了实据，证实巴沙尔的一支部队曾在8月21日向胡塔的住宅区发射了沙林毒气，此举无疑跨过了美国的“红线”，奥巴马也誓言一定要惩罚叙利亚政府。不过，虽然大众对于此事表示愤慨，白宫却仍然没有对军事行动做出政治上的支持。针对空袭巴沙尔武装一事进行的表决结果，国会也进行了操控。虽然英国一直在军事行动上与美国保持一致，大卫·卡梅伦（David Cameron）所在的保守党政府也提出了空袭议案，却没能在议会通过。最后，奥巴马和俄罗斯方面达成协议，美俄两国将共同督促叙利亚方面销毁所有化学武器。美方军事干预的选项，再次成为了“不可能”。

叙利亚反对派的领导人觉得，西方国家拒绝干预的事实，比轰炸本身更加难以接受。哪怕是“胡塔事件”，竟也没能打动美国的心。穆斯塔法发现，很多先前有“温和”倾向的反对势力，如今已经投靠到了宗教极端势力的那一边。至少，宗教极端组织能给他们更多的钱。

“反对派人士一度坚信美军即将介入，并为此欣喜若狂。”穆斯塔法指出，“就在那段时间，反对派相信政府军害怕了，我们还不断听到传闻说许多人已经逃出了大马士革。美军即将空袭大马士革的消息，并没有引起老百姓的恐慌。大家心里似乎只有一个想法：‘谢天谢地，即便我们被炸死，但好歹局势会有所改变了。’”

但是，空袭并未如期而至。“希望破灭，反对派沮丧至极。”穆斯塔法回忆说，“打那以后，大家都觉得有点万念俱灰。”

叙利亚的化学武器问题，让白宫内部的混乱暴露无遗。希拉里·克林顿所谓的“叙利亚的邪恶问题”，几乎造成了国家安全委员会的撕裂和对立，许多资深顾问都因此辞职。比如资深外交官弗雷德里克·霍夫（Frederic Hof），他曾经帮助政府协调解决叙利亚问题，但在 2012 年，他愤然辞职。渐渐地，“叙利亚大使”罗伯特·福特也动了同样的心思。此前，福特多次在政府内部大力呼吁，希望美国能够切实采取措施，扶植“温和反对派”势力。他希望，“温和反对派”能对宗教极端分子起到节制作用。毕竟，后者已经控制了叙利亚近四分之一的国土，还占据了前往土耳其与伊拉克的交通要道。“胡塔事件”之后，福特希望美军能对巴沙尔政府武装进行空袭。空袭建议遭拒之后，他又想说服上司，向“温和可信的反对派”提供直接支持。

“我们需要增加援助，多做一点事！”尽管福特如此呼吁，但白宫高层终不为其所动。化学武器事件之后，美国政府一度表示将会加紧行动，驱使中央情报局前往约旦和土耳其南部为反对派训练兵丁。不过，福特觉得，这点支援实在是杯水车薪。“他们根本没有提供任何有效帮助。”他表示。

更让福特难堪的一点在于，白宫方面依照惯例委派他出席国会听证，会上，他还必须为奥巴马政府的叙利亚政策辩护。共和党人可不会放过这个机会。当着电视镜头，他们朝着福特高声叫骂。外交官俨然成了奥巴马政府危机管控不力的象征。一次，麦凯恩甚至直接对他发难——参议员认为，福特对于叙利亚局势把握不当，而且他们似乎已经接受了现实，任由巴沙尔杀戮反对派。

“看起来，这个结局你很满意？”麦凯恩问道。

福特不言不语，但是心中已是火冒三丈。

我可能满意吗？外交官不免思忖。福特很清楚，国会和政府一样，在叙利亚问题上并不齐心。麦凯恩之类的“鹰派”主张全面武装叙利亚反对派，另一些共和党议员则只愿意向攻打“伊斯兰国”的组织提供武器。不过，同广大选民一样，大多数民主党人和一些共和党人在这个问题上有着共识，他们不愿美国再次深度介入外国“事务”。

2013 年秋天，福特已经动过辞职的念头，不过，国务院同事的挽留，让他又继续工作了 6 个月。2014 年，他终于递出辞呈，这次，没有人劝阻。此前他的种种努力，并未收获任何结果。国会方面对他的批评，当然有着党派政治斗争的因素，不过，在福特听来，这很像是人身攻击。这些质询终于榨干了他最后的一点精力。

“吵架、辩论我不怕，但是，如果有些人根本不了解事情的来龙去脉就对我的人格大肆攻击，这一点，很荒谬，我接受不了。”

2014 年 2 月 28 日，福特正式辞职。几天之后，麦凯恩邀请前大使前去他的办公室一叙。借此机会，参议员准备向福特致以敬意，并感谢他为国服务、尽忠职守。这番盛情，让福特考虑了一阵，但最后，外交官还是礼貌地表示：“谢谢，算了吧。”

第二十二章
这叫部族革命

自从阿布·穆萨卜·扎卡维举起那面“黑旗”，他手下的这支武装就曾有过许多名称，比如恐怖分子、暴乱分子、宗教极端武装分子等，如此种种封号，全拜外界所赐。不过，现在的他们已成为了一支实打实的军队。2014年春，“伊斯兰国”的军队纵横伊拉克西部，似乎所向无敌。一时间，仿佛全世界的目光，都集中到了他们的身上。他们以风卷残云的势头，连续击溃了伊拉克政府军的4个师。同一地区的6座军事基地，悉数遭到攻陷。就连伊拉克西部最大的军事要塞，也已经被他们攻克。一番征战过后，他们已经占据了全国三分之一的领土。

这是一场闪电战。分析人士觉得，“伊斯兰国”的势头发展堪称出人意料，又迅速至极，仿佛沙漠的稀薄空气中猛然生出的一场风暴——也许这个比喻并不恰当。一些伊拉克人虽不喜欢“伊斯兰国”，也不甘愿活在“教法”的束缚里，但他们仍然选择给极端组织提供情报，帮他们策划行动。2014年6月的这场大捷，就是在这样的背景下诞生的。巴格达迪一伙的胜利与其说是“伊斯兰国”力量强大所致，不如归因于伊拉克的内部分裂。这种分裂，始于2003年，也就是美军入侵的那一年。

“伊斯兰国”戏剧性的大胜，得益于伊拉克的什叶派政府和某个逊尼派部族之间的争斗。这个部族，正是族长扎伊丹·贾比里所在的杜莱姆部族。拉马迪的牧场主曾与扎卡维有过交锋，不过，那已经是近10年前的事了。一开始，在他的逊尼派同门纷纷拿起武器袭击美军的时候，扎伊丹只是作壁上观。当然，他也对美军的占领颇有微词。"安巴尔觉醒"[1]期间，扎伊丹扮演了重要角色。他率领部族武装，将宗教极端分子从村落里驱逐了出去。但现在，形势再次发生了变化。杜莱姆部的不少人都抱怨伊拉克现政府比扎卡维还要可恶，当整个部落开始和伊拉克政府军进行对抗的时候，扎伊丹也表达了赞成。

这一年，扎伊丹50岁，腰围又宽了些，不过他的黑发仍然油亮。他现在是一名成功的商人。大多数时候，他会身着定制的西服。但在特别的场合里，他还是会穿上迪士达沙长袍，戴上格子巾。他娶了3房太太，还在圣迭戈(San Diego)郊区买下一栋别墅。2010年左右，扎伊丹已经对伊拉克政府充满了敌意。他觉得，政府已经有意和自己这样的逊尼派教徒"开战"了。在伊拉克，逊尼派的人口数量虽然没有什叶派多，却一直占据着主导地位。直到美军占领伊拉克，什叶派才获取了政治上的优势。如今，将权柄交给什叶派的美国占领军已经撤走，那么接下来，一切该回到正轨上了——至少杜莱姆部族的成员们是这么看的。当时，逊尼派已在政府和军队中失势，新政府针对逊尼派人士发难的事件也时有发生——前者甚至打着驱逐恐怖分子的旗号闯入后者的家里，对主人拳打脚踢。扎伊丹觉得，一切都源自伊朗的阴谋。德黑兰当局为了自身利益在本地区不受威胁，势必要削弱伊拉克逊尼派的力量。

"现在这些政客，都是小偷、土匪和宗派主义分子。"扎伊丹表示。他的谴责话中有话，明显是针对努里·马利基在2010年大选中要的花招而谈。"美国人在安巴尔省坏事做尽，却也不敢屠杀清真寺里的人。而且，就连美国人也知道尊重我们的信仰。不过，那些和伊朗人沆瀣一气的家伙却不是这

1　安巴尔觉醒（Anbar Awakening）：2007年前后，伊拉克安巴尔省境内的许多逊尼派部落曾与美军协同作战，对盘踞当地的极端主义势力进行打击，史称"逊尼觉醒"运动或"安巴尔觉醒"运动。

样。一切带有逊尼色彩的东西，都会遭到他们的“清洗”。我并不是在夸奖美国人，但美国人起码好过现在的当权者。”

2012年下半年，逊尼派与中央政府的关系更趋恶化。12月21日，政府安全部队突袭了拉菲·伊萨维（Lafi al-Issawi）的家。伊萨维出身逊尼派，曾任伊拉克财政部长。他的民望很高，而且经常直言批评马利基政府。事后，几千名杜莱姆部落民众涌上费卢杰街头。一些示威者甚至高举抗议条幅，声称“只要脉搏跳动，就不会停止抗议”。不久，全国各地的逊尼派都加入了示威行列。游行风潮持续了一个月又一个月。

一年过去了，游行还在继续。终于，马利基恼羞成怒。2013年12月20日，他派出了安全部队进入拉马迪。示威人群遭到驱散，广场上的帐篷群也被悉数拆除。就这样，冲突爆发了。2014年元旦，示威者纵火焚烧了拉马迪警察局。1月2日，骚乱波及费卢杰。3日，一队“伊斯兰国”武装分子进入了城市，在“圣战士”的帮助下，部落民众的气势压倒了警察。这天的街头骚乱，一共造成了100多人死伤。1月4日，政府方面的残余人员退出了拉马迪，市政厅上，升起了“伊斯兰国”的黑旗。

“杜莱姆-伊斯兰国”联盟很快得到了其他逊尼派部族的支持。随后，由前复兴党分子（Baathist）组成的“纳合什班迪教士团”（Naqshibandi Order）也加入了战团，与杜莱姆部、“伊斯兰国”并肩作战。为了争夺拉马迪和其他5座城市的控制权，逊尼派势力与政府军展开了拉锯战。经过苦战，“伊斯兰国”夺取了费卢杰的中心城区——恐怖组织完全占领一个伊拉克城市，这在历史上尚属首次。

“伊斯兰国”方面抓住机会在“推特”上大造宣传攻势。照片上，胜利的队伍正趾高气扬地踏过费卢杰的街道。10多年前，美军就是在这些街道上围捕扎卡维的诸多门徒的。许多“伊斯兰国”恐怖分子都对着镜头摆出了胜利者的姿态，“伊斯兰国”驻安巴尔省的军事指挥官阿布·瓦希卜·杜莱姆也是其中之一。此人性格张扬，特别自恋。去年的这个时候，他曾在安巴尔省的高速公路上杀害过3名叙利亚司机。一张照片中，瓦希卜正伸出舌头做着鬼脸，他的手中还握着一把冲锋枪。他的身旁，是一台熊熊燃烧的警车。

光看打扮，罩着黑色罩袍的瓦希卜活像西部片里的歹徒。另一张照片里，他手持一摞文件，在空空荡荡的警察局里行走，看上去仿佛一个普通的文员。看过照片的伊拉克人，都注意到了阿布·瓦希卜·杜莱姆的姓氏——他也是杜莱姆家族的一员。那位在费卢杰组织示威游行的人物，正是他的同族亲戚。两人虽然曾是仇敌，不过现在也算正式进入同一战壕了。

白宫里，奥巴马的安全顾问个个垂头丧气。同样的画面，给了他们不同的感受。美方官员很快宣布，同意向马利基政府交付更多的武器援助，其中，还包括“地狱火”导弹。美方认为，确保伊拉克的和平与安全是马利基的责任，但是，眼看恐怖分子攻城略地，华盛顿方面也不会毫无作为。

在扎伊丹看来，这场骚乱只能算一个偶然事件。伊拉克的许多逊尼派信众，都和他抱有相同的观点。可是，这种看法，遭到了美国政府和巴格达当局的误读。

“这叫部族革命。”杜莱姆部族酋长阿里·哈蒂姆·苏莱曼（Ali Hatim al-Suleiman）如此评价。他把这番感想，透露给了伦敦的一份阿拉伯语报纸。

“这是‘伊拉克之春’。”塔里克·哈什米如此评价。这位逊尼派政治家是美国驻叙利亚前任大使罗伯特·福特的好朋友。由于马利基试图逮捕他，哈什米逃到了土耳其。上述讲话，就是在流亡期间接受记者采访时的宣言。

这位逊尼派人士坦白道，巴格达迪一伙进驻安巴尔的这步棋正是出于自己的建议。当然，“伊斯兰国”宣称他们无意长期占领，只负责为逊尼派提供弹药。后者的目的是摆脱残暴的伊拉克政府，追求独立和自主，其间，“伊斯兰国”将会充当辅助角色。一些逊尼派人士也表达了对“伊斯兰国”的信任，他们说今时不同往日，往日的“圣战分子”是扎卡维那样的亡命之徒，而今天的他们则是信仰逊尼派的爱国者。

“他们确实变了。”扎伊丹也如此评点“伊斯兰国”。族长表示：“他们的领导都是伊拉克人。政府说巴格达迪是恐怖分子，可他不是。他是在为1 500万伊拉克逊尼派而战，他是在和波斯人作斗争。”

当年，扎卡维带着小队的逊尼派人马进入安巴尔省时，同样获得了当地人的认同。扎卡维也出身部落，但和扎伊丹并非同族同宗。相反，巴格达迪是个纯正的伊拉克人，他就在萨迈拉长大。扎伊丹觉得，巴格达迪完全可以为己所用。

“在这里，他是不敢妄谈什么‘教法’的，因为他知道，部落容忍不了那种东西。”扎伊丹表示，“他们应该吸取了教训，不会再重蹈上次的覆辙了。”

扎伊丹错了。刚开始，安巴尔省的群众确实对“伊斯兰国”抱有希望，但那个“伊斯兰国”入主安巴尔省之后，已经给了当地人几次下马威。阿卜杜拉扎克•苏莱曼（Abdalrazzaq al-Suleiman）也是一名逊尼派族长。在拉马迪，他和扎伊丹住得很近。一天，趁阿卜杜拉扎克外出谈生意期间，一车“伊斯兰国”士兵坐着卡车直扑他的农场，打死了阿卜杜拉扎克的几个保镖，烧毁了他的汽车，而后又用炸弹将他的家轰为平地。“安巴尔觉醒”期间，阿卜杜拉扎克曾是一位领袖人物。他配合美军打击扎卡维的门徒，并将他们驱逐出了安巴尔省。难怪，“伊斯兰国”会进行报复。

“他们把我家洗劫一空，然后又用炸药炸毁了房子。”阿卜杜拉扎克表示，“作为部族领袖，能与美军并肩作战驱逐恐怖主义，于我是责任也是荣幸。但是，现在我们觉得自己遭到了抛弃，孤零零一个人被抛在了大路当中。”说这番话的时候，他早已移居约旦。

2014 年 2 月 11 日，两位顶尖情报专家走进了参议院的听证室。今天，他们要在这里做一份“年度威胁报告”（Annual Threat Assessment），分析世界各地的安全形势和潜在威胁。在每年众多的国会听证会里，这一场报告会往往是最沉闷的，其中的内容也颇让人不快。报告主讲人之一是国家情报主管詹姆斯•克拉珀（James Clapper），另一位则是国防情报局（Defense Intelligence Agency）主管迈克尔•佛林恩（Michael Flynn）将军。两人引用多种情报证据，大致介绍了全球各地的安全威胁，比如网络恐怖主义、俄罗斯新的国防政策、朝鲜的核弹开发进程、国际传染病、中东及北非等地的乱局等。这份报告当然也提到了叙利亚，以及“伊斯兰国”。

“2014 年，‘伊斯兰国’可能会在伊拉克与叙利亚攻城略地以炫耀威势。”佛林恩表示。提及“伊斯兰国”，美国政府习惯以“ISIL”称之。佛林恩也采纳了这个缩写名。他说，“黑旗”已经飘扬在了费卢杰上空，同样的情况，还可能发生在其他城市中。宗教极端分子会竭力展示自己日趋增长的力量，以及“同时控制大片领土的能力”。

国会听证会上，佛林恩的用词非常谨慎。不过，他对于当地形势的看法其实已经很不乐观。10 年前，他曾和同一个恐怖团伙打过交道，这让他非常清楚对方的能力。

佛林恩曾在麦克里斯特尔的手下担任情报官员，击毙扎卡维的功劳，也有他的一份。在他看来，“伊斯兰国”的意识形态与战略战术同扎卡维如出一辙。去年的“打破狱墙”事件发生之后，他甚至在逃狱的犯人中认出了不少昔日的“熟人”。

“他们都算是扎卡维的小弟。”佛林恩表示，“扎卡维死后的 18 个月内，我们相继抓获了他的不少手下，从高层到中层都有。大多数人都来自伊拉克，很多人都曾经当过兵。当时，几乎所有人都进了监狱，但现在他们又都逃了出来。”

另一方面，佛林恩也认为相比扎卡维时代，“伊斯兰国”确有了不少改进。由于巴格达迪领导有方，极端组织被赋予了新的能力。巴格达迪计划周密，这一点远强过扎卡维。他很有耐心，又讲究策略，还建立了稳固的盟友关系和可靠的支持体系。总之，“伊斯兰国”能在伊拉克如此猖獗，绝非一个偶然现象。

“他们目睹了以前的失败，故而才有今天的进步。”佛林恩表示，“扎卡维试图在伊拉克挑起内战，而后从中渔利。不过，他并没能获得安巴尔省各个部落的认同，这是一个重大失误。他生性恶毒，威胁到了部落的权威。新一代的领导层意识到了这些问题，并努力做了改进。”

渐渐地，巴格达迪和众多逊尼派部落修复了关系。对此，佛林恩特地引证了扎伊丹等人盛赞巴格达迪的话语，证明自己说言非虚。“伊斯兰国”领导人利用叙利亚的混乱局势，为组织找到了新的财源。而且，他从叙利亚吸纳了不少新人，还帮助宗教极端组织开拓了新的目标。他完善了宗教极端组织的行政体系，任用了房屋、交通、战略信息等多方面的专门人才。

“‘伊斯兰国’的目光很长远。”佛林恩表示，“他们正在为自己的事业培养后继力量。”

情报显示，“伊斯兰国”的部队又在大规模调动了。那么，他们的下一个目标又在何处？巴格达？或是大马士革？

通过卫星监控与其他侦察手段，美国情报部门仔细观测了“伊斯兰国”的战备工作。由此，情报人员得出结论：“伊斯兰国”武装剑指伊拉克腹地，最终的目标正是巴格达。

中情局分析人员兢兢业业地撰写了相关报告，呈送上级。最后，这份报告被送到了白宫。报告指出，“伊斯兰国”武装一旦跨越国境，将会直面孱弱的伊拉克军队。此前，伊军应对费卢杰等地暴乱已经很是吃力。当然，若问他们的孱弱程度，美国方面也难以预估。毕竟马利基上台后，美、伊两国的情报合作已经大不如前。

伊拉克还不至于在几周之内彻底沦陷，这是当时大家的看法。一位资深情报官员表示：“美国情报部门的分析人员指出了伊拉克安全部队的诸多问题，不过，谁也不曾想到他们竟然败亡得如此迅速。”

“伊斯兰国”的下一波攻势指向了领袖的家乡。巴格达迪所属的部族世世代代生活在这个地方。2014 年 6 月 5 日深夜，突击队炸毁了萨迈拉南端的一处警察局。几个小时过后，150 名士兵搭着皮卡车、扶着防空炮，高声叫嚷着冲进了城里。极端分子很快占据了城市里的主要建筑，大学校园也被纳入了他们的势力范围。警察退入了阿斯卡里清真寺附近的据点，而对方仍在步步进逼。这座清真寺的金色穹顶十分有名，可惜 8 年前扎卡维的一场阴谋，已让金顶化为了灰烬。不久，政府从巴格达调来大批军队，宗教极端分子方才撤出了萨迈拉市区。不过，从费卢杰到叙利亚边境，6 个沿线城市都经历了类似的攻防战。

与此同时，“伊斯兰国”的 1 500 名精兵已经进入了摩苏尔郊外待命。古城之中生活着 180 万民众，拥有 25 000 名军人守卫。其实，当地原本拥有近 10 万驻军，但尼尼微省的军政长官承认，当时大多数军人已经开了小差，还有些警察根本从未上班，只是在吃空饷而已。战斗结束后，迈赫迪 • 哈拉维将军（General Mahdi al-Gharawi）向路透社记者介绍了政府军作战如此不利的原因——除了人力不足，政府将大批的装甲与重武器都配发到了南方。1月的时候，伊拉克政府曾经寄望过南方阵线传来捷报。狄亚卜·艾哈迈德·阿西·奥贝德（Dhiyab Ahmed al-Assi al-Obeidi）是摩苏尔驻军中的一名营长。提起装备，他告诉记者：“我们一整个营，就只有一挺机枪。”

6月6日凌晨，“伊斯兰国”军队涌入了奥贝德的防区。营长发现：“人家的每台皮卡车上都配着一挺机枪。”第一拨入侵者闯进了城市最北端的塔摩兹（Tammoz）区。他们驾着悍马、开着皮卡，利用机枪扫射冲开了政府军的防线。恰在此时，市内的“伊斯兰国”据点也用榴弹和狙击步枪开始响应进攻部队。政府军节节败退。不到几个小时，几台“伊斯兰国”极端分子驾驶的卡车已经冲到了摩苏尔酒店（Hotel Mosul）附近——酒店，正是哈拉维的办公地点。

下午4点30分，一声巨响震彻天际。一辆满载炸弹的洒水车冲进酒店。爆炸之后，火光四起，大批伊军高级军官非死即伤。奥贝德的腿也在爆炸中受了伤。他回忆说：“那个声音，震得整个摩苏尔都在摇晃。”

其余的守军很快放弃了抵抗。夜幕降临，不少军人和警察纷纷扔掉制服，换上平民服装掩人耳目。当了俘虏的人被命令排成一排，遭到枪决。

6月10日，攻势刚刚开始第四天。宗教极端分子已经控制了摩苏尔中心的大部分区域，同时还占据了这里的机场。市区内的银行被洗劫一空，一家政府军基地也成了抢掠对象。从这里，极端分子获取了价值数百万美元的美制武器和其他装备。接着，他们冲进监狱，释放了所有逊尼派囚徒，又把剩下的670名什叶派、库尔德人和基督教徒全数处死。这一天，伊拉克的第二大城市摩苏尔被划入了“伊斯兰国”的版图。

政府军很快集结起来，并向“伊斯兰国”发动了反击。反击收到了一定成效，“伊斯兰国”进军巴格达的计划不得不暂时停止。不过，宗教极端分子在伊拉克的其他区域仍然占据着不少地盘。到了6月底，从叙利亚西部一直延绵到伊拉克中部的大片地区都被“伊斯兰国”收入囊中。若论面积，这个“国家”比黎巴嫩和以色列加在一起的幅员还要辽阔。主导这一切的那个人，拥有的可不仅仅是疆土，他还有油井、精炼厂、医院、大学、军事基地、工厂和银行。分析人士指出，巴格达迪占有的现金和机械设备总价值接近10亿美元。

“伊斯兰国”，似乎还不是一个真正的政府。不过，宗教极端分子都觉得，属于自己的国家已经建立起来了。

2014年7月4日，星期五，也是伊斯兰教传统的祈祷日。这天，巴格达迪在保镖的簇拥之下，来到了摩苏尔著名的努里大清真寺（al-Nuri）。清真寺的穹顶向内倾斜了1米多，这让清真寺看起来仿如“驼背”。当地人传说，建筑呈现拱形，是为了迎接先知穆罕默德一步一步走向天堂。这个传说赋予了努里清真寺非凡的意义。

7月4日来到清真寺礼拜的人，也许会感觉传说所言非虚，因为这一天，“伊斯兰国”的领袖将会站在清真寺中，宣布“哈里发国”重现人间。这个消息，几天之前就已传出了。如今，巴格达迪亲自踏上摩苏尔的圣迹，走上努里清真寺的讲经台，正式证实了消息的真实性。

这是巴格达迪第一次在媒体前亮相。这个扎卡维的昔日门徒，似乎很是重视自己的形象，他主导的这场典礼中的各个细节都充满象征性，足以给信徒留下深刻印象。那天，巴格达迪穿着一件黑袍，围着黑色的头巾——安拉最后一位使者发表临终训诫之时，也是如此一副打扮。他缓缓前行，一步一步走上讲经台——这一点，似乎又和穆罕默德有些相似。到达足以俯瞰众人的高度之后，巴格达迪并没有急于开口。相反，他掏出一把“米斯瓦克”（miswak）——一种清洁口腔的木制工具，开始整理自己的牙齿。不消说，这个举动又是一种引导。台下的信徒，很快就能想到伊斯兰教先知穆罕默德在《圣训》里的劝导：“信徒应当常用米斯瓦克，因为它可以洁净口部，还能取悦真主。”

终于，巴格达迪开口了，他向在场的人传递了胜利的消息。经过自扎卡维以来几位领袖的奋斗，“哈里发国”终于成真了。

“各位圣战弟兄，安拉将赐予你们胜利与征服的尊荣。我们在数年的圣战中耐心打击敌人，安拉终于将胜利赐予了我们，让我们的理想成真。”他说，“因此，我们聚在此地，宣布哈里发国的诞生。而且每一位教士，将会担起一份责任。这是穆斯林应尽的责任，也是几个世纪以来，一直隐匿不见的一份责任。”

巴格达迪的讲话，正在通过网络音频进行直播。他表示，自己已迫不及待担起“这份沉重的责任”。

“我很荣幸，能够成为大家的守护者、圣国的看门人。”

接下来，他希望全球各地虔信的穆斯林能够顺从自己，顺从“伊斯兰国”的领导人。他将改变世界秩序。很快，那些非信者都会接受他所带来的新秩序——无论他们愿意与否。

“请记住，今天你们就是信仰的护卫者、伊斯兰国的卫士。”巴格达迪说，“你们会面临苦难，面临史诗般的战斗。现在，很多穆斯林兄弟都被关押在异教徒的阴森牢狱之内，而你们的鲜血应该泼洒在解放他们的道路之上。”

“所以，请举起你们的手，奉上你们虔诚的心。坚持不懈背诵《古兰经》，熟知其中的意义，跟从其中的榜样。”巴格达迪表示，“这是我的一点个人建议。如果你们能够笃行，‘罗马’终将被你们踏在脚下。”

训诫完毕，巴格达迪这个自命的“哈里发”朝着讲经台下走去。他的步伐，还是那样谨慎小心。途中，他稍微停步了一阵，似乎在祈祷着什么。然后，他带着他的保镖，大步流星走出了清真寺。他要去战斗了。他相信，神会保佑自己。

摩苏尔陷落那天，阿布·哈伊萨姆正在办公室里。他不断打着电话，叨扰着已经有些不胜其烦的手下。他这么做，只是想在第一时间了解时事的发展。角落里，一台小小的电视哑然地播放着视频。画面上是一个个趾高气扬的“伊斯兰国”恐怖分子。一些人坐在皮卡后座上，咧嘴大笑、挥手招摇；另一些人在摩苏尔的大街上、通衢中走来走去，他们的身旁是遮得严严实实的商铺、正熊熊燃烧的警车。汽车天线和临时的旗杆上，到处都悬挂着黑色的旗帜。没人想得到，伊拉克军队如此不堪一击。约旦情报局的工作让情报官能比大多数人提前掌握局势，不过，这里的人们还是对伊军的溃败大感吃惊。时不时，哈伊萨姆朝电视机投去一瞥，他的眼睛熬得通红，一只大手不停地揉搓着泰斯比哈[1]。他早就知道这个结局，但是，没想到一切来得这样快。

“没办法，很不幸，一开始似乎就有这样坏的可能性。”他疲累地喃喃自语。

他现在是准将了，也是约旦情报局反恐部门的高级官员。在这里，他已经度过了30年的时间。他是个严肃的人，岁月沉淀，让他更显得忧郁阴沉。当然，他的阴郁，部分来自他的工作压力。他的办公室里了无装饰，除了一本《古兰经》，只有一张照片，照片上是年轻的他在罕见地张嘴大笑。旁边那个和他握手的人，正是约旦的一国之君。桌子背后，还挂着一件换洗衣服。因为工作，他已经很久没回家住了。到底有多久？他也记不清了。自从叙利亚局势生变，情报局就一直忙个不停。哈伊萨姆和同僚们一边要和军火贩子玩猫鼠游戏，一边还要抓捕那些试图穿越国境的“圣战”狂人。现在，国境的那一边早已被“圣战”分子控制。约旦的局势倒还平静，不过仍有一些痕迹让人很不放心，比如南部城镇马安（Ma'an）潜移默化的变化。那里距离已经废弃的贾法尔监狱不远。有时候，有人会在建筑上喷涂“伊斯兰国”的标语，或者，他们会在镇中的广场上挂一面“黑旗”。尽管在安曼，这样的事情还未发生过，不过邻国发生的种种变故，已经足够让人恐惧。

有一些伊拉克人，尤其是像扎伊丹·贾比里那样出自东岸部落的伊拉克人，曾为了摆脱什叶派的统治和“伊斯兰国”达成某种妥协。他们不曾想到，这些占据费卢杰和摩苏尔的宗教极端分子，丝毫不比原来的统治者仁慈——他们集体处决了很多政府军士兵，又把尸体扔弃在下水道里；所谓“叛教者”随时可能遭到谋杀；价值连城的巴比伦艺术品，被轻易地砸得碎粉，历代伊拉克人无比珍视的文化遗产从此消失于人间……少数极端保守的教士，倒是对这些行为表示欢迎。那些曾对“伊斯兰国”张开双臂的伊拉克人，何曾想到自己将生活在如此严苛的“教法”中？他们可能后悔了，但是已经来不及了。

阿布·哈伊萨姆同样出身部落家庭，他很理解伊拉克逊尼派的矛盾心情。但是，看到这种矛盾的心理竟被“伊斯兰国”如此利用，他仍愤怒又惊讶。

“厄运就像滚雪球。”他说，“如果大多数人民都觉得政府不能代表自

---

1 泰斯比哈（Tasbih）：穆斯林念诵赞词时计数的工具。

己的利益，这连串的悲剧就开始了。”“伊斯兰国”非常善于利用这种情绪从中取利。哈伊萨姆觉得：“伊拉克陷入动荡，雪球越滚越大，这一切的起因始于2003年的战争。”

但是，坏事不仅发生在伊拉克。沙特阿拉伯、利比亚、阿尔及利亚、也门、阿富汗和巴基斯坦，可能也会一一翻开同样的篇章。宗教极端分子打着“赢得自由”的旗号对抗威权政府，呼唤“公正社会”以赢得人民支持。他们声称会遵守“神的原则”，结果，他们还给人间的不过是一个军事独裁政权，并且充斥着腐败、残忍和死亡。

情报局无能为力，根本无法扭转局面。回到过去，消灭那邪恶的种子，也是不可能的事。没办法，情报局只能筑好堤坝，防止恶浪的来袭。虽然这恶浪的涟漪，早就已经浸到了这个国家里。

“你看看，他们真厉害啊。”哈伊萨姆说着，一手指向电视机，“我们辛辛苦苦想要阻止他们，但他们顶多会跌几个跟头，然后又站起来，跑得更快了。”

尾　声

阿布·穆萨卜·扎卡维有过一番预言：阿拉伯民族的激情，必将在伊拉克被点燃。但是，他错了。“激情燃起的地方”应该位于叙利亚东端，就在一处瓦砾遍地的停车场里。2015年1月3日，寒气凛冽，在拉卡的一座光线昏暗的破烂房子里，“伊斯兰国”的录像机已经架起。

今天，来了24个宗教极端分子。他们戴着一模一样的面具，穿着毫无差别的衣服，一些人还戴着手套。终于，演员出现了。穆阿特·卡萨斯巴(Muath al-Kasasbeh)——26岁的约旦战斗机驾驶员身着松垮垮的橘色囚衣囚裤，手上未戴镣铐，身边也没有警卫和看守。卡萨斯巴走过薄雾萦绕的通道，他的步伐踉跄，仿佛身处梦境之中。

这是卡萨斯巴自12月24日被俘之后的第一次亮相。当时，他面目肿胀，面颊上还留有青紫交加的伤痕。显然，宗教极端分子对他进行了殴打。进入拍摄现场之后，他被命令坐下，然后他面对镜头，开始讲起了自己的故事。也许，那是“伊斯兰国”宗教极端分子要他讲的东西。

“我是上尉穆阿特·萨菲·优素福·卡萨斯巴，约旦人，家乡在卡拉克。”飞行员说着，“我是约旦皇家空军的军官。”

12月24日，卡萨斯巴驾机出航。在他的飞行记录里，那一天一切平静如常。他已经开了3年的F-16战斗机，也轰炸过不少“伊斯兰国”的基地，其中还包括拉卡。2014年12月以来，西方和阿拉伯多国组成的联合飞机编队持续在对极端组织目标进行空中打击。奥巴马牵头组织的这一系列空袭，目的在于将“伊斯兰国”逼出伊拉克和叙利亚的安全区。几周之前，奥巴马特地命令美军轰炸机和无人机进驻伊拉克，对极端武装进行打击，防止“伊斯兰国”威胁摩苏尔大坝，同时保证库尔德自治区的首都埃尔比勒（Erbil）的安全。而后，奥巴马正式宣布联合编队成立。除了约旦，还有5个阿拉伯国家也参与了这项计划，包括沙特阿拉伯、阿联酋和卡塔尔。“宗教极端组织无论藏身何处，都难逃我们持续有力的打击。”奥巴马在电视讲话中表示。

12月24日，卡萨斯巴要完成一次例行的轰炸任务。当时，飞行员已经接近了目标，正要向下俯冲。突然护卫机发现卡萨斯巴的座驾后部正在起火，与此同时，卡萨斯巴的驾驶舱内也响起了警报声。原来，发动机失灵了。飞机立即偏离了航向，往下坠去。飞行员只得猛拉座椅弹出拉杆，于是他从驾驶舱中被弹了出来。F-16飞机则一头栽进了幼发拉底河。

“我跳了伞，然后掉进了河里。”录像中，卡萨斯巴如是说。

同伴还来不及伸出援手，卡萨斯巴甚至还没从降落伞中抽出身来，一个矮壮敦实、留着大黑胡子、戴着编织帽的男人就站在了飞行员的面前。“就这样，我成了‘圣战’组织的俘虏。”卡萨斯巴说。

“伊斯兰国”没有浪费这个从天而降的人质。9天之后，他们和约旦政府开启了谈判，准备交换俘虏。当然，宗教极端组织的媒体团队也没闲着，他们一早就策划好了死刑方案，只等待拍摄那一天的到来。

他们找到了一处不错的拍摄地点，那地方就在拉卡，距离河道只有30多米远。他们找来一个笼子。笼子四四方方，由细金属条构成，下方有一个出口，大约只有坐垫大小。拍摄团队架好三脚架，设置好机位，又将装满了泥土砂石的翻斗车停在了旁边。1月3日早上，一切终于准备停当。

这一次，他们将拍摄一段专业的视频，它的精致程度，可是几年前扎卡维炮制的粗劣作品无法比拟的。这一次，最终版本的视频中还加上了一段电脑制作的片头。片头很长，制作水平也很高。画面中，约旦国王阿卜杜拉二世正在忙碌，他一会儿在发表演讲，一会儿和美国总统奥巴马握手谈笑。而后，电脑动画复原了F-16战斗机的坠机过程。动画中，飞机完全碎成了渣。碎渣变幻扭曲，组成了一行阿拉伯语文字，这行话就是这段视频的名称——“治愈信徒的胸膛”（Healing the Believers' Chests）。下面，极端分子还用蹩脚的英语做了翻译。

接下来就是一系列反复变换的视频影像，卡萨斯巴的头像、死于轰炸的儿童和成人的尸体来来回回交织在了一起。然后，卡萨斯巴走入了镜头。主人公步伐缓慢，来到一群蒙面人的眼前。他呼出的白气在1月的寒气中清晰可见。突然，卡萨斯巴进到了笼子里面，他头颅低垂，仿佛在祷告。刚才还很干净的囚衣，现在已经被淋上了汽油。

镜头转向一名蒙面人。字幕显示，此人是“伊斯兰国”的一个小头目，曾经在联军的轰炸中死里逃生。他点燃了一根长长的火把，并将火引向地上的粉末。粉末的那头，正是卡萨斯巴身处的囚笼。只消几秒钟，卡萨斯巴的身躯便没入火海之中。他又跳又扭，却难以挣脱禁锢。他只能双手捂面，将头深深埋进膝盖之中。飞行员的身体轮廓一点点模糊起来。镜头中，只剩下熊熊火焰。过了一会儿，卡萨斯巴再次现形，此时的他已经化作一团焦炭。接着，翻斗车开始工作了。砂石倾泻而下，碾碎了笼子，也把飞行员完全埋葬。

镜头还在推进，仿佛又要渲染什么情绪——只见碎石堆中，一只焦黑的手还裸露在外……影片结束了，许多人像与名字渐次飞出。这些人像和名字都属于约旦的飞行员。他们肖像的一旁写着金钱的数目，任何人只要找到他们并要了他们的命，就可以拿到相应的报酬。

“真是好消息，”画外音响了起来，“任何支持信仰的人，只要完成一次袭杀，就可以从地狱之火里被解放出来。”

上午过了一半，“脏活”终于干完。不过，后期制作可能还需要几周时间。于是，那天下午——或者说，那天之后每一天的下午，“伊斯兰国”都要向约旦方面提起释放俘虏的问题。

“伊斯兰国”的残忍行径，已非第一次震惊世界。卡萨斯巴被俘前4个月，记者詹姆斯·弗莱（James Foley）身首异处的录像，已让西方世界愤怒不已。许多美国人纷纷表示，应该对“伊斯兰国”宣战。弗莱死后，《时代》周刊记者斯蒂文·索特洛夫(Steven Sotloff)、美国前特种兵彼得·卡西格(Peter Kassig)、英国义工大卫·海恩斯(David Haines)和阿兰·亨宁(Alan Henning)等人先后步了他的后尘。此外，遭遇同样命运的还有数十个人，包括被俘的叙利亚与黎巴嫩士兵、库尔德裔妇女、伊拉克摄影师以及几位日本公民。一个向“伊斯兰国”宣誓效忠的利比亚“圣战”团体颇有青出于蓝之意。在他们炮制的死刑录像中，往往有20多名基督徒同时死于非命。

这一次，年轻飞行员的死，才真正在阿拉伯人当中掀起了轩然大波。从约旦的大都市到沙特阿拉伯保守的乡村，人们都对“伊斯兰国”的暴行予以了强烈谴责。割头固然残忍，但却在某种程度上契合了宗教经典——迄今为止，沙特阿拉伯仍将斩首作为处决犯人的合法手段。不过，活活烧死一个人——而且这人还是一位虔诚的逊尼派穆斯林——“伊斯兰国”这次可谓冒了天下之大不韪。

“只有安拉，才有资格用火焰施行惩罚。”萨拉姆·奥达赫(Salman al-Odah)是沙特教士，“今日伊斯兰”网站的创办人之一。在“推特”上，他这样说：“无论何种原因，纵火行为都不见容于伊斯兰法律。”

阿卜杜勒·阿齐兹·谢赫(Abdul Aziz al-Shaykh)是沙特阿拉伯的首席神学家，拥有签发教令的权力。他认为“伊斯兰国”并非穆斯林，而是“伊斯兰之敌”。

有一个人对于“伊斯兰国”的暴行提出了最为严厉的批评，尽管此人的种种学说，都被认为有着强烈的宗教极端主义倾向。他就是阿布·马哈茂德·麦格迪西，扎卡维曾经的狱友兼导师。眼见扎卡维的徒子徒孙在叙利亚与伊拉克的所作所为，麦格迪西感到十分反感。至今，麦格迪西仍被认为是宗教极端主义的奠基人之一，但是他却非常反感滥杀教众的事。因为英国义工阿兰·亨宁的死，麦格迪西曾把批评的矛头指向过巴格达迪。

“亨宁在一个慈善机构工作，而且机构的领导是穆斯林。”在一封公开信中，麦格迪西表示，“这样一个人遭到绑架和杀害，实在非常荒唐！这样的行为，难道有任何合理性可言吗？”

1999年，麦格迪西与扎卡维同时出狱，各自走上了不同的道路。前者一直住在约旦。尽管他的日子大多是在情报局的羁押中度过的，但他仍然在通过公开信和网站博文影响着他人。一些宗教极端分子曾经怀疑，麦格迪西的观点并非出自本意，而是来自情报局特务的捏造和胁迫。不过，麦格迪西有一个观点始终坚定，无论面对记者，还是在自己的文章中，他都反复强调杀害普通穆斯林——哪怕是战争中抓获的逊尼派飞行员，都是违反伊斯兰信仰的行径。

卡萨斯巴被俘之后，麦格迪西曾多次出面，想要为“伊斯兰国”和约旦政府牵线搭桥。他真心希望用作案未遂的“人弹”萨吉达·里莎维，换回卡萨斯巴的性命。当时，里莎维随时可能被处以死刑。2015 年初，他和一个自称是阿德纳尼（al-Adnani）的人在网上有过交谈。这个阿德纳尼，就是巴格达迪的发言人。

“我现在正忙着一桩事情，事情也关乎您的利益。”一次交谈中，麦格迪西告诉阿德纳尼。后来，他们俩的交流方式从录音换成了社交网站上的留言。当时，麦格迪西表示，只要“伊斯兰国”放回飞行员，他们就可以救“圣战姐妹”里莎维一条性命。同时，“伊斯兰国”也不会在阿拉伯人当中变得声名狼藉。

不过，最终“伊斯兰国”方面放出了卡萨斯巴葬身火海的视频，而且，视频上的时间显示，飞行员早在一个月前就已死去。于是，麦格迪西愤怒了。

“他们对我撒了谎。亏他们当时如此信誓旦旦。”接受约旦罗亚广播电台采访时，麦格迪西愤怒地表示，“其实，他们早就杀死了那名飞行员。”

公开决裂已经不可避免。采访中，麦格迪西的批评之意愈发彻底。对于受他启蒙而诞生的宗教极端组织，他抨击得丝毫不留情面。他暗示，有人开启了“杀戮的传统”，这个人，显然就是他的学生扎卡维。

“没有杀戮，他们似乎就不知道如何取胜、如何征服了。”麦格迪西表示，“他们杀害敌人，而且将画面公之于众。有些人可能会大惊失色，怀疑‘这就是伊斯兰？’我们必须要维护自己的信仰。要让大家明白他们的作为与伊斯兰的信仰无关。”

写下这些文字的时候，麦格迪西正身处自己在安曼的家中，几个月前，这位长期批评王室的学者似乎与其死敌达成了停战协议。由此，他获得了自由。

2015年2月4日，里莎维伏法的同一天，约旦的总检察长宣布撤销对麦格迪西的所有指控。这一天之后，麦格迪西和王室的恩怨正式画上了句点。

伊斯兰教学者对于恐怖主义一贯持批评态度。2001年9月11日，纽约遭受袭击的那次事件，也是他们谴责的对象。不过，这次约旦飞行员的死，引发了更为强烈的谴责。在此之前，阿拉伯世界的政治领袖与宗教机构，似乎还未发出过如此有分量的声音。

2015年1月1日，约旦飞行员被俘之后的一周，埃及总统塞西（al-Sisi）出席了一个逊尼派学者参加的集会。他趁此机会，呼吁发动一场“宗教革命”，把一个古老宗教，从那些扭曲其核心价值的原教旨主义者和宗教极端分子手中拯救出来。塞西认为，“基地”组织与“伊斯兰国”的暴力行径，不过是一场横亘在穆斯林面前的更大危机所表现出来的现象而已。

开罗的爱资哈尔大学（Azhar University）的历史已逾千年，是伊斯兰教逊尼派的学术中心，也是研究伊斯兰神学和宗教问题的权威学府。那天的集会，正是在这里举行。塞西表示：“我们必须严肃认真地看待我们眼前的形势。如果我们遵从的神圣的意识形态，竟然导致我们成为全世界的忧患、危险，让我们的国家成为杀戮和毁灭的发源地，那是完全不可接受的。”塞西表示，问题并非在于伊斯兰教的核心价值，而在于意识形态——那些几百年来被穆斯林奉为圣训的思想和观点。他认为，要对这些思想和观点提出挑战，无疑十分困难。

接着，总统又转向爱资哈尔大学的大伊玛目艾哈迈德·郇亚卜（Ahmed el-Tayeb），他请求教士“对宗教来一次革命”，由此引得全场掌声雷动。

“安拉面前，您一定要负起责任。”塞西表示，“全世界都在等待您的发言。我们的文明长久遭受分裂、损害，现在正趋于毁灭之中。是我们自己让自己面临着灭顶之灾。”

几周之后，“伊斯兰国”将约旦飞行员的死状公之于众。随后，大伊玛目发表了声明表示强烈谴责。在高级教士当中，这样的谴责力度绝无仅有。伊玛目认为，“伊斯兰国”的所作所为完全违背教义，形如“魔鬼”。他还表示，爱资哈尔大学会整顿教士团队，信奉宗教极端主义的教士将被严厉打压，而同情暴力的教士也会遭到驱逐。

尾 声

但是，开除教士并不足以让“伊斯兰国”伤筋动骨。拉米·胡里（Rami Khouri）来自黎巴嫩，是一位专业记者，曾经潜心研究宗教极端活动40余年来的起起伏伏。胡里指出，大多数投奔“伊斯兰国”的年轻人并非醉心神学的虔诚信徒，他们的兴趣更多在于打击阿拉伯世界的威权统治者——比如塞西之流。他还认为，扎卡维的变态行为，与宗教和意识形态关系不大，根本原因来自于他那一段监狱生活。

“‘基地’组织也好、‘伊斯兰国’也罢，两大组织的关键人物都在阿拉伯诸国的监狱中完成了从普通人到极端分子的转变。”胡里表示，“美国的武力干涉加阿拉伯监狱，这才是‘基地’组织和‘伊斯兰国’茁壮成长的原因。”

离开美国之前，约旦国王誓言一定“要和宗教极端主义战斗到底”。接着，他果然践行诺言。他的座驾还未降临安曼，联军的大批飞机就已踏上了奔赴叙利亚的征程。后来，有人指出，这也是联合行动揭幕以来，针对“伊斯兰国”规模最大的空袭活动。飞机袭击了“伊斯兰国”的训练营、兵营和武器库，造成50多名极端分子死亡。

下了飞机，阿卜杜拉立即召集国家安全顾问团队开会，商讨下一步行动的具体事宜。会议现场进行了电视录像。只见国王头戴格子巾、身穿定制的西服，他誓言要为飞行员报仇雪恨。

“我们的战争是为了保护我们的信仰、价值和人道准则。”国王表示。至于“伊斯兰国这些罪犯”——这是国王的原话——“他们即便缩在最为坚固的据点里，也会被剿灭干净”。

出门之后，国王遇上了一幕“非常热闹”的场景——数以千计的约旦人涌上街头，欢迎他的车队。在约旦，中年男性似乎才是亲政府游行队伍的主力。但是这一次向阿卜杜拉表示欢迎的都是年轻人。他们聚在街头、拿着蜡烛、举着标语，一直待到很晚。安曼的清真寺和教堂也为死去的飞行员举行了哀悼仪式。

又一批战机起飞了。较之上一次，这一次出动的飞机数量更多，它们也收获了人民的欢呼声。约旦是个小国，而且受到恐怖分子的两面夹攻。于是，在反对“伊斯兰国”的联盟中，约旦方面更愿意扮演低调角色。这样一来，也许不会激怒对手，惹祸上身。但这一次，先前神神秘秘的空军基地敞开了大门，允许摄影师入内拍摄。镜头下，约旦空军准备送给“伊斯兰国”分子的炸弹上，军人们涂写的标语都一清二楚。“伊斯兰与‘伊斯兰国’无关”，一条宣言如是说。宣言将随着炸弹，直接被丢进极端分子的巢穴。约旦国防部对于军事行动向来遵守保密原则，而如今，他们直接公布了整个空袭的计划，以示对于“伊斯兰国”的轻蔑与愤怒。约旦空军的空中武备并不算多，而且从弹药到燃油都严重依赖外国进口。不过，既然全民已经同仇敌忾，约旦空军方面也做出了表态：“我们愿意牺牲一切，捍卫伊斯兰的真正价值。”

“这只是个开始。”空军的声明中还有着这样的话语，“你们会见识到约旦人的厉害。”

第二次轰炸进行的时候，阿卜杜拉离开了安曼，来到了南部小城卡拉克（Karak），这里是卡萨斯巴一家和所属部落的居住地。路上，国王的车队又受到了大家的夹道欢迎。阿卜杜拉一行驱车走上山路，直奔阿依 (Ay) 小村。在那里，国王将参加飞行员的家族葬礼。

卡萨斯巴的家门外，国王拥抱了飞行员的老父亲。两人并肩而行了好一段路。他们手拉着手，走在长长队伍的最前头。两人都戴着红白相间的格子头巾。对于约旦人而言，这头巾象征着执掌约旦 93 年的哈希姆王室，以及传统的部族文化。这种传统历史悠久，甚至可以追溯到伊斯兰教发端之前。

与此同时，4 架约旦战机出现在高空当中，它们刚刚在国境之北完成了一次轰炸任务。路过战友故乡的时候，战机排出了整齐队列。然后，机群转向西行，掠过残留着十字军城堡的卡拉克上空，又沿着“伊赫瓦尼骑兵”曾经东来的道路前进。飞机还擦过了扎卡小镇的上空，小镇上曾有一个叫艾哈迈德的问题少年，后来他为自己改名叫扎卡维，还成了震惊世界的恐怖分子。最终，飞机抵达了新落成的穆瓦法克空军基地（Mwaffaq Air Base）。这里的战斗机来自 6 个国家，飞行员大多是穆斯林，他们的目标只有一个——轰炸“伊斯兰国”。

第二天，机翼上又将挂上新的炸弹。他们将会再次出征，飞向北方继续轰炸。

致　谢

这是一本讲述"伊斯兰国"ISIS及其前身组织历史的书籍。实际上，恐怖组织"伊斯兰国"尚未出现的时候，我便已经萌生了写书的想法。在为《三重间谍》(*The Triple Agent*)搜集资料期间，我接触到了阿布·穆萨卜·扎卡维的生平故事，并对此人产生了浓厚的兴趣。这种兴趣历久弥新，成为我写作《黑旗：ISIS的崛起》的一大动力。2011年，"阿拉伯之春"席卷中东、北非，我开始为《华盛顿邮报》报道相关新闻。在叙利亚的内战中，扎卡维的追随者的身影不时闪现。这个发现，再次触到了我的兴奋点。当时，许多专家都认为扎卡维一伙早已销声匿迹了，谁能想到"基地"组织伊拉克分支的残兵败将竟能再次发展壮大，还占据了几千平方公里的土地。其实早在2012年初，美国与中东地区的几位情报官员就已预感到了恐怖风暴即将来临，私下里他们对此毫不讳言。我要向他们表示谢意，尽管出于安全考虑，我无法提及他们的真实姓名。谢谢各位情报界、外交界与政界的朋友，没有他们慷慨且耐心的知识传授、观点分享和建议，《黑旗：ISIS的崛起》实在难以成书。

感谢前国会议员简·哈尔曼（Jane Harman），感谢伍德罗·威尔逊国际学者中心（Woodrow Wilson International Center）提供的基金，让我可以专心写作而没有后顾之忧。同时，基金还给了我和世界上最优秀的思想家、新闻记者接触共事的机会，让我获益良多。除了哈尔曼议员，我还要特别感谢哈利赫·埃斯凡迪亚里（Haleh Esfandiari）、罗伯特·利特瓦克（Robert Litwak）、阿隆·大卫·米勒(Aaron David Miller）、以及大卫·奥特威与玛丽娜·奥特威（David and Marina Ottoway）伉俪，感谢我曾经的同事罗宾·赖特（Robin Wright）、安德鲁·西利（Andrew Seele）、阿林·查尔斯（Arlyn Charles）以及其他足智多谋的研究人员。我还要感谢我的得力助手、实习生克雷格·布朗（Craig Browne）。作为中东问题专业的学生，他学养深厚、精力充沛，他的勤奋、学识、语言能力都给了我莫大的帮助。

为了写作《黑旗：ISIS 的崛起》，我先后采访了 200 多人。其中的不少人，都为本书慷慨地付出了大量的时间。

感谢纳达·巴科斯（Nada Bakos）——当时，她也在为自己的回忆录搜集资料。谢谢她能抽出时间、给我指点。

谢谢罗伯特·里切尔(Robert Richer)、迈克尔·海登(Michael Hayden)、罗伯特·福特(Robert S.Ford)、穆阿兹·穆斯塔法(Muaz Mustafa)、斯坦利·麦克里斯特尔（Gen.Stanley McChrystal）将军、迈克尔·佛林恩(Lt.Gen.Michael Flynn)、莱昂·帕内塔(Leon E.Panetta)、杰瑞米·巴什(Jeremy Bash)、迈克尔·莫瑞尔(Michael Morell)、劳伦斯·威尔克森(Lawrence Wilkerson)、布鲁斯·里德尔(Bruce Riedel)、威廉·麦康茨(William McCants)、胡安·萨拉特(Juan Zarate)、布鲁斯·霍夫曼（Bruce Hoffman）、哈桑·阿布·哈尼耶(Hasan Abu Hanieh)、约阿斯·维奇梅克(Joas Wagemaker)、马尔万·穆阿舍尔(Marwan Muasher)、凯尔·维斯顿(Kael Weston)、詹姆斯·麦克劳林(James McLaughlin)、山姆·法迪斯(Sam Faddis)、弗雷德里克·霍夫(Frederic Hof)、扎伊丹·贾比里(Zaydan al-Jabiri)、胡德海法·阿扎姆(Hudhaifa Azzam)、詹姆斯·杰弗里(James Jeffrey)、阿卜杜拉扎克·苏莱曼(Abdelrazzaq al-Suleiman)、乔纳森·格林希尔(Jonathan Greenhill)、萨米·巴迪吉(Samih Battikhi)、安德鲁·塔布勒(Andrew Tabler)、杰弗里·怀特(Jeffrey White)、阿布·穆塔兹（Abu Mutaz）和阿卜杜拉·阿布·罗曼（Abdullah Abu Roman）。

此外，我还要向许多采访对象致以谢意。他们大多来自约旦政府与约旦情报部门，故而在本书中我必须隐去他们的姓名。一些美国情报人员也为我的写作给予了极大帮助，而我同样无法点出他们的姓名并表达谢意。

感谢中东媒体研究会的史蒂文·斯大林斯基（Steven Stalinsky），感谢SITE情报公司的创始人丽塔·卡茨（Rita Katz），本书引用的不少极端主义音视频资料，都由他们提供并翻译。

特别感谢让·夏尔·布里萨尔（Jean-Charles Brisard），本书中不少资料都引用自他写于2005年的杰作《扎卡维："基地"组织的新面孔》（*Zarqawi: The New Face of al-Qaeda*）。

没有《华盛顿邮报》的鼎力支持，我实在难以完成《黑旗：ISIS的崛起》一书的写作。在这里，谢谢我的雇主，也谢谢我的多位朋友与同事。特别感谢马尔蒂·巴隆(Marty Baron)、卡梅伦·巴尔（Cameron Barr）、凯文·梅里达(Kevin Merida)与彼得·费恩(Peter Finn),谢谢他们给我空间，让我写作本书。

特别感谢杰森·乌克曼(Jason Ukman)、朱莉·泰特(Julie Tate)、苏阿德·梅赫内特(Souad Mekhennet)、泰勒·拉克(Taylor Luck)、大卫·霍夫曼(David Hoffman)、玛丽·贝思·谢里丹(Mary Beth Sheridan)、威廉·布思(William Booth)、道格·弗朗茨(Doug Frantz)、大卫·伊格纳西奥斯(David Ignatius)、凯瑟琳·魏茂思(Kathryn Weymouth)、唐纳德·格拉汉姆(Donald Graham)、格雷格·米勒(Greg Miller)、艾伦·中岛(Ellen Nakashima)、亚当·戈德曼(Adam Goldman)、安妮·基兰(Anne Gearan)、卡伦·德杨(Karen DeYoung)、克雷格·惠特洛克(Craig Whitlock)、格雷格·贾夫(Greg Jaffe)、利兹·斯莱(Liz Sly)、道格·杰尔(Doug Jehl)、卡琳·布里亚德（Karin Bruillard）、杰夫·林恩（Jeff Leen）、斯科特·威尔森（Scott Wilson）、卡罗尔·莫雷略(Carol Morello)、安妮·科布鲁特(Anne Kornblut)、沃尔特·平丘斯（Walter Pincus）、拉杰夫·钱德拉塞卡兰（Rajiv Chandrasekaran）、劳里·麦金利(Laurie McGinley)、凯瑟琳·托尔伯特(Kathryn Tolbert)、朱丽叶·艾尔珀兰(Juliet Eilperin)、克里斯·穆尼(Chris Mooney)、达里尔·菲尔斯(Darryl Fears)与史蒂文·穆夫松(Steven Mufson)。

特别感谢拉尼亚·卡德里（Ranya Kadri）这位约旦新闻界的资深记者，同时也是一位值得托付信赖的翻译家、经理人、厨艺大师与民宿老板——我在中东游历走访期间，他常常得担起如上几种职责。

谢谢我的经纪人盖尔·罗斯（Gail Ross），谢谢她的关心、热忱与无私帮助。

谢谢罗斯-尹（Ross-Yoon）文学经济社为我提供后勤上的支持。

谢谢诺夫·达波戴（Knopf Doubleday）出版集团的各位编辑。谢谢丹尼尔·梅耶尔（Daniel Meyer）、诺拉·雷查尔德（Nora Reichard）、迈克尔·戈德史密斯（Michael Goldsmith）、比尔·托马斯（Bill Thomas）和阿梅利亚·扎尔克曼（Amelia Zalcman）。

特别感谢责任总编克里斯·普沃波罗（Kris Puopolo），谢谢他的帮助和远见卓识。唯有她，能从我的一个模糊概念中提炼出书籍的框架。要知道，本书所提及的恐怖组织，在2013年的美国还少有人知。本书能够成功出版，普沃波罗的坚持、编辑与耐心功不可没。

写作期间，我得到了朋友与家人的无私帮助和关心。

为此，我要特地感谢保罗·希奇塔诺（Paul Scicchitano）、詹姆斯·罗森（James Rosen）、康妮·孔德拉维（Connie Kondravy）、希亚姆·马蒂拉朱（Shyam Madiraju）、吉恩·乔丹和丹尼斯·乔丹（Gene and Denise Jordan）、艾德·费舍尔和吉娜·费舍尔（Ed and Gena Fisher）、威尔·乔丹（Will Joedan）。

谢谢我的爸爸妈妈，尤金·沃里克与芭芭拉·沃里克（Eugen Warrick and Barbara Warrick）。

最重的一份谢意，要献给我的孩子——维多利亚（Victoria）和安德鲁（Andrew）。没能在假期里陪你们，爸爸感到万分愧疚。

还有我的妻子玛丽安娜（Maryanne）。她无偿地向我提供一切帮助——无论是在研究方面还是在编辑方面。而且，在写作本书的两年间，她还是我勇气与信心的源泉。

和家人在一起的感觉，真好！